社会转型与秩序重建

宫志刚 著

公安院校
知名教授学术文库
总主编：樊京玉 闫继忠

中国人民公安大学出版社
群 众 出 版 社

社会转型与秩序重建

宫志刚 著

序

无论从哪个视角观察，都可以清晰地感受到我国社会各个方面深刻的变化，很显然，很难找到一个合适的词来描述这种变化。我不得不承认用转型来描述这种变化是个偷懒的做法。曾几何时，有些学者还有些忌惮提到转型，特别是害怕提到社会转型之类的字眼儿。这么多年过去了，随着我国社会具有说服力的发展没有人再去杞人忧天了。一些学者预言的“历史的终结”非但没有出现，反而中国方案却被国际社会屡屡提及。作为见证者，我们看到中国社会正在以前所未有的速度发生着蜕变，而且这种蜕变极为深刻且不以人的意志为转移。身处其中，这些蜕变的层次有些是我们熟悉的，但更多的我们并不熟悉，从日常生活的物质世界到丰富多彩的精神世界，无一例外地在急剧地转型中。试图从一个层面用一种表述来说明这种转型的全部内容是不可能的。令人欣慰的是，纵观社会发展的全貌，这种转型的实质越来越清晰地显露出来。

不仅目前正在转型的中国社会，人类历史上社会转型的实质其实都是秩序的转型。微观地看，深入到具体的社会发展中观察，无论是哪个层面的转型其实都是一种既有秩序蜕变的过程，所不同的是有的蜕变得快一些有的慢一些，有的彻底，有的拖泥带水。在某一个具体历史阶段，社会各个局部秩序的蜕变就会汇聚起来，呈现出一往无前的磅礴之势，展现出新秩序丰富内涵的新气象。纵观新秩序的总特征，我们可以将之称为具有中国特色的现代秩序。也就是说，转型其实就是具有中国特色的现代秩序建立的过程。

现代秩序建立的过程其实就是秩序重建的过程。谈到秩序人们最感兴趣的就是重建。总体来说，在现代化的冲击下，人们内心深处对既有秩序的内容总有些排斥，人们最愿意做的事情就是改变这些不尽人意的内容，将自己的价值观物化于新的秩序中，这就是秩序重建最原始的动力。当然，重建不是回复原来的秩序，也不是推倒重来。全面描述秩序重建的过程是不太可能的。于是，从不同的维度描述目前我国的秩序重建就成了当代学者必须研究的题目。

现代秩序产生的过程中有没有一定的规律可循呢？人们可能会从很多完全不同的角度来描述这些规律，但是无论如何人们都绕不开规范这个概念，可能是因为没有规矩不成方圆的思维，也可能因为就是事实本身，人们越来越愿意承认现代秩序形成的过程就是规范化的过程。有的学者甚至将秩序与规范二者等同混用。当下的我国社会，无论是缘于行政层面的推动，还是现代社会生活本身要求使然，建立规范、遵守规范逐渐成为一种时尚、一种自觉。

规范冲突似乎在具体的现实生活中司空见惯，这是庞大的规范体系本身复杂的结构使然。现代化的曲折过程也可能就是这种多元规范自身内在矛盾不断冲突和妥协的过程，更是现代秩序建构者自觉理性选择取舍的过程。然而，人类社会发展的规律表明，法律是现代化秩序重建的必然选择。它既是规范体系内在矛盾冲突的获胜者，也是人们重建秩序的理性选择。离开法律谈现代化秩序是不可能的。此外，与其他秩序构建方式相比，法律是一种更为灵敏、精巧和隐蔽的方式，它通过体现科学和真理的法律知识实现了主体的意图，充当了国家和社会的中介，是一种资源耗费低、社会冲突少的治理技艺。因而，通过法律的社会控制是现代国家秩序构建的主要方式，是一种统治策略的转型，对我国社会秩序重建具有重大的意义。

有了法律就有了秩序，有了现代法律体系就有现代的秩序体系，这样想就太过理想化了。没有规矩不成方圆，但有了规矩也未必就成方圆，这看似是个逻辑问题，但也是个历史现实问题。秩序的形成是个极具学术魅力的大题目，那么有了法律还需要什么因素才能形成现代化秩序呢？深入地思考这个问题就会想到秩序的结构问题。秩序的形成从结构的层面思考就会涉及到秩序的主体、客体和规范。规范是秩序形成的结构性因素，除此之外，还会涉及到秩序的主体和客体，它们对秩序形成的影响并不像规范那样明显和直观，往往是在一些特殊的情况下才显得突出和重要。主体的作用有很多，其核心作用是对客体的控制作用。社会生活中我们会发现，即使在没有规范的情况下，主体的控制作用强大仍然可以形成某种秩序，一种秩序维持的时间长短与主体的权威密切相关。事实上，仅仅依赖主体权威维系的秩序在现代社会是不可能持久的。客体是秩序的载体，无论规范还是主体其作用的发挥最终取决于客体的质态。复杂的客体结构的形成正是秩序形成的同频形态。客体在秩序形成的最理想状态当然就是对置身其中的秩序的认同或者称为理性自觉，因而，如何唤起客体内在的自觉性可能是主体最重要的使命，也是规范设计者最重要的原则。

抽象的理论分析，最终还是要还原到社会生活之中。一种秩序存续下去的力量还是生活方式本身。由于深植于生活方式中，因此无论哪一种秩序离开生活方式去讨论最终都是空洞的，现代化秩序建立更是如此。无论是规范还是主体与客体，离开生活方式去讨论都不能深入下去。古今中外，学者们在讨论秩序的时候无不是从生活方式自身的内容出发。从轴心时代的鸿篇巨制《礼记》到当下人们津津乐道的各种现代秩序，生活方式都是其中的核心内容。当我们讲转型的本质是秩序的时候，另一种表述就是转型的本质是生活方式的转型。现代化秩序落到实处就是生活方式的现代化。

基于上述思考，这本专著主要论述了以下观点：一是强调秩序的形成主要是主体的一种理性建构的过程，主体能否在社会历史发展的关键节点上主动进行理性选择、探寻正确的路径是一种新秩序形成的关键。主体在社会转型时期的消极被动，将会错失社会秩序建构的战略机遇，书中重点说明了一个新秩序的形成绝不可能是个自然而然的过程。二是强调规范在秩序形成中存在着效力差的问题，虽然一种秩序的形成是多种规范综合作用的结果，然而现代秩序的形态必然是以法律规范一元统领的模式，虽然这个模式的形成会遇到很多艰难曲折，但是现代化与法律内在的一致性决定了法律在现代化秩序中不可动摇的地位和主导作用。三是一种现代秩序的形成最终还是要依靠作为秩序载体的实体的理性自觉，实体对现代社会秩序的认同和行动上的自觉成为秩序建构的最终力量，也是终极目的，如何启发和调动实体参与现代社会秩序的建构成为主体社会控制和规范设计的关键。

由于我长期以来从事治安学研究，将上述对社会发展的一般规律放在治安秩序的具体情形下分析就更加清晰。为什么选择从治安秩序的角度去分析，是缘于我自身的学术经历。在写这本专著之前，我的硕士论文是关于犯罪问题的研究，博士论文是沿着这个思路进一步探索。恩格斯关于犯罪是蔑视社会秩序的最明显、最极端的表现的论述，使我去进一步探讨社会秩序问题，具体来说就是治安秩序问题，而秩序又是治安学的逻辑起点，因此，这本专著也是我对治安学的基础性问题思考的一个结果。我关于治安学学科的一些观点和专著中阐述的内容基本一致。或许是基于这个原因，这本专著被公安大学列为治安学研究生的学科主要文献。

社会转型对治安秩序的影响既深刻又深远。治安秩序是社会秩序的一部分，治安秩序什么时候从社会秩序中分离出来无据可查，除非专业文献，很多情况下学者们经常二者通用，在口语中更是不做区分。一些政府文件中除非特别强调外也经常混用。基于这种考虑，专著中凡是涉及到社会秩序的论述时，我内心想的具体内容是治安秩序。这种考虑的原因还是基于现实的情况。事实上，在现实中人们很难将二者完全分开，一些学者常想划清二者的界限，这其实是徒劳的。我也关注二者的区别，特别是在进行专业研究时，但苦恼的常常是无法将二者严格区分开来，只能从治安秩序与其他社会秩序核心内容的不同将二者区分，而不是去划一个边界。将二者区分开的主要目的是对治安秩序进行深入的研究，这种研究的必要性从 2011 年国务院学位委员会和教育部批准在《学位授予和人才培养学科目录（2011 年）》的法学和工学门类下增列公安学和公安技术两个一级学科开始变得更加紧迫，因为作为公安学下设的二级学科的治安学是以治安秩序为核心概念，并据此治安学的范式逐步形成。

治安秩序的形成是治安学范式研究中的基本问题，一种现代的治安秩序是如何形成的？是治安学当下不可回避的现实课题。回答这个问题并不简单，在治安学范式形成之前这个问题很少被提及，其实，研究治安秩序的形成必然涉及到社会生活的各个方面，将这些方面完全说清楚是一个非常复杂的过程。然而，对治安秩序形成中几个结构性因素的决定性作用学术界还是有共识的。这些结构性因素包括治安主体、治安规范和治安实体。治安秩序这三个结构性因素之间的复杂关系构成了一个社会某个历史阶段治安秩序的基本架构。三者之间复杂关系的变化也形成了治安秩序演进的基本轨迹。推动三者变化的动力是个复杂的系统。无论怎样去研究，治安秩序的形成都不可能是所谓的自然而然的过程，主动的理性建构始终都是这种变化的关键，也就是说我们不太可能如同哈耶克阐述的经济秩序那样期待一种自然而然的治安秩序的产生。这种特点在社会转型的关键时期显得格外突出。

依据上述观点，我在治安学基础研究中逐步形成了一些基本认识，包括秩序是治安学的逻辑起点，社会秩序是治安秩序的基础秩序；治安的本质是国家力量（警察）对人们生活方式的控制（干预）；治安秩序的结构性三要素；治安秩序维护的过程性；治安文化的培育和养成对治安秩序的基础作用；公安机关在维护治安秩序中的地位和作用；法律在维护治安秩序中一元主导作用；治安资源的挖掘、利用和配置；维护治安秩序中的自由与秩序的核心矛盾以及治安价值的多维度等。[①] 这些基本认识来自具体的警务实践，如何让维护治安秩序普通的工作者也能看懂这些学理性的阐述，我还撰写了另一本专著《治安之道》。[②]

这本专著所阐述的一些观点完全是以我国社会处于社会转型的这个关键节点作为背景。讨论的核心内容就是如何重建一个具有中国特色的现代社会秩序，学术目的是为治安学发展做基础研究，为建设具有中国特色现代治安秩序的伟大实践做一点理论探讨。但是毕竟已经过去十多年了，一些观点如果运用当下的一些理论模式阐释可能更加贴切，特别是治理理论研究范式的不断成熟为现代社会秩序的重建提供了更好的表述形式。

如何维护社会秩序是一个社会存在和发展的最基础性的问题，是一个社会存续的密码，即使在信息全球化的今天，人们也很难找到各国关于这个问题相互交流的内容。因此，可以说维护社会秩序的智慧总体上都极具民族国家的特性，一些发达国家向外输出的价值观都是自由民主之类的内容，他们从来不会告诉你维护一个社会的秩序的秘籍。所以处于社会转型时期的治安

① 宫志刚，王彩元．治安学导论．中国人民公安大学出版社，2015.

② 宫志刚．治安之道．中国人民公安大学出版社，2016.

学研究者很幸运，因为有一个极具时代特点的题目放在眼前：一个具有中国特色的现代治安秩序究竟如何形成？我越来越感觉到，治安学如果有所成绩的话一定是在回答这个问题的过程中取得的，因为任何学科的发展都不能回避时代发展的提问，因而，任何学术成果也都不过是时代发展的记述。

谨以此书献给中国人民公安大学70周年华诞！

宫志刚

2018年4月17日

【编者注】《社会转型与秩序重建》于2004年在我社首次出版后，受到了相关领域的广泛关注，产生了较大影响。此次收入《公安院校知名教授学术文库》再次出版，为展示当时的研究原貌，准确反映学术研究的发展轨迹，除作者重写序言之外，我们仅对书中的个别论述进行了适当的技术调整和修改，全书内容未作大的改动，特此说明。

目录

导言

第一章 社会秩序及其在社会存在和发展中的作用

第二章 社会失序的实质、危害，以及社会秩序重建的必要性

导言

一、问题提出的社会历史背景

二、社会转型的含义

三、社会转型对社会秩序的影响

四、社会转型时期，关于社会秩序应着重研究的问题以及研究方法和理路

一、问题提出的社会历史背景

在经济、文化比较落后的历史与现实条件下，建设中国特色社会主义现代化会遇到许多新的问题，其中如何在社会转型时期建构新的社会秩序是关系到中国特色社会主义全局的问题。

建设中国特色社会主义现代化是人类社会历史进程中的一部分。美国学者布莱克认为：人类历史上有过三次伟大的革命性转变，一次是人类社会的出现，另一次是人类从原始状态进入文明状态，再一次就是从农业文明过渡到工业文明，这第三次转变过程被理解为现代化过程。[①]虽然布莱克的概括并不十分准确，但是他基本指出了现代化是人类文明的历史过程和历史发展阶段。我国正处于这样一种现代化进程中。中国特色社会主义现代化的社会是具有现代性的社会。现代性作为与传统社会特性不同的一种社会文明，隐含着一种对传统社会的价值上的超越，意味着一种文明的历史性进步。

我国作为后发现代化国家所面临的问题极其复杂。不仅要实现经济的现代化，而且要克服诸如亨廷顿所说的社会秩序动荡和政治衰朽等问题；不仅要完成现代化的历史使命，而且要正视现代化后的问题。更为重要的是，后发国家步入现代化的过程，总是首先从摆脱殖民地统治、争取民族独立与解放开始的。自1840年以来，中华民族追求现代化的历史已经有一个多世纪。经过艰苦卓绝的斗争和不断地探索终于走上了现代化发展的正常轨道。

现代化的过程，就是从农业文明向工业文明的转变过程，伴随着这个过程的是社会生活范型的转变。两种生活范型的转变意味着两种生活规范方式、两种社会价值体系、两种存在意义系统的更替。这样就必然会出现某种社会失序现象。然而，现代化的生活方式又应当有其内在的秩序与规范。从一定意义上讲，现代化确立的标志就是新的社会秩序与价值规范体系的建立。所以，现代化的过程就应当是不断克服社会失序现象、建立新的社会秩序的过程。布莱克曾将现代化的一般过程归纳为四个阶段：现代性的挑战、现代化

① [美]布莱克.现代化的动力：一个比较史的研究.景跃进，等译.浙江人民出版社，1989.

领导的稳固、经济与社会的转型、社会整合。[①] 在这一过程中，社会由于既有结构秩序的打破，必定会出现某种无序，必然会有一个由无序向有序过渡的内在压力，因而必须实现社会结构的重构。人们在经验生活中体验到当代中国正发生深刻变化的同时，也感觉到某种社会秩序的失落，某种紊乱的存在，感觉到社会价值意义系统的缺失。社会失序是个基本事实，无论承认与否它都客观存在，关键的问题是如何对这样的事实进行合理的说明，如何治理失序，重建新的社会秩序，重构具有普遍效准性的价值意义系统。

中国是个经济、文化都相对落后的国家，与先发现代化国家不同，总体上说缺少民主、法治、个性等文化传统。不仅如此，近代以来，在帝国主义、殖民主义的世界历史背景下，它又缺少从内部生长出现代工业文明的充要条件，并且又面临着争取民族独立的斗争要求，事实上造成了强力民族政府，并自上而下推进现代化进程。这些特点使建立在法治基础上的现代社会秩序的构建极具中国特色。

与其他后发现代化国家不同，中国的现代化是社会主义的现代化。我们为什么选择“社会主义”现代化的道路，最主要的一个原因是由后发型的现代化特点决定的。美国著名社会学家列维曾经对后发型国家与早发型国家的现代化所具有的优势与劣势作过详细的论述。其中他认为最主要的一个劣势是后发型的现代化对国家的依赖。我们虽然不能同意列维的观点，但他认为后发型现代化对国家的依赖却是现实。而社会主义现代化最基本的特征就是一个强大的国家政权的存在，以及国家对整个社会运行和变迁过程的广泛控制和指导。换句话说，我们之所以选择社会主义现代化的道路，之所以会采取“社会主义”的制度形式，正是源于我国现代化的后发外生性质及其所遭遇的内外矛盾所产生的对一个强有力的国家政权的需要。

社会历史的发展表明，一个社会的秩序是否稳定，社会失序是否可以得到控制，一个最基本的条件是看这个社会的基本制度是否公正，是否得到社会公民的认同。因为，社会基本制度是一种制度体系中的核心部分，它是一

---

① [美]布莱克．现代化的动力：一个比较史的研究．景跃进，等译．浙江人民出版社，1989：60.

个制度体系的质的规定性所在，它同时规定了非基本制度的合理性根据之所在，又决定了一个社会的结构范型与公民间的基本交往方式。基本制度的公正对控制社会的混乱起着釜底抽薪的根本作用，相对其他控制方式有着十分明显的优先权。因此，社会主义现代化的道路选择不仅是客观历史的必然选择，也应是主体自觉的选择，这种主客体的契合同时也是社会最终控制社会失序的正确选择。

“中国特色”是社会主义现代化道路选择的另一个关键的问题。西方式的现代化所付出的惨重代价的发展是后发型现代化国家不断反思和极力要回避的一个问题。尤其是已经发达了的现代化的西方国家至今仍然备受混乱、动荡和犯罪冲击之苦的事实，深深地影响着后发型现代化国家的人们。以至于人们在反思，这样的现代化到底对人的发展来说有什么意义。那么，“中国特色”最终能够成为诺亚方舟吗？还有，与西方式现代化颇为不同的日本是如何避免了现代化进程中社会失序的？是儒家文化的原因呢？还是日本明治维新所留下的宝贵遗产？抑或是一开始日本就注意到了与西方式的现代化完全不同的道路选择？这些极为深刻的问题是正在现代化行进中的中国人不敢些许忽略的问题。本文虽不能对所有这些问题都展开论述，但现在能肯定的是，中国只能走一种不同于西方也不同于日本的“中国特色”的现代化道路。

“中国特色”的现代化应是社会的全面发展，这是由社会主义的本质决定的。历史和现实的经验教训说明，单纯的经济增长或追求效率并不必然导致社会进步和人的发展，反而要付出代价。为避免较大代价，现代化的领导者应在现代化建设开始阶段，努力把效率、公平和人的发展的统一作为发展目标。这是总结和汲取发达国家和不发达国家发展的经验教训之后作出的选择。西方传统的工业化发展道路以经济增长为目标，确实带来了效益，创造了巨大的社会生产力。但由于经济增长不会自动地解决社会不公问题，由于其工业化是以占有绝大部分国民收入的极少数人的需求为基础的，忽视了分配结果的社会公平和人的发展，结果付出了巨大的代价。西方发达资本主义社会的混乱、动荡和居高不下的犯罪率说明，单纯的物质财富的增长并不能减少社会失序现象。所以在现代化发展目标中，要充分考虑公平和人的发展，才能营造一个和谐的社会氛围，提高人的素质，减少发展的代价，真正实现社会的全面发展。

但是，这是一个十分艰难的选择。因为，没有效率就没有经济的发展，而没有经济发展的现代化是后发型现代化所不能接受的。因此，如何处理好效率与公平是一个极具难度的课题。中华人民共和国成立以来，我国曾制定并实施了过渡时期的总路线发展战略和赶超发展战略。这两种发展战略的共同点，都是以经济发展为主要形式，既不是经济和社会并举的发展战略，更不是以人的发展为中心的经济社会发展战略；在发展目标上都是片面的，要么注重经济增长而忽视人的发展，要么为实现分配结果的公平而在一定程度上牺牲效率。这两种发展战略虽都有成功的经验，但也有较多失败的教训。实行市场经济以提高经济效益，理应成为我国当务之急的一个发展目标。然而，近年来的社会实践证明，人的素质低下和人才贫乏，已成为影响我国经济建设和商品（市场）经济建设的重要因素。因为，生产力的能动因素是人，市场经济是能力经济，市场经济建设的关键是市场主体即人的建设，人的状况如何，直接制约着市场经济，以及生产力的发展状况。不仅如此，未来世界的竞争，既是经济实力的竞争，又是人力的竞争。所以，人的发展亦应成为我国现代化发展的一个目标。另外，政治上的平等即民主，消灭两极分化是社会主义现代化的本质要求，因而也应成为我国现代化发展的一个目标。事实上，只有人全面而自由地发展，只有社会真正地民主和公平，才能最终实现社会的真正发展。所以，从本质上说，社会的全面发展和社会秩序的建立是同一个过程。

二、社会转型的含义

我国正处在现代化进程中的社会转型时期。“社会转型”是当下中国最为常见的一个术语。然而，如何掌握其确切内涵却不是一件简单的事。有时越熟悉的东西，其意义越难把握。恰如黑格尔所说：“一般人在日常生活中，不知不觉间曾经运用并应用来帮助他生活的东西，恰好就是他所不真知的。”[①]

社会转型并没有一个确定的含义，因为它还只是个出现时间不长的概念，人们只是习惯于描述性地运用它。这个词来自西方发展社会学理论和现代化理论。“转型”是社会学对生物学概念的借用。在生物学中，“transformation”为生物演化论，特指一物种变为另一物种，它是指“微生物细胞之间以‘裸露的’脱氧核糖核酸形式转移遗传物质的过程”[②]。西方社会学家借用此概念来描述社会结构具有进化（或演化）的意义和性变，“转型”通常是指传统的原型社会的规范结构向“发展逻辑”的更高层次的演化。在中国，“转型”这一概念是1992年以后开始流行的。它最早的，也是最典型的含义是体制转轨，即从计划经济体制向市场经济体制转变。这与西方国家的主流理解是一致的。国内的社会学一般都把英文的“social transformation”译为社会转型，用它来表示社会由传统社会向现代社会的一种发展与成长过程。尤其是把中国各种发展特征都用转型来表达，特别是指社会的结构性变动。

具体来说，社会学关于社会转型的含义主要包括这样几层：

第一，社会体制在较短时间内急剧转变。“转型”与“转轨”在体制转变这一点上可以取得相同的意义。自1992年中国宣布建设社会主义市场经济体制以来，中国社会转型就建立在明确的经济体制转型的基础上。但社会转型本身则是社会体制的转变，是社会制度的创新。改革是从制度开始的，因此制度解释是根本性的解释。

第二，社会结构的重大转变。社会转型是一种整体性发展，也是一种特殊的结构性变动，还是一种数量关系的分析框架。这种观点有一定的代表性。我国社会学者较多关注的是社会结构的变动，结构解释比制度解释更为流行。社会转型实际上已成为描述和解释中国改革开放以来社会结构变迁的重要理论范式，同时也成为其他学科经常使用的分析框架。许多学者认为，中国当今建设社会主义市场经济的改革已不再仅仅局限于体制变革的狭隘领域，它

① ［德］黑格尔．哲学史讲演录（第1卷）．商务印书馆，1959：52.

② 简明不列颠百科全书（第9卷）．中国大百科全书出版社，1985：544.

已与发展中国家的现代化进程一道融入了世界范围内的后发国家的社会转型潮流之中，是一场全面、整体性的社会结构变革。它不仅是一场全社会、全民族思想、文化、政治、心理等方面的“革命”。这种理解是正确的。以经济体制转轨为基础的中国社会转型，不仅是社会分层结构的变化，而且还表现为人口的城市结构、文化的深层结构，以至于意识形态等社会全面的结构性变化。

第三，社会发展的阶段性转变。将社会转型纳入现代化过程，是许多社会学者的一种研究取向。国内一部分学者认为，社会转型是指中国社会从传统社会向现代社会、从农业社会向工业社会、从封闭性社会向开放性社会的变迁和发展。[①]有的学者认为，社会转型是一个具有特定含义的社会学术语，意指社会从传统型向现代型的转变，或者说由传统型社会向现代型社会的转型过程。在这个意义上，“社会转型”和“社会现代化”是重合的，几乎是同意。[②]还有一些学者认为，在目前的中国“具体的环境”即“中国语境”中，重要的是要正视自己的社会结构特质和问题，然后才能“名正言顺”地以中国特有的方式来实现社会目标或社会理想功能。不过，我们在重构中国社会时，既要克服改革前理想主义的“社会乌托邦”倾向，也要超越“中国话语”下的实用理性或工具理性倾向。

中国需要既适合目的又实用、既适合中国国情又具有普遍意义的原创性的社会转型与现代化理论。社会转型的三种含义都具有一定的分析价值与解释力。有人忌讳“社会转型”的提法，究其原因是片面地把它政治化了。“社会转型是不是不搞社会主义了？”有人存在这样的疑惑。社会转型作为一个社会学概念，是原有的社会向更发达更充满活力与生气的社会转变的一个历史过程。这个过程既有渐进的，也有突变的。正在中国发生的属于后者，并具有浓缩的特征。显然，在这里社会学对社会转型的概念界定，有着传统社会向现代化范型（modern paradigm）社会结构系统转换的内涵。

---

① 陆学艺，景天魁．转型中的中国社会．黑龙江人民出版社，1994.

② 郑杭生，李强，等．当代中国社会结构和社会关系研究．首都师范大学出版社，1987.

有的学者从哲学的角度将社会转型定义为："社会转型是代表着历史发展趋势的实践主体，自觉推进历史转折的历史创造性活动。当社会生产力提出质向发展的新要求时，历史的实践主体，按照确认的'发展逻辑'，对原型社会的结构、体制进行全面、系统地自觉转变，以求实现社会演化的创新。"①

无论从社会学还是从哲学对社会转型进行理解，都强调了社会转型包含着社会结构系统的变革，以及这种变革对整个社会发展的影响。社会学注重从现代化的语义去理解，而哲学则从历史转折的主体实践过程去理解。如果按照哲学的定义，历史上凡是具有历史转折性质的"社会深刻变革""历史主体的自觉框架""社会结构系统的新旧转换"等特征的社会转变都可以称之为社会转型，如法国大革命、十月革命等。

从发展哲学的意义上讲，社会转型体现了人类自觉利用社会变革的手段来推动历史进步的"理性狡计"。这种能动的理性实践活动使社会转型不同于纯自然历史的演化，因而社会转型就有了两种不同的形式：一种是以阶级斗争为中轴的社会转型；另一种是以理性化规范结构的现代化过程为中轴的社会转型，简称为理性化社会转型。两种形式的社会转型都是社会发展必不可少的"文明加速器"，对社会的演化、创新有着不同的重要作用。当社会需要一种激烈的阶级斗争形式来加速旧社会形态的更替时，阶级斗争形式势所必然。当社会发展在一个相对稳定的和平建设时期，历史不表现出重大社会形态更替的趋势，但鲜明地展示了特定社会由于生产力发展的新要求，客观上提出全面、系统地调整原有的社会结构和体制时，理性化社会转型便有着存在的意义。②

需要注意的是，社会转型带动的社会的发展不是零成本地进行的，社会发展需要付出代价。这种代价一方面有不可抗拒的必然性，另一方面也有人为因素。如何在社会转型的过程中，以最小的代价换取社会最大的发展是处于社会转型过程中的人们不可回避的问题。这一过程最好的选择是在保持社

① 张雄．历史转折论．上海社会科学出版社，1994：199.

② 张雷，程林胜，等．转型与稳定．学林出版社，1999：12.

会稳定的过程中使社会得到发展。因而问题就被高度概括为社会转型时期的社会稳定与社会发展问题。

稳定和发展是任何社会都赖以存在的条件和追求的目标。社会稳定机制即社会秩序的建立和维持机制，它的建立要以社会系统的内外条件为基础，通过适用社会规范对社会进行控制来实现。通过秩序而实现的长期的稳定状态，是社会发展的必要条件，否则社会将停滞不前，或者是因失序而混乱，从而导致社会政权的瓦解和社会的更替。因此，根据社会的特点建立起适合、稳定的社会秩序是实现统治者自身长治久安的必经之路。古罗马帝国的没落、文艺复兴时期意大利的混乱、苏联的解体，都留给人们诸多思索。既然社会秩序的建设如此重要，那么如何建立适合新的社会发展要求的社会秩序就格外迫切和十分重要。

我国正处于社会转型的关键时期。从本质上分析，社会转型实际上意味着社会的更替和社会变迁。在这个过程中，旧有的规范秩序在逐步瓦解，社会秩序的控制机制也在经历着重组和更新。我们能否重新构建适应市场经济需要的规范体系，并通过相应的控制机制保障新的秩序状态的实现，关系到当代中国社会能否顺利完成两种社会类型的平稳转换，为建设中国特色社会主义打下坚实的基础。更为重要的是，新的社会秩序建立的过程实际上是与建设中国特色社会主义的过程同步的，都是一个从相对简单和落后逐步向相对复杂和先进演进的过程。在这个过程中，社会关系和社会结构变得越来越多样化和复杂化，社会秩序的建立和更新都有了与以往不同的特点。如何建构适合中国特色社会主义新的社会秩序具有重要意义。本文所着重研究的如何自觉、理性地按照依法治国要求建构不同于传统秩序的适应社会主义市场经济发展规律的新秩序，对于探讨社会转型时期的社会秩序研究，对于积极推进社会转型时期的社会秩序转换，进而对于中国特色社会主义的现代化建设都有重要的理论意义和现实意义。

三、社会转型对社会秩序的影响

社会秩序是社会存在和发展的必要条件。秩序对于人类社会来说，与民主、自由、公正和效率等一样，具有同等意义的价值，在某种意义上说，甚至是更基本的价值。亨廷顿曾说：“首要的问题不是自由，而是重建一个合法的公共秩序。很显然，人类可以无自由而有秩序，但不能无秩序而有自由”①。建立和谐与稳定的社会秩序，历来而且将永远是任何社会的人们都要力图达到的目标。因为，对于任何一个社会，秩序的存在都是必要的。这不仅是社会的需要，也是个体的需要。从社会的角度讲，没有社会秩序，社会就失去了存在的基础，更谈不上发展了。社会的发展其实是有秩序的发展，没有秩序的发展是不存在的。也许可能在混乱的情况下，社会的某些方面仍会有一定程度的进步和提高，但社会如果是整体的进步和提高就必须是在有秩序的基础上的提高和发展。对于个人来说，社会交往是人们的存在方式，人们之间的交往关系必须受到社会规范的约束才能正常进行和维持下去。没有规范的社会交往必然使人们的社会行为失范，造成社会的混乱，人们就失去了存在的基础。所以博登海默说：“历史表明，凡是在人类建立了政治或社会组织单位的地方，他们都曾力图防止不可控制的混乱现象，也曾试图确立某种适于生存的秩序形式。这种要求确立社会生活有序模式的倾向，绝不是人类所做的一种任意专断或‘违背自然’的努力。”② 事实上，人们寻求社会生活有序模式的努力与社会生存和发展的规律具有内在的一致性。正是在人们所选定和创造的秩序的变迁和更替中，才使社会的历史真正成为发展史，并使人类社会呈现出发展的阶段性和连续性的统一。因此，人类社会的发展史可以理解为社会秩序不断进步和创新的历史。

社会秩序的特点是变动发展的，不是固定不变的。当社会发展后，适合一定社会或一定阶段的社会秩序就会改变自身的形式而适合社会发展的需要。这种变化不是同时进行的，社会秩序往往会落后于社会的发展。这个时候的社会秩序就会阻碍社会的发展，但社会会为新的秩序的建立提出理论和实践的要求，新的社会秩序的建立就渗入了新的发展特点。因此，特定的社

① ［美］亨廷顿．变动社会的政治秩序．上海译文出版社，1989：8.

② ［美］博登海默．法理学——法哲学及其方法．邓正来，等译．华夏出版社，1987：207.

会秩序不会永恒化，它本身就具有相对性和变动性，会随着社会的发展而改变自身的形式和本质。社会秩序的这一特点在社会转型时期表现出复杂的特点。一方面，旧的社会秩序逐渐失去了稳定社会的功能；另一方面，新的社会秩序还只是一种可能性。新的社会秩序的形式和内容取决于社会主体的认识和实践水平，以及主体的价值取向。社会转型时期的社会主体面临着十分艰难的选择。既要从旧的社会秩序中摒弃过时的、陈旧的东西，遴选出对新秩序建立有价值的内容，又要分析研究社会发展的内在需求，建构新秩序的基本框架与基本内容，还要考虑应然与实然的矛盾解决。因此，社会秩序的建构过程也是主体实践的发展过程。

社会转型对社会秩序产生深刻的影响。社会转型的特殊性引起了社会秩序的剧烈变化，深刻地影响了人们之间的关系和社会的整个控制机制，出现了严重的失序现象。一方面，社会转型引起了人们之间大量非规范性关系的产生。非规范性关系是针对社会转型以前的那种规范性关系而言的一种关系形式。所谓非规范性关系，是指人们相互之间的社会交往不再遵循原已为之设定的、统一性的行为模式，从交往关系的外在形式来看，表现为一种与以往不同的非模式化的趋势。非规范化的社会关系对社会秩序十分不利，因为人们总是在相对模式化的关系中谋取自身的利益。只有在能够实际获得预期利益的前提下才能实现社会成员之间的良性互动，而一旦人们不能预期并通过交往获得某种利益，势必造成交往的障碍。另外，社会关系的非规范化也会导致社会的动荡不安，加大社会控制的消耗成本。一个社会为社会系统的动态平衡，在可以容忍的阈值内可以允许一定程度的社会关系的非规范化，但是如果非规范化的关系突破了这个阈值而形成一种普遍的现象，那么社会秩序更替就为时不远了。另一方面，在一定意义上社会转型就是社会秩序的转型，而这一转型也就意味着社会控制机制的转型。社会控制机制是一个社会的秩序得以持续性存在的前提。在计划经济条件下，社会控制主要是通过政治和行政手段向社会各领域的渗透和思想，以及思维方式的整齐划一来实现的。在原有的社会中，政治权力之网覆盖社会生活的一切方面，绝对化的主流文化排斥任何其他文化，由此建立起稳固的社会控制机制。而在社会转型时期，随着政治与经济、国家与社会的相对分离，并由此带来的市民社会的初步确立，维持原有社会秩序的控制机制正在发生重大变革。由于这一变革相对落后于社会发展，因此在一定时期内出现了社会控制的“真空”，使社会出现失控的局面。这种情况在广大的农村十分突出，这种局面必然造成社会失序现象的大量存在。[①]

社会控制“真空”的出现必然伴随社会控制机制的失效。造成社会控制机制失效的原因很多，主要有这样几个方面：

第一，社会控制主体的合法性出现危机。社会控制主体主要是指国家组织。国家组织作为公共权威，它是社会规则的建立者、执行者，也是对违反规则行为的制裁者。在社会转型时期，社会控制主体的合法性受到质疑。一是传统的社会控制模式正在发生改变，传统型和领袖型的控制模式不符合社会发展的需要，社会发展越来越需要法理型的控制模式。二是社会控制主体的社会地位受到挑战。在传统社会里社会控制主体由于掌握着社会资源，人们自然就依赖尊崇社会控制主体，而随着社会资源控制主体的多元化，社会控制主体不再是人们唯一的依赖对象，那么相应地其地位就下降了，控制权威也就失落了。

第二，社会规范的合法性程度降低。转型社会是异质化的社会，出现在社会规范方面新旧并存，现代与传统处在同等混乱局面中。社会规范是社会秩序的核心，其统一性是社会秩序存在的前提。当这些统一化的行为规范得到人们广泛的认可并享有权威时，社会就会产生内聚力，人们就会自动地遵循这些行为准则。而在社会转型时期，社会规范缺乏社会秩序所需要的统一性，于是社会主体之间就存在规范冲突或抵触。在这种情况下，人们通过实际感受似乎不再知道自己到底应当遵守何种规范来从事交往活动。当人们不能从遵守规范中受益时，规范对人们就没有了意义；相反，社会转型时期，一些违背规则的人却不断受益，理性的精明计算使人们不惜选择违背规则来追求利益的最大化。这就使社会规范的权威受到了严重的影响，社会规范的合法性就必然出现危机。

第三，社会控制资源的流失。控制资源一般分为有形和无形两种。有形

① 沈亚平．社会秩序及其转型研究．河北大学出版社，2002：277.

资源的流失主要是公共权力的流失。在社会转型过程中，国家职能没有在“不该管”的领域中收回权力的同时，在“应该管”的领域强化其权力。从经济角度来看，国家在退出对微观领域的调控后，对宏观经济领域也调控不力，出现了“该管的不管”的混乱。无形资源的流失则主要是指公共权威机构所倡导的，作为秩序维持重要手段的价值观、道德观等文化资源的流失。在社会转型时期，多元化的经济格局必然产生多元化的利益群体，而多元化的利益群体必然造成多元化的文化现象。（在多元化的文化结构中，除了被确定为具有主流性质的文化之外，还有传统文化的反弹、外国文化的渗透，以及伴随社会转型而形成的非主流文化的扩散。正是各种文化的冲突和碰撞，造成了许多人文化归属的混乱和心灵的扭曲，这在一定程度上抵消了主流文化的社会控制作用，造成了无形的控制资源的流失。）文化这种无形控制资源流失的结果无疑是严重的，因为共有文化的存在和内化是社会的一种内在黏合力量，一旦失去，社会权威就得付出更大的代价来完成对社会的外在整合，必须采用强力手段达到维持秩序之目的。

社会转型对社会秩序的影响不仅仅是上述这些方面，从社会转型和社会秩序的内在联系来看，社会转型对社会秩序的影响是全方位的。

四、社会转型时期，关于社会秩序应着重研究的问题以及研究方法和理路

社会转型时期，面对社会失序的情况，关于社会秩序应着重研究两个问题：一是研究社会秩序是怎样产生的；二是研究新的社会秩序的合理性。这两个问题概括起来就是新的社会秩序应如何建构的问题。

随着社会的急剧转型，作为社会调控系统的整个社会规范体系的各个部分，包括道德规范、法律规范、规章制度、风俗习惯等，都受到了不同程度的冲击。在新的社会历史条件下，它们有的必须废止，有的必须修改，有的可以保留。此外，还必须根据社会发展的新的要求确立一系列新的社会规范，建立适合社会发展的新的社会秩序。在这一过程中，社会规范体系的废弃、建立、留用和改进都必须经过理性的选择和批判；另外，这些行为必须符合

客观实践的需要。实践是最终的判断标准。

社会秩序的建立离不开社会规范体系的确立。从整个人类特别是近代以来的历史进程来看，社会规范体系的确立，已从最初的自然而然地形成，愈来愈成为自觉的、有组织的理性行为，成为市场行为、民间行为和政府行为的协调运作。因此，如何建立一套科学、合理的程序，并使之制度化，从而保证社会规范制定和履行的正当性、公平性、普适性及有效性，早已成为西方有识之士愈来愈重视而且处置妥当的问题。在我国，由于经济转型而导致的原有社会规范系统日益加剧的混乱和调整,使社会出现了严重的失序问题，如何建构适合现代化发展的新的社会规范体系的问题便日益凸显出来。

研究社会秩序的产生，首先，要研究社会规范是如何产生的。主要包括描述社会规范怎样形成，如何变化；阐述社会规范形成及变化的充分而且必要的条件（主要是经济、政治、文化等方面的条件）；揭示社会规范形成的方式与机制，既要研究各类社会规范形成的特殊方式和机制（如道德规范形成的方式和机制就与法律规范不一样），也要从中概括出社会规范形成的一般机制。其次，要研究社会主体应具备的素质。主要包括社会主体思想意识水平；社会主体选择社会秩序的方法和标准；社会主体对社会秩序的价值判断和取舍；社会主体的信念、信仰等对社会秩序产生过程中的作用等。最后，着重研究社会秩序产生的社会基础，也就是社会存在、社会意识和社会价值的统一性问题。主要包括如何从内在的规范秩序变成现实的秩序；建立新的社会秩序的主体是谁；各种主体在建立新的社会秩序过程中的关系怎样；分析研究国家组织、意识形态在社会转型时期在建立新的社会秩序之中的重要作用；批判地说明为什么在社会转型时期不能过分地夸大非理性因素在社会秩序产生中的作用；等等。

合理性意义上的社会秩序研究，范围更广，内容更深。首先，要研究新的社会规范的合理性。主要包括要反思社会规范得以成立的理由和根据，考虑什么样的社会规范是正确的，什么样的社会规范是错误的；什么样的社会规范适应社会历史的发展，什么样的不适应。它要对社会规范的正确与不正确、合理与不合理、可行与不可行进行评价，并提供评价的理由和根据。换句话说，这种研究必须对社会规范进行辩护或反驳，并为这种辩护或反驳提供相应的证据。它应提供判定各种规范正确与否的根本标准，但这种标准在不同的派别那里是不同的。例如，神学家把神的意志视为判别一切规范正确与否的终极标准，当代西方的某些哲学家把社会规范系统本身是否融贯一致作为基本标准，而马克思主义则把实践作为检验一切社会规范正确与否的根本标准。也有否定终极标准存在的，就像存在主义者萨特或后现代主义那样，但这也必须提供理由。如果说，对社会规范产生的研究，旨在说明社会规范是怎么形成变化的，那么，合理性意义上的规范研究，则重在说明规范要怎样才是正确的。自有人类以来就有了规范，不同的人群有不同的规范。面对各种各样，甚至互相矛盾的社会规范，该如何判别其对错，该如何取舍而不至于无所适从，这就是合理性意义上的社会规范研究所关心并力图解决的问题。它力图给人们提供据以判别、取舍各种社会规范的阿基米德点。其次，社会秩序合理性还要研究社会秩序如何处理社会秩序与社会主体之间的关系问题。主要包括个体全面而自由的发展与社会秩序之间的关系。这个问题实际上是关于人类最根本的价值追求问题。要深入研究什么样的社会秩序才能既维护社会的稳定又能保证人的全面而自由的发展。要反思旧的社会秩序中不注意对社会主体的自由的关注——这个问题实际上又与社会主体的权利与义务密切相关。最后，还要研究社会秩序建立的主体的合理性问题，也就是社会控制主体的合理性问题。主要包括秩序创立者自身的合法性问题，也就是说，对创立者身份的合法性进行质疑。另外是对社会控制方式的合理性进行研究，分析说明什么样的社会控制方式才能适应社会发展的需要，才能产生新的合理的社会秩序。

上述两个问题是任何社会的转型时期都无法回避的问题。这也是本文要着重研究的问题。这些问题也是哲学、政治学、经济学、社会学等社会科学领域共同关注的重要问题。正如福山在面对大分裂时的态度：“为了弄清我们当前的状况何以不像看上去的那样毫无希望，我们必须从比较抽象的层面上对社会秩序本身的根源进行研究。”从抽象层面研究社会秩序是个非常复杂的问题，本文将就几个相关的问题展开讨论。

从研究方法来看，本文以中国现代化的历史进程为背景，从哲学、政治学、社会学、法学等多学科交叉的角度，以社会秩序为切入点，以新的社会秩序建构为理论分析框架，从宏观上研究社会转型时期社会秩序建立的途径问题。本文关注的焦点与其说是社会秩序的具体内容，还不如说是社会秩序的建立对于中国特色社会主义现代化事业、对于克服社会转型时期严重的社会失序现象的意义。本文尤其关注：在社会转型时期社会规范如何选择？社会秩序模式如何选择？是一元法治秩序，还是多元混合秩序？是社会秩序自发生成，还是人为选择？同时，本文还将探讨在社会转型时期，如何既保证人的全面而自由的发展，又维持社会的秩序？理性的个体为何要遵循社会规范？如何扮演好社会主义市场经济条件下的社会角色？本文还要研究在社会转型时期社会组织和力量应如何进行社会整合、整合什么来建构社会秩序？国家权力应如何进行社会控制、怎样控制来建构新的社会秩序？本文的立论是：以社会规范的理性选择和公民意识的树立为基础的社会整合和控制是社会转型时期社会秩序建构的根本途径。本文的这个结论并不意味着否定下列观点：社会秩序的建立与发展有着自身的规律。本文只是强调我国这样一个经济、文化比较落后的国家在进行中国特色社会主义现代化建设进程中，特别是在社会转型这个特殊历史阶段，社会秩序的建构必须要依靠社会实践主体的理性自觉行为才能实现。本文并不是一味反对社会秩序建立中的自然过程，而是强调在社会转型时期社会秩序的建立过程中，人为的、自觉的理性行为更为重要。这种观点的依据就是：各民族走向现代化的历史背景和现实基础是不同的。先发民族基本上是以古希腊文明为源头的西方民族，它们有着悠久的民主、法治、个性等文化传统，它们通过市民社会的发展，从内部萌生出现代工业文明，走向现代化。许多西方学者在这一背景下建立起来的理论格外强调社会秩序建立的自发性，如韦伯、哈耶克等人。与此不同，后发民族相对来说缺少民主、法治、个性等文化传统，在近代以来的帝国主义、殖民主义世界历史背景下，又缺少内生出现代工业文明的充要条件，且它们所面临的争取民族独立的斗争要求，事实上造成了强大民族政府自上而下推进现代化进程。所以，处于社会转型时期社会秩序的建立就应该特别重视社会秩序建立过程中的自觉性。

本文包含着一个命题，就是新的社会秩序的特点是合乎人性的。这是马克思和哈耶克等人都强调的观点。正是在这样的前提下，本文才构设了新的社会秩序的建构途径。在社会转型时期，通过理性的、自觉主动的实践活动，建构起合乎人性的社会秩序，它既是中国特色社会主义现代化发展的基础和目标，也是社会主体全面而自由发展的保证和内在需要。

如何在新的社会历史条件下建构新的秩序，是当代中国社会不可避免的一个现实问题。能否并在多大程度上解决这一问题，取决于人们对新的社会秩序形式的理性自觉，即是否自觉适应社会主义市场经济规律，按照以市场经济为基础的社会所提出的要求，建立起有别于以往那种国家统制型秩序的自主型社会秩序，这是个全新的问题。因此，立足于社会转型的社会现实来研究社会秩序问题，对于把握新时期社会的性质和特点，积极推进社会秩序的转换，并在秩序转换过程中保持政治和社会稳定，具有重要的现实意义。

第一章 社会秩序及其在社会存在和发展中的作用

一、社会秩序的含义、特性和结构

二、社会的本质与社会的有序化需求
——社会秩序在社会存在和发展中的作用

三、社会转型过程中社会秩序的价值分析

一、社会秩序的含义、特性和结构

（一）社会秩序的含义及探索

“秩序”一词在汉语中是“秩”和“序”的合成，在古汉语中，这两个词都含有“常规、次第”的意思。《诗经·小雅》云：“宾之初筵，左右秩秩。”“是曰既醉，不知其秩。”这里的“秩”即是常规之意。西汉学者毛亨明确解释说：“秩，常也。”秩是指常度。十年为一秩。关于“序”字，通常是指次序，根据东汉经学大师郑玄的注释：“序，第次其先后大小。”先秦儒家所谓“长幼有序”“以岁时序其祭祀”等均是在这种意义上使用的。“秩序”作为独立的词语，较早地见于西晋文学家陆士衡的《文赋》一文，其中写道：“谬玄黄之秩序，古腆认而不鲜。”可见，“秩序”一词在汉语中出现是很早的，这大概同古人推崇常规、次第等规矩和观念有关。不仅如此，“秩序”一词在后来的演化中也大体遵循了这一原初含义。

《现代汉语词典》中把“秩序”解释为“有条理、不混乱的情况”。《辞海》中解释为“指人或事物所在的位置，含有整齐守规则之意”。这些应该说是最权威，也最通常的理解了。然而，它并没有超出古汉语对秩序厘定的界限。像这种情况在汉语中应该说是不多见的，由此可见，在中国文化中，对于秩序有着始终一贯的理解和追求，秩序在传统文化中有着十分重要的作用，也是解读中国传统文化乃至中华民族绵延不息之谜的一个重要途径。

中国古代思想家曾将社会秩序作为一个重要问题进行过研究。老子曾着重研究了社会秩序的形成，对理想化的小国寡民式的社会秩序进行过描述，并认为统治者对治下的百姓要实行无为而治。孔子为维护奴隶主贵族等级制和以奴隶主贵族的血缘关系为基础的宗法制度，竭力强调以周礼为尺度来正名分，并以“君君、臣臣、父父、子子”作为正名的主要内容。同时，为了克服礼崩乐坏的局面，提出以“仁爱”为基础的礼治思想来调控社会的矛盾。随着战国时期封建制度的建立，思想界进入百家争鸣时期，学者们对社会秩序问题进行了更加广泛的探讨。其中，墨子为达治避乱，提出了“兼相爱，交互利”的思想和“非攻”“尚同”的政治主张。在建构社会秩序的治国方略上，荀子提出了“礼法并举”的治国思想。作为先秦法家思想的集大成者，韩非则提出了“法、术、势”的统治方略。而孟子为减轻百姓负担，维护统治者的统治和社会秩序，在“民为贵”思想的基础上提出了“仁政”的主张。经过春秋战国时期的百家争鸣之后，随着中国封建大一统国家的建立和封建专制文化政策的形成，为关于社会秩序问题的研究建立了一个基本线索或者主题，即学者们主要从维护封建统治者的政治统治出发，在社会生活的统一性和多样性的对立中探讨社会秩序问题。中国社会具有悠久的贵一轻多的思想渊源，早在老子的《道德经》中，就曾表现出这种倾向。庄子认为“圣人故贵一”，其后的荀子强调“天下不一，诸侯俗反”。《吕氏春秋》中提出“执一而万物治”，黄老哲学要求“举一事而天下从，出一政而诸侯靡”“执一政以绳百姓，持一概以等万民”。魏晋时期的王弼在论证他的唯心主义本体论时表达了同样的思想，强调“一以统众，一以治多”“夫众不能治众，治众者至寡者也”。因此，中国传统思想家片面强调社会生活的统一性，以此来维护社会秩序并形成了根深蒂固的传统。只有以寡治众，以少统多，才能像王弼所说的那样，使天下“繁而不扰乱，变而不扰惑，约以存搏，简以济众”。他们所谓的统一性，是排除了多样性的统一性。强调这种统一性，不仅是维护封建社会转型和政治统治的需要，也是传统社会人们生活的真实反映。

英文中的秩序概念“order”有“次序、顺序、有规律”的状况等含义。对于社会秩序的探究不是中国人的专利，千百年来一直是各国人民不断探究的一个重要课题。

在西方思想发展史中也有非常丰富的关于社会秩序的思想。早在公元前8世纪，古希腊人赫西阿德在其长诗《劳动与时令》这本被认为是最早的道德手册中就叙述了社会秩序问题。他认为，社会的正常秩序应当以公正为基础，只有坚持用公正来处理人和人之间的关系，才能维持人类社会的正常秩序。在古希腊自然哲学家那里，在探讨世界统一的本原，以期发现其内在的规律的同时也涉及社会秩序问题。毕达哥拉斯、柏拉图、亚里士多德等思想家都为社会秩序的研究做出过贡献。

柏拉图在探讨秩序时主要是从政治秩序的角度论述的，他的《理想国》就是一部政治秩序的著作。他设计的理想的国家，是追求正义的国家，而一个正义的国家就是一个有秩序的国家。柏拉图主张，正义将根据每个人自然天性的差异来分配不同的权利和义务。当上帝用黄金来铸造人并使其有智慧天性时，这些人将是最可宝贵的统治者；当用银来铸造人并使其具有勇敢的天性时，这些人就应当成为武士；当用铜和铁铸造人并使其具有欲望天性时，这些人应当去做农民及技工等。在这里，柏拉图强调了国家要长治久安就必须保持这个秩序，秩序在他眼里有两层含义：一是国家各个阶层的人一定要有次序；二是这个次序不能混乱。他的理想国家的模型也是建立在对秩序的这种理解之上的。

亚里士多德也是从对社会政治秩序的探讨中阐述他的秩序观的。总体上他认为秩序就是和谐，一方面，公民都必须遵守国家的控制和管理，“公民都应遵守一邦所定的生活规则，让个人的行为有所约束……”[①]另一方面，国家要赋予公民权利和权力。他不同意柏拉图的观点，柏拉图只讲国家的整体利益，不讲社会个体利益。亚里士多德则非常重视国家与个体的和谐以及个体的权利和义务的和谐，他认为这是保持国家长治久安的关键。亚里士多德的这一思想在欧洲社会发展的文明史上具有深远的意义。

在欧洲的中世纪，关于社会秩序的研究掺杂宗教神学的因素，经院学者们更为关注的是上帝在秩序建构中的作用。经院哲学从维护封建等级制度出发，认为世界上的一切都是上帝安排的，天意要对一切事物贯彻一种秩序。如同上帝创造的自然秩序中具有等级秩序一样，上帝所创造的人类社会也存在严格的等级秩序。整个社会就是上帝创造的等级有序的协调的统一体。

随着文艺复兴运动的兴起并走向高潮，思想家们对中世纪的神学宗教秩序和世俗社会秩序发起了强有力的冲击，为资本主义社会秩序的形成做了舆论准备。17 ～ 18 世纪，西方资产阶级思想家摆脱了宗教神学的影响和束缚，运用经验和理性的研究方法对社会秩序进行研究。霍布斯、洛克、卢梭等人在运用社会契约论解释国家的起源时，阐述了人类社会文明秩序的形成。尽管他们的观点从本质上说代表了资产阶级的根本利益，具有历史唯心主义的特征，但这些思想克服了古希腊罗马时期自然哲学关于自然秩序和中世纪关

① ［古希腊］亚里士多德．政治学．吴寿彭译．商务印书馆，1981：276.

于宗教秩序理论的缺陷，在从人类社会和世俗的角度阐述社会秩序问题方面做出了重要贡献。近代欧洲资产阶级的思想家在为自身利益作理论阐述时怀着矛盾的心理对待秩序问题，革命前后对待社会秩序的态度迥然不同，但是他们的秩序观有一点是相同的，即不仅认为秩序是一种和谐，还认为秩序必须依靠第三者——契约的维持，秩序实质就是一种调控，没有调控就没有秩序。他们从人本性出发，认为没有契约调控的社会即自然状态就只能是混乱的。契约论是他们的核心思想。洛克和霍布斯的契约论虽然有很多不同，但是他们都相信，没有契约，即国家、法律的调控，就谈不上秩序。他们赋予了法律极高的权力。霍布斯认为要结束“人和人是狼”的混乱局面就要依靠法律。虽然他们没有就秩序本身展开论述，但从他们的社会政治秩序观中我们可以清楚地看出他们把秩序作为主体实践活动的结果的思想。“秩序就是法律”是他们的共同信仰。

总的来说，近代以后的西方思想家，在个人和社会关系的框架中解释社会秩序问题时，主要从资本主义个体自由价值观出发，沿循自主型社会秩序建立的途径阐述了个体自由和社会秩序的关系问题。洛克、斯密、边沁、斯宾塞和密尔等人是这一研究趋势的代表。

德国古典哲学家康德在其“星云假说”中对整个宇宙从混沌的无序走向有序的过程进行了探索。他说：“我认为物质是受某种必然性的规律所支配的。我看到，物质是能从它的完全分解和分散状态中自然而然地发展成为一个美好而有秩序的整体的。”① 关于秩序的含义，康德认为“秩序即常规性的整合”。这一思想非常深刻，它包含两层意思：一是强调秩序就是常规性，这与中国古代的思想是一致的；二是强调秩序不是常规性的简单相加，而是整合。整合强调的是秩序的内在统一性，这种统一性有主观的参与，不是简单的自然形成的。

现代西方学者对社会秩序的研究更加深入。施米特、博登海默、韦伯、哈耶克等人的思想最具代表性。他们从政治、经济、法律等角度展开对社会秩序的研究。秩序仍然是西方学者极为关注的一个问题。法学家博登海默

① [德] 康德. 宇宙发展史. 上海人民出版社，1972：13.

认为，“自然界与社会进程运转中存在着某种程度的一致性、连续性和确定性”。[①]

从制度经济学的角度对秩序展开论述的比较多，哈耶克就是其中的代表之一。在此我们简要评述一下。哈耶克在数十年的著作生涯中经常使用“市场秩序”“道德秩序”“法律秩序”“自发秩序”“人为秩序”。他甚至把组织、政府、社会等都视为社会秩序。另外，他还经常把社会秩序与制度（institution）、规则（rule）、习俗（custom）、惯例（convention）、传统（tradition）和常规性（regularity）等词联系在一起使用“社会秩序”这一概念，使其界限和含义变得非常复杂和令人难以把握。然而，在哈耶克反复不断的论述中，我们仍可对社会秩序的含义有一些深入的理解。在哈耶克的著作中，社会秩序概念有两重含义：在狭义上，即按哈耶克所理解的在“社会秩序”建构初始阶段，它是指人们在社群或社会的活动中经由相互调适而呈现出来的作为行动结果的一种有条不紊的状态、情形，一种人们行事的常规性，一种我们从维特根斯坦本体论哲学所理解的诸多原子事态中的普遍性、同一性、延续性或驻存性。而广义的社会秩序（social orders），哈耶克认为就等于社会本身。他有时也把它叫作“整体秩序”，它包括“orders”和“institutions”，即把狭义的社会秩序（social orders）和建立在其上的种种抽象的规则系统（即哈耶克本人理解的“institutions”）包含在其中。

但是哈耶克认为秩序的含义实在是太复杂了。他在晚年的著作《不幸的观念》（也可译为《致命的自负》）中承认“像近似等价词‘系统’‘结构’及‘模式’一样，秩序概念也很难把握”。他还指出应该区分两种不同却又相关的秩序概念。他认为，作为动词和名词，“‘秩序’既可用来描述对对象或事件进行排列和分类的精神活动的结果……又可用来描述对象与事件所假设具有的或在某一时刻被赋予的有型安排（physical arrangements）。从拉丁语的‘regula’一词所源生出的常规性和秩序不过是要素之间同类关系的

① ［美］博登海默．法理学——法哲学及其方法．邓正来，等译．华夏出版社，1987：207.

时空特征”。[①] 尽管在这里他并没有对秩序下个明确的定义，但他把事物存在和发展的常规性视为秩序还是很确定的。

哈耶克给“秩序”的比较明确的定义是：“秩序是事物的一种状态；在这种状态下，纷繁众多的各种因素彼此相互联系，使我们可以从我们所熟悉的部分空间或时间来得出对于其余部分的正确期望，或者至少使我们有可能得出正确的期望。”[②] 哈耶克秩序的定义包含两层含义：一是秩序是事物存在的一种状态；二是在这种状态中，各种因素相互联系，人们根据事物的这种相互联系，可以知道或者有可能知道事物存在和发展的结果和方向。很显然，事物内在的各种因素的这种联系不是杂乱无章的，而是有条理、有规律的，否则人们就不可能有正确的“期望”。因此，秩序的含义事实上也包含有条理、不混乱的意思。值得注意的是，哈耶克在给社会秩序下定义时，是从主观与客观两个角度进行界定的，强调了主体在社会秩序中的重要地位。

马克思主义经典作家虽然没有对社会秩序问题进行过专门研究，但却正确地论述了史前社会秩序的基本特征，并结合国家的起源，阐述了社会秩序与国家的关系。他们不仅指明国家产生于秩序的要求之中，而且也说明作为一种凌驾于社会之上的暴力机器，国家对于经济基础和统治阶级的统治秩序起着重要的维护作用。马克思、恩格斯揭示了社会发展的动力和规律，指出在社会基本矛盾运动的作用下，推动着社会形态的更替，实质上也就是推动着社会秩序类型的变迁。马克思主义对社会秩序研究的基点是建立在对当时资本主义社会秩序的批判基础上的。马克思主义之所以与其同期和后来的西方学说不同，就在于马克思主义不是对当时社会秩序的维护问题而是对社会秩序的批判问题进行研究的。这不仅是由马克思主义本身的阶级性和革命性决定的，更主要的原因是资本主义发展初期的严重失序的社会状况。马克思、恩格斯代表的是世界无产阶级的利益，他们所关注的，是如何变革现存社会，为无产阶级指明获得解放和建立新的社会制度的基本途径。而西方资产阶级学者是为了维护资产阶级的根本利益，自然要探讨使统治者长治久安的方略，

① ［英］哈耶克．不幸的观念．刘戟锋，等译．东方出版社，1991：15.

② ［英］安德鲁·甘布尔．自由的铁笼——哈耶克传．江苏人民出版社，2002：48.

以保证西方社会秩序的稳定和长久。另外，尽管西方从市场经济的传统社会向市场经济的现代社会的转型肇始于16世纪，但是直到18世纪才在英国率先实现了从农业文明向工业文明的过渡。19世纪上半叶马克思主义创立时，西方各国社会转型的程度并不一致，而且各国社会矛盾非常突出，阶级冲突日益尖锐。正是在这种历史背景下，马克思提出了无产阶级通过政治革命变革社会的历史使命。而以后的其他现代西方社会理论家则是处在西方社会转型业已实现和无产阶级与资产阶级斗争相对缓和的历史时期，他们主要关注和探讨的是在社会转型已经实现的情况下，社会如何正常运行的问题。本文虽然探讨的是社会秩序的建构问题，但是并非否认社会变革和革命的合理性及其重要意义；相反，本文认为，只有将社会秩序和社会变革结合在一起，才能更好地揭示社会秩序的发展和更替的规律。

综合上述各种观点，从马克思主义对社会秩序的基本观点出发，本文从以下几个方面理解社会秩序：

第一，它是人类生活的一种自然的倾向。① 这种理解是强调社会秩序的客观性，即在社会秩序内包含着不以人的意志为转移的特性。这种特性是由社会的自然性决定的。

第二，它是一定生产方式和生活方式的社会固定化形式，是人与人之间社会关系的制度化和规范化。② 这种理解是强调社会秩序的稳定性、连续性和规则性特点。正如有的学者认为的那样，“秩序总是意味着在社会中存在着某种关系的稳定性、进程的连续性、行为的规则性，以及财产和心理的安全性”。③

第三，它在指称人时，是指人的社会活动、行为具有一致性、连续性、确定性。④ 社会秩序是人类社会的特有现象，它在人类社会行为关系中生成，并推动着社会关系的正常运行。当人类社会处于一定的制度和规范调整状态

---

① 吕世伦，文正邦．法哲学论．中国人民大学出版社，1999：577.

② 马新福．法社会学原理．吉林大学出版社，1999：79.

③ 张文显．法理学．高等教育出版社，1999：227.

④ 孙国华．法理学．法律出版社，1995：105.

下的时候，人们的行动就具有一致性、连续性、确定性的特点。我们称这种状态为社会的有序状态，或者称为社会的秩序状态。

总之，社会秩序作为秩序的一种特殊形式，它反映着人类组织之间、个体之间，以及社会组织与个体之间的相互联系、相互交往和相互作用的有序状态。我们在此使用的社会秩序是一个综合性的概念，它舍弃了社会各领域秩序的特点，是对一个国家的政治秩序、经济秩序、法律秩序、伦理秩序和具体的社会秩序的抽象或概括。本文的重点就是对这种社会秩序的稳定状态和社会有序化状态展开理论研究。

（二）社会秩序的特性

社会秩序具有多重特性，主要表现在以下几个方面：

第一，社会秩序具有主客观双重性。我们可以从社会秩序与自然秩序的区别来分析社会秩序的主客观双重性。社会秩序是个非常复杂的概念，可以从不同的角度对它进行分类，最简单的可分为自然秩序和社会秩序。自然秩序和社会秩序同时存在，人类才能生存和发展。这两种秩序虽然都表现为一定的有序性，但二者毕竟存在着很大的差异。因为，社会是一个自然历史过程。一方面，就物质生产方式是社会发展的决定力量而言，历史规律无疑具有客观性，社会发展的确是一个自然过程；另一方面，就实践是社会生活的本质和社会存在方式而言，历史规律又具有特殊性，社会发展又是人的创造活动过程。人们自己创造着自己的历史，“历史不过是追求着自己目的的人的活动而已”①。人类社会的这种特殊性决定了社会秩序与自然秩序有很大的不同。

为了对社会秩序有一个深刻的理解，让我们先分析一下自然秩序的特点。自然秩序是一个独立于人类行为之外的秩序系统，是自然界物质运动、变化和发展规律的直接体现。自然秩序的构成要素主要有两个：自然物及其运动规律。自然物构成自然秩序的物质载体，而自然界物质运动规律则是其内容，物质运动规律只有凭借着宏观的物质系统才能体现出来并外化成自然

① 马克思恩格斯全集（第2卷）. 人民出版社，1995：118 ～ 119.

秩序。在大千世界的万物中，物体与物体时间空间位置上的相对固定性、物体存在一定时间内的相对连续性、物体运动的有规则重复性、一事物变化导致另一事物变化的因果性，以及上述秩序的其他特性等共同构成自然界的有序性，自然界的这种有序性就是自然秩序本身，它的最大特性是一种客观存在，不以人的意志为转移。正是在这个意义上说，自然秩序与规律是两个非常接近的概念，因为二者之间存在着一系列的联系和共同特征。抽象地说，规律作为事物的本质，必然要找到它的表现形式，产生一定的秩序，正如黑格尔所说，“本质必定要表现出来”[①]。反过来说，秩序也不可能是无内容的、空洞的，它只能是事物内在矛盾的外在形式，而不论这种形式是恰当的还是歪曲的。因此，在秩序正确反映规律的条件下，秩序就是规律，即所谓一切事物的运动、发展过程都具有某种确定不移的基本秩序，这就是物质本身所具有的本质的、必然的联系，就是物质运动的规律性。当然，自然秩序与规律并不是同等程度的概念。规律是事物间本质的、稳定的和内在的、必然的联系，因而规律是事物比较深刻的、比较稳定的方面，反映着事物运动过程的内在矛盾。而从总体上说，与事物存在和发展的规律相比，秩序仍属于现象形态范畴，是事物内在矛盾的具体外在的表现形式。同一规律可以有不同的表现形式，外化为不同的秩序，在一定的条件下秩序甚至还可能以歪曲的形式反映规律。因此，确切地说，秩序与规律的关系，是现象与本质、形式与内容的辩证统一关系。

自然秩序是客观的，自然秩序是不以人的意志为转移的客观存在，自然秩序不论表现为自然法则、自然规律，还是表现为自然定律，大到宏观的宇宙天体运行，小到微观的原子裂变，都存在自己固有的运动规律，并且自然地外化为客观的秩序。自然界的秩序是在自然对象的运动中自然生成的，在此并不涉及人们主观因素的作用成分；而人类社会秩序的形成，无论是人为的秩序，还是自然生成的秩序，都不能摆脱人类主观意识的影响，前者在历史的不同阶段发挥着程度不同的作用。社会是人的活动的结果，历史运动离

---

① ［德］黑格尔．小逻辑．商务印书馆，1981：275.

不开人。人既是历史的“剧中人”，又是历史的“剧作者”。[①]与自然秩序相比，一方面，社会秩序作为人类社会生活的必需，也是客观的、必然的，这一点与自然秩序非常接近；另一方面，社会秩序更重要的特性在于它并不像哈耶克理解的那样是自发形成的，人类积极的社会实践和意识活动对社会秩序的形成起着特殊的作用。尤其是人类到底选择什么样的社会秩序，这与他们在实践的基础上，主观人为地理性选择什么样的社会规则有直接的关系。这也使我们清楚地认识到为什么人类制定不同的规则、规范会导致不同的社会秩序形态。因此，可以这么说，尽管人类社会秩序的形成具有客观性、必然性，但这种客观性和必然性要通过人的主体实践活动、意识活动才能得到体现。与自然秩序纯粹和客观必然性联系不同，社会秩序是主、客观相统一作用的结果。

第二，社会秩序具有稳定性和协调性。社会秩序的稳定性又可称为一贯性和恒常性。任何对象作为一个由多重要素构成的综合体，必有其相应的将其众多要素组合起来的内在结构。这种内在结构将对象的各种要素组成相对稳定的相互关联的模式，使其运动趋向于可预测的周期性发展的过程。这种可预测的周期性就是社会秩序的稳定性，就是秩序本身。哈耶克给社会秩序的定义：“社会活动的有序性展现于如下的事实之中，即个人能够执行一项一以贯之的行动计划，然而，这种行动计划之所以能够得到执行，其原因是他几乎在执行此一计划的每一个阶段上，都能够预期其他的社会成员做出一定的贡献……因此，所谓社会的秩序，在本质上便意味着个人的行动计划是由成功的预见所指导的，这亦即是说人们不仅可以有效地使用他们的知识，而且还能够极有信心地预见到他们能从其他人那里所获得的合作。”[②]哈耶克有时也认为，“秩序”这一术语亦可用当代社会科学系统论中的“系统”

---

① 马克思恩格斯选集（第1卷）. 人民出版社，1972：113.

② ［英］哈耶克. 自由秩序原理（上卷）. 邓正来译. 生活·读书·新知三联书店，1997：21.

来代替。[①]从他对狭义的社会秩序的理解来看，就像他对秩序的理解一样，他仍然强调秩序应有的一贯性和恒常性。

在任何对象中，各组成要素都要承担相应的功能。它们正常履行各自的功能也是对象保持秩序的必要条件,任何要素如果发生功能障碍或功能丧失，或者各要素关系的失衡，必然会导致对象的失序状态。因为，一个处于稳定状态的对象，总是由许多要素保持着有机的秩序、向同一目的行动的东西。各组成要素或其功能目标相互冲突甚至背道而驰，其相应系统的紊乱就不可避免。常规性是社会秩序的特性，但仅仅把社会秩序等同于常规性显然是不够的。哈耶克也注意到了这个问题，所以他一再提醒人们要把人们行动中的秩序和常规性区分开。他说："一个群体中的这个行动秩序，远不只是个人行动中可遵循的常规性的总和，而且也不能将之化约为常规性。"之后，他还主张，要"对那些由规则加以界定的个人行为的常规性与人们遵循某些人类的规则而产生的整体秩序进行明确界分"[②]。在一些论述中，哈耶克进一步强调了社会秩序中协调性的重要性。同自然秩序一样，社会秩序也是事物存在和发展的一种状态。哈耶克明确地说："人们的常规性行为并不意味着秩序，而只有某些人的行为的常规性才导致整体的秩序。因此，社会秩序是一种实际的事态，有别于人们的行为的常规性。它必须被定义为一种特定的状态，在这种状态下，人们能根据他们各自的专有知识而形成对他人的行为的预期。这种预期通过人们的相互调适成为可能从而被证明是正确的。"[③]所以康德把秩序理解为"常规性的整合"，对社会秩序的这种理解是极为深刻的。社会秩序是可以调适的。有时人们的行动之间会发生冲突，而这种冲突经过人们的相互调整和适应，从而证明人们的预期是正确的。除此之外，这里还包含着一层意思就是社会秩序是有章可循的，否则，在发生冲突后人们根据什么来进行调适呢？由此可见，社会秩序事实上也就是事物存在和发

---

① ［英］哈耶克．自由秩序原理（上卷）．邓正来译．生活·读书·新知三联书店，1997：21.

② 韦森．社会制序的经济分析导论．上海三联书店，2001：121.

③ 韦森．社会制序的经济分析导论．上海三联书店，2001：45.

展的有序性，只有事物的存在和发展是有序进行的，它才可以被预见；只有事物的存在和发展是有序进行的，一旦发生与人们的预期不符时，它才是可以被调适的。社会秩序的本质就是社会存在和发展的有序性。

第三，社会秩序具有目的性和持续性。社会秩序的目的性也可理解为合规则性。自然秩序是自然法则、自然规律、自然定律等自然而为的，其本身不具有目的性。人类社会秩序的形成是人类社会实践活动的结果，它与人类追求的特定目的有着直接的关系。这是因为，作为人类秩序实际内容的规则，是人们为了实现一定目的而设计制定的。社会规则存在于人类社会生活的各个方面，大到国际关系的建立、民族争端的解决、社会制度的变迁、国家政权的更替、经济系统的运行、国家法治状况的形成，小到各种社会组织、集团、群体、个人的社会活动，如维持交通、体育比赛、企业管理、组织建立等都受一定的规则约束，最终都是为了达到特定的目的。规则在自然界里表现为一定的“自然法则”，在社会领域里表现为一定的法律、法规、惯例、习俗、道德等。社会的存在和发展必须符合一定的规则，必须在一定规则的规范下展开自己的活动。正是由于按照规则所确定的轨道或者所预设的模式，在摆脱了偶然性和任意性的条件下，社会的活动才呈现出有序性。马克思说：“这种规则和秩序本身，对任何要摆脱单纯的偶然性或任意性而取得社会的固定性和独立性的生产方式来说，是一个必不可少的要素。这种规则和秩序，正好是一种生产方式的社会固定的形式，因而是它相对地摆脱了单纯偶然性和单纯任意性的形式。”[①] 显然，马克思把秩序与单纯偶然性和单纯任意性对立起来。就社会秩序而言，偶然性和任意性意味着社会运动变化的杂乱性、突变性和不可预测性，而这正是缺乏内在规则约束和制约的结果。只有对社会中的偶然性和任意性进行限制，社会才能有秩序，而这种限制只能依靠规则来实现。正是由于按照规则所确定的轨道或者所预设的模式，在摆脱了偶然性和任意性的条件下，社会的存在和发展才呈现出有序性。在社会生活中，合乎规则的行为是人们正常交往的保证。

社会存在和发展不仅要有规则性，还必须保持连续性。连续性是一种跨

① 马克思恩格斯全集（第 25 卷）. 人民出版社，1974：894.

时间的一致性，它取决于同一性在某种程度的稳定性。对于社会而言，“如果没有持续性，社会就不成其为社会；复制的机制赋予社会以持续性；这一持续性是社会之所以被定义为社会的条件。”[①] 希尔斯所称的“复制机制”在人类社会发展历史中起着一种社会遗传作用。通过“复制机制”，可以使不同历史阶段的社会生活表现为一种跨历史的统一性，进而使社会生活呈现出连续性。如果复制机制遇到障碍，致使大量的社会变异现象产生，不仅意味着社会生活连续性的中断，也将意味着社会失序的萌生。[②]

第四，社会秩序具有变化性。构成自然秩序的自然法则、自然规律和自然定律在人们至今所知的时空范围内是不发生变化的、是恒定的。而形成社会秩序的规则是不断变化的。自从人类社会产生以来，我们从某种角度可以将社会规则分为四类，即习俗规则、道德规则、制度规则和法律规则。与之相联系，人类社会曾经存在四种社会秩序，即习俗秩序、道德秩序、制度秩序和法律秩序。习俗秩序表现在一定的风俗习惯中，它是人类社会最初的秩序形态；随着人类逐渐摆脱了蒙昧状态，因而形成一定的是非善恶标准，由此产生了以道德信念为基础的道德秩序；制度秩序是随着社会关系的发展和社会生活的不断进化而产生的，伴随社会关系的复杂化，人类生活取得了更为发达的形式，即产生了具有特定目的和功能的社会组织实体，为了保证人类各种社会组织的正常运转，就需要一系列明确的规章制度，我们把在保证组织实体正常运转的规章制度作用之下而形成的社会秩序称为制度秩序；制度秩序发展到最完善阶段，即发展到以法律规范、法律规则为依据而形成的秩序阶段，则是法律秩序形态。无论上述哪种秩序形态，都不是一成不变的，社会秩序要不断地随着习俗规则、道德规则、制度规则和法律规则的变化而变化，这是社会秩序不同于自然秩序的又一重要特征。

第五，社会秩序具有具体性和抽象性。除了上述特点以外，社会秩序还是具体与抽象的统一体。社会秩序是一种具体的实际存在，哈耶克认为，社会秩序包括两部分：一部分是社会的规则系统；另一部分是在这种规则系统

① ［美］希尔斯．论传统．傅铿，等译．上海人民出版社，1991：225.
② 沈亚平．社会秩序及其转型研究．河北大学出版社，2002：20 ～ 21.

规导下的人们的行动。但有时哈耶克却把社会秩序仅看成是一种抽象的存在。他说："……人们无法根据任何特定的可观察到的事实来界定该秩序，而只有根据那个经由细节或点滴的变化而得到维持抽象关系系统才能界定这个秩序……这种行动的秩序并不是某种可见的或可以感觉到的东西，而是某种只能够从心智上加以重构的东西。"① 哈耶克这种把社会秩序或行动秩序理解为一种抽象存在的思想无疑是深刻的，他看到了存在于表面现象后面的更根本的东西。但是，他把社会秩序本身理解为一种不可视见和不可感知的某种"玄之又玄"的东西，显然有失偏颇，受到了许多学者的批评。"因为，至少在某种程度上或者说至少某些'具体秩序'是可视和可感知得到的东西。譬如，如果在英国的任何一个城市，你会发现所有的车辆均靠左行驶；在美国和欧洲大陆，你又会发现所有的车辆均靠右行驶。这显然是两种不同的'行动（交通）秩序'。这些行动秩序难道不在某种程度上可以说是可视和可感知得到的社会实存？"② 社会秩序的确是个复杂的概念，但是它的复杂性不在于它是一个抽象的概念。它是抽象的规则和人们的具体行为共同构成的有机体，是看得见摸得着的实际存在。

总之，秩序不仅存在于自然界，也存在于人类社会。人既是自然动物，更是一种社会动物，人类社会同样是有序运行的。人类社会的有序性表现为人们在共同的社会性生产和生活过程中行为的有规则的重复性和再现性。换言之，人们在征服自然和改造自然不断往复的社会交往过程中，逐渐地会形成一定的、固定的社会关系。简单地说，人类的社会秩序就是人与人之间社会关系的制度化和规范化。它是人类社会的特有现象，它在人类社会行为关系中生成，并推动着社会关系的正常运行。当人类社会处于一定的制度和规范调整状态下的时候，我们则称这种状态为社会的有序状态，或者称为社会的秩序状态。

---

① 韦森．社会制序的经济分析导论．上海三联书店，2001：50.

② 韦森．社会制序的经济分析导论．上海三联书店，2001：50.

（三）社会秩序的结构

人类社会秩序的结构是非常复杂的，对此学者多有研究和探讨，其观点各异。亚里士多德认为，社会是个分化成集团的整体性的结构。乔巴斯坦·维科认为，社会历史是各种冲突和混乱的个人行动联结起来而形成统一体的过程。美国社会学家帕森斯将社会结构分为三个层次，即价值、制度、集体。“秩序并非一种从外部强加给社会的压力，而是一种从内部建立起来的平衡。”① 国内有的学者将人类社会秩序分为社会实体、社会规则和社会控制三个构成要素。② 本文认为，任何一个社会的治理者都要根据自己的治理理念建构相应的社会秩序，在构成社会秩序的各种要件中，社会实体、社会规范和社会控制无疑是三个最为重要的方面。

社会实体是社会秩序的载体；社会规范是社会秩序的内容和核心，这两者是社会秩序的一般要素。社会实体即社会实践的行为主体，通常是由不同意志的个人、群体和组织构成的。在一定的社会结构中，任何人、群体或组织都以某种独特的方式与其他的人、群体和组织发生相互的结构关系，并且根据某种特别的过程而发生相互作用。当具有不同意志的社会实体及社会实体内部各成员被要求遵守统一的社会规范时，社会控制为解决这一矛盾提供了动态的形式，因此社会控制是社会秩序中不可缺少的特殊要素。

任何社会秩序都是相对于不同社会实体而言的。社会实体概念基本等同于帕森斯提出的社会结构中的“集体”的概念，社会秩序的不同首先是社会实体的不同。社会实体分为个体与集合体（包括集体、组织等）。在集合体中，组织具有十分重要的作用，因为任何人其实都分属于不同的组织，不存在不属于任何组织的个人。不同的社会实体建立的社会秩序也不同。社会实体作为社会秩序的载体，既可以表现为个人这样的社会最基本的初始实体，也可以表现为群体、组织这样的合成体。社会实体是一个广义的概念，它包括了原生型的社会主体，如公民、阶级和民族，也包括为了某种特定的利益

① ［英］哈耶克．自由秩序原理（上卷）．邓正来译．生活·读书·新知三联书店，1997：183.

② 袁峰．理想政治秩序的探求．学林出版社，2002：22 ～ 23.

需要而有目的地构建起来的社会组织，如工会组织、政党组织等。

社会实体与社会秩序的关系密切。在现实社会生活中不涉及任何社会关系的单个抽象的人是不存在的，每个人都是在一定的社会关系中展开活动的。因此，群体、组织构成了社会实体的主要形式。社会实体受特定社会秩序的制约，处于一定社会发展阶段的社会实体总是特定社会秩序的产物。社会秩序对于任何新人来说，都是一种为其预设的关系和行为模式，任何人一出生，都必然无选择地面对着为其设定好的社会秩序，他们必须在社会秩序所确定的行为框架内从事各种活动。而从社会治理者来分析，他们关心的是新生一代经由社会化的过程在多大程度上与社会秩序所预设的行为框架相一致。在社会转型时期，作为社会的治理者，最为关心的是如何把社会实体的行为纳入新的社会秩序之中。同时也把是否实现这一目标作为社会转型是否成功的关键和标志。因此，社会的治理者在社会转型时期，总是不惜动用巨额社会财富和广泛的社会力量建构新的社会秩序模式，打造新的社会秩序模型，复制出符合其自身需要的社会实体，实现社会转型。

相对于社会秩序，社会实体不是完全被动的。社会实体及其相互作用推动社会秩序不断进化演进。社会实体是社会秩序发展变化的推动力。社会实体根据社会生产力与生产关系的发展变化不断调整或者以暴力的形式彻底改变生产关系，建立新的生产关系以适应生产力的发展，形成新的社会秩序。社会实体还在具体的社会实践中,通过不断提高自身的认识能力和实践能力，不断形成适应新的社会发展需要的交往关系，从而为新的社会秩序的产生做好应有的准备。

社会规范又称社会规则，是人们在社会生活中行为规则的总称。它是一个社会秩序之所以成为这一秩序的决定条件之一。社会规范构成了社会生活中必不可少的基础，它是社会秩序的内容与核心。从社会学的角度来看，“社会是按照一定规范整合起来的人类生活共同体，它按照既定的一套行为规范维持社会秩序，调整人们之间的关系，规定和指导人们的思想和行为方向”[①]。社会秩序的形成和确立，不取决于社会个体的强力，而是取决于普

① 郑杭生．社会学概论新修．中国人民大学出版社，1994：71.

遍适用并得到社会权威保障的规则、公理和制度。在社会生活中，人们只有在社会规范明晰的前提下，才能避免利益冲突和社会紊乱，保持有序的社会状态，防止社会主体在利益的驱动下随意发展。正是社会规范所具有的这种凝聚力，将各种事物团聚在一起，形成社会秩序。“没有行为准则的社会是无法生存的。行为准则使我们免于陷于那种可怕的、唯我独尊的无政府状态。”①

社会秩序中的“社会规范”包含了帕森斯提出的“价值”“制度”的概念。诺斯等新制度主义者认为，制度提供的规则通常是由正式规则、非正式规则和实施机构构成的。正式规则是指一整套政治规则、经济规则和契约。非正式规则“来源于所流传下来的信息，以及我们称之为文化的部分遗产”②。布坎南曾指出：“文化进化形成的规则……是指我们不能理解和不能（在结构上）明确加以构造的、始终作为对我们的行为能力的约束条件的各项规则。”③非正式规则主要包括习俗、传统、道德伦理、意识形态等可称为“文化”的一些东西。在非正式规则中，社会意识形态处于核心地位，因为它可以影响甚至蕴含价值观念、伦理规范、道德观念和风俗习性。正式规则是约束人们行为的重要社会规范，这与正式规则自身的特性有关。正式规则不同于解决一时问题的具体方案，一旦遇到矛盾和冲突就可以遵循其规则调解矛盾。正式规则是一种实现合作的规则。“共识”是合作的基础，而为合作提供“共识”是正式规则的基本功能。正式规则从某种意义上讲，就是人们在合作中经过多次博弈而达成的一系列规则的总和。正式规则的作用就是为实现合作创造条件，保证合作的顺利进行。它明确地告诉人们什么是可以做或必须做的，以及人们违反它的时候要付出的代价，从而将阻碍合作得以进行

① ［美］丹尼尔·扬克洛维奇．新价值观．罗雅，姜涛译．东方出版社，1989：154.

② ［美］诺斯．制度、制度变迁与经济绩效．刘守英译．上海三联书店，1994：185.

③ ［美］布坎南．自由、市场与国家．平新乔，等译．上海三联书店，1989：115～116.

的因素减少到最低限度。正式规则是一种提供确定性的规则。规则的作用一般是通过确定人们对其他同伴有哪些预期来消除他们之间的利益冲突。所谓社会有序状态，是指社会应当是一个紧密的社会系统的结果，在那里人们相互之间具有明确的了解。正式规则在一个社会中的主要作用是通过建立一个人们相互作用的秩序来减少人们相互作用时的不确定性。正式规则把社会共同体中各利益实体的行为及其相互关系作为自身调节的对象，尽力避免人类活动的目的。正式规则的特征在于其具有强制性。属于非正式规则的社会意识形态与正式规则关系最为密切，它可以在形式上构成某种正式规则的“先验”模式。非正式规则的强制性，有时需要借助正式规则贯彻和增强其有效性，当然，有时新的正式规则也可能被用于修正或代替非正式规则。[①]

社会控制就是社会权威对社会进行的治理。社会控制与社会规范之间有着不可分割的内在联系。社会控制是社会规范的实施机制。要建立和维护某种社会秩序，社会必须具备某种作用机制，使统一的社会机制为各种社会主体及其成员所遵从。任何社会都离不开一定的社会规则，因此也需要一定的社会控制。社会控制是通过各种途径、形式和方法维护社会规则的过程。社会规则的意义在于对社会生活中各种社会实体之间的利益关系进行界定和规范，而社会控制则是运用公共权力在公共利益领域使社会规则发挥效力，从而保障社会生活的有序状态。社会控制通过促使人们了解社会规则、内化社会规则、对违背社会规则的行为进行制裁和处置等方面，把社会中各种冲突和矛盾保持在“秩序”（恩格斯语）许可的范围内。“各种暴力行为……都是那些拒绝接受法律、秩序或要求的个人和团体的产物，他们的各种犯罪行为就是拒绝接受这些法律、秩序或要求而引起的……为抑制其他犯罪行为所行使的权威是对那些法律或秩序的重新肯定。”[②]

社会控制的作用和形式在社会发展的不同历史阶段是不同的。在社会转型时期，社会的发展格外需要社会控制的作用。一是因为社会主体在社会转型时期的利益会发生很大的变化和激烈的冲突，如果社会不及时进行控制，

---

① 袁峰．理想政治秩序的探求．学林出版社，2002：25 ～ 27.

② ［法］弗朗索瓦・佩鲁．新发展观．张宁，等译．华夏出版社，1987：109.

社会秩序很难实现转型。在社会转型时期，如果社会“复制机制”失效，变异性社会主体远远多于复制性主体，则昭示着旧有的社会秩序的终结。而此时如果不加以社会控制，新的社会秩序就不能及时诞生，社会就会失序。社会转型时期的社会控制在某种程度上就是要树立新的社会秩序的权威，对不接受新的社会秩序的社会主体进行限制和制约，甚至制裁，直到使适应新的社会秩序的社会主体自发生长出来。调节各种冲突是社会控制的基本目标。二是通过社会控制机制产生新的社会规范。从某种意义上说，社会秩序就是一套规则秩序。社会转型时期，社会规则将发生重大的变化。原有的社会规则已不适应新的社会变化，起不到对社会的制约作用。所谓社会控制，不是简单地限制和硬性地强制制约，而是通过制定相应的社会规范来约束社会主体的行为。为保证社会主体在预设的行为框架下按照要求从事各种活动，就要建立强大的社会控制机制，使社会规范起作用，实现社会规范秩序向现实秩序的转化。

在阶级社会，社会控制的主体是国家，国家的社会控制作用是不可替代的。没有国家，社会就会处于无休止的冲突之中，社会就不可能有秩序。“国家的价值在于它为人类的利益和信仰提供共同的基础，以便协调各阶级和党派的互相矛盾的利益要求。”① 在社会转型时期，国家的社会控制作用更大。特别是在我国这样的后发型现代化国家，对社会进行有效的控制在社会转型时期比正常发展时期更加重要。亨廷顿对此有过专门的论述，他指出，后发型现代化还具有“一揽子解决”的特点，“在欧洲和美国，现代化进程已经持续了几个世纪，在一个时期内只解决一个问题或应付一项危机。然而，在非西方国家的现代化进程中，中央集权化、国家整合、社会动员、经济发展、政治参与，以及社会福利等诸项问题，不会依次，而是同时出现在这些国家面前”②。这虽然为后发型现代化国家提供了机会，但也由于将各种矛盾在同一时刻集中起来，从而对这些国家的领导者们构成了严重的挑战。亨廷顿认为，为了降低政治的不稳定性，维护社会秩序，也为了应付“同时性”现

① ［英］鲍桑葵，等．关于国家的哲学理论．商务印书馆，1995：13.

② ［美］亨廷顿．变动社会的政治秩序．华夏出版社，1988：3.

代化所提出的严重挑战，后发型现代化需要有一个强有力的、高度有效的中央政权存在，由它来组织和控制整个现代化过程。

社会秩序的结构是个动态的体系。各因素的作用在社会发展的不同历史时期是不同的。我们主要研究在社会转型时期社会秩序结构各因素之间的发展变化及作用，分析各因素在社会转型时期表现出来的一些特点。研究像中国这样一个经济、文化都落后的国家，如何在社会转型时期构建中国特色的、适应社会主义现代化的新的社会秩序。

二、社会的本质与社会的有序化需求——社会秩序在社会存在和发展中的作用

任何社会的存在和运行，都需要建立正常的社会秩序。没有必要的秩序，就意味着社会失去合理的结构，社会关系陷入紊乱状态，在这种情况下，社会生产难以正常进行，人们之间的交互作用缺乏必要的稳定性、可预测性，社会就会呈现出一片混乱。这种无序状态是任何社会都无法承受的。但社会的发展又必须冲破原有社会秩序的束缚才能前进，社会秩序在一定的条件下又会阻碍社会的发展。社会发展与社会秩序的这种关系贯彻在人类历史的始终。“自发势力与秩序，不受约束的个人主义和有目的集体行为的必要性——这是整个人类形成的历史进程中所要彻底研究的矛盾。”① 在社会转型时期，社会秩序体现出这种复杂的双重性。

（一）社会秩序是社会存在的基础——马克思关于社会本质的阐述

社会是以共同物质生产活动为基础而相互联系的人类生活的有机体。按照马克思主义的观点，社会是在生产和生活中“人们交互作用的产物”②。在我国古籍中，“社”是指土地之神，或祭祀之所，如《孝经·纬》上所谓：“社，土地之主也。土地阔不可尽敬，故封土为社，以报功也。”“社”也

① ［苏联］莫伊谢耶夫．人和控制论．生活·读书·新知三联书店，1987：179.

② 马克思恩格斯选集（第4卷）．人民出版社，1995：532.

用于指志同道合者集会之处，如“文社”“诗社”等；有时还指中国古代地区单位，如“二十五家为社”。而“会”就是集合之意。“社”与“会”联用始于唐朝，是指集会庆典的意思；或者指许多人为了一个共同的目的聚集在一个地方举行某种活动，如“村间社会”（唐）、“乡民社会”（宋）。[①]“社会”在拉丁语中为“socius”，意为伙伴。英、法语中的“社会”皆源于此。德语中的“社会”原意表示一个房间中的伙伴，后演化为表示人与人结合的关系。可见，从辞源学上考察，“社会”一词本身就具有人与人之间相互联系、共同活动的含义。

人的本质是一切社会关系的总和，社会是人们交互作用的产物。任何社会都是由一群人所组成的。人存在的群体形式是自然历史过程。早在未进入人类社会之前，童年时代的人作为“过渡期间的生物”，基于生存的需要，便以群体的形态存在了。那时，一切都因袭动物的习性，群体的秩序也靠动物的习性维持。然而，如亚里士多德所认为的那样：人是政治动物。狄德罗更进一步说，人天生是一种社会性的生物，在营造社会生活之前，人已经实行群居了。进入社会状态后，人的群体依然是生存的直接需要。因为在最初的历史阶段，极其低下的社会生产力迫使人们只能结成群体获取食物，抵御自然力和野兽的侵袭。不过，“一当人们自己开始生产他们所必需的生活资料的时候（这一步是由他们的肉体组织所决定的），他们就开始把自己和动物区别开来。人们生产他们所必需的生活资料，同时也就间接地生产着他们的物质生活本身”[②]。可见，人类最初的群体，从根本上说，是为适应生产物质生活本身的需要而形成的社会组织形式。人类在具体的社会组织形式下，通过生产和自然之间实行交换，以此满足生存的需要。与此同时，人类在这种社会生产实践中，不仅改造了自己的环境即自然条件，而且也改造了自己本身，提高了人类对社会的认识，从而产生了文化，可以认为文化是一切思维方式和行为方式的总和。

从构成社会的基本因素的交互作用和实质内容出发，马克思给社会下了

① 赵震江．法律与社会．时事出版社，1985：13.

② 马克思恩格斯选集（第1卷）．人民出版社，1995：67.

一个深刻的定义，指出："一个在特殊的、历史的和经常的生产关系中进行的过程，是生产和再生产着这些生产关系本身，因而生产和再生产着这个过程的承担者，他们的物质生存条件和他们的相互关系即他们的一定的经济的社会形式的过程。因为，这种生产的承担者同自然的关系以及他们互相之间的关系，他们借以进行生产的条件关系的总体，就是从社会经济结构方面来看的社会。"①

马克思着重从物质生产及其以此为基础而产生的社会关系的角度来界定社会，因而这是个科学的定义。这就与以往的社会学家、思想家、政治学家和法学家区别开来。比如，此前一些生物主义者认为，社会是有生命的世界中进化事物的一般继续；原子论者把社会理解为个体的相加；唯心主义哲学家黑格尔则把社会看成是精神范畴，是一种"合理的精神"；德国早期社会心理学家塔尔德认为，社会是具有共同心理的人们的集合；美国社会学家派克认为，社会是一种包括人类行为习惯、情操、世俗等在内的遗产。有一些卓有成就的社会学家，甚至在研究中也得出过某些颇具启发性的见解。这主要表现在两个基本方面：一是认为社会是一种独特的现象；二是认为社会是人与人之间关系的总和。

尽管如此，可他们对社会这种独特现象的质的规定性和人与人之间关系的本质是什么，却仍未能作出任何科学的解释。与此不同的是迪尔凯姆的观点，他认为社会是一种独特现象，有着"自己的特有标志的实体"。迪尔凯姆反对从生物学和原子论的角度去界定社会，他把社会看作客观世界的一种特殊的质的现象。如果排除迪尔凯姆观念中的"集体心理主义"成分，那么，应该承认，这种观点是朝向辩证法方向的一种突破性进展。②而对社会实质是人们之间社会关系的理解，最初来自形式主义和理想主义的社会学家齐美尔和冯·维茨。近代的一些美国社会学家也有类似的看法。不过，他们的共同之处是，虽然从人们之间的关系上去理解社会的本质，但却严格把这种"关系体系"控制在所谓"内在活动的体系"的范围之内，不肯把这种关系与现

① 马克思恩格斯全集（第 46 卷）. 人民出版社，2003：927.

② ［南斯拉夫］约热·戈里查尔 . 社会学 . 上海译文出版社，1989：118.

存的物质生活条件联系起来。马克思则不是局限在“一般的社会关系”的层面上认识社会的，而是从社会经济结构方面来看待社会，认为社会是建立在一定历史的经济生产制度上的人们之间的关系的总和。也就是说，它是从人的实践活动和人类与自然界交换的过程入手，来阐释生产中人与人之间的关系即社会关系的，并以此表明社会是客观世界中的一个独特的质。

正是从这种前所未有的认识高度出发，马克思又说：“社会——不管其形式如何——究竟是什么呢？是人们交互活动的产物。”[①]“生产关系总合起来就构成所谓社会关系，构成所谓社会，并且是构成为一个处于一定历史发展阶段上的社会，具有独特的特征的社会。”[②]要把握社会的本质仅仅从构成上了解还是很不够的。社会存在和发展的原因是社会基本矛盾的运动，即生产力和生产关系的矛盾运动是社会发展和变革的根本原因。马克思主义认为，人类要从事政治、法律、文学、艺术、宗教、科技等活动，首先就必须能够维持生存。人要生存必须进行物质资料的生产和再生产，这样，人们必须通过使用劳动工具去改造世界。人类的这种改造自然的能力，就是社会生产力。既然“在人们的无限欲望和利益同有限的资源和可望之物之间总是存在着根本的冲突……”为了不至于使人们在这种冲突中趋于毁灭，“总得有某种方法来确定谁在什么时候、怎样获得什么东西”[③]。于是就产生了生产关系。在人们所获取的各种资源中，由于社会个体在生产关系中的地位不同，造成的社会的过度贫富差异，可能引起剧烈的社会冲突。在社会中居于统治地位的阶级总是希望攫取更多的资源来为本阶级的利益服务。这就要求建立起一定的社会秩序。社会秩序的建立就是为了确立人们获取各种自然资源的社会规则，并为了个人的利益而在共同利益中通过资源的分配来调节人们之间的关系。

从马克思对社会这一科学的分析中我们可以看出，社会的一个主要特征在于，“生产关系总合起来就构成所谓社会关系”。人们在物质资料生产中

① 马克思恩格斯选集（第 4 卷）. 人民出版社，1995：532.

② 马克思恩格斯选集（第 1 卷）. 人民出版社，1995：345.

③ ［法］弗朗索瓦·佩鲁. 新发展观. 张宁，等译. 华夏出版社，1987：109.

和以此为基础的相互交往，就是社会的本质特征。这一本质特征表明，没有人们之间的交往，便没有社会。然而，人们之间的交互作用不是毫无层次、杂乱无章的，而是相互联系、有章可循的。从根本上说，人类群体生活是建立在物质资料生产基础上的。“人类社会区别于猿群的特征在我们看来又是什么呢？是劳动。”[①] 人类正是通过劳动来满足衣、食、住、行的需要，也就是满足生存的基本需要。可见，为了生存，人们不得不与自然环境打交道，以便向自然界索取生活资料。而这样一来，人与人之间的交互作用也就不可避免。正如马克思所说：“人们在生产中不仅仅影响自然界，而且也互相影响。他们只有以一定方式共同活动和互相交换其活动，才能进行生产。为了进行生产，人们相互之间便发生一定的联系和关系；只有在这些社会联系和社会关系的范围内，才会有他们对自然界的影响，才会有生产。”[②]

这就清楚地告诉我们，在人们相互之间的繁杂的关系中，社会生产关系是处于基础地位的，是起决定性作用的关系。在此基础上，人们之间还必然建立起其他的一些相互关系，这些相互关系在不同程度上由生产关系的性质所制约，并随生产关系的变化而变化。比如，原始民主关系、家庭关系、阶级关系、财产关系、继承关系、伦理关系等，都是在一定生产关系的基础上产生和发展起来的，并且也随着生产关系性质的变化而发生相应的变化。应该强调指出，不仅仅只有生产关系才是“必然的和不以人们意志为转移”的关系，在一定生产关系的基础上产生并发展起来的其他人们之间的交互关系，也同样具有“必然的和不以人们意志为转移”的性质。还有一些关系、客观必然性和由意识确定的因素相互交织在一起，特别是与人的意志、智力和其他精神方面联系在一起的社会关系，实际上也是如此。

按照马克思主义的观点，社会关系是指人与人交互作用的社会生活。因此，以生产关系为基础的各种社会关系，是人们之间交互作用的体现，它不仅仅是指社会事物的形式，而且是内容与形式的统一，是人的有血有肉的社会生活。这样一来，人们的交互作用，或者说各种社会关系，就始终与人的

① 马克思恩格斯选集（第 4 卷）. 人民出版社，1995：378.

② 马克思恩格斯选集（第 1 卷）. 人民出版社，1995：344.

活动联系在一起。这正是人作为社会第一要素，是社会主体的道理。

生产的需要产生有序化的要求。在这里强调人的社会主体地位，是要说明为了满足人类生存的需要，人类向自然界索取的活动不会停止，而由此决定人与人在生产过程中的关系，以及在此基础之上产生的其他各种关系将始终是社会的基本内容，是社会自身的体现。既然如此，社会自身就必然产生出一个秩序化要求，即要求既有的各种社会关系具有相对的稳定性、有效性和可靠性。如若不然，社会生产就难以组织和进行，以生产关系为基础的其他各种关系就不可能有效地建立和运行，那么人类社会也就无法存在。在人类社会早期的原始社会，如果没有一个必要的并经常保持的合作生产的经济秩序，没有一个可靠的分配秩序，原始人类想在那样恶劣的自然条件下生存下来是根本不可能的；进入阶级社会后，如果没有一个有效的政治秩序，把各种利益冲突，特别是阶级冲突控制在有利于统治阶级的政治秩序中去，社会连同各阶级就会在无休止的冲突中同归于尽。这就要建立起等级秩序，以此确立各社会成员在生产中的地位，决定分配的权利。通常，在社会分层的阶梯上攀升得越高的人或阶层，由于垄断和占有了更多的生产资料，因而在资源的获取、分配和使用上具有更大的优势。而另一些人处于社会的底层，就丧失了自然资源的占有和使用权利。这样建立的等级秩序是不合理的，包含阶级统治的内容。所以，社会秩序是一定生产方式和生活方式的社会固定化形式。如果一定的生产方式，以及由其所决定的生活方式，摆脱了单纯的偶然性和任意性，取得了社会的必要性和合理性并固定下来，那么，这个社会就是一个合乎规律的社会形态，而必然具有秩序化的要求。基于此，可以得出一个一般性结论：社会都具有秩序化的要求，秩序是社会正常存在的必要条件和标志。①

社会秩序产生于社会存在的需要。社会要维持下去也必须要有稳定的社会秩序。人们在社会交往中由于各种原因必然要发生矛盾和冲突，为了防止、抑制或调解这些矛盾和冲突，社会权威必须要制定规则，对社会进行控制，以保持社会的秩序。通常，一个政党、阶级、阶层和利益团体都可能在一定

① 马新福．法社会学原理．吉林大学出版社，1999：73 ～ 80.

的规则指导之下，谋求建立能够调节各方矛盾，并试图增进自身利益的秩序体系，以免脱离秩序预设的轨道而相互争斗导致毁灭性的结局。社会历史的发展证明，缺乏稳定的社会秩序、社会系统便由于混乱的增加而导致瓦解，人类的生存环境急剧变化，统治变迁就会到来。因此，古往今来，各种社会的和政治的思潮在建立社会秩序方面并没有分歧，区别仅在于建立一个什么样的社会秩序而已。没有社会秩序便没有社会本身，社会秩序是社会存在的基础。

（二）社会秩序是社会发展的条件

人类社会的发展过程可以说也是一个秩序化要求不断增高的过程。这种强烈的秩序化要求实质上是人类生存需求的一种特化反映。

人类社会的早期阶段，为了满足人类各种需要和协调相互间的关系，人类开始构建以公共管理为目的的社会秩序。因此，出现了氏族、胞族、部落联盟等社会组织形式和相应的组织机构，以及为各种社会控制活动所需要的规则。尽管当时人类不同群体的结构不尽相同，但都具有氏族的基本特色。

原始的社会生产方式也对当时社会人们的意识形态领域产生了决定性的影响。生产资料的公有制决定了生产劳动的集体性和社会生活的群体性，人们在现实的生产、生活中如果脱离了一定的氏族组织，就无法生存和满足各种需要。集体利益自然被视为第一利益。人们自然养成的集体主义意识培养了当时人们单纯、质朴、公正、刚强的性格和品质，这就使氏族内部偶然的利益冲突和矛盾不至于发展到不可调和的地步。因此，在由全体氏族成员利用原始民主制对氏族社会进行管理的过程中，不需要脱离社会并凌驾于社会之上的公共权力机构来缓和社会内部不可调和的矛盾冲突。氏族组织完全可以解决和处理组织内部成员之间的一切矛盾。在氏族组织内部：“没有大兵、宪兵和警察，没有贵族、国王、总督、地方官和法官，没有监狱，没有诉讼，而一切都是有条有理的。”①

习惯、习俗是原始社会的基本规范。原始社会是人类历史上第一个社会

① 《马克思恩格斯选集》（第4卷），人民出版社1995年版，第95页。

形态。既然形成社会，就有了秩序化要求。原始社会的秩序是靠习惯等社会规范保证其实现的。无论是社会生产、分配和后来出现的交换，还是婚姻、家庭和公共权力的行使，都有相应的社会规范予以组织、调整，出现内部冲突或外部冲突，也由约定俗成的社会规范加以控制或排除。“一切争端和纠纷，都由当事人的全体即氏族或部落来解决，或者由各个氏族相互解决；血族复仇仅仅当作一种极端的、很少应用的威胁手段……一切问题，都由当事人自己解决，在大多数情况下，历来的习俗就把一切调整好了。”①

原始社会虽然没有国家和法，但是由于社会有自己的管理机关和约定俗成的社会习俗，从而确保了社会的井然有序。当原始共产制社会走向瓦解，社会经济基础和社会关系出现质变，社会自我管理机关和社会习俗等再也无法给社会带来秩序时，法在建立和维护社会秩序方面的价值，就历史地显现出来。可以说，通过法实现社会秩序即法律秩序，这是法存在的目的之一。正如博登海默所说：“无可置疑，人类主张生活安排要具有连续性的倾向与他们要求在相互关系中遵守规则的倾向之间，是存在着联系的。无论何时只要人的行为受到法律规范的控制，重复规则性这一要素就会被引入社会关系之中。源于过去的一个权威性渊源，会以重复方式被用来指导私人或官方的行为。坚持行为方式的规则化，给予了社会生活以很大程度的有序性与稳定性。”

社会越发展，秩序化的要求越强烈。原始社会之后，人类进入文明时期即阶级社会。阶级社会对社会秩序有了更高的要求和更强的依赖性。处于统治地位的阶级为了占有更多的社会资源，为了实现长久的统治，制定出许多的社会规范对社会成员进行控制，通过调节冲突、制裁违规把社会成员纳入他们预设的社会秩序框架内，产生出符合该秩序需要的社会成员。因此，社会制度从奴隶社会、封建社会到资本主义社会，可以说社会的发展对社会秩序的要求越来越高。从某种意义上说，社会发展就是社会秩序不断完善和发展的过程。社会历史的发展史证明，缺乏一定的社会秩序，社会系统由于失去社会进步所依赖的稳定的社会环境而导致发展的长期停滞。在人类社会发

① 马克思恩格斯选集（第4卷）. 人民出版社，1995：95.

展进入现代化的过程中，这种情况更为常见，特别是后发型的现代化更是如此。我国作为后发型的现代化国家，对社会秩序的依赖性更强。我们要特别注意亨廷顿对此作出的一些分析。亨廷顿在分析多数处于现代化过程中的国家在“二战”后的政治演变状况的特征时指出：“种族冲突与阶级冲突日益加剧，暴力事件迭起，军人政变频繁，反复无常的领导人物掌权并常常推行灾难性的经济改革和社会政策，内阁大臣与文职人员普遍而公开地贪污营私，任意侵犯公民的权利和自由，行政效率和效能日渐低下，都市政治集团的疏离感极为普遍，立法机构和法院皆丧失了自己的权威，社会基础庞杂的各政党发生分裂甚或完全解体。”[①] 对于后发型的现代化国家，在这种情况下是不可能完成社会转型，最终实现现代化的。在总结历史的经验教训和其他国家的现代化进程中的问题的基础上，我国在改革开放之初就坚持在社会稳定的基础上发展，把社会的稳定作为社会发展的前提。邓小平作为中国特色社会主义的总设计师更是高瞻远瞩，提出稳定压倒一切。由此可见其对发展依赖社会秩序的重视。当然，强调社会的秩序性最终还是为了发展，但没有社会秩序就不会有社会发展已是共识。

社会越发展，社会问题越复杂。一方面，社会利益冲突更加激烈并逐渐普遍化。这样原有的社会规范就失去了调整利益冲突的职能。因此，这些社会规范（原始习俗等）在新的社会关系面前已无能为力。这种情况一进入阶级社会就出现了。另一方面，社会秩序化的要求却不会由此而有丝毫的减少；相反，却更为强烈。这种强烈的秩序化要求实质上是人类生存需求的一种特化反映。于是，在这种历史条件下，一种新的社会规范——法，便应运而生了。与此同时，其他社会规范大都发生了分化，以适应不同阶级或具有不同价值观的人们的需要，自然，这部分社会规范中也有一部分会演变为法规范。这时，虽然不能一般地否定法以外的其他社会规范在建立社会秩序上的作用，适应统治阶级的那部分社会规范在建立新的社会秩序上，往往起着极其重要的作用。但是，有足够的理由认为，自从法出现以后，在建立阶级社会的秩序上，法有着更大的价值，因为法是顺应阶级社会秩序化的需

① ［美］亨廷顿．变动社会的政治秩序．华夏出版社，1988：3.

要而来到社会上的。[①] 以前我们并未对社会规范随着社会发展的改变给予足够的重视。改革开放后的社会实践使我们对此有着深刻的认识。法在建立中国特色社会主义社会秩序中的作用已逐步为人们所重视。这个问题在后面的章节还有分析。

从社会历史发展的过程中，我们可以清楚地看到社会秩序对社会存在和发展的重要作用。社会秩序是人类社会生存与发展的基本条件，没有社会秩序就不可能有社会的存在和发展。社会秩序作为人类行为方式的一个重要特征，是社会的结构要素之一。同时，由于人类对社会秩序内在要求的客观性，决定了社会秩序对于人类来说更具有不可替代的重要作用。概括地说，这种作用包括以下几个方面：

第一，从社会的角度来说，社会秩序的首要作用在于消除混乱、维护安全，从而避免由于社会秩序而导致社会无序。乔巴斯坦·维科认为，社会历史是各种冲突和混乱的个人行动联结起来而形成统一体的过程。在人们行动过程中由于产生出某种社会制度与人的关系（即结构）而使人们的个人行动能够统一和协调起来。奥古斯特·孔德认为，通过共同的价值信仰人们形成一个协调一致的整体时，社会才会有真正的统一体。

任何事物都是矛盾的统一体，在社会秩序领域里，社会内在地要求存在秩序，但同时社会也存在着对现存秩序的破坏力量。当对社会秩序的破坏力量能够被有效抑制的时候，社会就处在有序状态；反之，社会失序就不可避免，其结果必然走向社会无序。不论无序的表现形式是结构无序还是行为无序，也不论是局部无序还是整体无序，都将导致社会的混乱。

第二，消除社会混乱是社会生活的必要条件。一切社会的存在和发展首先必须对暴力冲突加以控制，没有控制，就没有秩序，这是人类通过无数经验教训而得到的基本共识。当然，由于利益的驱使，人类社会的冲突并不会完全避免，但必须对冲突进行适当的调节，使冲突不会以毁掉整个社会、牺牲全体安全的暴力方式进行。要做到这一点，由规则而形成的秩序将发挥重要的价值作用。

---

① 马新福．法社会学原理．吉林大学出版社，1999：73 ~ 80.

第三，从个体角度来说，社会秩序使人们对自我和他人的行为可以作出预测。当一个正常社会处于秩序状态时，由于人们的行为具有规则性，因而表现为在同样情况、同样条件下，人们的行为具有一致性、相似性、重复性、稳定性。这样，这些行为在什么情况下会发生、发生后会有什么后果、对自己和他人会有什么影响等，人们都是可以预测的。正如哈耶克所指出的那样："秩序是事物的一种状态；在这种状态下，纷繁众多的各种因素彼此相互联系，使我们可以从我们所熟悉的部分空间或时间来得出对于其余部分的正确期望，或者至少使我们有可能得出正确的期望。"[①] 这种对自己行为及其后果的预测，以及对他人的行为及其后果的预测，是秩序状态下每一个行为主体设定行为目的、采取行为方式的前提和基础。不仅如此，由于在一个有秩序的社会中，既有的行为规则是人们对自己行为进行预测、比较、抑制、激励的依据，社会秩序又使得人们能够对自己的行为进行理性控制，知道自己在什么情况下可以积极地作为，在什么情况下又必须保持不作为的状态。此外，需要特别强调的是，社会秩序的价值意义更明显地表现为它能促使人们有安全感。从理论上讲，在一个秩序良好的社会里，人们只要根据既有的秩序和规则进行活动，他就不会受到他人的攻击和侵害，他就可以根据自己的愿望和既定的目标去实现自己的理想。所以，社会秩序为人类的一切活动提供了必要的前提条件。

任何社会的存在和运行，都需要建立正常的社会秩序。没有必要的秩序，就意味着社会失去合理的结构，社会关系陷入紊乱状态，在这种情况下，社会生产难以正常进行，人们之间的交互作用缺乏必要的稳定性、可预测性。一句话，社会就会呈现出一片混乱状态。这种无序状态是任何社会都无法承受的，即使在人类的史前时期，无序也是不可想象的。在我国现当代社会更是如此。

① ［英］安德鲁·甘布尔．自由的铁笼——哈耶克传．江苏人民出版社，2002：48.

三、社会转型过程中社会秩序的价值分析

社会的存在和发展都离不开一定的社会秩序。社会转型时期，社会秩序的作用更为重要。可以说，社会秩序是社会转型之“轴”，没有社会秩序的稳定就不可能有社会转型的成功。从某种意义上说，社会转型就是对已有秩序的扬弃和对新秩序的重建。这是个同时进行的过程。如果原有秩序中的糟粕不及时摒弃，就会阻碍新秩序的建立；如果新秩序建立时不吸收原有秩序中的精华，就会出现断裂，同样不能实现社会转型。复杂的是，原有社会秩序和新的社会秩序不可能在瞬间完成交换。因此，在一定时期就必然存在一个社会秩序的“黑洞”——无序状态。这个状态的特点是社会呈现出一种“杂乱”状态（汤因比语）。这种状态严重的可以导致一个政权的更替，一种文明的消失或倒退，社会转型的失败。所以，如何在社会转型时期保持社会秩序的稳定决定了社会转型的成败。

不同的社会历史时代、不同的社会生活方式，具有不同的自身交往方式、关系结构及其秩序；不同社会利益集团、群体，也具有不同的社会交往方式及其关系结构、秩序。在一个特定的历史时代，对社会生活秩序起支配与主导作用的，总是那个时代在经济、政治上占主导地位的利益集团的价值要求。我们要实现的是中国特色社会主义的社会秩序和交往方式及关系结构。在社会转型时期，就是要使旧的社会秩序中的积极因素与新的社会秩序中的积极因素强强联合，建构出适合我国国情的新的社会秩序来。

我们强调社会秩序在社会转型时期的重要性时并不否认社会秩序对社会的存在和发展也会有负面作用。对此，我们一定要用历史唯物主义的态度去评价。就是说，要把社会秩序的作用与具体的历史实践结合起来进行评价。社会秩序的负面作用通常指两个方面：

一方面，社会秩序可能成为社会进步的制约力量。社会秩序具有保守性的一面，它以维持社会现状、保持社会稳定为己任。缺乏外在的和内在的力量冲击的社会秩序在社会发展中可以形成巨大的惯性，可能对于社会变革与进步起到消极的制约和牵制作用。在社会生活中，矛盾和冲突的存在是必然的，而其消失则是偶然的。如果只是片面地排斥冲突而绝对地强调秩序，就

会使社会僵化。事实上，社会冲突和矛盾对于社会来说并非全然是消极的瓦解力量，只有那些对社会的生存起到腐蚀和瓦解作用的破坏性或对抗性的冲突，才应当成为社会权威加以控制的对象。要利用社会的冲突和矛盾，将其纳入制度化的轨道，使其推进改革的深入和社会的发展。要善于发现社会冲突和矛盾背后潜存的制度性缺陷，及时地加以改进和完善。当然要注意冲突和矛盾本身并不促进社会的发展。而且，冲突和矛盾也要有个度的问题。我们反对那种夸大社会冲突和矛盾作用的观点。在社会转型时期尤其如此。如果不加以控制，社会冲突和矛盾则会使社会陷入混乱并最终导致社会的倒退。

另一方面，社会秩序对个性发展、自由选择甚或创新精神也可能形成阻碍。对于任何一代人来说，社会秩序都是一种既得的存在和力量，人们只能在社会秩序所预设的社会交往模式中生活。不同的社会秩序对人们的约束控制具有不同的力度。如果社会秩序对人的控制过于严格，就影响了人的自由发展，与社会发展所追求的目标就背道而驰。如果我们建立和维持秩序的目的仅是为了使人们完全地按照社会秩序去做，产生出“秩序人”，这样的社会秩序就是一种不好的社会秩序。当然我们也反对自由主义对社会秩序的责难。在自由主义那里，社会秩序不仅被看作是背离个人自然发展的，而且是这种发展的障碍。这种观点过于极端化，因为人的存在和发展离不开一定的社会秩序，“脱离了社会秩序就没有人的存在，人只能通过社会秩序来发展自己的个性，并且随着社会的发展而发展”①。

我们还要强调的是，评价社会秩序非常复杂，一定要与社会的具体实践相结合，不能简单化。在我国现阶段，一定要与社会转型相结合，根据社会转型的需要来讨论社会秩序的价值。

社会秩序的稳定是指在法律、道德和风俗习惯的规范指导下的人们生活的有序状态。任何社会的统治阶级和国家的治理者都力求保持社会秩序的稳定。但是，社会的有序化对社会进步的客观作用如何，却只有联系社会结构的具体情况来考察才能得以说明。当某种社会结构能够促进生产力的发展，

① ［美］库利．人类本性与社会秩序．包凡一，等译．华夏出版社，1989：275.

使大多数社会成员能够正常生活的时候，社会秩序的稳定是社会良性运行的条件，是推动社会进步的积极因素，也是大多数社会成员追求的目标；反之，当某种社会结构已经阻碍生产力的发展，使大多数社会成员不能正常生活，也不愿意照旧生活，要求变革社会结构的时候，原有的社会秩序的稳定就成为一种阻碍变革、阻碍社会进步的惰性力量和消极因素。在这种情况下，大多数社会成员的要求就不是维护旧的社会秩序，而是打破这种秩序；企图维护旧的社会秩序反而是违背历史潮流的了。然而，即使如此，打破旧的社会秩序的目的还是建立新的社会秩序，当新的社会秩序建立起来之后，人们还是要求保持社会秩序的稳定。在历史发展的长河中，社会秩序的稳定毕竟是人们追求的目标，因为它毕竟是社会成员“安居乐业”、生存发展的必要条件。

社会秩序稳定的对立概念是社会失序，即指社会生活的混乱状态。社会秩序的稳定和失序都有范围和程度的区别，有一定的阈值。在一定的界限内，社会秩序出现某些方面、某些程度的失序现象并不意味着整个社会秩序已经失去稳定，而只能看作是一种扰动，一种不稳定因素。但是，当失序现象超过了一定的阈值，法律、道德乃至风俗习惯的规范对社会成员已基本上失去指导作用时，整个社会秩序的稳定就会被破坏。

第二章 社会失序的实质、危害，以及社会秩序重建的必要性

一、社会转型时期的社会失序（social disorder）
——毁灭还是重生

二、秩序的混乱和混乱的秩序
——社会转型时期社会失序的表现和危害

三、是历史必然还是主观选择失当
——作为发展的代价，社会失序的客观必然性和人为因素的哲学分析

四、社会转型时期社会失序的个案研究
——苏联社会转型时期的历史教训反思

五、社会秩序重建是现代化建设的内在需要
——社会秩序重建的必要性

六、社会主义社会秩序建构的目标

社会转型会导致社会出现严重的社会失序现象。从人类历史发展的角度分析，社会失序曾经导致古罗马帝国的衰亡、文艺复兴时期意大利的混乱、苏联的解体。从现实的角度分析，社会失序威胁着改革开放和社会主义现代化的顺利进行。面对日益严重的社会失序，是漠视它蔓延还是坚定信念、重新建构新的社会秩序，中国人实际上又面临着历史和现实的选择。人类历史并不是一个宿命的必然过程，而是一个自然历史过程，也是一个主体的具有创造性的可能过程。这种创造性的基础是现实社会历史发展的客观需求。因此，研究中国社会失序问题，就是要分析中国特色社会主义现代化对社会秩序的内在需求，主动自觉地建构起具有中国特色的社会秩序。现代化的本身就包括社会秩序的现代化，社会秩序的建构内嵌着中国特色社会主义现代化的价值目标。从目前来看，我国的现代化发展方向不是一个必然的已经被命定了的过程，而是一个充满着变数，存在着多种发展方向，最终表现出何种过程和特点，在很大程度上取决于我们的认识和实践能力，取决于我们的价值取向和道路选择。因此，研究社会失序问题的实质，就是要寻求一条适合中国国情的现代化建设道路，尽量减少现代化进程中的代价，使中国的现代化能够得以有序的发展。

一、社会转型时期的社会失序（social disorder）——毁灭还是重生

（一）社会转型时期社会失序现象的实质

社会失序也叫社会失范（social disorder），通常是指在社会生活中，作为规范生活的规范或者缺失，或者缺失有效性，不能对社会生活发挥有效的调节作用，从而在社会行为层面表现出混乱状况。它首先是一种现象描述，它所能直接告诉人们的只是社会本身的一种混乱无序状态。它可以缘于民族分裂、内战频仍、军阀混战，以及外敌侵略等，也可缘于社会没落、天下无道，还可缘于社会自觉调整中的两个不同存在范型之间的过渡，等等。孤立地谈社会失序没有什么意义，一旦深入社会失序所赖以生成的社会生活过程、判断标准，社会失序就有其特殊的质的规定性。

关于什么是社会失序，社会学家、法学家及哲学家对此有过许多研究。

在不同的学科中它被称为脱序、无序、不确定性、偶然性、混乱、杂乱等。如上所述，社会失范就其最基本的意思而言，指的是一个社会失却了社会交往活动中的普遍效准性规范，社会呈现出动荡不稳定，缺少某种正常交往秩序。社会失序的标准隐含着对既有秩序的偏好，对偏离这一秩序现象的某种否定。那么，既有秩序的好坏标准是什么呢？不同社会历史时代、不同的社会生活方式，具有不同的自身交往方式及其关系结构、秩序；不同社会利益集团群体，也具有不同的社会交往方式及其关系结构、秩序。在一个特定的社会历史时代，对社会生活秩序起支配与主导作用的，总是那个时代在经济、政治上占主导地位的利益集团的价值要求。因此，社会失序总是相对于占主导地位的那种社会价值要求而言的。

我们先看《简明不列颠百科全书》对“失范”这一词条的解释：“失范指没有行为规范或标准，或即使有也不甚明确，或互相抵触的社会结构或个人品行。失范可能是由于相互矛盾的规范使人不知所措，也可能是由于根本没有规范而造成的。这个术语是法国社会学家 E. 涂尔干（迪尔凯姆——引者注）在他的自杀研究中提出的。他认为一种类型的自杀（失范型）是由于人们必须依据的行为标准遭破坏而造成的。当一个社会体系处于失范状态时，就不再有人理解或接受共同价值和共同意向，而新的价值与新的意向也还没有发展起来。这种社会使其多数成员产生百无聊赖、没有目的，以及感情空虚和绝望的心理状态。努力奋斗被认为是没有用的，因而对于值得追求的究竟是什么，就没有一个公认的定义。R.K. 默顿在美国研究了失范（或无规范）的起因，发现在无法用公认的手段实现其选定目标的人中，这种现象最严重。这些目标对他们会变得非常重要，因而一旦惯常的手段——为社会标准所许可的手段——失效，就可能使用非法手段，最终会使正常的社会结构产生破裂，即失范。渎职、犯罪和自杀常常是对失范的反映。虽然涂尔干的失范概念指的是一个社会或群体的相对无规范情况，其他作者却用这个概念指个人的情况。失范在心理学用法中表示这样一种人的心理状态：他对自己前言后语的一致性和义务根本没有标准和概念，他无视一切社会约束。个人可能感到社会领导人对他们的需要漠不关心，感到社会基本上是无法预测而没有秩序的，感到目标无法实现。他可能有一种无聊感，而且确信同事朋友都不是他获得支持的可靠保障。”[①]

这个解释中非常全面地说明了失范的含义。失范一般特指行为主体是具体个人；失序的行为主体通常是指社会。这两者紧密联系，相互影响。正是个人行为的失范构成了社会的失序，也正是社会失序导致个人行为进一步失范。所以，本文是在同一层次上使用这两个概念，如果不加以说明则二者的意思是相同的。根据这一解释，我们可以把社会失序的一些基本条件概括一下：一是人们的行为规范或者行为标准的缺失；二是行为规范或标准不明确；三是规范或标准，以及社会结构或者人们的行为相互抵触。这三个条件中只要有其中一个条件存在就会导致社会的失序。迪尔凯姆在使用“社会失范”这个概念时，用它来描述当社会规范不力、规范之间相互冲突或规范缺失时，在个人与社会中出现的混乱状态。他指出，在一个高度失范的社会中，由于社会成员没有共同的生活目标与价值标准，缺少行为的指南与约束，因而，这个社会就有解体的危险。[②]迪尔凯姆在对社会失范的研究中认为，个人的行为必须由社会规范控制，而社会规范应当是一个完整的没有冲突的体系，当社会规范不明确或相互抵触时，就必然出现社会失范。在社会失范的情况下，个人就不具备自我实现与获得幸福的条件。迪尔凯姆的分析是十分深刻的。但他把社会规范等同于社会秩序，把造成社会失范的原因都归结为社会规范，这是不正确的。社会失范的原因不仅仅是由于社会规范的问题，而是多个因素引起的。事实上，即使有完善的社会规范体系，如果社会主体的素质不高，或者社会控制不强，社会失范仍然不可避免。因此，研究社会失范现象就不能仅仅局限于社会规范本身。美国社会学家默顿在迪尔凯姆分析的基础上，进一步指出，社会失范是指这样一种状态：在这种状态中，社会所规定的目标同决定着达到这些目标的规范不一致，即当社会所规定的目标，与用以达到这种目标且为社会所规范引导的手段不一致时，社会会出现失范。[③]把两位学者的分析与我国社会出现的社会失序对应一下，就会发现

① 简明不列颠百科全书（第7卷）. 中国大百科全书出版社，1985：237.

② ［美］伊恩·罗伯逊. 社会学（上）. 商务印书馆，1994：246～247.

③ ［英］G. 邓肯·米切尔. 新社会学辞典. 上海译文出版社，1987：12.

他们的分析确实是非常深刻的。但中国的具体情况更加复杂。

博登海默从法学的角度分析认为："无序概念则表明，普遍存在着无连续性、无规律性的现象，亦即缺乏可理解性的模式——这表现为从一个事态到另一个事态的不可预测的突变情景。"[①] 这里非常清晰地把失序与秩序对立起来，即秩序的连续性、规律性、可预测性与无序的无连续性、无规律性和不可预测性对立起来。

由于本文重点是研究社会转型时期的社会失序，因此，我们着重对福山的一些观点进行分析。当代著名的美国社会学家福山对 20 世纪西方发达国家发生的变化提出了一个新的概念——"大分裂"。这个概念和迪尔凯姆的"社会失范"概念密切相连。20 世纪在整个人类历史上是一个极为辉煌的世纪，尤其是科技领域发展的速度非常快。科技的进步促进了经济的发展，经济的发展又推动了社会的变革。特别是进入 20 世纪下半叶以来，美国及其他发达国家，渐渐从工业化社会向后工业化社会（或信息社会）转变。未来学家阿尔文·托夫勒将这一转变称为"第三次浪潮"。他认为，此次浪潮会像人类社会中出现的前两次转变（从远古的采集狩猎社会转变到农业社会，又从农业社会转变到工业社会）一样，必然在社会中产生极其重大的变化。福山认为，最大的变化就是发生了"大分裂"。大分裂发生期间西方世界的犯罪率在升高，作为社会合作最基本单位的家庭出现了破裂，等等。人们对他人、公共机构、政府的信任却在下降。总之，大分裂打破了原有的社会秩序和社会规范。

福山所描述的大分裂现象与我国今天面临的社会失序有很多相似的地方。他从三个方面描述了大分裂的情况：一是犯罪率上升；二是离婚率升高和私生子增多；三是人们对组织机构及其制度的信任和信心下降。他说："正当西方社会的经济从工业化时代向信息化时代过渡之时，却出现了这样一些负面的社会趋势。这些趋势说明，西方社会中使人们团结在一起的那种社会

---

① ［美］博登海默．法理学——法哲学及其方法．邓正来译．华夏出版社，1987：207.

联系和普遍价值观念正在变弱。”[①] 让我们惊奇的是福山所说的大分裂现象，在我国进行转型的时候也发生了类似的情况。从某种意义上可以说，“大分裂”就是我们所说的社会失序。

为什么社会转型时期就会发生社会失序呢？福山解释说：“由技术进步引起的社会秩序的混乱并不是什么新现象。尤其是工业革命开始以来，随着一种新的生产过程取代另一种生产过程，人类社会经历了一种无情的现代化进程。”[②] 在福山看来，现代化导致社会秩序混乱是一种普遍现象。他说：“18 世纪初在美国和英国发生的社会动乱，可以直接追溯到那场所谓的第一次工业革命带来的破坏性影响，当时蒸汽机械化曾在纺织、铁路等领域里创造了新的工业。在大约 100 年的时间内，农业社会便转化成了都市工业社会，所有表现出农村或乡村生活特性的累积的社会规范和风俗习惯都被工厂和城市的节奏所取代。”

福山认为，在社会转型时期，最大的挑战是“面对技术和经济方面的变革，它们（社会规范和风俗习惯）能否维持住社会秩序”[③]。他认为，“犯罪与社会混乱的加剧，作为社会凝聚力源泉的家庭与亲属关系的衰落，以及信任的不断下降，构成了大分裂的特点”[④]。“大分裂是 19 世纪从礼俗社会向法理社会转变的一种新的转变，只是此次是从工业经济向信息经济转变，而不是从农业经济向工业经济转变。”[⑤]

福山从多个角度阐述了失序的概念，描述了社会失序现象。他有时也把

---

① ［美］福山．大分裂——人类本性与社会秩序的重建．刘榜离，等译．中国社会科学出版社，2002：5.

② ［美］福山．大分裂——人类本性与社会秩序的重建．刘榜离，等译．中国社会科学出版社，2002：8.

③ ［美］福山．大分裂——人类本性与社会秩序的重建．刘榜离，等译．中国社会科学出版社，2002：11.

④ ［美］福山．大分裂——人类本性与社会秩序的重建．刘榜离，等译．中国社会科学出版社，2002：67.

⑤ ［美］福山．大分裂——人类本性与社会秩序的重建．刘榜离，等译．中国社会科学出版社，2002：167.

社会失序称为经验层面的“社会紊乱（social disorder）”，“即流浪漂泊、在公共场所乱涂乱写、公共场所下酗酒，以及街头行乞之类的行为”[①]。他认为，“失序就是没有规范的状况”[②]。把没有社会规范的状况等同于社会失序是他的基本观点。他认为，是社会转型导致没有社会规范。因为在社会转型时期原来的社会规范已经不能再规导人们的行为，而能够规导人们行为的社会规范还没有产生，所以，社会事实上没有社会规范。

对于福山的各种分析，应注意他把社会失序的原因都归结为技术进步，而不是从资本主义制度内在矛盾找原因。技术的进步在某种程度上的确导致了社会失序的产生，但是如果社会制度完善的话，就可以克服技术带来的冲击，进而克服社会失序。而资本主义社会制度由于其内在的缺陷，无法抵御技术进步带来的社会失序。在某种程度上，它本身就是社会失序的根源。或者说，资本主义社会制度已经容纳不下新技术的进步，容纳不下技术推动下的生产力的进步。福山当然是看不到这一层面的。他把造成社会失序的原因一股脑儿地说成是技术的原因，有为社会制度缺陷开脱之嫌。事实上，克服社会失序最主要的还是要从社会制度的层面上去分析和理解。一种社会制度的生命力就在于能否根据变化了的社会状况，及时建立起适合社会发展需要的社会规范和社会秩序。

社会规范不是天赋的，它的产生和发展是随着社会生活方式、社会生活条件的变迁而改变的。当社会发生变化，既有的社会规范体系或者内部产生矛盾，或者规范本身已经不能满足社会生活的要求时，就会逐渐地或迅速地出现规范被修正、被改变等现象。规范的这种冲突、被修正的现象，在社会发展的过程中来看，可以说在事实上是新规范方式出现的准备状态。任何社会的转型时期都会有这样的时期，在这个新规范方式出现的准备时期，旧有的社会规范有时不仅不能指导人们的行为，反而成了阻碍人们适应新形势的

---

① ［美］福山．大分裂——人类本性与社会秩序的重建．刘榜离，等译．中国社会科学出版社，2002：38.

② ［美］福山．大分裂——人类本性与社会秩序的重建．刘榜离，等译．中国社会科学出版社，2002：176.

障碍。社会规范的“真空”不可避免，社会失序也不可避免。

总而言之，社会失序是指这样一种社会生活状态：在这个生活状态中，一个社会既有的行为模式与价值观念被普遍怀疑、否定或被严重破坏，逐渐失却对社会成员的约束力，而新的行为模式与价值观念又尚未被人们普遍接受，对社会成员不具有约束力，从而使得社会成员的行为缺乏明确的社会规范约束，形成社会规范的事实“真空”、缺如。[①] 依据社会失序的社会背景，社会失序可以分为常态下的社会失序与转型期的社会失序。两者的根本区别在于：出现社会失序现象时的那种社会生活方式本身的合理性基础是否存在。社会转型时期社会失序现象的实质是：中华民族历史由前现代化向现代化演进中的现象。我们重点是研究社会转型时期的社会失序状况。

（二）社会失序的价值评析——发展的坟墓还是发展的环节

汤因比曾指出：人类文明并不是一个注定向上生长的过程；只有那些能直面压力、战胜挑战的文明类型才能将解体作为生长的一个环节；旧生活类型的解体是新生活类型生长的不可缺少的环节，在文明的发展过程中，某种暂时的混乱难以避免，文明的生长过程事实上是一个秩序—紊乱—秩序的否定之否定的无限过程。汤因比以自己独特的研究视角得出了与马克思唯物史观相一致的结论：历史是人类的创造性活动过程，否定性（失序、混乱）在历史过程中并不是一个纯粹消极的因素，它是生长的一个内在环节。[②] 从人类社会发展的宏观上看是这样，在人类社会发展的某一个阶段也是这样不断地经历秩序—失序—新秩序的建立的过程。在社会转型时期这种“秩序—失序—新秩序的建立”过程高度浓缩，旧秩序的挣扎和新秩序的不可逆性的矛盾高度集中于社会发展的某一时期。如果不能顺利实现转型，亨廷顿所描述的混乱局面必将使一切努力都白费。可以说社会面临着严峻的挑战。如何在社会转型时期保持社会秩序的稳定决定了社会转型的成败。

① 郑杭生，李强，等．社会运行导论——有中国特色的社会学基本理论的一种探索．中国人民大学出版社，1993：447 ~ 448.

② ［英］汤因比．历史研究．上海人民出版社，1986.

社会失序对于社会的影响不能就社会失序的经验事实本身进行评说，而必须把社会秩序放到一个具体的现实的历史背景下进行评判。社会失序一般分为常态下的社会失序和转型时期的社会失序。

常态下的社会失序，其所赖以形成的那个社会生活方式在根本上仍然没有失却其存在的合理性根据。因而，这种社会失序一般不会形成大规模全局性持续的社会失序现象，它更多地可能在一种局部、暂时的意义上出现。而且，这种社会失序现象本身对社会秩序更多的是具有直接的消极性，虽然这种社会失序也可能会以不同的方式最终转化为推进理性进步的积极力量，但较之社会转型时期的社会失序,它本身具有的直接消极性更明显地表现出来。而社会转型时期的社会失序因与社会改革同时态发生，其消极和积极意义的价值判断就显得格外复杂。

社会转型时期的社会失序，其存在的根据在于既有的那种生活方式、交往方式、生活世界失却了存在的合理性根据，社会生活本身正在发生深刻的变化。一方面，意味着曾经在一个相当长的历史时期中对社会生活发挥有效调节作用的社会价值规范体系的合理性受到强烈冲击，一个新的社会价值规范体系诞生的必然性；另一方面，意味着这种社会失序的原因在于两种社会生活方式的更替，以及由此所决定的两种社会价值规范体系的更替。其中，这种社会失序在一定程度上表明，旧的价值体系在日益变革了的社会中已失却其原有的社会效用，新的社会价值体系尚未完全建立健全，它揭示了克服这种失序的根本途径在于建立健全新的社会生活方式，以及与其相适应的社会制度体制，揭示了在克服这种社会失序中，实践的教化比简单的说教更为重要。如果用一种历史的眼光穿透之，可以说社会转型中的社会失序是社会发展的内在环节。但是，对此一定要谨慎对待。

社会转型时期的社会失序当然不能自然而然地或者必然地就可以成为社会发展的直接环节。历史已经多次表明，转型时期的社会失序也有可能成为一种文明类型的“坟墓”。只有那种以积极的态度对待并选取积极有效的措施建设一个新生活世界，从而克服社会失序现象，社会失序才有可能成为历史发展中的现实中介。历史的发展表明，社会是一个发展着的可能世界。人类文明是在人类不断克服自身发展进程中所遇到的问题的这一过程中不断进步的。没有新的挑战，没有对问题的不断克服，就不可能有文明的演进。

社会失序，作为社会秩序的稳定的对立概念，是指社会生活的混乱状态。社会秩序的稳定和失序都有范围和程度的区别，有一定的阈值。在一定的界限内，社会秩序出现某些方面、某些程度的失序现象并不意味着整个社会秩序已经失去稳定，而只能看作是一种扰动，一种不稳定因素。但是，当失序现象超过了一定的阈值，法律、道德乃至风俗习惯的规范对社会成员已基本上失去指导作用时，整个社会秩序的稳定就被破坏，在社会转型时期、社会秩序稳定十分脆弱时期尤其如此。

正如社会秩序在社会转型时期具有双重价值一样，社会失序在社会转型时期也具有双重意义。正如怀特海指出的，社会有两种秩序：一种是妨碍变化、窒息新生事物产生的旧秩序；一种是促进变化、产生新生事物的秩序。我们必须在变化中保持秩序和在秩序中保持变化。只有秩序没有变化不会有新事物，只有变化没有秩序也不会有新事物。完善的世界、完善的社会交织着永恒和流变、变化和秩序的世界与社会。

是的，在一种特殊情况下，失序冲击了旧体制的稳定性，催化了社会系统的活力，这对于打破旧体制来说是有益的，但是，并非每一种失序都有利于新体制的形成。从社会变革的目标来看，我们把失序分为建设性失序和破坏性失序。建设性失序意味着改革的各项措施有力地冲击了束缚社会生产力发展的旧体制，原有体制与制度丧失了规范、强制的控制功能，从而打破了旧的僵化状态，激发了社会内各种因素自身的活力，为适应新的环境条件的新体制、新制度创造了条件。破坏性失序（犯罪等）强烈地冲击了旧的规范，而新的规范的建立需要有一个过程，人们对它的适应和认同也需要有一个过程。因此，社会发展就会出现所谓的“规范真空”“价值真空”，这必然会造成社会秩序的混乱，使社会处于失控的无序状态，从而偏离改革和发展的预期目的，严重的会导致社会的崩溃。

在以推翻社会根本制度为直接任务的革命时期，社会失序是不可避免的，因为不打破旧的社会秩序就不可能建立新的社会秩序。这可以视为建立新的社会秩序所付出的代价。但是，即使在这种情况下，也并非任何失序都有积极意义。有些失序是为建立新秩序开辟道路、创造条件的，有积极意义；

有些失序则无助于达到这个目的，反而有碍于这个目的，这就没有积极意义。要看到，旧的社会秩序虽然在总体上过时了，但其中还包含着一切社会都不能不遵守的共同的生活规范。如果连这些规范也一起被破除了，人们就根本无法生活，这样的失序就只会是单纯的破坏，而没有积极意义。

在社会根本制度不变的前提下所进行的改革过程中，社会秩序也会发生一定程度的失序。但这种失序与上述社会革命时期的失序不仅有范围和程度的不同，而且有性质的不同。其特点：一是它没有根本否定原有的法律、道德和风俗习惯的规范中最核心的东西，而只是有所删改增益。二是从原有社会秩序到新的社会秩序的变革基本上是渐进式的，在正常情况下不会出现全局性的稳定和局部性的失范并存。我国现阶段改革过程中（由计划经济向社会主义市场经济转轨）的情况就是如此。但是，社会失序毕竟是不稳定因素，如果失序的范围和强度超过了一定的阈值，也可能造成整个社会秩序的不稳定。正因为如此，对社会秩序进行有效的调控，有意识地把失序限制在最小的范围和最低的强度之内，是完全必要的。从这个角度来看，失序是转型社会必然要发生的现象，是社会发展必然要付出的成本或代价。

事实上，任何新规范的实施都会不同程度地受到社会成员的反抗或者对抗，有的还会很激烈，有的甚至还会引起新的冲突。所以，规范的制定对失序来说长短效应会不同。短期内有可能还增加了社会的冲突和矛盾。

中国的社会转型又有着自身特点，我国的社会结构转型是与体制转轨同时进行的，这在世界各国的现代化进程中是少见的。在社会结构转型中，各种结构性要素都处于变化之中，具有很大的流动性、过渡性和不稳定性。与之相应的是社会成员的身份和角色的模糊乃至混乱，使社会成员屡屡出现行为失范。而与此同时进行的体制转轨，则体现了社会成员利益格局的调整和变迁，角色规范的模糊和冲突实质上反映了体制变迁所带来的利益失衡的深层矛盾。这就增加了我国社会转型时期社会秩序的变迁和新秩序重建的艰难性和复杂性。因此，我们必须高度重视转型社会中普遍出现的失序现象，即使对于建设性的失序，也要抱着极其慎重的态度，必须在保持社会整合能力的基础上，适时地推进改革，逐步建立与社会主义市场经济相适应的价值目标和规范体系，建立安定的社会秩序，在改革中促进发展，在发展中推动改革。[①]

失序意味着重建，这是人类社会发展的规律。福山说："社会秩序一旦遭到破坏，就会再次得到重建，而且许多情况表明这种事情今天正在发生。我们可以期待发生这种事情，原因很简单：从本性上说，人是社会的产物。人的大部分驱力和本能导致他们创立出道德法则，而这些道德法则又使他们自己结为团体。从本性上讲，人也是有理性的。人所具有的理性容许他们创造出自发地与他人相互合作的方式。"[②] 重建不是复制，更不是乱建，必须结合具体的历史和现实，结合社会的经济、文化水平，结合社会成员的基本素质和文化水平等进行重建。在社会转型时期的重建更为迫切的是要对急剧变化的社会和个人行为作价值分析和判断，为新的社会秩序建立一个善的基础。

社会失序的价值分析是社会转型时期理论界一直都十分关注的一个问题。这方面有两个观点值得我们重视。一是认为"恶"是推动社会发展的动力；二是认为"改革是有意义的失范"。我们简单地分析一下。

关于"恶"是社会历史发展的动力的观点一度被普遍接受。然而这种观点却经不起深入的分析、批判。这里所说的"恶"与日常生活中的"恶"并不完全相同。日常生活中所说的"恶"是指坏事的意思。这里讲的"恶"有着更广泛的含义，它包括私利、私欲、权欲、剥削、压迫、竞争、阶级斗争、殖民统治等，也包括社会的失序、混乱等。"恶"对社会历史具有推动作用的观点被许多人推崇。一些人还从马克思主义经典作家那里找到了依据。对此，我们不能苟同。

一方面，法律禁绝的"恶"不可能促进社会的发展。例如，杀人、抢劫、偷窃、贪污受贿、以权谋私、大量浪费等这些行为绝不会对社会的发展有什么积极影响。如果人为地制造和强化这些"恶"，只会损害发展所依赖的环境和条件。的确，在历史上，杀人、抢劫、大规模灭绝人口、贩卖奴隶等曾

① 陶德麟．社会稳定论．山东人民出版社，1999：80.

② ［美］福山．大分裂——人类本性与社会秩序的重建．刘榜离，等译．中国社会科学出版社，2002：6.

经对资本主义发展起过血腥的“推动”作用，但随着社会发展水平和文明程度的提高，这些“恶”有益于发展的社会环境越来越不存在了。这与社会主义发展所追求的价值根本不同。进一步分析，某些“恶”现象可以作反面镜子，促进人们清醒地对待“恶”，使人们增加理智，并采取相应措施制止、减少以至于禁绝这些“恶”的继续发生。在这一意义上，也可以说“恶”能发生点积极意义。但这是痛定以后的思痛，是在“恶”已发生的情况下人们尽力减低“恶”的坏的影响下不得已的做法。无论是从道德上，还是从经济资源的计算得失上，都没有必要为了思痛而人为地制造痛，以至于对“恶”听之任之，等待它产生点积极意义。

另一方面，法未禁绝的道德之恶一般也不会促进社会发展。例如，极度浪费、奢侈无度（一顿饭吃掉三十六万多元人民币，一个生日晚会用近十万枚玫瑰，等等）对社会发展就无意义。虽然这些钱是自己挣来的，也有自己支配的自由，但在我们这个物质财富还很有限的发展中国家应该不是高尚的行为。它把宝贵的、用于进一步发展的财富白白浪费了，尽管法律无法约束它，但道德上应受到谴责。这种道德之“恶”由于损害了最基本的发展资源（可用于投资的资本），因而无益于发展。而且，从长远的角度来看，这种行为更加激化了社会的矛盾，使“仇富”的心理更加严重。至于那些无法用经济标准计算的恶行都会不同程度地损害构成社会发展目标的那些价值，因而都无助于发展的实现。只有在极个别情况下，才有例外。这种特殊情况包括三个方面：

第一，“恶”有助于发展。首先适用的一个场合就是，在社会价值观念发生较大变化之时，原来的某些“恶”在新形势下可能会有助于社会发展。例如，牟取私利在传统中国一般为“恶”，但在市场经济的今天也成为被允许的正当行为，尤其是企业。由于旧秩序下的某些“恶”在新秩序下已不再是真正的“恶”，所以，严格而论，这种情形并不能构成“恶”推动社会发展的例证。

第二，如果不考虑发展环境的全体，而只着眼于某一部分，那么，通过恶劣方式不合理地把有限的发展资源调动到自己手中，就能促进自身的发展壮大——虽然可能对全体有害、对其他个体或群体有害。例如，地方保护主义就是这样。这种“恶”在一定时限内确实给某个地方带来了发展（主要是经济增长，还不是真正的发展），但这种发展带有狭隘的地方本位、小群体本位、个体本位主义的偏见。它们对全体的损害、对发展环境的部分破坏使其“恶”的发展功能大打折扣。只有在“全体”是名存实亡、从而没有约束力的前提下，这种狭隘的“恶”对发展的推动才会有效。

第三，在某些领域或方面，尚未形成真正的善或正当，这时如若追求某种其他的善，或以某善为目标谋取成功，也只得在此方面采取“恶”的形式。这就要特别注意区分伪善形式之下的十足之“恶”与以善为目的的无奈之“恶”。在社会转型时期，上述类似特例会出现。由于传统意义上的善在某种程度和意义上生效了，在新情况下不能原封不动地坚持了，而与新情况相适应的善又尚未建立起来，虽然不是一直没有善与正当可行，但此时仍出现了善规范的某种缺失。在搞不清善与正当的前提下，“恶”就会多起来，形成风气。出现了为了实现某种其他确定的善而在无善或善无效的方面不得不通过“恶”的方式去行动的状况，从而使这种恶行客观上对发展和成功带来一定的益处。但是，不能否认，“恶”推动发展的展开总会对以多项善为目标的发展造成某种损害，从而使它推动的发展成为一种片面性的发展。因此，在社会转型时期，减少以至铲除各种形式、各种状况下的“恶”，是促成全面健康发展的必要前提。社会的失序就是这种“恶”，从根本上说，只有彻底铲除才会有社会的真正发展。

需要进一步说明的是，把“恶”作为历史发展的动力的观点归结为黑格尔的观点有所偏差。对社会失序我们可以理解为黑格尔所说的作为事物发展内在否定性的环节，即“恶”。“恶”本身并不能直接带来社会历史进步。黑格尔曾经表达过“恶”是历史发展动力借以表现形式的思想。恩格斯对此作了高度的评价。[①] 在黑格尔那里，作为历史发展动力表现形式的“恶”被规定为个体性、自然性、财富，而“恶”的这种历史推动作用则是通过劳动

---

① ［德］恩格斯.路德维希·费尔巴哈和德国古典哲学的终结、家庭、私有制与国家的起源.

这一环节实现的。[①] 包含在黑格尔这一思想中的富有革命性意义的内容是：人们追求自身利益的创造性劳动，是社会历史发展的最根本动力。

关于“改革是有积极意义的失范”的观点一度也受到一些学者的推崇。这种观点认为,改革本身就是一场具有积极而深远历史价值的社会违规运动。改革作为一种违规或失范对社会的积极意义表现为：一是某些违规有助于澄清并定义社会规范。如果没有这些违规行为的发生，我们反而不能尽快地认识和确定在发展商品经济过程中的许多需要规范化的行为和新的规范。二是一些违规能够增强群体的团结及其社会控制力量。对破坏法律的人的共同敌对态度，具有独特的使全体社会成员在感情上团结起来，使国家、组织，以及制度、法规、纪律等正式社会控制机制在客观上的不足得到了有效的弥补，从而加强了对违规的社会控制力量。三是有些违规能够导致社会体制中所需要的变化。四是一些违规从反面促使人们更愿意遵从规范。这种观点进一步认为，违规和失范是人类进入文明社会以来从未终止过的最普遍、最一般的一种社会现象，事实上违规一直都在推动着人类从愚昧到文明、从野性到理性的转化和发展，积极的违规促使社会进步，消极的违规有助于人类认识自身发展的不足和社会及其规范体系的欠缺。根据社会解组理论，一个高度组织的社会体系能经得起大量违规，而不会严重解组。仅仅当大多数人长时间地违规时，当违规严重地毁坏掉对于基本社会机构的社会价值的信任时，或产生了控制不了的冲突时，才会导致社会解组。

上述观点从形式上看有一定道理，所言改革中的“失范”对社会发展有积极作用，也容易使人联想起熊彼特的企业家“创新作用”理论。当代中国社会发展史和改革史上也有这样的事例，以家庭联产承包责任制来说，安徽小岗村包干到户18家的手印成为典型的“违规”行动，在历史的发展进程中，家庭联产承包责任制终于从中国农民的自发行为上升为国家行为，即农村政策制度。但由此论证“违规是推动人类社会的进步”这一结论并不能成立。

改革中有失范，但不能由此归结为改革就是失范，不能归结为失范有进步作用。因为这样只看到了失范与创新形式上的相同之处，却没有看到二者

---

① ［德］黑格尔．精神现象学、法哲学原理．商务印书馆，1981.

的本质区别。区别二者的关键在于，到底是促进生产力的发展，推动社会进步，还是损害公共利益，只为个体或小团体谋取利益。改革是在社会制度根本宗旨指导下进行的。因此，在制度体系内部的具体的规范上存在弹性，这是体制内部的制度完善，不能由于形式上相似就与危害社会利益的失范混为一谈。在行动的表现形式上，失范和创新都是对正统和主流规范的反叛，但是二者的本质区别在于，失范永远是以对于公共利益的破坏和损害为特征，是指对社会发展和进步的负面作用的越轨行为。创新可以上升为新的合法性，但是失范永远不可能上升为合法性，虽然失范可以形成地方性知识体系，指导有资格的行动者通过失范行动获益，但失范永远不可能成为社会正式的普适性制度准则。还有，在社会动员上二者也有区别。改革给人民群众带来了利益，这些利益起到了凝聚民心、推动社会进步的作用；而失范违规损害了人们对稳定的社会生活起保护作用的必要的信心。违规的积累和扩大使人们丧失了规范系统赋予人们的特定的角色安排，导致社会体系权利与义务的失控和无序，使整个社会系统出现危机状态。以改革为借口激励失范现象增加，不区分社会功能，只看到形式的相似，其结果必然破坏社会秩序，不利于社会管理和社会稳定。

值得注意的是，所谓“一个高度组织的社会体系能经得起大量违规，而不会严重解组”的判断是一个悖论。“高度组织”即以层次分明、定义清晰的规则体系存在并能够有效执行为双重定义条件，大量违规和高度组织是相互冲突的。所以，没有内在矛盾的完整表述应该是：一个曾经高度组织的社会体系在随着时间延续出现大量违规的情况下，必然使原有规则失效，社会体系因此会逐渐解组，导致社会冲突，导致社会重组，形成新的规则。至于“大众对于失范的危害并非只有通过大量违规事实才能清楚认识”也是不正确的，在社会互助的理性预期中已经包含了这样的内容；在制止社会失范方面，大众反应等情绪因素有影响，但主要控制力量还在于正规的制度规范，寄希望于群众情绪来制止失范，违反现代社会管理的程序，也为政府职能部门承担本职监督检察职能不力、无力等渎职行为提供了遁词，不利于中国转型时期的社会秩序稳定和实现现代化的目标①。

从上述的分析中我们可以看到社会失序在社会转型时期价值的复杂性。本文之所以用上面的两个观点进行分析，是因为这两个观点附载着许多错误的理论和行为，它们成为一些人为自己错误的理论和做法进行辩护的工具，因此，要从理论本身加以澄清。下面我们来具体分析一下社会失序的表现及其危害。

二、秩序的混乱和混乱的秩序——社会转型时期社会失序的表现和危害

在现代化进程中，一方面，经济飞速发展，人们发展空间不断拓展，自由选择的机会不断增加，社会进步全面提升。另一方面，社会秩序却面临着严重的危机，尤其是社会规范受到了前所未有的挑战和冲击。规则本身应有的权威受到了挑战，无视规则，亵渎、曲解甚至自立规则的现象随处可见。失去规则应有权威保护的社会秩序陷入了严重的失序和混乱之中。转型时期的中国社会正面临着这种情况。

我国社会转型时期的社会失序表现在社会的各个方面。在经济领域里，市场经济秩序建立引起的经济领域秩序的混乱和混乱的秩序同时并存。在政治领域，存在着制度的短缺和制度的缺陷。在社会领域，城市化进程中出现的问题日益尖锐，如“三农”问题、进城民工问题、“边缘人”问题等；在文化领域，随着西方思想文化的渗透，出现的以亚文化为代表的问题；在精神价值领域是伦理精神的缺失和价值的倾覆。这些问题概括起来就是秩序混乱和混乱的秩序同时态存在，更为严重的是这些失序现象之间相互恶化，使社会失序现象越来越严重，威胁着社会的稳定和发展。从社会秩序的构成来分析，社会规范、社会主体和社会控制各个方面都存在着不足和缺陷，使社会失序更加严重。

我国社会转型时期的社会失序现象十分严重，然而，正如福山所说：“要

① 刘应杰，等．中国社会现象分析．中国城市出版社，1998：240 ～ 281.

勾画出大分裂时期社会规范所发生的各种变化的大致轮廓并不难，但要用大量的经验来说明这一变化就难得多了。”① 本文将从以下几个方面分析社会失序的状况及危害：

（一）秩序的混乱——规则、制度之间的冲突与混乱

秩序混乱的原因很多，其中一个原因就是秩序内在规定的混乱。秩序内在规定就是规则。由于规则相互之间的冲突造成的社会失序现象是社会转型时期普遍存在的现象。在社会转型进程中，一些社会实体获得了前所未有的自由，但这些自由往往被不当夸大，一些社会实体甚至自行制定规则。这样就必然导致社会规范本身的失序，这是最为严重的社会秩序现象之一。它的危害是多重的，它不仅导致人们行为的无所适从，更为严重的是，它失去了社会规范本身应有的严肃性，它暗示甚至鼓励了违规的正当性。

在实际中，规则冲突的原因是有些部门和地方自行制定的“土政策”解构和重组上一级部门的政策和规则，最典型的是地方保护主义。一些部门从自身的利益出发，明知故犯，与上级部门对着干，对上级的规则进行重组和变通。所谓变通，就是在制度实施中，执行者在未得到制度决定者的正式准许、未通过改变制度的正式程序的情况下，自行作出改变原制度中的某些部分的决策，从而推行一套经过改变的制度安排。经过改变了的制度已经失去了制度本身的制约作用，表面上看与原制度没有差别，而实际上仅保留了形式的一致。有时包含明确的操作性内容，有时则仅仅采用了和原制度相同的话语系统，并受与这套话语相联系的意识形态等因素的约束。一些地方政府往往为了一己之私，欺上瞒下，糊弄、扯皮，游戏规则和制度。此时的规则和制度在这些人眼里是可以任意改变的儿戏。说到底，所谓变通，就是变非法为合法。

当然，规则和制度的冲突不完全是有意所为，有时是由认识和实践水平导致的。这主要是指在制定规则和制度时由于认识的水平限制，没有发现规

① ［美］福山．大分裂——人类本性与社会秩序的重建．刘榜离，等译．中国社会科学出版社，2002：54.

则和制度之间的漏洞和冲突的地方。这样在实际运行中，这些漏洞和缺陷就容易被人利用，出现失序现象。

另外，社会发展本身也是规则和制度完善的过程，在这个规则和制度嬗变的过程中，有一个从认识到实践，从实践到认识的反复过程。在这个过程中，规则和制度的缺陷的冲突有一定的必然性。

从一个更广泛的视角分析，规则和制度在具体实施过程中，很少没有冲突。这是规则和制度本身的“惰性”使然。规则和制度的变化一般都落后于具体的现实。规则和制度是对现实的概括和总结，只有具体的实际活动相对固化后才能成为规则和制度。虽然有些规则和制度有一定的超前性，但这些超前的规则和制度往往也是规则和制度中变动最大的部分，缺少稳定性。

规则和制度上易出现的问题在社会转型时期表现得格外突出。这里涉及一个更为复杂的问题，即判断一个行为是否违规的标准是规则和制度。改革开放和社会转型时期，如果以老规则和制度判断是违规，而如果以发展的眼光判断则是符合社会秩序的。规则和制度的滞后性，决定了人们判断的标准，把一些改革的行为和进步的行为用老的标准判断就成了失范的行为。

（二）混乱的秩序——社会主体行为失范

社会主体包括社会个体和集体单位。通常把违规和越轨称作失范，它是指社会个体、单位偏离或违反社会规范的行为，主要是指对社会发展有负面作用的破坏性越轨行为。个人层次的失范在任何社会都有，而在社会转型时期这类失范在社会的各个阶层、各个领域的社会成员都有。从社会生活的行为方面来看，社会失序行为五花八门：一是无序行为多，如乱摊派、乱罚款、乱收费、乱集资、乱发奖金、乱发证书、乱发广告、乱占耕地、乱建房、乱造墓、乱上工程等。二是越轨犯罪行为多，如制假贩假、虚假宣传、坑蒙拐骗、恶性竞争、执法犯法、贪污受贿、走私贩毒、偷盗抢劫、绑架勒索、车匪路霸、卖淫嫖娼、拐卖妇女儿童、实施计算机犯罪等。三是病态行为多，如赌博、吸毒、沉湎色情、追求享乐、挥霍浪费、见难不帮、见死不救、只求利益、不负责任等。这些社会生活中的行为型社会问题屡屡发生，案例举不胜举。人们能直接感受到的经济生活领域出现的假冒伪劣商品、各种形式的偷工减料等坑害消费者的行为，以及垄断货源、欺行霸市、扰乱市场和流通秩序，直接影响着人们的正常生产和生活等。伦理领域中普遍的“情人现象”“包二奶”“纳妾”等各种各样的社会丑恶现象，严重败坏着社会风气。

我国由计划经济向市场经济的转变过程中，个人和单位的行为失范现象在经济方面的表现十分突出。在这一转变过程中，适合于计划经济的社会规范和价值体系，无法适应社会主义市场经济的发展要求，必须进行全方位的改革和重建。然而，适合社会主义市场经济的社会规范和价值体系的重建是一个漫长的过程。因此，许多时候在我国经济领域中不规范的现象十分严重。另外，实行社会主义市场经济对于我国来说是个新的历史课题，并没有经验可以借鉴。因此建立什么样的适合新形势需要的规范是个探索的过程。还有，已有的社会规范由于其本身的惯性在一定程度上阻碍新规范的产生。再有，新的规范必定在一定程度上损害一些人的利益，必然受到这些人的反对甚至抵抗。这些原因的同时存在，使转型时期经济领域里的社会失序现象非常严重。仔细分析还会发现有的社会失序还内在地包含有合理的成分，如何把这些合理的成分从混乱中剥离出来也是非常复杂的。由于这种艰难性，也使一些人有机可乘。一些人打着改革的幌子，打着重建的幌子，等等，使经济领域各种失序现象格外严重，而且非常复杂。使人们分不清到底是由于没有秩序而混乱还是秩序本身就混乱，或者二者皆有之。如何完全理清这种混乱的局面是困难的，本文从经济伦理的角度对经济领域的失序现象作以简要描述，因为经济伦理最能反映经济秩序的状况。所谓经济伦理，包含的内容主要有市场交换中的伦理秩序、分配法则和占主导的价值体系，如对财富的追求、使用和管理。

在描述经济领域秩序的混乱局面情形时，有学者称，“中国正在进行一场缺乏伦理规范的市场游戏，经济伦理观念也正陷入一种严重混乱脱序的状态”[①]。这种失序（脱序）现象具体表现在许多方面。其中，经济合同的作用和地位，以及它应有的约束力就反映了一个国家的经济伦理状况。而处于转型时期的我国经济领域，合同的作用和地位及约束力应有的权威并没有发

① 何清莲．现代化的陷阱．今日中国出版社，1998：168 ～ 169.

挥出来。有的学者甚至担心，“经济合同失效及愈加严重的‘三角债’问题，意味着一个民族的经济伦理正在发生劣变”[①]。

经济合同本身的权威是一套经济制度、政治制度赋予的。经济合同失效只是一个表症，它潜在的是结构、制度及利益层面的问题和失序。我国的改革，如有的学者所说，“总的特点是：政治制度的变迁滞后，经济制度的变化相对较快，经济伦理观念的变化则快得惊人。社会主义奉献型经济伦理，在10多年中土崩瓦解，并被一切围绕实利作取舍的价值判断标准代替，结果导致社会严重混乱脱序的局面出现”。具体表现为：社会成员失去了理想，生活成了纯粹的买和卖。极端自私的利己主义（往往被误解成西方的“个人主义”）、以邻为壑的地方主义、化公为私的腐败行为……使人心浮躁飘荡，行为混乱失序，不少社会成员连起码的道德感都丧失殆尽。为了追逐利益，不少人不惜损害他人、损害集体、损害民族、损害社会。政府不得不一再强调社会治安形势严峻，公众安全感下降。

从更深的层次来讲，可以说，近年来社会政治道德日渐败坏，在进行经济改革的同时，没有进行一些相应的政治、法律制度的建设，以规范人们的求利行为，才导致如此混乱脱序的状态出现。

经济伦理的失序导致了严重的信任危机。社会主义市场经济同各种市场经济一样是信任经济。没有信任便没有市场经济，更不用说社会主义市场经济了。然而，我国出现了严重的信任危机。人们之间的交往关系受到严重影响，甚至中国人之间最稳定的血缘关系都面临着挑战。“兔子不吃窝边草”这种以前强盗都要奉行的准则，竟为“杀熟”（专门以亲朋好友为行骗对象）所代替，不少杀人抢劫、拐卖人口、绑票这类刑事犯罪案件发生在熟人、朋友、老乡之间，人和人之间产生了前所未有的信任危机。[②]

经济信用在经济伦理体系中居于最低层次，是人们在经济交往中的基本行为准则，也是任何社会中经济实体生存和发展必不可少的一项道德资本，如马克斯·韦伯在《新教伦理与资本主义精神》中反复强调的那句“信用是

① 何清莲．现代化的陷阱．今日中国出版社，1998：168.

② 何清莲．现代化的陷阱．今日中国出版社，1998：168.

金”。中国传统文化也非常强调信用是个人品质中非常重要的一部分，有“人无信不立”。然而，到了20世纪80年代后期与90年代上半期，中国已出现了严重的经济信用失常的现象。具体表现：一是经济合同失效；二是假冒伪劣商品越来越多。仅以假冒伪劣商品为例——不是每个人都与合同有关，但人人都与商品有关。由于中国市场自我调节功能较弱，市场准入制度很不严格，制售假冒伪劣商品的人，获得成功的概率比失败的概率要大得多，高额利润使不少人趋之若鹜，甚至铤而走险。据《中国消费者报》调查显示，有95%以上的消费者都买到过假货。另外诸如假车、假学历、假官等举不胜举。经济行为失序的背后是所谓的地方保护主义，是地方政府行为的失序。有些地方政府对本地区销售假冒伪劣商品的行为不管不问，甚至纵容包庇，有地方保护主义作后台制假售假，助长了违法犯罪分子的嚣张气焰。

在订立和履行经济合同中存在大量违法、违规等失范行为，有的在签订合同时不依照法律规定办事，有的在合同中订立违法条款，有的在履行过程中严重违约。据统计，我国每年签订的经济合同在7亿份以上，而合同履行率仅有70%左右，全国各级法院受理的一审经济案件（其中主要是经济合同案件）持续上升。不仅严重违反了税收法律、法规，而且偷税、漏税、抗税现象也普遍存在。个体户漏税一度达到80%以上。一些单位部门利用手中的权力挤占和挪用国家专项经费，乱报成本，虚报亏损，截留利润，隐瞒财政收入，越权违纪减免税收，转移或侵占国家投资，滥发实物奖金，请客送礼，公费旅游等不一而足。①

真正的市场经济是信用经济。一个国家的管理者和人民如果容忍甚至纵容这种经济信用失常行为，那么这个国家的经济注定要陷入过度的投机之中，只能是第二流甚至末流的经济。在实行了市场经济的发达国家中，经济信用从来都被置于很高的位置上，休谟认为，人类之所以能生存就是依靠三条自然律：一是对私人财产占有的尊重；二是对财产占有者转让财产的社会公认；三是承诺的兑现。第三条就是“信用”。缺少了信用，市场经济必然导致混乱。

---

① 刘应杰，等．中国社会现象分析．中国城市出版社，1998：248.

（三）社会权威弱化——政治伦理秩序的缺失与腐败

在社会规范存在着缺陷和社会主体不能自律的情况下，如果社会权威能够很好地利用社会资源进行社会控制的话，社会秩序仍可以得到保障。在这种情况下，社会权威的弱化必然使社会失序更加严重。要加强社会权威的控制力量，首先就是要建立政治的伦理秩序（这将在第七章进行论述）。

政治伦理秩序缺失的极端表现就是腐败。腐败是指一个社会中握有权力者利用这种权力获取私利的现象。可以从各个方面定义腐败，但“以权谋私”是所有定义的要件。比如说，有些定义集中表述的是权力与金钱交换，或者是权力的商品化与金钱的权力化，也就是公共权力蜕变为私有权力。一个每年在公款吃喝上要挥霍将近两千亿元、在桑拿浴上要花掉近百亿元、在吸毒上要消耗上百亿元的国家，绝对不是一个善用财富的国家。[①]

在关于腐败的定义中引用最多的是著名政治学家罗歇·拉斯韦尔的腐败概念：“一项腐败行为至少违背对一个公共或公民秩序体系的责任，事实上与任何这类体制不相容，一个公共或公民秩序将共同利益置于个别利益之上；为个别利益侵犯共同利益的行为就是腐败。”有学者从各种关于腐败的定义中抽象出三种一般的含义：一是对公共职位规范的背叛；二是以权谋取经济利益；三是侵吞公共利益。这些定义都强调了腐败对社会秩序的败坏是腐败的实质。腐败是有权者所为，而有权者的如此所为，因其权力是公共权力，也因其腐败活动是一种与社会运行过程（往往是事关重大的权力运行过程）紧密相连的活动，因此，对整个社会秩序的影响、对伦理准则的影响就是直接的。腐败对社会秩序的破坏程度与腐败的程度成正比，学者大都认为，腐败是社会秩序混乱的原因。可以说，腐败到什么程度，社会秩序也就乱到什么程度。

20 世纪 80 年代初期，随着经济改革的推进和经济发展速度的加快，更随着各种权力下放进程的延伸，腐败问题开始出现，当时被称为“严重的经济犯罪活动”。在司法上处理的定位是“经济案件”，打击和惩治的政策举措也开始不断出台，直到 1988 年才在官方文献中第一次出现“腐败”一词。

---

① 何清莲．现代化的陷阱．今日中国出版社，1998：168.

而直到1993年，才正式开始部署反腐败的各项工作，很快就出现了规章制定的高潮期。仅在1994年全国就制定出300多件关于加强领导干部廉洁自律方面的规定、通知、决定等。在过去的30年间，被以各种方式揭露于公众面前的腐败案件数量、涉案官员数量、涉案中高级官员数量均在不断上升，在显示反腐败之空前成就的同时，也显示出腐败现象在中国社会不断蔓延，趋于严重化，腐败的各种劣行与特性也随之逐步展示出来。在这里面受到最大损害的是社会规范本身：规范越来越多，而腐败越来越严重，那么社会规范越来越没有权威，社会失序就是理所当然的了。所以说，腐败是对社会秩序最大的破坏。

腐败的程度从一些角度可以量化。涉及腐败的官员数量多寡、级别高低，通常是衡量一个社会腐败状况的主要指标。涉及腐败的官员数量越多、级别越高，一个社会的腐败状况就越严重。以这种一般性计量手段来看现阶段中国社会的腐败状况比较直观。

有资料显示，1993年以来，全国纪检、检察机关查办案件的数量，以年均9%的速度递增；受到党纪、政纪处分的官员数量，以年均12%左右的速度递增。1990年至1998年，共有3万多名县级以上官员、2000多名地厅级以上官员、近100名省部级以上官员因腐败行为而遭到查处；在同一时间段，全国共受理各类腐败案件110多万件，立案50多万件，涉案腐败分子60多万人。[①]

从犯罪的实质来看，把通过正式授予而获得的公共权力运用到纯粹私人的领域中，这本身就侵犯了权力的公共性本质和基本程序，而在私人领域中违规运用的公共权力又以谋私利为直接目的，则是对社会基本道德规范的挑战，是对社会机体和社会秩序的腐蚀。又由于其形式上的合法性（由权力授予和运用程序掩护下的安全性和隐蔽性），腐败对社会的腐蚀尤其具有深刻的危害。有学者甚至指出：长期以来，在相当多的社会（包括发达和发展）中，经济政治社会的机制和运行过程与腐败或与腐败有关的亚制度、亚规范难分难离，甚至在相当程度上是由这些亚制度、亚规范支持的，腐败成为这

① 江流，等.1998年：中国社会形势分析与预测.社会科学文献出版社，1998：70.

样的社会的“有机组成部分”。[①] 在中国这样一个发展中国家，腐败具有社会文化现实的根由，它结合了对社会道德秩序的失望，也结合了对社会法律秩序的蔑视（钻法律的空子），成全了客观环境诱致腐败的理论。

腐败在发展中国家和在发达国家的作用有所不同。在发达国家，腐败现象的存在或蔓延只是对基本的社会道德或价值准则构成挑战，而没有对社会运行与发展产生多大的威胁。而在发展中国家，其预防和惩治腐败现象方面——制度建设、政策方向和技术手段均不太成熟，既受苦于各个层面的腐败现象的蔓延和屡禁不绝，又受累于腐败现象最可怕的社会政治、经济、文化后果：政局突变，经济秩序混乱，贫富差距拉大，人心丧失，执政力量与反对派力量冲突层出不穷，等等。在社会转型时期，腐败还影响到社会的发展方向。

腐败之所以构成麻烦意义的社会问题，引起公众的一致反对，主要是因为其破坏了一个社会的基本秩序。有学者指出了其最基本的危害：“腐败虽然给寻租人带来收益，但是增加全社会的交易成本，消耗相当部分的社会经济资源。”[②] 腐败现象侵犯了一个社会公共权力领域的基本秩序，直接或间接地对一个社会保持基本运行所必需的规则和制度构成了威胁，从而破坏了在这个社会层面上的结构完整和运行的协调，其中最核心的危害是其对社会财富的分配原则和方式的破坏。它实际上建构起了一套有悖于合法规章的机制，在这个机制的作用下，实施以权谋私就能获得各种利益，不以权谋私者就不能获得各种利益。

现阶段的中国社会，处在结构转型和体制转轨的关键时期，社会的公共权力从概念和操作上均没有现成的经验可循。实际的权力运用常常是处于失控状态，在进入经济加速发展的 20 世纪 80 年代以后，这种状态通过经济领域中的各种混乱秩序集中反映出来。相当数量的官员以新旧体制过渡时期权力运用方面的思想混乱和规则混乱为机会，以谋私利为目的，暗中甚至明目张胆地将公共权力延伸到私人领域。

---

① 陆建华．中国社会问题报告．石油工业出版社，2002：122.

② 陆建华．中国社会问题报告．石油工业出版社，2002：126.

一些学者认为，需以适度腐败来换取稳定的体制改革后果，这样的思路应该以对腐败的预防来换取稳定的体制改革后果来取代，因为政策和制度效应是一个不断变化，需要严格把握的过程，它不可能将腐败定位在“适度”层次上，它将无可争议地对公共领域中的权力秩序产生严重的冲击。

腐败对道德秩序和社会风气造成了严重破坏。腐败行为违背了社会的道德和价值准则，构成了“准激励机制”，打击了公众对基本道德和价值准则的遵从，使公众行为选择发生偏差，意识上的越轨变成了行为上的越轨，对社会秩序构成程度不同的破坏。使相当多的公众对道德准则丧失了信心，不依从社会道德规范，在自己的工作领域和其他领域中不思正途，专走歪道，总企图以岗位之便或社会关系之便来牟取私利，就会引起全社会弥散性的“准腐败”，导致社会纲纪废弛、行为规范混乱、是非善恶界限含糊，严重破坏社会风气。有的学者将我国当前的“不正之风”称为“腐败落势化”，与大面积腐败相呼应，落势化趋向的腐败现象发生在一切与公职权力相联系的“平民”层面上，其表现形式多种多样，贪污、贿赂、盗窃、盗卖等是最常见的行为。当这种腐败行为与传统的人情观或熟人氛围联系在一起时，便成为粘贴在一种几乎覆盖于社会各个层面交往网络上的污垢而难以去除。在这一交往网络中，每个人都以自己为轴心，将亲属、朋友、同事、上下级以血缘、亲缘或关系的亲疏远近，向四周扩散，呈伞状排列。[①]

腐败对社会秩序构成了严重威胁。一是对超越于个人或群体的公共领域秩序的破坏。在一个社会中若没有人（尤其是手中握有通过各种方式被授予权力者）负起责任来，那么公共领域必然发生混乱，这种混乱反过来必将对这个社会中的个人或群体施以惩罚，腐败现象对一个社会的经济、政治和道德领域的危害就是如此。二是以权谋私者的行为，在受到及时而足够惩罚的情况下，就会出现“上行下效”的后果，公众或出于报复心理，或出于补偿动机，开始利用各种机会来获取利益，而不顾及道德上的损失，从而给整个业已遭受破坏的社会秩序“雪上加霜”。这样，公众从以权谋私现象的受害者转化为整个社会秩序混乱的加害者，社会秩序的整顿由于公众以背道而驰

① 林吉．权力腐败与权力制约．法律出版社，1997：95.

的方式加入其中而变得更加不可能。三是腐败现象在一个社会中久禁不绝说明治理手段不得当，而其实质是，腐败的严重程度已经超出了反腐败政策及技术的效能所及。腐败治理在技术上难度加大，造成的结果是：现实的和潜在的腐败分子意识到实施腐败行为很可能得不到惩罚，这等于“激励”或“诱使”他们加速实施腐败行为，从而加剧腐败现象的蔓延和严重化。[①]

（四）社会角色失范——职业道德感缺失和行业不正之风

社会秩序的稳定依赖社会中每个社会成员都能够按照社会对其所在的社会角色的规定去做。当代中国社会转型时期所面临的最紧迫的问题之一就是角色失范。一些人不知道自己的社会角色，一些人虽然知道自己的社会角色却不按角色要求去做，角色缺失成了社会转型时期一个迫切需要解决的问题。上述腐败问题就是典型的社会角色失范。所以，柏拉图曾将各司其职作为其理想社会的内容之一。各司其职隐含一个前提：特定的社会结构及其角色体系的存在，且这个角色体系中的每一个角色的要求都是确定的。社会转型意味着原有的社会角色体系已被打破，而人们又要作为角色在社会中生活和活动。所以就需要通过制度体制为社会成员提供规范要求，以规范人们的行为。

角色在社会结构中具有重要的地位和作用，它是社会结构体系中的纽带，是社会秩序中的实体性存在。每个人以其在社会秩序中的具体位置而获得其角色的具体规定性，这就意味着角色要求对于个人来说是先在的，它所表达的是普遍对于特殊的规定与要求，是结构对于要素的要求，是社会对于其成员的要求；它所追求的是社会系统结构的整体功能。对于个人来说，他虽然可以一定程度地选择具体角色位置，但是却无法选择角色要求。虽然无数个人的能动活动最终可以引起社会结构及其角色规定的变更，但是对某一具体个人而言则无法改变既有社会结构的角色内容规定。这些角色内容规定凝聚了社会规范对个体的各种约束，不仅有法律规则的约束，还有伦理、宗教等社会规范的约束。这种约束具有稳定性，它体现了社会秩序稳定发展对

① 陆建华．中国社会问题报告．石油工业出版社，2002：131 ～ 132.

社会主体必然的要求。所以，虽然角色是社会结构网络中的实体性存在，然而它的存在本身则缘于社会结构网络的功能性规定。角色虽然有一种身份、等级、分工的表达，然而，这些身份、等级、分工只不过是为了完成社会作为一个整体所要求的某种特定功能。因而，角色虽然是人格化了的，并且以一个个现实活动的个人作为调节对象，但它却并不是直接针对具体个人，而是直接针对社会结构自身和社会秩序整体的。它并不关心谁会居于这一角色，每个人在角色面前都是平等的。

角色的美德在现代社会生活中的具体表现是通过职业而展现的。现代社会的特点之一是职业分化明显，在现代社会的常规发展时期，职业是维持纪律规范和法律规范的基本保证。一般情况下，失范者往往是没有职业者，即社会的边缘人。但是，在我国目前转型时期，职业威望等级有大众认可的等级排序，然而，这并不能保证上层职业者普遍恪守意识，双重人格成为社会的普遍现象。在社会中的各个行业中,大量地存在着失范现象。工作漫不经心，得过且过，敷衍了事。甚至以权谋私，营私舞弊，敲诈勒索，利用行业垄断搞行业不正之风，等等。这与社会对角色的规定完全不符，甚至背道而驰。

职业道德感的缺乏和行业不正之风是典型的角色美德缺失。职业角色失范的最大危害在于损害了职业形象，破坏了社会管理的合法性基础。所谓职业所固有的社会性质和地位，简单地说，主要是指职业和职务集中地体现着三大要素——责、权、利。从中国的现状来看，在处理责权利的三者关系上，恰恰出现了问题。从社会实践来看，许多人获取财富不是依靠履行其职业责任，而是依仗职权、破坏其职业的基本道德准则得以实现的。例如，“电老虎”“房老虎”，以及看病要红包，盖章要送礼和“吃了原告吃被告”等部分行政执法人员的劣行。1995 年 3 月 10 日《中国青年报》曾报道，公众最为痛恨的八种行业不正之风：用公款大吃大喝，不给好处不办事，给了好处乱办事，乱收费，利用特权索要财物，乱罚款，乱摊派，党政机关及其工作人员无偿占用下属单位和企业的财物。职业道德是一种软性的行为规范，在经济伦理体系中居于第一个层次。作为起中坚作用或者说主导型的道德规范，它本身受良心和社会成员个人素质的制约，同时又调节着人们的自我行为、人际关系和一切法律关系的交往，是社会全体成员都需恪守和遵循的道德规范。

在各种职业角色失范的行业中，有两个行业的影响最大。一是执法行业的失范。二是意识形态和文化领域的失范。执法行业的职业失范也可简单地称为“知法犯法”，即规范实体、规范程序与实施主体操作之间的冲突。在现实中，有的党组织和党员、干部，特别是有的党政领导机关和领导干部，仍然自恃特殊，以言代法，以权压法，甚至徇私枉法。有的个人说了算，不尊重国家权力机关的决定和决议；有的对司法机关的正常工作横加干涉，强行更改或者拒不执行法院的裁判。有的无视宪法和有关法律的规定，任意决定拘留或搜查公民，或者强令公安、司法机关做出非法侵害公民人身权利和民主权利的事情，甚至把政法民警作为他们搞强迫命令和以权谋私的工具。从某种意义上说，“知法犯法”是最严重的职业角色失范。就是因为“知法”，知道社会规范的规定而违规、失范，使社会规范、法律制度从根本上失去了其应有的约束力和应有的威信。这些违规行为最容易引起人们的不满和对社会规范的失望情绪。它也是最具破坏力和影响力的。这是由失范主体的社会地位和社会与职业角色决定的。领导者的违规、执法者的失范，比一般社会成员的失范影响要大得多。转型时期社会失范与政府官员有着密切的关系。一些基层领导认为“天高皇帝远”，便无法无天，肆意妄为，横行乡里。而一些高级官员如陈希同、成克杰、胡长清等大搞腐败，生活腐化糜烂。与他们相比，一般的刑事犯罪就显得“微不足道”了。

意识形态和文化领域的社会职业角色失范毒化了人们的精神世界，亵渎了人们的信仰，其危害不同一般。社会转型过程中，意识形态文化的传统神圣领域正在受到侵袭。以“痞子文学”“痞子学术”为标志，一批所谓的“精英”型混混儿肆意神圣的文坛。他们以对规范的蔑视为能事，以亵渎一切神圣价值为快感，摆出一副“我是流氓我怕谁”的姿态，将艺术创作和学术研究简单称之为“码字儿”，自谑自己的发言为“放屁”而哗众取宠。这种将意识形态职业等同于“拆字卜卦”的表述贬低了知识分子的职业尊严，消解了知识分子的自律精神。从社会影响上看也造成了十分不好的效果。知识分子由于其在社会中的特殊地位总能体现社会的公正与终极关怀，历来社会声望都较高。历代统治者都对知识分子寄予厚望。然而，在社会转型时期，在社会秩序混乱时期，一些知识分子不是勇担历史重担，行侠义做护花使者，而是随波逐流，甚至有过之而无不及。一些学者学风浮躁，甚至为取功名不惜剽窃他人成果。进而使社会失范现象进入了神圣的学术殿堂。

（五）犯罪——蔑视社会秩序最明显、最极端的表现

福山在分析论证社会转型时期的“大分裂”（失序）时，首先把犯罪作为社会失序的表现。为什么要将犯罪作为研究导致社会失序问题的首要原因呢？他认为，“如果我们把社会资本定义为一种合作规范，而这一规范又深入了一群人之间的关系之中，那么根据事实本身，犯罪就体现出社会资本的缺乏，因为犯罪就是违反社区规范。也就是说，成文的刑法最低限度地规定了一套一个社会中人们同意遵守的社会规章。违反此种法律不仅是对犯罪的个体受害者的犯法行为，而且是对更大的社区及其规范体制的犯法行为。因此，在刑法中出面逮捕并惩罚犯法者的是国家而不是个人”。[①] 福山之所以把犯罪作为社会失序的表现，就是因为犯罪破坏了社会规范。

这个观点和马克思主义关于犯罪的本质的理解是一致的。恩格斯在《英国工人阶级状况》中说：“蔑视社会秩序的最明显，最极端的表现就是犯罪。”[②] 犯罪是一种对社会规范、社会秩序极端的破坏，是一种严重的越轨行为，是一部分人群为了实现自己的目的（发财、报复、解决纠纷等）而采取的严重的越轨行为。著名的犯罪学家萨瑟兰认为，某些行为在某种社会中被视为犯罪主要是因为这种行为和那个社会的特殊利益有矛盾，这类犯罪使该集体特殊的一致性有所损害。在任何一个社会里，犯罪都被看成是一种严重的反社会行为，而不管犯罪有什么具体的理由、具体的情节，也不管犯罪造成了什么后果；反社会指的是对现行的社会法律规范与准则的逾越和蔑视，而不管这些法律规范与准则是否合理。一个社会基本秩序的维持所依靠的就是这些法律规范，所以要建设成什么样的社会，这样的社会期望有什么

① ［美］福山．大分裂——人类本性与社会秩序的重建．刘榜离，等译．中国社会科学出版社，2002：33.

② 马克思恩格斯全集（第 2 卷）．人民出版社，1957：416.

样的社会秩序，就会有什么样的法律规范。反社会的真正含义是通过对现行的法律规范与准则的逾越来挑战制定和执行这些规范的社会及其社会秩序的期望。进一步说，一个社会一旦制定并执行法律规范与准则以维持社会秩序，也就不再讨论这些规范与准则的合理性问题，而是以既定的规范与准则来制裁任何逾越之行为和现象。当然，对既有规范与准则的逾越在任何一个社会里都存在，而逾越的规模、范围、特点、程度及社会后果，各个社会里却大不一样，而且在同一社会的不同时期，也有很大不同。

犯罪是现代化必然要付出的代价，其对现代化的发展危害十分严重。我国曾经是犯罪率比较低的国家，在打击和预防犯罪方面有许多成功的经验。但是自20世纪80年代以来，社会犯罪出现了持续增长的趋势。进入21世纪，犯罪上升的趋势有增无减。特别是一些带有黑社会性质的犯罪团伙和流氓恶势力更是为非作歹、无恶不作。杀人、抢劫、盗窃等重大刑事案件大量增加，卖淫嫖娼、贩毒吸毒等社会丑恶现象仍在蔓延，严重危害人民的生命财产安全，阻碍现代化的进程。

中华人民共和国成立以来，我国经历了五次犯罪浪潮的袭击。直到今天我们仍处于第五次犯罪浪潮的冲击中。社会转型引起了社会道德、价值观念、利益结构的倾斜、失落和变化，再加上社会控制力的减弱，以及“文化大革命”带来的严重的后遗症，使犯罪始终伴随着社会转型的进程。这次犯罪高峰持续时间之长、危害之大、手段之高明、范围之广都是前所未有的，至今我们仍然身受其害，尤其是黑社会犯罪严重。黑恶势力的最大特点就是蔑视合理的、公正的社会秩序，自己为社会定规矩、建秩序，用恶的秩序与善的秩序对抗，其危害程度最严重，破坏力最大。除了黑势力外，其他各种犯罪也十分嚣张。绑架人质、黄货泛滥、盗窃、抢劫、“车匪路霸”、金融诈骗、伪造信用卡、制贩假币、巫婆神汉迷信活动、邪教、计算机犯罪、拐卖人口等当今世界上各种犯罪种类几乎都有。人民群众对社会治安形势意见很大。根据中国社会科学院“社会形势分析与预测”课题组1998年对万名市民的问卷调查结果表明，社会治安问题在公众心目中一直是最为严重的社会问题之一，在列出的5项社会问题选择项中，社会治安问题继“惩治腐败”“控制物价”“解决贫富不均”问题之后，位列第四，认为其“非常严重”的比例占50.6%，“比较重要”的比例是36.6%，限选三项时的中选率为23.6%。[①]

评价犯罪的危害不能停留在犯罪事实本身，而是要与犯罪发生的时代背景联系起来。迪尔凯姆的“犯罪有益论”的观点不适用于我国社会转型时期的情况。犯罪在社会转型时期的危害比在社会正常时期的危害要大。由于它是“蔑视社会秩序最明显、最极端的表现”，所以，如果它不能受到相应的惩罚，必然会影响其他的违规行为。因此，犯罪是社会失序的催化剂和加速器，也是一个国家社会失序状况的“晴雨表”。

许多专家认为，在未来相当长的一段时期内，犯罪问题依旧会是一个严重的社会问题，如果处理失当，必将对社会秩序构成巨大威胁，进而影响到公众对社会治安状态、对法律权威性的信心。这种分析从犯罪与社会失序的内在联系上可以得到认证。

社会失序当然不仅仅是上述的几个问题，还包括社会伦理、价值、制度等许多方面。这些方面的失序情况我们将在有关章节中专门论述。

三、是历史必然还是主观选择失当——作为发展的代价，社会失序的客观必然性和人为因素的哲学分析

如何理解上述社会失序问题，是个非常复杂的问题。关系到如何对待改革、发展、稳定之间的关系。社会失序是不是社会发展的代价？这种代价是不是必然的？有没有可能避免？社会失序的程度能否减弱？哪些失序可以避免等一系列问题是理论界十分关注的问题。本文由于篇幅所限和论述的需要，不可能细致入微地对各种各样社会失序的原因进行过多分析。本文仅从哲学的高度简要分析社会失序的社会历史和实践主体选择方面的原因，以对社会转型时期社会失序原因有一个总体的把握和理解。

① 江流，等.1999年：中国社会形势分析与预测.社会科学文献出版社，1999：169.

（一）发展就要付出代价——社会失序的必然性

从社会历史发展的高度分析社会失序的问题，就是要把社会失序问题放在发展与代价的框架下讨论，这个问题也就是发展与代价的关系问题。

“发展”是当代世界的学术前沿问题之一。西方的发展理论起初多注重从正面研究发展本身的进步意义，后来逐渐关注发展所付出的代价问题。在当今时代，发展也被明确看作是通过付出代价并努力扬弃代价以寻求再生之路的过程。现代西方成立的某些重要研究机构，如罗马俱乐部、法兰克福学派的社会批判研究所等，所探讨的中心主题之一，就是西方资本主义发展所付出的代价问题。当今我国改革和市场经济建设促进了经济和社会的发展，但也付出了一定的代价。这一问题引起了人们的重视。从讨论来看，大家关心的主要问题是：怎样区分基于历史发展的必然性所付出的代价和由主观因素所造成的人为代价；发展是否必然要付出代价；应如何正确看待这些代价；政府及领导干部、国民应采取何种措施来减少代价，如何以最小、最合理的代价换取最大的发展；在我国，发展市场经济，搞现代化建设，应选择怎样的发展目标和道路，才能在吸收资本主义的一切积极成果的同时，有效地避免在西方工业化进程中所付出的代价，等等。

马克思主义的基本观点是，发展就要付出代价。这是人类社会历史发展的一个普遍规律。同一般学者不同，马克思、恩格斯在论及发展与代价的问题时是站在整个人类社会发展的高度上，批判地继承了黑格尔“作为推动原则和创造原则的否定的辩证法”，用哲学的研究方法深刻地把握住了发展与代价的辩证关系。马克思指出：“在我们这个时代，每一种事物好像都包含有自己的反面……技术的胜利，似乎是以道德的败坏为代价换来的。随着人类愈益控制自然，个人却似乎愈益成为别人的奴隶或自身的卑劣行为的奴隶。甚至科学的纯洁光辉仿佛也只能在愚昧无知的黑暗背景上闪耀。”[①] 这充分表明了历史发展所具有的“悲剧”性质。然而，悲剧和喜剧是相对而言的。马克思、恩格斯认为这种“二律背反”现象反映了历史自身的辩证法，即历史总是通过自相否定乃至对抗来达到自相肯定和进步的。

---

① 马克思恩格斯全集（第12卷）. 人民出版社，1995：4.

马克思以资本主义社会为例，具体分析了社会发展与代价的问题。他认为，资本主义社会作为人类社会发展中的一个阶段，创造出前所未有的文明，是人类社会的巨大进步和发展，但也付出了巨大的代价。资本主义社会的“发展”之所以是畸形的、片面的，就是因为资本主义社会还处于创造人的社会物质生活条件的阶段，因而还不能从这种条件出发去开始个人本身全面而自由发展的过程。在这一阶段，由于生产力水平及社会物质生活条件的限制，也由于在此基础上形成的资本主义私有制度的限制，使资本主义社会不是以整个人类的发展为目标，而是以一部分人的发展和享受从而以供这些人发展和享受的物的生产为目标，故而这种目标不能不靠牺牲其他价值目标来实现。人类“个性的比较高度的发展，只有以牺牲个人的历史过程为代价”，“因为在人类，也像在动植物界一样，种族的利益总是要靠牺牲个体的利益来为自己开辟道路的”[①]。“没有对抗就没有进步。这是文明直到今天所遵循的规律。”[②] 恩格斯也深刻地论述了社会发展需要并产生代价的历史必然性。他特别指出，在私有制社会，“文明每前进一步，不平等也同时前进一步。随着文明而产生的社会为自己建立的一切机构，都转变为他们原来的目的的反面”[③]。

事实上，发展需要代价的观点不是由马克思最早提出的。在古希腊，就有人诅咒财富的增长使人体从黄金时代坠落到黑铁时代。卢梭不是也感叹科学的进步造成了人的道德蜕化吗？恩格斯也曾说过：庸俗的贪欲，粗暴的情欲，卑下的物欲，自私自利的掠夺，偷窃、暴力、欺诈、背信，等等，揭开了文明的篇章。资本主义工业文明的崛起，创造出前所未有的繁荣，但也使它付出了道义上的沉重代价。在原始积累中，资产阶级以“海盗”“羊吃人”“圈地运动”“炮舰政策”及“殖民掠夺”等凶残手段，摧毁了无数和平的宗法社会组织，打碎了田园牧歌般的纯朴道德观念，撕破了温情脉脉的血缘面纱而将其溶入赤裸裸的金钱关系的冰水之中。它是以血与火的无耻记录载

① 马克思恩格斯全集（第 26 卷）. 人民出版社，1995：125.

② 马克思恩格斯全集（第 4 卷）. 人民出版社，1995：104.

③ 马克思恩格斯选集（第 3 卷）. 人民出版社，1995：482.

入人类编年史的。从价值尺度或道德评判的角度来看，这简直就是堕落和犯罪，然而从历史尺度或历史评价的角度来看，它却是一种进步。因为在文明发展中的个体巨大牺牲和古老道德丧失的代价后面，隐藏着人类自身的更深层次的发展，其伟大意义在于它创造出无穷的生产力，从而构造出未来人类自由社会的物质基础。人类文明就是这样在无数悲哀中展示着辉煌，在无数对抗中实现着进步，在无数代价中换取着发展。

整个人类历史是这样，中国的现代化过程也是这样。中国特色的社会主义现代化建设是人类社会发展链条上的一个环节，尤其是我国正处于一个从传统的经济、文化都落后的社会向现代化转型的特殊历史时期，后发式的现代化的全面发展就必然要付出代价。社会失序作为现代化最主要的代价之一是不可避免的。客观地认识到这样的问题对于我们的现代化建设，发展目标的设计，发展速度的控制等一系列社会问题的考量和掌控都有实际意义。更重要的是，我们有一个更为理性的心态对待这样的事实，更加合理、合法地解决社会失序问题。

（二）人为代价——主体选择失当是代价产生的根本原因

从发展的角度看社会失序的产生，我们不能忽略实践中的主体选择失当所导致的人为代价。

导致社会失序的一个重要原因是发展的目标设计的偏颇。现代化是当今世界各国发展所追求的目标，在社会发展的目标设计中，人们往往片面追求“现代化中的经济发展”这一特定的发展目标，使局部发展同整体发展之间出现断裂和脱节，从而付出代价。社会发展是一个系统工程，要求政治、经济、文化等子系统同步协调发展，即应追求全面的目标。可是在一定历史时期，由于人们认识上的局限和经济资源的稀缺，发展只能追求特定的目标，实现以某一子系统为主导的发展战略。这就往往造成某一子系统的孤立发展或过分突出，使它与社会整体发展割裂开来，从而导致整个系统结构失衡。在这种情况下，必然出现紊乱、摩擦和冲突，社会失序就会产生，代价不可避免。

具体地说，无论是发达国家，还是发展中国家，在向现代化迈进的过程中，都曾伴随尖锐的社会冲突、严重的贫富分化、普遍的心灵危机、生态环境的恶化等社会失序问题。特别是有的发展中国家还陷入政变频繁、内讧迭起、宗教冲突、部族械斗和军人独裁等危机之中。出现这种困扰的一个重要原因，就是片面追求经济现代化。

长期以来，“发展＝经济增长”被奉为普遍的信条。发达国家还把“现代化＝工业化＝西方化”作为落后国家现代化发展的参照系。受这种发展模式的影响，加上发展中国家急于摆脱贫困，往往单纯追求经济的高速发展，而忽视了政治现代化和文化现代化的进程。经济子系统的单独进步，由于得不到政治、文化子系统的有力支撑和配合，结果导致结构断裂和体制断层，产生种种动荡和冲突。例如，经济发展强化了人们对利益的追求，但由于法制不健全，使人们的经济行为得不到有效约束而发生失范，大量经济犯罪的出现就成了必然；现代化强化了人们的民主意识和政治参与意识，但在高度集权和行政支配下，民主参与的愿望难以表达；经济发展需要灵敏、快捷的决策机构，而僵化的组织结构却效率低下、反应迟钝，造成经济运行的混乱和失控，等等，由此人们的各种不满和怨恨便接踵而来，在一定条件下就导致社会失序的大量出现。

人口素质差、观念落后也制约了经济的进一步发展。何况就经济现代化本身而言，也会带来许多不稳定因素。例如，技术进步和自动化发展会造成大量剩余劳动力；农业人口大规模转移造成城市人口膨胀、交通拥挤；以及为了维持高速增长而加紧掠夺资源、浪费能源和带来环境污染、公害流行等社会问题。产生代价现象的另一个原因是改革、发展内在的原因，或者说是社会转型本身，即从传统社会向现代社会的转型就必然产生不稳定性。这就是亨廷顿所说的现代化产生不稳定性。因为改革（这里与现代化同意）就必然要打破旧的秩序而出现新的秩序，而发展既是对原有社会关系的协调与整合，但又会带来新的矛盾和冲突，从而使社会关系产生新的不平衡。改革、发展就是这样一个不断打破旧秩序出现不平衡而进一步求得新秩序的无限过程。在每一次出现不平衡时，代价都不可避免并产生内耗。这种情况最多地表现在社会发展中的变革时期。

哲学意义的改革是发展的质变点或突变环节，一般发生在社会转型时期，如从传统农业社会向工业社会、从自然经济向现代市场经济的转变。历史发展有自己的客观规律，它强制地为自己开辟道路。当社会的无序状态和矛盾积累到一定程度时，就必然要求通过改革来解决。然而，改革又会带来新的不平衡。改革必然使社会原有的利益格局发生重大调整，经济结构和体制在由旧到新的转换中不可避免地出现摩擦和紊乱，如发生分配不公、经济犯罪、权力腐败等；市场机制的发育也势必冲击原有的价值观念和道德秩序，人们将发生感情矛盾、信念矛盾、人格矛盾；改革还会瓦解原来的社会纽带和控制系统，如市场体制改革意味着经济决策权力分散到市场主体，导致政府决策能力疲软或者说政权软化，从而可能发生社会失控；改革必然开放，但对外开放会产生“示范效应”，使人们在经济尚不发达时就强化了消费意识，以及随之而来的外来文化与本土文化的冲突，造成人们的期望不能满足和民族情绪的失落，等等，所有这些变化都直接或间接地导致社会失序的增加。没有改革就不会有发展，但是改革却付出沉痛代价，产生“阵痛”。

具体到我国的改革，有两大实践问题引起社会发生巨大的震动：一是经济体制的转换；二是经济增长方式的转变。市场体制改革破除了平均主义“大锅饭”，克服了行政垄断、统得过死、资源配置僵硬等弊端，激发了人们前所未有的劳动积极性，促进了生产力的发展和人民生活水平的提高。从发展的意义上讲，这是对原有社会关系的协调和整合，然而由于市场制度不健全，许多政策、法规还不完善，给改革带来新的不平衡。诸如贫富差距扩大、利益冲突加剧、以权谋私等腐败现象增加，以及道德危机和信仰迷失等，特别是犯罪率持续上升，社会治安环境不断恶化，人们很不满意这种社会状况。这是改革所付出的代价。但是，为了发展，我们又不能不改革，因为不改革就会付出更大的代价，那就是计划体制必然造成的效率低下、经济发展缓慢、人们普遍贫穷，以及与世界先进水平的差距拉大。不论怎么说，改革和发展都必然会付出代价，我们只能尽量减少代价，尤其要避免那些不合理、不正常的代价。改革和发展中的代价必须靠进一步的改革和发展来补偿，舍此，别无他途。

（三）正确的代价观

承认代价产生的客观必然性仅是正确代价观的开始，更主要的是如何理解发展与代价的内在关系。事实上，如何看待发展中的代价问题不仅是个理论问题，也是个实践问题。因而要反对那种否定发展和现代化回到原始状态的悲观主义观点，拥有一种健康的理性心态，客观、辩证地面对现代化与社会失序的问题。我们还是首先看一看马克思主义的观点。

马克思、恩格斯不仅论述了发展与代价的得失辩证关系，还论述了对待代价应采取的科学态度。他们以资本主义为例分析道：在资本主义社会，人的世界的贬值是“失”，但以此“失”却换取了物的世界的增值，而这却为人本身全面而自由的发展创造了物质基础，此即为“得”。这种“失”和“得”在社会历史发展过程中具有内在的相辅相成的辩证联系，可以说是同一件事情的两个方面或两重属性。面对这种“失”，一些资产阶级思想家、浪漫主义者很不理解，他们惊惶不安，甚至为此痛哭流涕。为摆脱这些代价，他们“希望抛开现代技术”，乃至反对文明，主张回到原始状态。在我国有许多人有这样认为，当他们看到发展付出了代价，现代化导致社会失序时，就疑虑、犹豫甚至动摇了实现现代化的信心。马克思、恩格斯则坚持历史观和价值观的对立统一，认为倒退是没有出路的，那样只会使人们重新陷入争夺生活必需品的可悲境地，使“全部陈腐污浊的东西”“死灰复燃”[①]。因此，他们反对一味为发展中的代价悲伤，认为这种浪漫主义的感伤情调是非历史、非理性的，因而是不可取的；同时，他们坚持代价问题上的革命人道主义和实践批判的观点，并认为扬弃这种代价也是一种历史的必然，这就是通过生产力的发展和社会革命消除私有制社会的异化和灾难。可见，马克思、恩格斯并不以“历史必然性”为托词默认异化和灾难，而是客观地指出这些社会问题在一定历史条件下不可避免的同时，揭示它的暂时性并积极地寻求克服和扬弃的途径。

正确的代价观还要求我们把社会失序看成是现代化的一个代价，关键是要把“必然的代价”与“人为的代价”区别开来。一般来说，必然的代价与

---

① 马克思恩格斯选集（第 1 卷）. 人民出版社，1995：86.

人为的代价主要有以下几点区别：

第一，产生的根源不同。代价的产生是否具有必然性，或者说代价是否可以避免？这是人们十分关注的一个根本问题。一种观点认为：对于各种代价的付出是否具有历史的必然性，不宜作抽象议论，必须具体问题具体分析；由于发展涉及对多种发展目标的选择，而基于发展的必然性所付出的代价又能换取发展，所以这种代价的产生具有历史的必然性，是不可避免的；由历史主体不合理的主观选择所造成的代价，不具有必然性，是可以避免的。[①]在这里，代价是否具有必然性，或代价是否可以避免，取决于对代价产生根源的分析及区分。

第二，可控程度不同。必然的代价，因植根于历史发展的内在必然性之中，而且又能换取某种发展，所以是不可避免的。人为的代价，因与某些具体个人的能力和认识的局限及主观失误有关，也不是每个人都必然要付出的，而且经过人的主观努力是可以克服的，因而是可以适当避免的。

第三，对发展的作用不同。必然的代价，是事物在发展过程中，为发展而必然或必须要付出的代价，它是发展过程中的一个内在环节。因而就其能换取某一事物发展来说，它具有一定的积极作用，但就它使事物某一方面的发展受到一定损失，或使发展片面化而言，又具有一定的消极作用。人为的代价是事物发展过程中，由于主体的局限和失误所造成的，它不是事物发展内在必需的一个环节，并且往往对事物的发展起着消极作用。

第四，与发展的关系及其实质不同。必然的代价与发展有内在的本质联系，因此，其实质需从它与发展的关系中来考察。必然的代价的实质概括起来就是：基于历史发展的必然性，并为换取某种目标的发展而对其他发展目标的抑制和牺牲，它和发展具有互为补偿的性质和功能，是一种被抑制、被牺牲的补偿性价值。这样的理论分析有着重要的实践意义。

理论和实践都要求我们，在分析导致现代化进程中社会失序的因素时，要特别区分哪些因素是必然产生社会失序的，哪些因素是人为造成的。在实践中，我们的主要工作是对必然引起社会失序的因素有一个新的认识，对人

① 哲学研究．1993（7）：4～5.

为的因素要尽可能地减少，而不是盲目地否定现代化本身。所谓减少社会失序，主要是减少人为的因素造成的社会失序的条件。一是减少主体主观的不合理选择，其中主要是指在现代化的进程中，要坚持全面的发展观。反对那种把某一特定目标，如经济发展，同其他发展目标相割裂的做法。因为在这种情况下，使人们把主要精力、力量、时间、条件、资源和能量集中投入这一目标的发展上（如经济增长），并力图使其合理化，从而使其他发展目标（如控制犯罪、社会秩序等）因丧失投入或受到抑制而付出代价，这就是经济学所讲的“机会成本”。二是对造成社会失序的各种因素要注意进行控制，无论是现代化进程中的必然因素，还是人为因素都是可适当控制的因素。如果使现代化必然付出的一定社会失序的代价扩大化和非合理化，人就要主动控制自己的行为。人的活动具有一定的自觉性和目的性，他一方面会去限制这种代价的扩大；另一方面，当他意识到现代化所付出的社会失序的代价过大或不合理时，特别是超出了人们的承受能力时，便应自觉主动地调整自己选择的发展目标和活动准则，改变自己活动的方向和重点。

（四）对效率优先发展战略的质疑

发展路径的主体选择决定了社会失序的程度。针对这一问题，我们对理论界存在的一个影响很大的观点，即“效率优先、兼顾公平”论作一简要评析。这种观点暗含着如下逻辑：效率与公平是矛盾的，两者于当今不能同时求得。高效率可与不公平并存，公平的恶化不会根本地影响效率的提高。如果过多、过度的不公平能够决定性地影响效率的提高，那“效率优先、兼顾公平”就不能成立了。所以，这一观点实际上承认了不公平至少无损于效率、无损于发展，甚至还有利于效率、有利于发展。这种观点值得质疑。

公平无论是作为每个人都有的一项社会权利，还是一种社会理想，都是禁止用金钱来计算和买卖的。就此而言，公平的追求和实现是超越效率，其“非效率性”是可能对效率产生某种损伤的，但不一定如此，这取决于程度。一般而言，在人类所能调动利用的能源较为有限的情况下，如果把所有或多数能源都用于某一种价值的追求上，那肯定会妨碍其他价值的追求与提高。如果用于追求公平的资源和精力过少，致使不公平达到比较严重、使许许多人都难以忍受的程度，那么，不但人们参与社会劳动的积极性会受到严重损伤，而且，人们还会不计较金钱与时间得失的发展资源去追求起码的公平，甚至效率维持和提高的必备基础——社会秩序稳定也将面临危险，而一旦社会秩序丧失，效率不但不能提高、不能维持原样，还会下降。在中国历史上每当某一王朝的社会不公平超过国民所能忍受的程度时，社会就随之出现混乱。失序了的社会不得不把本可用于提高效率的大量资源和时间用于恢复社会秩序和稳定上，从而对发展来说构成很大的资源浪费。

从历史上看，不公平的程度离人民群众的可容忍程度越近，经济效益下降的可能性越大，一旦超过界限，效率会急剧下降。而实现了较高的社会公平总是伴随着社会的繁荣和进步。公平的优化催生效率的提高，而公平的恶化导致效率的下降。我国目前效率不高的一个重要原因，就是一些不公平还没有及时予以纠正，从而致使不少的资源未能有效地加以利用。由此可见，“效率优先、兼顾公平”论者显然是人为地渲染了效率与公平的矛盾冲突，把本可以获得历史性统一的两者说成“鱼和熊掌二者不可得兼”的关系，并把二者的关系诉诸社会主义发展的“高级阶段”，逃避了这一问题。

这一观点之所以受到质疑，根源在于实践。在经济领域，国有企业早就打破了平均主义的“大锅饭”，但效率却并未提高。在不少国有企业负责人私产增大的同时，为数不少的国有企业职工却被失业问题所困扰。企业亏损、经理发财的事例在中国到处可见。企业“一把手”犯罪问题十分突出，而整个社会的办事“效率”却没有提高多少。仅从每年利用公款吃喝一件事上就可窥豹一斑。据国家统计局的数字显示，1993 年全国用于公款吃喝的费用已经达到 1283.5 亿元。这笔相当于一亿农民一年生活费的资金意味着所谓的“效率”在提高吗？[①] 可见，牺牲公平不会带来效率的提高，反倒为一些人的非法和违法行为找到了一个很好的开脱。

哲学的分析是从宏观上的把握，具体的历史进程中分析社会失序的原因更加复杂。本文将在下面的几章中对社会失序的现实原因进行具体分析。

① 何清莲．现代化的陷阱．今日中国出版社，1998：191 ～ 197.

四、社会转型时期社会失序的个案研究——苏联社会转型时期的历史教训反思

社会转型时期如何以最小的代价换取最大的发展是个实践过程，也是一个试错过程。对于一个具体历史时期的人们来说，既然人的实践能力来自人的具体的生活实践，那么人在特殊的社会背景下也会在生活本身的教导下堕落沉沦。如果在现实生活中堕落沉沦比做人良知更为便利更为有用的话，对于一个国家来说，这个试错过程的意义却是非常巨大而深刻的。虽然这也是一个特殊的生活本身的试错过程，虽然人们在经历了巨大的磨难之后会有重新选择走一种光明之道的可能，然而，这个特殊的试错过程会给社会带来难以估量的消极影响，会在历史的发展过程中留下某种难以抚平的痕迹。有时这种代价会使某一群体根本就没有机会再作一次新的选择，或者会使一个民族失去发展的机遇。古罗马帝国的没落，文艺复兴时期意大利的混乱，留给人们诸多思索。对远离我们的历史的反思是必要的，对就发生在昨天的历史的反思不仅有必要而且是必需的，对于正处于历史发展关键时期的中国人来说意义更加深远。

作为第一个社会主义国家，苏联在它进行社会转型时期的短短几年间，从社会转型到社会转向，其中的教训是十分深刻的。苏联社会转型的失败有许多原因，其中，一个十分重要的原因就是没有把握社会转型时期社会秩序的“度”，进而酿成社会失控、失序，最后联盟解体。这一具有重大历史意义的变化，给科学社会主义的发展带来了难以估量的损失。

同许多国家一样，苏联的社会转型也是首先从经济转型开始的。戈尔巴乔夫作为最后一任领导上任时，接手过来的是发展了达 70 年之久的社会主义大国。经济上实行以公有制为基础的计划经济体制，政治上实行无产阶级政党领导下的人民民主专政，意识形态上奉行马克思列宁主义。此时，社会各领域有着相互支持的关系，基本处于相互适应的和谐之中，社会整体表现为一个基本“有序”的整体。但这种有序背后却存在着危机。一是从国内情形来看，人民不断提高的物质文化需求与社会所能提供的需求满足之间的矛盾日益尖锐化。二是从国际范围来看，“一球两制”的激烈斗争，使苏联作

为超级大国的地位受到威胁。这些内外矛盾使“有序”的社会面临着失序的冲击，大规模的调整成为必然。由于经济改革受挫，改革的发动者认为改革的阻力来自僵化的权力机制和官僚化的党政机关。因此，苏共十九次党代会首次提出把“民主的和人道的社会主义”作为政治改革的指导思想，把公开性、民主性和多元化三者称为苏共三个“革命性倡议”。

政治改革本是改革发动者计划中的一部分，但此时就十分突出地强调并使其迅猛铺开，使得原来的社会关系突然间被打破，社会很快便从“有序”滑向失序状态。主要表现：政治上，苏共原有的领导地位被削弱，团结稳定的社会局面为分裂与冲突所取代，社会上的非正式组织不断涌现，罢工此起彼伏。经济上，在全国一片“政治热”的形势下，经济改革被置于次要地位，市场供应紧张，物价上涨，通货膨胀加剧，恶化的经济形势使政治斗争更加激化。社会日益处于动荡之中，各种各样的犯罪充斥于社会的各个领域，社会陷于混乱之中。在这种严峻的社会失序状态下，当局作为社会改革的发起者，面临着对发展方向的历史选择。当局如果能够采取有效措施果断地加以控制，局面完全可以稳定住，因为此时的社会失序并未发展到无计可施的程度，关键是如何施计。然而就在这时，苏共却通过决议放弃宪法规定的苏共领导地位，实行多党制与总统制，苏共二十八次党代会通过了走向人道的、民主的社会主义行动纲领，此后社会局面被导向完全失控的境地。通过极其尖锐的夺权斗争，苏共相继在一些共和国和城市丧失了政权，政权转入主张全面私有化、自由化的党派手中，中央失去了控制全国的力量，经济倒退，社会政治冲突严重，犯罪率日益上升，导致社会失序，以致最终解体。

分析苏联社会转型时期的社会失序，有这样几个经验教训值得吸取：

第一，社会转型时期的改革发展是个非常复杂的系统工程，需要有条不紊、循序渐进。社会转型必须认真分析社会发展的内在逻辑。其中，经济是社会发展的基础，其他领域都是建立在这个基础之上的适应性结构，社会的全面改造无疑首先有赖于基础的改造，非基础性的改造只能在有利于促进经济基础转变时，或者只能在围绕经济基础这一中心转变的前提下进行，否则，改革就会因缺乏相应的支撑而陷入倒塌的危险境地。苏联改革的正确思路应是政治改革围绕经济改革不断深入。然而，戈尔巴乔夫却主张先进行政治改革。这种政治改革是在经济改革缺乏实质进展的背景下提到首位的，并且在短期内不断推出带有全局性的政治改革措施。政治改革的超前推进与经济改革的滞后性为苏联社会的严重失序埋下了危险的“火种”。从理论上讲，政治改革的全面启动是高风险的社会改革，它涉及权力与利益等重要社会资源的再分配与再调整，是触动所有社会集团中枢神经的敏感问题。因此，是社会矛盾与社会冲突的焦点所在，也是社会秩序的关键问题，这就决定了政治改革是极为严肃的事业，需要具有多层面的社会条件，其中包括必要的经济条件，否则，其结局只能是自食其果。

第二，社会转型时期是新旧社会要素急剧分化的过程，需要加强整个社会的领导，任何削弱它的做法都要付出惨重的代价。社会转型必然带来社会要素大规模分化，在这一过程中，如果没有与之相应的整合与协调工具，从而把分化出的社会要素有序地纳入其中，众多社会分化要素就会以离散性的，甚至是破坏性的要素而存在，进而使整个社会呈现出严重的无序化。亨廷顿早就敏感地注意到了这个问题，可惜身在其中的苏联当局却没有看到这一点。改革过程中，有效的社会整合与协调极为重要，而在所有的整合与协调途径中，作为改革领导机构本身所发挥的整合功能显得至为关键。而苏联的改革过程恰好是苏联执政党、统一的中央政权体系走向衰弱与瓦解的过程，进而导致社会从有序走向无序。本文将在社会整合部分对这个方面进行详细的分析。

第三，在社会转型时期，如何面对外来势力的强大干预与影响，需要给予适度控制与正确疏导，否则就会带来严重的社会后果。来自以美国为主的西方资本主义国家的强大干预与影响是当代绝大多数国家社会大变革时期普遍面临的突出问题，这一问题处理得好坏直接影响到改革进程与社会秩序的建立。苏联的解体就与处理这一问题的严重失误密切相关。以美国为主的西方发达资本主义国家为了在国际格局中谋求更多的利益，极力用各种手段推销其价值观与意识形态，极力用各种手段干预他国内政。这种国际大背景决定了外来势力的干预与影响是不可避免的。而从亟待与世界接轨，处于转型时期的国家的内部情形来看，由于受僵化体制的约束，生产力水平与人民生活水平的提高普遍呈放慢趋势，人们的不满情绪普遍较高，在这种情形下，特别是再加上美国等西方国家的强大宣传及各种手段的攻势，人们往往会以自己社会的阴暗面、消极面甚至差异面与西方国家的积极面或差异面相比较，并在社会心理上美化与夸大用以比较的对立面，进而认为西方国家处处优越，从生活方式、意识形态到社会制度都值得效仿。这种背景决定了外来势力的干预与影响的强大的冲击力。面对这种严峻的形势，苏联当局基本上采取了忍让的态度，这是不可忽视的致命失误。一是人为地助长了人们社会心理的进一步外倾。任何社会的发展都有一个历史过程，并有一个被人们所珍爱的文化体系，在此基础上形成了人们对所处社会的向心倾向，这是社会发展中把个体凝聚起来不可缺少的精神财富，然而，苏联当局在改革开放中没有珍惜与利用这一宝贵财富，而恰好是反其道而行之。平反冤假错案，反思过去的失误是推动改革开放所需要的，但由于没有采取适当的措施加以规范，导致历史虚无主义倾向的发展，出现了“怀疑一切的新惰性”，加剧了社会上对本土文化的悲观情绪；与此同时，苏联当局却让西方文化价值观铺天盖地地涌来，这无疑极大地助长了极端西化倾向的发展。二是加剧了各社会要素之间的紧张关系。在苏联改革进程中，有来自保守派的进攻与阻挠，有来自激进势力的攻击与煽动。但最终把改革引入联盟解体的却是激进势力。三是为别有用心的少数人创造了达到个人目的的社会条件。改革是各种社会关系的重新协调发展过程，其间的矛盾与冲突自然不可避免，人们有不同的意见与情绪也在意料之中，若采取相应措施加以疏导就不会酿成大乱；相反，还可使之转化为进一步发展的动力。然而，苏联当局对外来干预的妥协正好为少数人阴谋的得逞创造了机会。

总之，外来势力的干预与影响是改革开放中不可避免的，但同时又是决不可掉以轻心的，特别是作为改革的决策者，责任重大，改革的成功与否，在一定程度上取决于能否把外来冲击引导并纳入改革的适当位置，在此苏联为我们提供了一个反面的例证。

社会转型时期的社会失序其不仅危害一个国家，而且危害一个时代。

当代中国社会生活出现了普遍的社会失序现象，确实令人担忧：中华民族向何处去？当然，失序不等于毁灭，它同时也孕育着重生。值得注意的是，就其实质来说，当前中国社会生活中出现的社会失序现象是一种伴随着深刻的社会变革而产生的社会剧烈震荡性的失序，是文明发展过程中的失序。在这种失序中孕育着新的生活世界及新的社会秩序。因而，从这个意义上看，当代中国社会生活中出现的社会失序现象，又给中华民族的发展提供了一个契机。一个新的生活范型正在来临。只要我们以严肃的态度正确对待社会失序问题，抓住机遇，那么我们这个古老的民族就会进入一个新的时代。

五、社会秩序重建是现代化建设的内在需要——社会秩序重建的必要性

古罗马帝国的毁灭、意大利文艺复兴时期的混乱、苏联的解体等前车之鉴对后人来说可谓意义深远，对于处于社会转型时期的中国人来说意义更是非同一般。是在沉思中毁灭还是在选择中重生？是任由失序蔓延还是在痛苦的抉择中重建？这些历史难题考验着我们的理论和实践水平，也考验着我们的价值追求、意志品质和民族精神。

重建是人类社会演进的唯一选择。古往今来，思想家们都在为重建找着各种理由。人的本性与社会秩序的重建有着紧密的联系。一个失序的社会环境对于人自身的发展是不利的。如果对社会失序听之任之，人类不仅会失去生存的环境，最终自身也会在失序中失去。所以“社会秩序一旦遭到破坏，就会再次得到重建，而且许多情况表明这种事情今天正在发生”①。“适合一个历史阶段的社会规范被技术的进步和经济的发展所打乱，而在业已发生变化的情况下，社会为了重新规范自身，就不得不奋起直追。”②面对一个失序的社会环境，重建是最为理智的选择。因为社会的发展必须是理智的选择，混乱不可能带来一个新世界。

在谈到社会秩序重建的必要性时，福山认为：“我们好像陷入了一种令人不快的境地：向前挺进似乎会使社会秩序日益混乱，社会分化日益增多，

① [美] 福山．大分裂——人类本性与社会秩序的重建．刘榜离，等译．中国社会科学出版社，2002：6.

② [美] 福山．大分裂——人类本性与社会秩序的重建．刘榜离，等译．中国社会科学出版社，2002：13.

而与此同时，我们的退路已被切断。那么这难道意味着当代自由社会在发生某种程度的内向破裂（implode）之前，注定要陷入不断加剧的道德沉沦与社会混乱状态吗？难道真如启蒙运动时期的批评家德蒙·伯克所言，这种混乱状态是努力用理智取代传统时不可避免的结果吗？”①

福山对此观点十分坚定：“我个人认为，答案是否定的。原因很简单，因为我们人类生性就有为自己创立道德准则和社会秩序的本能。这种没有规范的状况——迪尔凯姆称之为‘失范’（anomie）状态——令我们感到很不舒服，所以我们要力图创立一些新的准则来取代那些已被削弱的准则。如果技术使某些旧的社区规范难以维持下去的话，那么我们将努力寻求一些新的来取而代之，而且我们将运用理智去做出不同的安排，以满足我们的根本利益、需要和情感。”② 福山在分析和论述社会秩序与社会失序及社会秩序重建时更多的是从所谓人的本性与社会秩序的关系中论述的。然而，人是社会中的人，人的本性是社会关系的总和。从人类本性探讨社会秩序的重建，必然走向从人类社会历史发展的高度来分析讨论社会秩序的重建问题。而最终必然是从具体的历史现实的角度分析重建的问题。

人类历史是个自然历史过程，并不是一个宿命的必然过程，而是一个主体的具有创造性的可能过程。因此，研究中国社会失序后的去向问题，就显得格外重要。从目前来看，我国的现代化发展方向不是一个必然的已经被命定了的过程，而是一个充满着变数，存在着多种发展方向，最终表现出何种过程和特点，它很大程度上是取决于我们的认识和实践能力，取决于我们的价值取向和道路选择。研究社会失序问题，就是要寻求一条适合中国国情的现代化建设道路，尽量减少现代化进程中的代价，使中国的现代化道路能够有序地发展。

---

① ［美］福山．大分裂——人类本性与社会秩序的重建．刘榜离，等译．中国社会科学出版社，2002：176.

② ［美］福山．大分裂——人类本性与社会秩序的重建．刘榜离，等译．中国社会科学出版社，2002：176.

（一）社会秩序建设是现代化的内在需要

在走向现代化的社会转型过程中，广大的发展中国家普遍面临着解决社会失序的问题，这个问题的实质就是社会发展与社会稳定问题。当我们说社会发展有序化地进行，其实就是指社会实体（个人、组织等）、社会规则（价值、制度等）与社会控制的协调发展。社会实体遵循着统一的价值和制度规范，参与社会生活的调控过程，就是社会发展的有序化过程。有些学者有时直接称现代化等于制度化，虽不全面但却抓住了问题最重要的方面。从现代化就是制度化这个方面，我们可以体会到秩序化其实是现代化的内在需要。

关于现代化的实质，许多学者从各个角度进行过论述。布莱克指出："如果一定要下定义的话，那么'现代化'可以定义为：反映着人控制环境的知识亘古未有的增长，伴随着科学革命的发生，从历史上发展而来的各种体制适应迅速变化的各种功能的过程。"① 这一定义包含着现代化其实就是一个规范化的过程，最主要是法制化的过程。所谓"各种体制"的转变，就是说不论从内在基础还是从外在表征来看，都是从一种运作模式向另一种模式的转变。因此，现代化的含义中，必然包含着现代化的内容。人类现代化的发展历史表明，经济技术、物质产出等器物层面的现代化，必须伴随着制度层面（尤其是法制层面）的现代化而成长，否则，一个国家的现代化便失去了稳定的可预测的考量指标。换句话说，没有社会规则、社会制度上的现代化，就不可能有真正意义上的现代化。有的学者曾做过比较，人均国民生产总值位居世界前列的沙特阿拉伯在现代化国家排序中仅在第 40 位，远低于人均国民生产总值在其下的意大利（第 2 位）、比利时（第 3 位）、保加利亚（第 17 位）等国。② 有学者认为，造成这种状况的原因就是经济现代化与社会现代化的巨大反差。③ 从社会的经济、政治和文化的发展中，我们更能体会没有规范和制度的保障就没有现代化。

首先，经济现代化的本质是规范化和制度化。社会主义市场经济是法制

① ［美］布莱克．现代化的动力．段小光译．四川人民出版社，1988：11.

② 朱庆芳．我国和世界各国现代化水平的国际比较．现代与传统．

③ 谢晖．价值重建与规范选择．山东人民出版社，2002：41 ～ 42.

经济，这是人们的共识。经济是人类社会发展的物质基础，经济自动化也是现代化的基础。经济现代化的内容决定了其实质就是规范化。生产力的发展、物质财富的巨大积累等都是经济现代化的重要内容，但在这一过程中，可持续的、适量的经济发展及保障经济发展与自然环境协调、与资源利用平衡、与主体的公平物质享有需求相应、与劳动者的就业要求相和谐的规则，尤其是经济交往中的有章可循和公平交易更是社会主义市场经济的内在要求。如果经济交换主体之间的经济行为无章可循，随意妄为，经济发展就不可能持续。只有贯穿于经济活动中——生产、交换、消费全过程的统一规则，才是经济可持续发展的内在因素。经济现代化在形式层面并非只是生产力的数量增长和物质财富的巨额积累。罗伯特·华德把“物质生活水平不断提高”作为经济现代化十个指标中的其中之一。[①] 按照经济可持续发展并在这一发展过程中保障自然、人与经济发展有机协调而建立起来的经济体制或经济制度，才是经济现代化的外在象征，与此相联系的是其内在的有序化或规范化。有学者曾直接指出：“经济现代化应该是指经济制度的现代化。”[②] 而经济制度其实就是指法律化的规范经济运作模式。所谓现代化的经济运作模式，就是以现代法制所支配和协调的经济运作模式。所以经济现代化内在地要求与其紧密相关的法律制度的现代化，否则，经济发展必然是无序混乱地进行，与现代化的要求背道而驰。

其次，政治现代化对规范化的内在要求。与经济现代化的发展相一致，政治现代化更要避免无序混乱的状态。在惩治腐败的过程中，人们已经达成共识，只有在制度上防范才是最根本的。这就要求政治现代化必须首先是制度现代化。亨廷顿曾指出：“一、以单一的、世俗化的、国家的政治权力，代替分散的、传统的、宗教的、家族与种族的政治权力。二、建立并发挥新的权力机构的职能——法律的、军事的、行政管理的及科学的、技术的——它必须由新的管理阶级组织来执行。新的组织和管理成员的组成和选择，是以他们的才能和社会成就作为依据，而不是以家庭、家族的背景或地位的贵

① ［美］英格尔斯．人的现代化．殷陆君编译．四川人民出版社，1985：18 ～ 19.
② 李泽厚．再论西体中用——李泽厚与广州学对话．现代与传统．

贱来决定的。三、整个社会中的各种社会团体和组织，通过政党或利益集团，日益广泛地参与政治活动，同时，新的制度不断发展。”① 这三个方面可以概括为：政治权力的现代化转型；政治组织和主体政治地位的现代化转型；政治参与及政治运作方式的现代化转型。

近现代西方民主制度的变迁比较好地反映了政治现代化对法制现代化的内在需求。可以说，西方各国把启蒙思想家们的理想政治模型从纸上搬演到国家的现实制度中时，毫无例外地都借助了法律的强大力量。② 英国是第一个现代化国家，如果把“大宪章”的制定和议会的产生作为英国政治现代化的最初起点的话，那么，这一起点明显地与现代法制相关联。其后以议会政治为代表的英国民主政治的每一步发展和推进，同时也伴随着日益现代化的法律而进行。③

英国的政治现代化的观念影响了美国。这个观念表现为两个原则：“第一，人只能发现法则而不能制造法则，这一思想在美国接受了欧洲的实在法观点很长时间之后仍然一直有力地影响着美国的政治生活；第二，超越人们所能支配的根本法则是通过文字的形式而赋予新的权力。因此，书面的法律实际上是一种人类行为的契约，政府的行动应受到习俗和理性的限制。”④ 美国不仅具有这样的法律理念，还把这种理念变成了影响深远的实在法。法国、日本的现代化也都与法律现代化深刻地关联着。政治现代化的过程实质表现为“以宪治政，依法治国”的过程。一个国家的政治如表现为“以宪治政，依法治国”，则其便有政治现代化之实，否则，政治现代化便远遁于它。

最后，文化现代化离不开规范化。社会混乱的根本原因来自人的价值观的混乱无序。文化的现代化最主要是人的内心世界的现代化。英格尔斯认为：“所谓‘现代的’，不应该被理解成为是一种经济制度或政治制度的形式，

① ［美］英格尔斯．人的现代化．殷陆君编译．四川人民出版社，1985：19.

② 谢晖．价值重建与规范选择．山东人民出版社，2002：44 ～ 45.

③ 洪永珊．英国议会史话．商务印书馆，1984.

④ 钱乘旦，陈新意．走向现代国家之路．四川人民出版社，1987：65.

而是一种精神现象或心理状态。”[①] 文化现代化对规范化的需求从文化的发展与法律的关系可以看出。文艺复兴以来，启蒙思想家们所进行的自由、民主、平等、人权等以解放人，使人成为人的观念，不但成为文化现代化的理念基础，而且在其搬到社会实践中时，各国毫不例外地把其化为法律规条。正是有了规条，反过来又在更深的层次和更广的层面上促进了文化现代化的发展。其实，历史地看，人类多元文化的发展和进步，都离不开与其相关的法律和规范。现代西方发达国家的文化样式，与其说是商业文化，毋宁说是法治文化；人类日益多样化的创造，与其说是商品经济的文化成果，毋宁说是现代法制的文化成果。[②]

从上面的分析我们可以看出，经济、政治和文化的现代化其实就是规范化的过程。这个过程最主要地表现为法制化的过程。也就是说，现代化从某种意义上说其实就是法制化。在社会转型期，这个过程最明显的特点表现为，从传统的以伦理为特点的社会秩序向以法律为特点的社会秩序转变。正如有的学者指出的那样：“社会现代化就是从伦理社会向法理社会转化，就是一种‘从身份到契约’的运动，而契约关系就是法律关系。”[③]

（二）“要有秩序才能前进”——邓小平关于社会秩序建设的有关论述

邓小平站在时代的高度，在纵览当代世界各国的发展形势，深刻洞察中国近现代发展的曲折历程，全面总结世界社会主义建设正反两方面经验教训的基础上，不仅从理论上阐述了社会秩序在社会主义现代化进程中的重要作用，而且在实践中也进行了探索，为我们的社会秩序建构指明了方向。

把社会秩序的建设作为保持社会稳定的重要内容是邓小平长期一贯的思想，由来已久，它萌发于民主革命时期。在早期的革命实践活动中，对于社会秩序，邓小平最看重的是社会政治秩序的稳定。早在1948年8月，他写给中央和毛主席的《关于今后进入新区的几点意见》中说道：“人民对我

① ［美］英格尔斯．人的现代化．殷陆君编译．四川人民出版社，1985：20.

② 谢晖．价值重建与规范选择．山东人民出版社，2002：45 ～ 47.

③ 郝铁川．儒家思想与当代中国法治．河南大学出版社，1994：299.

们的第一件要求是‘安政治’，因为人民最怕紊乱，怕无政府，要求有秩序。”[①]所以要采取驳斥敌人的造谣和欺骗的方法，以占领思想阵地，安定民心。

中华人民共和国成立初期，在主持大西南工作时，邓小平更加重视社会秩序在社会中的重要作用。1950年5月，在一次报告会上他提出，“生产中主要一条方针是不要乱动。凡是无把握的事要慎重一些，先研究一番”[②]。同年7月，他又指出，西南最复杂的又是最重大的问题就是民族问题，搞好民族团结，消除民族隔阂，不出乱子，就是工作做得好，就是成绩。“不出乱子”就是保持社会的秩序。邓小平这里强调的社会秩序是与当时社会发展密切相关的政治秩序。同年12月，在西南局城市工作会议上，他要求加强公安工作，加强对帝国主义、国民党残余匪特的斗争，巩固革命秩序。[③]这里的社会秩序是指关系到政权稳定的大的治安秩序，也就是恩格斯讲的统治秩序。[④]

在“文化大革命”前，面对复杂的社会政治矛盾，邓小平对社会秩序的关注主要集中在两个方面：

第一，反对“大民主”。苏共二十大后，东欧的波兰和匈牙利相继发生了严重事件，我国也出现了主张实行西方式资产阶级民主、以大规模群众斗争或闹事来实现民主权利的现象，毛泽东在1956年11月召开的中共八届二中全会上批评了这种大规模风潮和闹事的“大民主”。同毛泽东一样，邓小平也表示不赞成这种“大民主”。邓小平曾旗帜鲜明地指出：“现在有的地方不是讲闹事吗？有些人不是讲大民主吗？有些青年总觉得大民主解决问题。我们是不赞成搞大民主的。”“大民主我们并不提倡，搞大民主并不好。匈牙利搞大民主，要几年才能恢复元气，吃亏的还是人民。波兰搞大民主也需要相当一个时期才能恢复元气。所以，大民主不要希望搞，没有什么值得

---

① 邓小平文选（第1卷）. 人民出版社，1994：128.
② 邓小平文选（第1卷）. 人民出版社，1994：148.
③ 邓小平文选（第1卷）. 人民出版社，1994：181.
④ 马克思恩格斯选集（第4卷）. 人民出版社，1972：166.

效法的地方。”[1]邓小平强调，民主进程必须要有秩序，而有秩序必须要依法，首先就是要严格按照宪法的规定办事。反对官僚主义，实现人民民主权利，应采取小民主的办法，不能离开宪法的规定搞民主。

第二，反对“大搞群众运动”。邓小平深入分析了当时做群众工作常见的方式——搞运动的方式或谓之“热闹方式”。他说，“我们不能否定在某一个时候要有一个具有一定规模的热闹的形式……但是我们的群众路线，不是满足于那个热热闹闹，主要的是做经常的、细致的工作”[2]。他认为，当时相当多的群众运动不是群众自愿的，违反了群众路线，最主要的还是做好经常性（秩序）的工作，要有秩序，不要凑热闹。“常规性”“经常性”是秩序的本意，康德给秩序的定义就是“常规性的整合”。这种注重常规性在具体工作中的重要性的思想，具有深刻的指导意义，也是邓小平理论中极为重要的思想。因为许多经常性的工作被不断的运动挤掉了，这一教训应该吸取。“经常性的工作”其实就是秩序的建立和维护，邓小平的这些思想实际上成为以后他关于保持社会稳定、不搞运动的思想的雏形。但遗憾的是，由于邓小平所处的政治地位，他的这些有价值的思想未能得到贯彻执行，以致大规模的群众运动愈演愈烈，最终导致十年“文化大革命”的大动乱，使党和国家遭受惨痛损失。

当1975年邓小平第二次复出时，社会秩序的重建是他首先关注的问题。根据当时我国的社会历史条件，他主要做的就是对各方面秩序的整顿，恢复良好的生产和生活秩序是当时他格外关注的重点。整顿实际就是社会秩序重建，而生产秩序和生活秩序对于当时的中国来说离不开政治秩序的建设。他刚一工作就强调，要安定团结，就必须消除派性，增强党性。当年在对待铁路部门的混乱问题时他提出，要建立必要的规章制度、增强组织纪律性。邓小平在这里把规范性和制度认为是秩序的基础和关键，这个思想体现在邓小平理论的始终。当年就钢铁工业的整顿，他再次强调要坚决同派性作斗争，建立必要的规章制度。把建立规章制度作为社会秩序建设的基础的思想非常

---

① 邓小平文选（第1卷）. 人民出版社，1994：273.

② 邓小平文选（第1卷）. 人民出版社，1994：288.

深刻，也是邓小平对有中国特色社会主义的深刻理解。在对中央读书班学员的讲话中，邓小平指出，毛泽东同志过去就讲过，“文化大革命”已经八年了，以安定为好。现在加一年，九年了，要团结起来，安定起来，我们有好多事要办。可以说，邓小平主持工作的这一年，是社会秩序重建的一年。由此可见邓小平对社会秩序的重视程度。而且邓小平在以后的工作中始终重视这一点。关于这一点，1987 年 10 月，他在会见来访的外国友人时说：“一九七五年我主持中央常务工作，那时的改革，用的名称是整顿，强调把经济搞上去，首先是恢复生产秩序。凡是这样做的地方都见效。”[①] 但随着邓小平又一次被打倒，整顿被迫中断，社会秩序重建被迫停止。然而，这时期的整顿工作可以说体现了邓小平关于在中国这样一个经济、文化都相对落后的国家建设现代化的整体思路，也是他极为关注的一个重要问题。对他在后期关于改革、发展、稳定思想的形成有着重要的作用。

当 1977 年 7 月邓小平第三次复出时，社会秩序重建又是他首先考虑的一个问题。在他的重要讲话《解放思想，实事求是，团结一致向前看》中明确指出：“安定团结十分重要。”[②] 同时，也已经预见到改革可能带来的混乱和社会失序，他说：“生产关系和上层建筑的改革，不会是一帆风顺的，它涉及的面很广，涉及一大批人的切身利益，一定会出现各种各样的复杂情况和问题，一定会遇到重重障碍。”“对此我们必须有足够的思想准备。”[③] 从以上回顾中可以看出，邓小平对社会秩序在社会发展中的作用的思想并不是党的十一届三中全会以后才有的，而是在他建构有中国特色社会主义基本框架时就一直注意的一个重要问题。

把社会秩序建设上升到社会稳定的高度来认识，提出“稳定压倒一切”的思想，反映了社会转型时期现代化建设进程中历史和现实对社会秩序建设的迫切要求。党的十一届三中全会实现了全党和全国工作重心的转移，中国进入改革开放的历史新时期，邓小平成为领导这一伟大社会变革的总设计

① 邓小平文选（第 3 卷）. 人民出版社，1993：255.
② 邓小平文选（第 2 卷）. 人民出版社，1994：148.
③ 邓小平文选（第 2 卷）. 人民出版社，1994：152.

师。在回答像中国这样的经济、文化都相对落后的国家怎样建设社会主义这样的历史性课题时，他更加关注经过动乱后的中国社会秩序的建设在现代化建设中的重要作用，并把它置于中国特色社会主义的总体布局中去思考。回顾 1978 年党的十一届三中全会到 1992 年南方谈话这段历程，可以说，这是邓小平对社会秩序重建的新的开始，根据当时国际、国内局势的变化，在某段时间他强调社会秩序重建的具体内容有所不同，大致有三次：

第一次是 1979 年到 1980 年。邓小平从社会秩序建设的整体进行分析，对社会秩序的重建有了一个总的思路。当时各项工作刚开始走上正轨，但影响社会政治稳定的势力还很大。林彪、“四人帮”和“文化大革命”中“打、砸、抢”的残余势力，从极“左”出发破坏改革开放。同时，伴随思想解放，社会上出现了诸如“西单墙”的一些右翼势力，这些人打着“民主、人权”的旗帜，企图否定共产党和社会主义，污蔑党的伟大领袖毛泽东同志和无产阶级专政，公然宣扬搞西方资本主义的那一套。对此，邓小平明确提出坚持四项基本原则，并强调：“如果动摇了这四项基本原则中的任何一项，那就动摇了整个社会主义事业，整个现代化建设事业。”[①]1980 年 1 月，邓小平在《目前的形势和任务》这篇对整个 20 世纪 80 年代工作都极具指导性的长篇讲话中，总结回顾了粉碎“四人帮”以后三年多的工作，展望了 20 世纪 80 年代的任务，把“要有一个安定团结的政治局面”作为实现四个现代化必须具备的一个前提进行集中系统的阐述。1980 年 12 月，在中央工作会议上，邓小平作了《贯彻调整方针，保证安定团结》的重要讲话，又一次集中系统地论述了社会稳定问题。他把经济调整和政治安定作为贯彻三中全会路线并行的两个轮子，认为经济调整成败的关键取决于安定团结的政治局面是否遭到破坏，如果遭到破坏，调整工作就根本无法进行。[②]

这一时期，邓小平重建社会秩序的实践中有两件事意义深远。第一件事是拨乱反正。导致苏联解体的原因有很多，其中，如何平反冤假错案，反思过去的失误是推动改革所需要的。但苏联当局没有采取适当的措施加以规范，

---

① 邓小平文选（第 2 卷）. 人民出版社，1994：173.

② 邓小平文选（第 2 卷）. 人民出版社，1994：354 ～ 374.

导致了历史的虚无主义倾向的发展，出现了“怀疑一切的新惰性”，这不仅加剧了社会上对本土文化的悲观情绪，而且导致了彻底否定马克思列宁主义，彻底否定社会主义。邓小平在“文化大革命”后进行的平反冤假错案和拨乱反正中，始终坚持马克思列宁主义和毛泽东思想，坚持辩证唯物主义和历史唯物主义的观点。把历史中的失误看成是在探索中的失误。通过平反冤假错案和拨乱反正，既坚持了四项基本原则，又纠正了错误，稳定了局势，使社会发展有序进行。第二件事是“严打”。改革开放初期，由于各种历史和现实的原因，社会治安局势一度失控，严重刑事犯罪十分猖獗，社会秩序混乱，严重影响了改革开放。邓小平果断地提出了开展“严打”斗争。稳定了社会治安秩序，保证了改革开放的顺利进行，使一度混乱的社会秩序又回到了正常轨道。

第二次是 1986 年到 1987 年。由于资产阶级自由化的泛滥，1986 年 12 月中下旬，社会出现动荡。对此，邓小平在 1986 年 9 月至 1987 年 6 月的一系列讲话中反复强调中国必须首先有一个稳定的政治秩序，才能保证有领导有秩序地进行现代化建设，他指出，中国不能再折腾，不能再动荡，反对资产阶级自由化要贯穿于整个现代化的过程中，要用中国的历史教育青年。从建设有中国特色社会主义宏观的角度出发，邓小平首先关注的是基本的社会秩序的建设。

第三次是 1989 年以后。由于国际大气候和国内小气候的共同作用，1989 年春，我国国内出现了严重的政治风波，严重威胁到中国共产党的领导和社会主义的国家政权。邓小平对这一事件自始至终给予了高度重视，支持中央采取坚决行动平息动乱。他用了“压倒一切”“最高利益”等词语来说明稳定对于中国的极端重要性，并明确表示：中国不允许乱，同时还阐述了与稳定有关的一系列方针、政策。

以上说明，随着改革开放的深入发展，社会矛盾和冲突不断加深，邓小平愈加强调社会秩序的重要性。综合邓小平的论述，他主要强调了以下几个方面：

第一，社会秩序是中国实现社会主义现代化发展战略的必备前提。邓小平反复强调，安定团结的政治局面，是我们社会主义现代化建设事业必不可少的条件和保证，没有这一局面，搞四个现代化就不行。邓小平在20世纪80年代以前经常用“安定团结的政治局面”来说明社会秩序，后期他就用稳定代替社会秩序，尤其是在论述社会的发展和改革时，指国家的整体和宏观的社会秩序时，他经常使用稳定来代替社会秩序。他认为，实现四个现代化是全国人民的最大利益，发挥社会主义的优越性，归根结底是要大幅度发展社会生产力，逐步改善、提高人民的物质生活和精神生活，但如果没有一个安定团结的政治局面，这一切都不可能。1985年5月，邓小平在会见陈鼓应教授时说：“总之，一个目标，就是要有一个安定的政治环境。不安定，政治动乱，就不可能从事社会主义建设，一切都谈不上。治理国家，这是一个大道理，要管许多小道理。那些小道理或许有道理，但是没有这个大道理就不行。”[①]1989年2月，邓小平在会见美国前总统布什时说：“中国的问题，压倒一切的是需要稳定。没有稳定的环境，什么都搞不成，已经取得的成果也会失掉。”[②]“稳定的环境”其实就是指稳定的社会秩序。他多次强调，如果没有秩序，遇到这样那样的干扰，把我们的精力都耗在那上面，改革就搞不成了。关于稳定和发展的关系，邓小平的观点更鲜明。他认为，中国不能乱哄哄的，只有在安定团结的局面下搞建设才有出路。这样的论述还很多，由此可见邓小平的良苦用心。他多次强调，中国人这么多，底子这么薄，经济上还相当落后，而要发挥社会主义的优越性，就必须紧紧抓住经济建设这个中心。社会的进步、人民的幸福、国家的强盛是他最为关心的。如果没有一个稳定的秩序，“今天这个示威，明天那个示威，三百六十五天，天天会有示威游行，那就根本谈不上搞经济建设了”[③]。

第二，从整个世界政治的发展来看，良好的社会秩序也是维护国家主权和安全的需要。当今世界，和平与发展是时代的主题，但霸权主义和强权政治依然存在。西方国家对中国一直存有分化和西化的企图，在打一场没有硝烟的战争，他们插手中国内政，总是希望我国越乱越好，以便从中牟利。而

① 邓小平文选（第3卷）.人民出版社，1993：124.

② 邓小平文选（第3卷）.人民出版社，1993：284.

③ 邓小平文选（第3卷）.人民出版社，1993：285.

要维护国家的主权、安全和利益，又必须有一个稳定的国内环境，对此，邓小平分析道："中国自己要稳住阵脚，否则，人家就要打我们的主意。"① 所以，他要求，今后如有需要，动乱因素一出现，我们就采取严厉手段加以消除，以保证我国不受任何外来干涉，维护国家的主权。虽然，邓小平这里强调的社会秩序远远大于我们一般意义上的狭义的社会秩序，但是，邓小平考虑社会秩序的角度本质上是一致的。

第三，中国的社会秩序稳定也是世界和平与发展的需要。在世界各国联系日益密切的今天，中国的稳定和发展与整个世界的和平与发展密不可分，一方面中国有赖于世界，但同时世界也需要中国。邓小平认为，中国是一个和平的力量，是制约战争的力量，但这一力量现在还很小，等到中国发展起来了，中国对世界和平的作用会更大。中国还是个巨大的市场，只有稳定，外国投资者和商家才有来此赚取利润的机会。因此，"中国在国际上有特殊的重要性，关系到国际局势的稳定与安全。如果中国动乱，问题就大得很了"②。所以，中国保持稳定，不仅是对自己负责，同时也是对全世界全人类负责。

第四，社会秩序重建的必要性是对历史教训的深刻总结。邓小平善于从历史与现实相结合的角度来思考问题，善于总结历史的经验教训，这是邓小平理论的一大特点。中国是一个有着悠久历史的伟大国家，但自鸦片战争以来的近代史，是一部遭侵略、受屈辱的历史，世界上没有人瞧得起中国。只是在中国共产党的领导下，建立了社会主义新中国，才结束了内忧外患、动乱纷争的局面。中华人民共和国成立后，由于种种原因，我们又贻误了发展的良机。邓小平说："'文化大革命'耽误了十年。如果加上从一九五七年开始的'左'的错误所耽误的时间，总的算起来应该是二十年。"这二十年"就整个政治局面来说，是一个混乱状态；就整个经济情况来说，实际上是处于缓慢发展和停滞状态"③。而这一时期是世界新科技革命日新月异的

① 邓小平文选（第3卷）. 人民出版社，1993：319.

② 邓小平文选（第3卷）. 人民出版社，1993：350.

③ 邓小平文选（第3卷）. 人民出版社，1993：264.

时期，许多国家抓住机会，加速发展，中国与世界的差距拉得太大了。关于稳定，邓小平不止一次谈及“文化大革命”。比如，“‘文化大革命’的经验已经证明，动乱不能前进，只能后退，要有秩序才能前进”[①]，“现在要是中国乱起来，就绝不只是‘文化大革命’那样的问题”[②]，“乱就打内战，‘文化大革命’就是内战”[③]，等等。邓小平多次强调，之所以能在20世纪70年代末和80年代初提出现行的一系列政策，就是总结了“文化大革命”的经验教训，而“稳定压倒一切”的政策无疑也是这一总结的结果。一百多年来，饱经动乱的中国人民格外渴望稳定的社会秩序。邓小平关于社会秩序的理论反映了中国人民的这一愿望。

六、社会主义社会秩序建构的目标

重建一个什么样的社会秩序不是既定的，是在实践中不断探索的过程。但在这个过程中总是有一些基本的目标成为过程的方向和引导。历史上存在的各种各样的社会秩序类型随着社会的发展已经被淘汰。社会主义作为人类社会发展的必然趋势，应该也需要建立独具特色的社会秩序。邓小平理论的一个重要问题就是关于如何重建一个中国特色的社会主义的新秩序。这一新秩序的特点有以下几个方面：

（一）社会主义社会规范面前人人平等

社会规范是社会秩序的核心，社会规范作用发挥的方式决定了新秩序的特点。从社会历史的发展来看，社会规范对于社会个体的作用是不同的。在社会主义新秩序中，社会规范的约束作用具有普适性。社会规范是社会秩序建立的前提和基础。社会规范是全体社会成员的行为准则，没有社会规范，社会成员的行为就没有了约束，也就不可能有社会秩序。社会规范的一个基

① 邓小平文选（第2卷）.人民出版社，1994：252.
② 邓小平文选（第3卷）.人民出版社，1993：285.
③ 邓小平文选（第3卷）.人民出版社，1993：285.

本要求就是社会成员在社会规范面前一律平等。但是，在阶级社会中，社会规范作用对象是有层次的，尤其是在奴隶社会、封建社会层次更加明显。统治者为了实现自己的统治，专门制定一些社会规范来约束被统治者，而统治者自己却不受这些社会规范的约束。所谓“刑不上大夫，礼不下庶民”就是这种现象的典型。社会规范的制定和改变完全由社会的统治者决定。进入资本主义社会后，特别是随着大工业社会的发展，社会规范在适用方面有了逐步拓展。尤其是资本主义进入高级阶段后，为了缓解社会矛盾，社会规范适用范围在形式上进一步扩展。包括统治者自身的社会成员在社会规范面前从形式上一律平等，较封建社会有了很大进步。特别是法律制度的逐步完善使社会规范的适用范围在制度上得到了保证。这种变化为资本主义社会秩序的建立和维护起到了十分重要的作用。社会主义新的社会秩序内在地要求社会成员在社会规范面前一律平等，这是由社会主义的本质和性质决定的。代表人民根本利益的国家政府制定社会规范，不仅对普通社会成员有约束作用，而且对政府官员也有同样的约束作用，社会主义民主发展要求在法律面前人人平等，这不仅是形式上的要求，更是实质性的要求。不仅如此，为了保证真正的民主发展，还要对政府官员做出比普通社会成员更多更细的要求和约束，以摆脱在执行公务过程中的随意和武断。这既是社会秩序建立的内在要求，也是科学社会主义运动经验和教训的总结。社会规范面前的这种一致性是社会主义新秩序的特点，它不仅是建立和维护社会主义秩序的基本要求，也是社会主义区别于其他社会制度的一个根本标志。

（二）社会主义新秩序是个人全面而自由发展的基础和保障

人的全面而自由发展是社会发展的根本目标，要实现这个目标就离不开社会秩序。社会主义的社会秩序是个人全面而自由发展的根本保证。在原始社会，由于自然界的压迫，人的生存面临着巨大的危险，谈不上人的发展。人在自然界面前没有自由可言。进入奴隶社会，只有奴隶主有一定的自由，奴隶成了奴隶主的依附物，他们根本没有自由，也不可能有发展。在封建社会，农民虽然比奴隶多一些自由，但他们仍然被地主束缚在土地上，人的发展受到了很大局限。资本主义社会，人的自由在表面上得到了保证，但是无产阶级只有被雇佣的自由，而资产阶级有雇佣和剥削的自由。其实，当今发达资本主义国家，所谓的“白领”甚至高级管理人员看上去好像有自由，但是他们并没有得到全面的发展。在社会主义新的社会秩序中，人的自由不是形式上的自由，而是实质上的自由。这种自由首先表现在身份上，即人们的身份和地位不取决于先天的或生而有之的因素，而是通过后天个人的努力和自由的流动而争取的。社会主义社会秩序不是为了秩序的稳定而不惜把人们固定在一个时空内、一个行业上，而是为人们社会角色的选择创造条件，提供保障，提高人们社会角色选择的自由，扩大人们选择的范围。这样建立社会主义社会秩序的目的，不仅为个人全面而自由的发展提供了条件，而且对社会主义社会秩序长期持续的稳定也奠定了坚实的基础。因为只有个人得到真正全面而自由的发展，社会秩序才能真正巩固。

（三）社会主义社会秩序结构开放，人们在社会秩序中机会均等

在社会主义社会秩序中，社会的各个阶层、各种社会角色不是封闭的，而是向全体社会成员开放的。也就是说，社会成员不仅在社会规范面前人人平等，而且在社会机会面前也是人人平等。机会均等是一种社会秩序现代性的体现和标志。社会主义市场经济就是要求机会均等，就是要超越个人民族、性别、家庭、信仰、教育程度等的局限，把一个广阔的、开放的社会机会平台提供给社会成员。这是社会发展的必然要求和社会进步的体现。原始社会，在强大的自然界面前，人类的整体发展受到局限，使人们之间的区别无论是体力还是脑力都很小。奴隶社会和封建社会，原始的机会均等被阶级的剥削和压迫所取代，在等级森严的社会制度下，奴隶和农民根本不可能有机会均等。不仅是职业的选择，就是婚姻也没有机会均等可言。在资本主义社会，资产阶级首先提出了经济贸易的自由和机会平等的要求，然后这一要求突破了经济领域，逐步成为政治机会平等的要求。资产阶级还从制度上将这一要求固化，如法国的《人权与公民权宣言》等很有代表性。然而，资产阶级的机会平等由于在物质利益面前的不平等，实际上仅是形式上的平等，实质上的不平等。无产阶级有被雇佣的平等机会，资产阶级有雇佣的平等机会。这种平等的前提建立在不平等的基础上。社会主义的机会平等是实质的平等。

但在我国改革开放以前，由于各种历史和现实的原因，社会秩序是封闭的结构，人们的机会并不平等，如城乡二元结构等，把人的身份人为地分成不平等的层次，这与社会主义的开放性的社会秩序结构要求不符合。改革开放以来，特别是实现社会主义市场经济以来，城乡二元结构逐步被打破，社会秩序结构逐步开放，逐步走向机会均等的正确方向。真正实现这个目标是个长期的过程，特别需要在制度方面不断完善，用制度保证人们的身份平等、社会角色选择机会均等。

（四）社会主义新秩序是和谐秩序

和谐的秩序是指社会个体（单位）自发形成的秩序与国家权力整合形成的秩序有机统一。不和谐的社会秩序是指由社会个体自发形成的秩序与由国家权力整合形成的秩序相互分离。哈耶克把社会秩序分为“自发秩序”和“人为秩序”两种。他极力推崇“自发秩序”，强调其在社会中的重要性，贬低“人为秩序”，夸大其缺陷。哈耶克这种思想与其生活的社会背景密切相关，他所研究的对象是“二战”之后经过长期社会相对稳定发展已经形成了稳定社会秩序的西方发达国家。这与社会主义社会所处的社会背景不同。我国的社会主义现代化是自上而下推进的后发型现代化，由于历史和现实的原因，国家在现代化进程中的作用不可替代，国家权力整合在新的社会主义秩序形成中起着十分重要的作用。但是国家权力整合不能代替社会个体自发势力的作用。“自发势力与秩序，不受约束的个人主义和有目的集体行为的必要性——这是整个人类形成的历史进程中所要彻底研究的矛盾。”[①]如何使这对矛盾协调一致，正是社会主义社会秩序建立过程中要着重解决的问题。有一种观点是不正确的，即认为只要国家权力整合作用过大，社会秩序就不和谐，而只有社会个体自发形成的社会秩序才是和谐的。这种观点与迪尔凯姆的观点很接近。这种观点首先把整体的社会秩序分为机械秩序和有机秩序。认为机械秩序是依靠国家的强制力和“集体良知”形成的，它以外来的力量来架构，窒息了个体的活力。而建立在个体基础上的秩序是有机秩序，

① ［苏联］莫伊谢耶夫．人和控制论．生活·读书·新知三联书店，1987：179.

它主要是由个体之间的相互联系和相互作用而自发形成。这种观点夸大了个体自发的作用，把国家的整合作用与机械秩序等同起来。社会主义的新的社会秩序，不仅强调国家和个体的作用，更强调二者的协调，即该是国家起作用的地方国家应义不容辞地进行调控，该是个体发挥作用的地方，应给予个体充分的空间，让其自由发挥，充分发展。只有这样才能建立起和谐、有机的社会秩序。

建立一个具有上述特征的社会主义新秩序不是确定的，它是社会主体在实践过程中根据社会历史提供的条件自觉选择的结果。这里阐述的仅仅是一种应然判断，要使应然变为实然还取决于各种各样的社会历史条件。它不仅受到所处时代、国际条件的影响，还受到国内各种矛盾发展的影响。它的建立是一个过程，在这个过程中必然会遇到各种各样的问题，是否最终建立起来是各种矛盾解决的结果。

一个好的社会秩序不是永久不变的。所谓合理是相对的，是历史现实的。社会主义现代化事业是个不断发展的过程，每一个时期对社会秩序的要求都是不同的，随着社会主义事业发展的不断深入，社会秩序要不断地改变自己的形式，增添新的内容。

第三章

建构抑或生长——社会规范产生的途径

一、社会规范起源的多角度研究

二、社会规范产生的方式

三、理性选择还是社会实践选择——实践在社会规范产生中的作用社会失序对社会存在和发展造成极大的危害。人类社会的发展表明，一个社会的存在和发展不能没有秩序，在社会转型时期更是如此。因而对社会秩序产生的研究是个不可回避的问题。面对社会的“大分裂”，福山曾说，“研究秩序是如何产生的，是我们这个时代最有趣味、最为重要的一项智力发展”①。然而，社会秩序究竟是如何产生的呢？要研究这个问题还是要从社会秩序的结构分析出发。人类社会秩序的存在离不开社会规范，没有社会规范的人类秩序是根本不可能存在的。社会规范的内在秩序实际上是社会秩序的基础和保证。“社会规则是社会秩序的内核。”②因此，社会秩序产生的问题首先是社会规范如何产生的问题。对于这个问题有各种各样的回答。最为典型的有两种观点：一种观点主张通过理性建构的途径产生社会规范；另一种观点主张社会规范的建立是一个自发的过程，反对理性的有意设计和构建。社会规范的存在是天赋的，还是主体在具体社会实践中选择的结果？中国特色的社会主义新的社会规范体系究竟如何产生，是理性的有意构建，还是任由社会规范自发生成？抑或还有其他途径？这是处于社会转型时期的当今中国必须做出的选择，选择就是在目的性过程中的比较、批判。本章着重对相关的问题展开讨论。

一、社会规范起源的多角度研究

“社会秩序一旦遭到破坏，就会再次得到重建，而且许多情况表明这种事情今天正在发生。”③社会转型时期的中国正处于这样的重建过程中。如何重建呢？这牵扯到一个非常复杂的问题，即社会秩序如何产生？从社会秩序的内在结构来看，社会秩序是由社会主体、社会规范和社会控制构成的。

---

①［美］福山．大分裂——人类本性与社会秩序的重建．刘榜离，等译．中国社会科学出版社，2002：7.

②邢建国．秩序论．人民出版社，1993：32.

③［美］福山．大分裂——人类本性与社会秩序的重建．刘榜离，等译．中国社会科学出版社，2002：6.

其中，社会规范是结构中极为重要的因素，是社会秩序的核心，是社会秩序的基础和保证。虽然我们不能把社会规范的产生等同于社会秩序的产生，但任何真正的社会秩序都离不开一个好的社会规范体系。因此，本章从社会规范与社会秩序的关系入手，着重探讨一下一个合理的社会规范是如何产生的。

（一）社会规范产生的哲学探讨

“什么是社会规范产生的依据”这一问题实际上就是社会规范的本质问题，这是个哲学问题，不同时代的哲学家对此有各种不同的回答。这些迥然不同的回答，对于我们今天研究建立适合我国国情的社会规范都有着不同的意义。

可以说，中国古代哲学为社会规范给出的都是一元的、绝对主义的根据。以孟子为代表的儒家以人性本善为基础，把社会规范的本质界定为来自善的本心。到程朱理学，程朱理学把“理”作为社会规范的本质。无论是道德还是法律都来自于“理”。西方哲学中，柏拉图认为社会规范的本质在于“理念”。康德也把社会规范的本质定义为“理念”，但柏拉图的“理念”是一种“共相”，即外在于心灵的某种事物的先天“形式”，而康德的“理念”则是思想的一种规定，把社会规范的本质研究转向了主体本身。这为当时卢梭的社会契约论找到了学理根据。黑格尔在康德的基础上把普遍性作为社会规范的本质是十分深刻的。

在现代，对社会规范本质的解释在维特根斯坦提出“语言游戏”概念之后开始有了根本性的转变，为多元文化提供了一个关于社会规范的根据。维特根斯坦“语言游戏”概念的基本规定：首先，它是遵循某些规则的；其次，这些规则是约定性的产物；再次，这类约定是文化发展的结果，表现为我们的“生活形式”；最后，“生活形式”构成我们看待事物的“世界图画”，也就是我们从小继承而来的知识文化背景。它们就像河床一样，虽然河流变动不居，但河床却是相当稳固的，不会轻易改变的，因而作为社会规范的习俗、习惯、制度等，是我们理解与解释事物的根据。把这种语言解释移植到对社会规范的解释上，自然就产生了不同于康德和黑格尔理性主义的结果。

后现代主义思想家利奥塔德所理解的维特根斯坦的“语言游戏”概念，主要是每一不同范畴的话语都能通过规则来确认其性质与用法，也就是说，“语言游戏”的核心就是运用规则。我们可从他对“语言游戏”概念所作的分析中看出这一点。他认为，这一概念包含着以下三个方面：一是“语言游戏”规则的合法性并不在于它们自身之中，而是游戏者之间“契约”的产物；二是如果没有规则，也就没有游戏，即使规则最微小的变化，也会改变着游戏；三是每句话语都应被看作是游戏中的“一着棋”。以利奥塔德为代表的后现代主义关于社会规范的本质的观点同以康德和黑格尔为代表的近现代理性主义有根本区别，社会规范的基础已不再依赖于某种合理性的“理念”，不论这种理念是主体的构造，还是独立存在的绝对概念；相反，社会契约与规范的问题被归结为某种“语言游戏”，即经由所谓的叙事的产生、接受和流传形成的社会约定、习俗和习惯。

以上我们勾勒出了一幅哲学史上关于社会规范基础解释的大致画面。与西方近现代理性主义相比，后现代主义经由维特根斯坦的中介，在某种意义上回归到休谟式的强调“习惯”作用的经验主义，只不过现在后现代主义以“语言游戏”的哲学面貌出现，把休谟的思想行为意义上的“习惯”，转换为语言、叙事意义上的习惯。因此，就理性主义与后现代主义这两种不同解释模式而言，其实质区别在于前者强调理性在社会规范中的作用，后者则突出约定、习惯的作用。虽然任何社会规范一经产生与沿用，自然随着时间的推移成为某种习惯，但这一沿用与习惯的形成必定取决于一个前提，即该规范在产生时必须是一个好规范才会被接受。因此，问题的关键显然在于如何才能产生一个好的规范，尤其是在社会发生变革的时候。我们既然无法求助于某种救世主，则只有诉诸我们的理性。后现代主义之所以能够安然地强调约定、习俗和习惯的作用，乃因它们所处的时代背景，即资本主义的制度与规范早已形成多年并已相当稳固，且已融入人们的行为。

这种哲学探讨对于我国现时代有着十分深刻的意义。当前，我国正处于巨大的社会变革中，如果要用“约定”“习惯”等来解释社会规范的基础，显然是不合适的。在我们需要根据社会的经济、政治与文化的变革情况来建立相应的新社会规范时，重要的是要有理性的思考，而不能，也无法求助于约定与习惯。“约定”的产生必定先要有能够被约定与接受的内容，也就是说，先要由理性的思考来提出某种规范，然后才能以某些社会方式来“约定”。一种合理的规范在被接受之后，自然会在历史的过程中以“习惯”的行为方式流传下来。因此，“理性”与“习惯”在社会规范方面不会是截然对立的，应当说它们只是相对地分别处于同一过程的先后而已。辨明构成社会规范基础的这两个要素各自的功能，应当有助于我们强调“理性”对我们当前建立适应变化着的经济与社会体制规范的重要性。这种“理性”出自社会主体（复数的而不是单数）的思考，而不必像古代程朱理学那样把它看作是某种来自“天理”的东西。后现代主义在这一点上是正确的，社会成员的共识是社会制度与规范的合法性标志，因为民意始终是社会之本。在民意无法具有权威性的社会里，规范的合法性自然只能诉诸“天理”。但后现代主义一味否定理性则是错误的，因为“民意”“人民的共识”不能脱离理性；没有理性的民意与共识只会导致社会走向蒙昧、野蛮与混乱。关于理性在社会规范的构建方面的作用下面我们还要讨论。[①]

（二）对社会规范的内在发展逻辑的经济学与法学探讨

同哲学的探讨不同，经济学家从不同的角度分析了社会规范及社会秩序的产生。

一些经济学家认为，规范源于人们为了追求利益的最大化而采取的减少经济交易成本的行为，因为规定和规范是合理的经济行为的基本保证。当代西方“新体制”下的经济学的所有学科分支正是围绕这样一种理论而建立起来的。经济史学家道格拉斯·诺思所称的“制度”，指的就是支配人们社交行为的一种正式的规范或规则。他指出，规范对于减少交易成本具有关键性的作用。他分析认为，假若我们没有一些规范，如要求互相尊重产权，那么，每做一笔买卖，都得通过谈判制定规则，解决所有权问题。这种情况无论是对市场交易还是对投资和经济增长都毫无益处。所以，在经济学家看来，规范来自人们理性的精明计算。对此，经济博弈论的解释更为精到。经济博弈

① 陈嘉明．社会规范本质的哲学解释．江海学刊，2000（5）：100～104.

论始于一个前提（这样讲可能过于简单），即人们是作为互不相干的个人来到这个世界的，他们都有许多私欲或偏爱，而不像丹尼斯·朗所说的那样，他们都是些被高度社会化的公有社会成员，相互之间有着许多社会联系和责任。但在许多情况下，如果人们与他人合作，就能够更有效地满足这些偏爱，并通过协商最终制定出指导社交活动的规范。根据这种说法，人们之所以能够在行为中表现出利他主义，只是因为他们在某种程度上考虑到利他行为对自己有好处（可能因为其他人反过来也会表现出利他主义）。博弈论背后的数学试图以正规的方式去理解人们所使用的策略，运用这些策略，人们可以从私利最终转向合作。

经济学从博弈论探讨社会规范的起源是非常深刻的，但是这种研究理路并未超出近代自由主义思想家的研究高度。正如福山所评价的："经济学家从博弈论角度来理解社会规范的起源，基本上是对研究社会起源的古典自由主义者，如霍布斯、洛克、卢梭等人的思想的大发挥。这些思想家描述了自然状态的特点，认为居住在世界上的人是一群孤立且只顾私利的个人。在霍布斯看来，当个人之间经过协商制定出建立利维坦（Leviathan）式政体的社会契约时，文明社会就诞生了；这种政体虽然能够促进秩序，保障人们拥有的权利，但却不能在自然状态下完全得以实现。与霍布斯所持的在自然状态下'人人为敌'的看法相比，洛克的观点要温和一些，但他与霍布斯一样，没有断定人类在家庭之外是否具有天然的交际本能。在卢梭看来，原始人类的孤立状态甚至更为极端：虽然性行为是自然的，但家庭却不然。社会是后来才产生的，是人类在历史上相互作用的结果。"①

经济学家对社会规范起源的探讨由于本身并未摆脱 18 世纪自然主义的倾向，夸大了人的本质的自然属性，在说明社会规范产生的复杂性方面往往注意不到社会规范产生的社会性。因而，也就不会从具体的社会历史的角度分析社会规范产生的根源。从这个角度来看，福山对此的评价是正确的。经济学角度的社会规范的探讨由于其学科本身视野的局限，有上述缺陷也是可

① ［美］福山．大分裂——人类本性与社会秩序的重建．刘榜离，等译．中国社会科学出版社，2002：192.

以理解的。

福山还评述了经济学家与社会学家的不同。他认为，“总的说来，社会学家（还有人类学家）善于描述社会规范，却不善于解释它们是如何形成的”[①]。而经济学家“毫不羞怯地把自己的一套方法运用到日益广泛的社会行为的研究上面。人们所知的博弈论是经济学的一个大而完善的分支，该理论试图对社会规范和规则的产生作出解释。经济学家并不否认人的行为是受规则和规范约束的。不过，人类是如何制定规范这一点对他们来说却是一个理性的过程，因而也是一个可以解释清楚的过程”[②]。从福山的评价中我们可以看出，在经济学家看来，规范来自人们理性的精明计算。而社会学家则认为规范来自非理性的自然的社会化过程。

福山分析了社会学家与经济学家对社会规范产生的不同见解，提出“理性与非理性的区别，在许多方面和社会学与经济学之间的学科分界相似”。他认为，“归根结底，社会学是一门致力于研究社会规范的学科。社会学家认为，随着人的成长和成熟，人就要适应社会生活，被赋予各种不同的身份和角色——天主教徒、工人、离经叛道者、母亲、官僚等，而这一切都是按照一系列复杂的标准和规定来决定的。这些社会规范把社区的人凝聚在一起，并由他们来严格实施，并严格限制人们对自己生活所能作出的种种选择”。否则，社区的人就会通过正规法律手段或道德上的谴责对其加以严厉惩处。这样一个过程完全是个自然而然的过程，是人的社会化的需要。

尽管从经济学的角度对社会规范产生的探讨有利于我们社会转型时期社会秩序的建构，但是，经济学由于其理论前提——追求利益的最大化，本身就带有学科的缺陷，用这样一种解释来说明社会转型时期的社会秩序必然带来许多问题。在我国，社会失序现象出现以后，各种各样的解释出现了。在对社会失序的合理性解释中，就使用了经济领域的一些观点。这些观点的

① ［美］福山．大分裂——人类本性与社会秩序的重建．刘榜离，等译．中国社会科学出版社，2002：191.

② ［美］福山．大分裂——人类本性与社会秩序的重建．刘榜离，等译．中国社会科学出版社，2002：192.

内在逻辑是：社会主义市场经济就是为了实现利益的最大化，为了利益的最大化，就难免出现社会失范现象。这样，一个对社会发展有很大危害的行为，却是出于一个必然的合理的原因。这种解释有很多负面影响，使许多人面对社会失序行为听之任之，结果使社会失序局面越来越严重。

社会学强调社会规范的优先性是正确的。问题是这些优先的社会规范如何从一个社会失序的环境中产生，这是社会学在研究这个问题时所欠缺的。而这恰恰是社会转型时期问题的关键。福山曾对所谓的“功能主义”的社会学和人类学学派进行了批评，该学派试图找到最为奇异的社会规定产生的理性和功利性原因。社会学由于其本身的局限性，不能从社会发展进程中社会主体的自觉行为与历史发展的客观自然过程中找到答案，结果是“只会描述社会规范的产生”，而不理解内在的发展过程。

同上述的研究角度不同，一些经济学家和法学家从社会规范内在的发展逻辑的角度，研究社会规范的产生和发展，分析了社会规范的内在层次和发展的脉络，这对于我们今天对社会规范的研究有很重要的启发作用。尽管如韦伯认为的那样，对社会学来说，从“习俗”到“惯例”，从“惯例”到“法律”，其过渡界限是模糊的。[①] 但是，这些经济学家在对社会规范内在发展的历史过程中，充分强调了习俗、习惯和惯例产生和发展的历史性，以及在社会发展的不同阶段的重要历史作用。这一研究的意义使我们可以对社会规范的产生进行更加深入的探索，从而越来越接近问题的根本。

哈耶克在研究社会规范的内在发展过程时认为，习俗本身并不是神神秘秘地从天而降，而是产生于诸多并未明确意识到其所作所为会有如此结果的人们的各自行动，因而它是无意识的人类行为的积累结果，是通过学习和模仿而传播沿袭下来的整个文化遗产。[②] 虽然破译和理论展示习俗的原初生发机制在目前来说仍是一项极其艰难和复杂的理论任务，但至少有一点可以肯定，即习俗作为人们社会活动与交往中的一种演进稳定性、一种博弈均衡，大致是通过自生自发的路径型构而成的。因此可以说，习俗本身就是哈耶克

① 韦森．社会制序的经济分析导论．上海三联书店，2001：151.

② 韦森．社会制序的经济分析导论．上海三联书店，2001：180.

所理解的那种在人们重复交往中出现的一种事态、一种结果、一种情形的“自发社会秩序”。这里我们不去探讨习俗是如何生发出来的，而是关注习俗一旦生发出来，其作为一种自发社会秩序在人们社会生活中的功能和作用。

恩格斯也曾探索过社会规范内在发展的逻辑，“在社会发展某个很早的阶段，产生了这样一种需要：把每天重复着的产品生产、分配和交换用一个共同规则约束起来，借以使个人服从生产和交换的共同条件。这个规则首先表现为习惯，不久便成了法律”[①]。各种社会规范的相互关系为法律的产生创造了条件。“社会习俗加上道德意义就是道德习俗；道德习俗加上有组织的强化措施就是法律。”[②]

习俗作为一种自发的社会秩序一旦生成，它就能作为人们社会活动与事物中的一种常规性固化习俗本身所覆盖的团体、社群或社会中成员的现象型行为，从而它本身也就作为一种事态、一种情形，像一种社会规则那样对社会成员的各自行为有一种自我强制性的规约。而这种规约本身实际上给当事人和其他当事者一种确定的信息，告诉他应该这样做，并有信心地预期到他本人如此行动亦会从别人那里获得同样的合作。从这里也可以看出，习俗一旦生成，它就是一个社群或社会内部的一种自发秩序。

与习俗不同，惯例作为诸多习俗中的一种“显俗”（mores），与其说它是一种事态、一种情形，不如说它是从人们在社会博弈中产生的习俗中沉淀或者说硬化出来的博弈规则，尽管这种博弈规则只是一种没有经过任何强制性机构或第三者的监督（police）实施（enforcement）的一种非正式规则或者说非正式约束。正因为惯例是人们的社会习俗演进动态中的相对常驻不变的规则，当一种作为演进稳定性（精练“纳什均衡”）的习俗因时过境迁而不再为一种“纳什均衡”并趋于改变时，作为经由这种习俗所硬化和沉淀下来的策略选择的约束规则，可能仍在人们的交往活动中通过人们的记忆和行为的惯常性，以及行为模式的日常化（routinization）而继续驻存，并对人们的行为起一定的（自我）规约作用。然而不管在何种社会或社群中，只要

① 马克思恩格斯选集（第 3 卷）. 人民出版社，1995：211.

② ［美］科塞，等 . 社会学导论 . 南开大学出版社，1990：85.

有习俗和惯例存在，就会有人采取违背习俗和打破惯例的行为，特别是在一些“非纳什均衡”的习俗和惯例的社会情形更是如此。（这里的“非纳什均衡”的习俗，是指那些往往由道德伦理、宗教信仰、意识形态或者圣哲箴规所维系和支撑的某些行事样式和行动的秩序。）

经济学家的研究得出这样的结论：

第一，社会秩序是一种内涵十分丰富，内在结构十分复杂，与社会的经济秩序、政治秩序关系十分密切的实际存在。因此，要完全把握和理解其内在构成边界和运行的机理是十分困难的。研究社会秩序不应对社会秩序复杂的内在结构进行内部分类肢解来进行抽象的考察，而是把它作为一个整体，首先研究社会秩序内在的社会规范的发展过程，从个人的习惯到群体的习俗，从习俗到惯例，从惯例到制度化的动态过程进行必要的分析。

第二，在人类社会发展的任何阶段，以及在人类文明中，作为人类生存和发展依赖的社会秩序可以是经由自主自发的道路生发与演进而来，也可以经由人们的整体设计与建构而来。种种社会秩序所依之为据的规则系统（种种具体“制度”，其中主要为法律制度）尤其如此。因此，在任何现实社会中，可能是自生自发的社会规则系统与人为刻意理性设计和建构的规则系统并存，并且二者经常交织与卷缠在一起，难分难解，难以分辨。

第三，一定的社会规则系统之所以能在一定的历史时期中长久驻存，发挥作用，就在于社会规则系统本身是根植于或者说内嵌于一定社会时期的文化传统、道德伦理、宗教信仰、民族文化，以及意识形态的大环境之中。

与经济学的探讨不同，法学探讨社会规范的内在发展逻辑是从法律产生的角度进行探讨的。法学家一般认为，习惯对社会规范的最大作用在于它是法律产生的根据。法学史的研究表明，不仅苏美尔楔形文字法、古印度法、古以色列法、伊斯兰法，而且在公元前 536 年郑国的子产在青铜鼎上所刻铸的《刑书》这部中国最早的成文法典（written law），以及其后的春秋战国时期的诸多法律，均在某些方面或某种程度上源自各部落、诸侯国或社会的当时的习俗和现实实践。罗马著名法学家西塞罗（Tullius Cicero）也承认，罗马法“是最为久远的经验演化发展而成的成就”。西塞罗还规劝法学家说：“我们必须避免去追究现行制度的理性基础问题，否则许多业已确立的制度就会被推翻。”[①] 日耳曼法律体系也不是由中央权力机构人为刻意制定出来的，而是来自这一民族的诸多部落的社会习俗。英美普通法体系基本上是建立在从习俗、惯例到先例从而到法律规则这样一种内在演进机制基础之上的。欧洲大陆以“理性建构”为主要特征的制定法体系与社会的习俗也紧密相连。例如，在法律制度史上闻名于世的《德国民法典》，尽管从外观形式上说它是在经过近一个世纪的争论而“理性建构”出来的，但从实质内容上讲，它本身又是对当时德国的习俗和商业惯例实践的法律的肯定和认可，并且其中的许多内容与规则又显然直接传承了原日耳曼习俗法的精神与传统。基于上述史实，波曼雄辩地说：“在一定意义上，所有的法律最终都依赖于习惯和惯例。”[②] 英国建构主义思想家霍布斯在其名著《利维坦》中也承认，“立法者是这样的人，他们不是依其职权被初次制定出来，而是依其职权使法律继续是法律”。

概言之，从惯例到法律制度，构成了在人类社会历史上任何文明中均发生过的社会内部的制序化（institutionalization）过程。而这个过程又恰恰昭示了人类诸社会法律的起源和形成的内在机制。法学界的一些学者通过对世界法律制度史的研究得出以下几个结论：

第一，从惯例到法律的转变与过渡，基本上是从一个肯定性的规则到一个限（否）定性的规则转化的过程。惯例标示着人们应当如何行事，告诉人们在社会博弈中应采取哪些策略选择，因而，它是某种行事方式和习俗的肯定和维系。然而，一旦惯例的规则被作为法律的规则而确定下来，与其说它标示着人们如何行事，不如说它标示着人们不可如何行事，即不可采取违反惯例亦即法律规则的策略选择。否则的话，社会将通过司法机制的强制力来纠正人们违反惯例的行为对他人和社会群体所造成的社会后果。正是从这个意义上我们说法律的规则就有了一种对人们行为之规约、规制、否定和惩戒的意义。所以德国著名实证主义法学家凯尔森（Kelsen）指出，“法律是规定制裁的主要规范”（这句话的原文是：Law is the primary norms which

① 韦森．社会制序的经济分析导论．上海三联书店，2001：236 ～ 237.

② 韦森．社会制序的经济分析导论．上海三联书店，2001：239.

stipulates the sanction）。

第二，正因为惯例（尤其是市场运行中的惯例）是对人们行事、交往与社会博弈中某些常规性的肯定，并且它已成为当事人的共识，一般来说，它比法律规则和司法强制对人们的行为有更大范围的实际约束作用。从习俗到惯例，继而到法律制度的过渡，是一种社会进步，或者按韦伯的说法，这一逻辑过渡是人类社会历史由传统性的、情感性的和价值理性（value rational）社会行为向目的理性（purpose rational）社会行为发展的一个必经过程。认识不到这一点，可能就会沉湎于传统中国文化中的那种重伦理而轻法律、重德治而轻法治的和谐的乐观主义的政治理想而无法超脱，因之长期无力开拓出一种（法律）制度化的社会而陷入一种永无休止的历史“内卷”之中。

第三，在习俗的规则（即惯例）经一个“主权者”的认可而过渡到法律规则之后，人们在这种法律秩序（legal order）中往往会把某种法律所禁止违反的行事方式看成是由“法律陈述”（rechtssatz）（韦伯语）所规定和认可的规则而自然遵从之。当人们遵守法律规则时他们往往并不是把它作为一种法律义务（legal obligation）来遵守，而其行事方式已被法律“型铸”（engrave）为人们生活的一种常规性，从而变成了每个人“不加反思的习惯”（unreflective habituation）。一旦社会中的大多数人都照此行事，从而形成了一种为法律维系的惯常生活模式，法律本身的规制往往就不再主观上为人们所意识到。

第四，惯例的规则往往是单一的。但任何法律（尤其是成文法和制定法）都是由一套规则所组成。在一个社会中有了成规则体系的法律制度后，由诸多法律规则体系所规制的社会秩序这样一种现实的社会实存就构成了人们所理解的“法律秩序”（legal institutions）。

第五，任何法律规则都是对过去的现存事态、习俗和惯例的肯定与否定。尽管从某种程度上说大多数法律规则都源自于习俗与惯例，但是未必所有的习俗与惯例都是法律，这也绝非意味着所有习俗和惯例都将转变为法律。它们是由道德、伦理、风尚、礼仪等规则来调整。因而社会不会也没有必要将所有的习俗和惯例都转化为法律。

第六，法律源自惯例，但法律的规则与“惯例的规则”在调节人们行为的功用方面在时间序列上的着重点并不尽相同。由于惯例是约定俗成的规则，其功用是在于向当事人标示着“现在”如何行事。法律作为一种正式的规则体系，它只能在肯定过去和现在中指向未来。[①]

从上述结论中，我们可以清楚地感受到学者对习俗、习惯在社会存在和发展中所起到的重要作用的充分肯定。但是这种研究由于是从人类发展的宏观方面进行的，如果把这种理论用于当前的中国实际，有许多问题我们尤其要注意。“在作为人类‘生活世界’的社会实存方面的‘生活形式’的社会制序（制度和秩序——引者注）内部，无论是在人类历史上的任何一个文明社会中，还是在当代任何一个社会中的即时即地，均实际上进行着或者说发生着从个人的习惯到群体的习俗，从习俗到惯例，从惯例到法律规则这样一种动态的内在发展行程。因此，这一内在发展行程本身既昭示了人类诸文明社会的制序演进轨迹，又构成了当代任何一个社会即时即地的社会制序之实际。”[②]正如有的学者解释的那样，不是任何社会均实际上完成了这一逻辑发展过程。例如，在古代中国、古埃及等亚洲、非洲，以及太平洋岛国的许多文明古国或部落中，社会制度秩序内部的发展过程可能从整体上来说演进到一个阶段而停滞不前，从而不能进入一种 Ferdinad Tonnies（1991 年）所说的“法理社会”（gesellschaft），因而可以说并没有完成其社会经济制序的制度化过程，或者说还未达到社会制序的制度化阶段。

韦伯曾说，当人们遵从习俗行事时，规则不是靠外在的保证来实施的，而是出于便利和同一体中怀有同一期望而按同一方式行事的缘故而“不假思索”地遵从之。他认为，“从这种意义上来说，习俗因之不需要任何（法律上）的‘效力’（validity），没有人被要求遵从之。然而，从这种情形向惯例或法律过渡是遥遥无期的（indefinite）”。很显然，在史前时期的诸多习俗经济和像古代中国这样的惯例社会中，社会制度秩序安排很像韦伯所描述的那种情形。

---

① 韦森．社会制序的经济分析导论．上海三联书店，2001：240 ～ 248.

② 韦森．社会制序的经济分析导论．上海三联书店，2001：229 ～ 230.

综上论述，正处于转型时期的中国，应特别注意社会规范的这种内在规律，不能夸大习惯和惯例的作用：

第一，中国历史上的习俗与惯例是在一个长达数千年的传统社会中形成的，这些社会规范形成于封闭的农业经济的历史条件下，在很大程度上不适合市场经济的发展要求，尤其是不适合建设中国特色的社会主义市场经济的发展要求。这些习惯和惯例无论是形式还是内容，更多的是要成为改革的对象，而很难成为发展的基础。

第二，我国从社会转型以来还没有形成良好的习俗和习惯，即使有一些也还没有固化，即使有一些固化范围也很小，离硬化成法律还有很长一段路要走。

第三，西方的一些先进经验有其独特的历史原因，特别是其长期形成的文化背景。我们在解读西方学者的论述时不能简单化。这一点很重要，因为西方学者在阐述社会规范的发展逻辑时，更多的是基于西方发达了的社会发展状况和已经成熟了的社会发展模式。各种社会规范的调控区域和范围及幅度已经十分清楚。这样，习俗、习惯的地位在整个社会规范的发展历史中就十分清楚。更为重要的是，这些社会规范所调控的对象本身就是一个发展历史长久且没有间断的历史。在这种情况下，习俗和习惯的作用就格外重要。

第四，我国正处在社会的转型时期，严重的社会失序状态要求我们要制定具有更强的社会约束力的社会规范来指导人们的行为，仅凭习俗和习惯以及惯例等很难做到。因此，一些学者过分夸大习俗和习惯等的作用，在这样一个特定的历史条件下是不正确的。

二、社会规范产生的方式

我们在分析了社会规范产生的各学科的探讨之后，下面我们将进一步集中探讨社会规范产生的方式，深入分析社会秩序形成的依据。社会规范产生的方式直接影响到社会规范的作用。一些社会规范之所以缺少应有的权威，首先就是它产生的方式缺少合理性。社会转型时期深入研究社会规范产生的方式，对建构稳定的、合理的社会秩序有着十分重要的意义。

（一）影响社会规范产生的各种因素分析——福山关于社会规范产生的观点述评

在探讨社会秩序中，事实上，福山把社会秩序等同于社会规范。在他看来，没有社会规范就没有社会秩序。在研究社会规范从哪里来的问题时，实际就是在研究社会秩序从哪里来。福山从哲学、政治学、经济学、社会学、生物学等多个学科领域进行了研究。他的观点主要有以下几个方面：

第一，社会规范产生的两个最基本的方式：等级制方式和自发性方式。福山对社会规范的研究视野非常宽。从社会规范产生的上下方向上看，既考虑到了国家自上而下地强加于社会的社会规范（他认为这种社会规范是为了避免社会出现无法无天的混乱局面的关键）；同时他也认为某些社会规范也可以自下而上地产生。这种社会规范虽然有限，但是对维护社会秩序却非常有效。“没有人会否认，秩序通常是由上而下的等级制方式产生的。但秩序的产生也可以通过其他各种各样不同的方式，从等级制的集权种类到完全分散的个人自发的相互作用类，不一而足；认识到这一点是大有裨益的。”[①]他用图说明了此种规范连续体（见图 1）。

图 1　规范连续体

他分析认为，等级制方式产生社会规范可以有多种形式。例如，从超凡（如摩西携带《十戒》走下西奈山）到世俗（如一位首席执行官宣布新的公司信条，支配与顾客的关系）不等。而以自发方式产生的社会秩序也同样有多种根源，从自然力量间的盲目影响（如他谈到的乱伦禁忌）到律师之间就地下水的使用权而进行的组织严密的谈判，等等。这两种方式产生的社会规

① ［美］福山．大分裂——人类本性与社会秩序的重建．刘榜离，等译．中国社会科学出版社，2002：187.

范从性质上看是不同的。以自发形式产生的社会规范往往是非正式的，也就是说，没有形成文字或出版成书；而由等级制产生的社会规范则常常以法律、宪法、规章制度、宗教经文或官办机构的图表形式出现。但也会出现自发产生的社会规范与官方颁布的法令之间界限并不清晰的情形。例如，在英国和美国这些讲英语的国家，虽然习惯法是通过无数法官和倡导者之间相互影响而自然形成的，但它们同样具有约束力，被正式的司法制度所认可。

第二，理性和非理性的作用。除了按照从等级制到自发产生社会规范的这一连续体排列，福山还在上述情况下附上另外一种连续体，即通过理性选择产生的和那些最初并不合乎情理但被社会继承下来的规范连续体。他把两个坐标轴结合起来，得出了一个有四个象限的矩阵，说明社会规范产生的几种可能类型（见图 2）[①]。

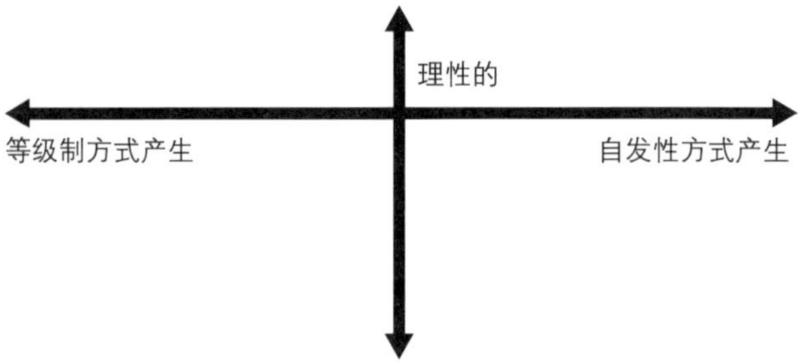

图 2　行为规范领域

他对理性的含义作了解释。他说，“这里所用的‘理性’，指的只是这样一种情况：供选择的社会规范事先经过人们有意识的讨论和比较。显然，理性的讨论也有可能导致作出一些糟糕的决定，对作决定之人的真正利益没有任何好处。而非理性的行为规范有时却相当起作用，正如宗教信仰支撑社会秩序和经济发展时那样”[②]。在这里，影响社会规范产生的因素更加复杂，是相互对应的多个重要因素。理性和非理性成了影响社会规范产生的重要因

① ［美］福山．大分裂——人类本性与社会秩序的重建．刘榜离，等译．中国社会科学出版社，2002：188.

② ［美］福山．大分裂——人类本性与社会秩序的重建．刘榜离，等译．中国社会科学出版社，2002：188 ～ 189.

素，从福山一贯的思想来看，他更关注非理性因素对社会规范产生的影响。这体现了一个发达国家的学者一个普遍的特点，因为他无法超脱其所在国家的历史与现实为他提供的思考的素材。而身处我国这种特定历史环境的我国学者对此应能自觉吸取其中的有益部分，而不能照搬。从下面的分析中我们会发现，福山自己也注意到了这一点。

第三，各种社会规范产生的途径。福山把不同种类的规范放入前面有四个象限的矩阵中，便可得出以下结果（见图 3）。

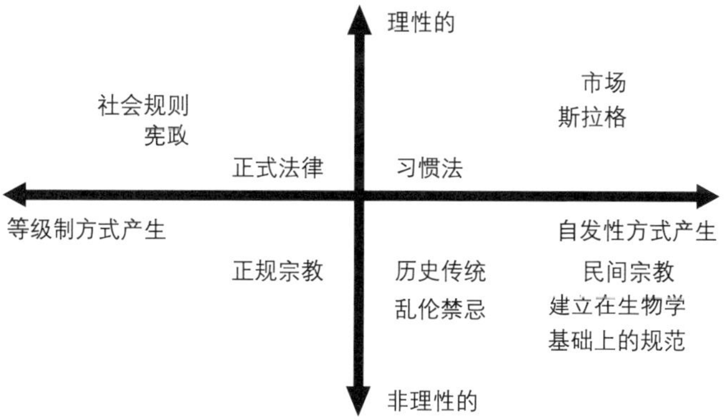

图 3　秩序的起源

他分析认为，一方面，一些非正式社会规范的产生虽然是理性的，但却是自发的过程。这些规定是以非集权制的方式产生的，但也可能是参与者经过一些讨论试行和失误后才制定出来的。而正式法律，不管是独裁政体制定的还是民主国家制定的，都属于理性的、等级制的那一象限，宪法起草、社会工程，以及其他由上面来指导社会的所有尝试也属于这一类。另一方面，习惯法，如斯拉格[①]的规定，则是以理性和自发的方式产生出来的。有组织

① 英文 slug，原意是懒汉，具体地指不开自己的车而搭乘别人的车去上班的人。1973 年，为了应对石油危机，美国政府把 95 号州际公路上从南郊进入哥伦比亚特区这段路规定在交通高峰期，使用该车道的车辆至少得有 3 名乘客。这本来是自发行为，后来政府作了规定。这里福山把它作为一种理性与非理性相结合产生的规定的例子。

的天启宗教通常产生于等级制之源——上帝，实际上是这一等级制的最高权威，天启宗教采用的规定是不需要辩论的。一些民间宗教（如道教和东亚的神道）和半宗教的文化习俗，可能是以非集权制和非理性的方式发展起来的。

福山认为，在现代，民间宗教已经被一种志愿的分教派的会众方式所代替，这种方式更多的是依赖小团体全体成员的信仰，而不是依赖等级制的权威。因此，这些形式的宗教规范分别归属于左下和右下的象限。最后，某些规范是建立在生物学的基础之上，毫无疑问应属于非理性和自发产生的那个象限。乱伦禁忌就属于这一类。

福山认为，最新的研究表明，虽然乱伦禁忌是约定俗成的，但实际上是来自于人类对与近亲发生性关系的一种天生的厌恶。即使缺乏明显的文化支持，对乱伦禁忌的产生原因可能还会有其他解释。最后，把不同的社会科学分支归入同一矩阵也是可能的（见图 4）。

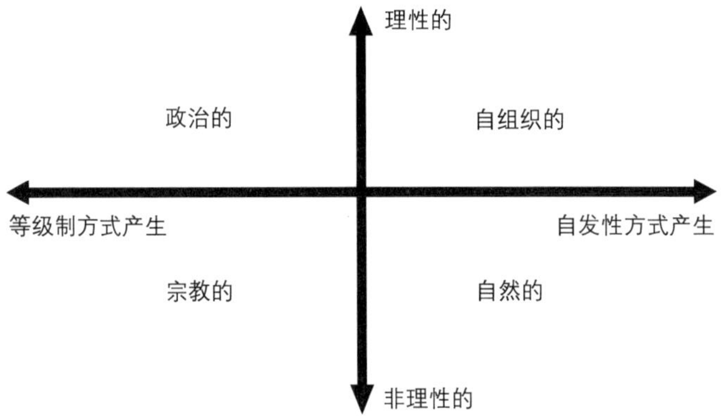

图 4　秩序的起源

福山分析认为，研究市场的经济学所涉及的主要是理性自发交换方面的规定。研究国家的政治学，其重点是在法律和政府机构上。社会学特别关注宗教和其他等级制的非理性规范，而人类学和生物学针对的则是非理性的并以非等级制方式产生的规范。显然，这些学科都有超越其应在象限的趋势。现在有了法律社会学和经济社会学，政治科学家开始关注政治、文化和其他非理性及非等级的政治规范，而经济学最近则致力于把庞大的理性选择的方法论机制几乎运用于人类行为的各个方面。

福山借助图 4 对创立规范的四种途径作了概述：规范可以来自理性的、等级制的选择，如《美国宪法》；可以来自非理性的、等级制泉源，如摩西从西奈山上带下来的《十戒》；也可以是理性的自发协商的结果，如斯拉格现象或盎格鲁－撒克逊法律传统中的习惯法；或者是从非理性泉源那里自发产生出来，如乱伦禁忌或民间宗教。他把这些象限描述为政治的、宗教的、自我组织的或者是自然产生的规范。他认为，这四个象限对新规范的产生都是重要的，要对每一象限进行概括是草率的和不可取的。每一个象限都是重要的。

社会规范的产生没有确定的模式，它是随着社会的发展而不断变化的。福山分析指出，随着社会的现代化，规范往往产生于上面的象限里，尤其是左上方的象限里（政府部门），而不是下面的象限。理性化、官僚化、由地位转向契约、礼俗社会、法理社会——这些都是梅因、韦伯、迪尔凯姆、藤尼斯等理论家常用的术语，传统上是与现代化关联的。这一切表明，现代社会的秩序主要来源于由国家来体现的正式的、理性的法律权威。福山的这一分析值得注意，它表明，在社会现代化的进程中，由国家来体现的法律在社会规范中的核心地位。这是正在走向现代化的国家不能犹豫的选择。这也是本文所要强调的重点。

福山的分析分类阐述了社会规范产生的方式和途径，对于我们从宏观上把握社会规范的产生有积极意义，为我们分析和选择社会主义现代化社会规范的理性建构过程有重要的启示作用。了解一个社会规范起作用的大小和起作用的范围，最好的途径就是分析掌握这个社会规范产生的途径。另外，通过这种分析也使我们对社会规范的构成及其之间的相互关系有了比较深刻的了解。但是必须指出，福山的这一分析在许多地方不恰当地夸大了非理性社会规范的作用和自发性产生社会规范的方式。另外，他没有指出社会规范产生的社会历史的局限性，特别是在如社会转型这样的特殊时期，社会规范产生的变化。

在探讨人类的社会秩序从何而来的问题时，福山强调了人的自然属性的作用。他认为社会秩序来自于人的自身。“人类的合作行为具有基因遗传基础，并不仅仅是由文化造成的。”[①]他通过大量地引用生物灵长目动物学家的研究成果，认为人类的社会秩序来自于人类的遗传基因。虽然他自己也认为，“拿动物和人类的行为做肤浅的比较既容易又危险。人类与黑猩猩截然不同，这正是因为人有文化也有理性，并能够运用许多复杂的方法改变其受基因控制的行为”。但是他仍然坚持：“来自于灵长目动物学的发现使我们对有关人性本质的争论有了一定程度的了解。”他认为，“早期的人类就有了初步的社会组织，使他们能合作行事，并有了内部的和平”。由于考虑到纯粹用动物和人类比较的危险，福山运用现代政治理论和当代道德，以及正义思想对人的本性与社会秩序的关系进行了分析。他认为，霍布斯、洛克和卢梭现代自由主义的哲学思想的本意并非要求人们一定要按字面的意思去理解“自然状态”，而是要把它作为对人类进化的某个时期的一种描述。经过分析之后，他认为，灵长目动物学方面的研究表明，人类大量的社会行为并不是学到的，而是人类及其祖先类人猿基因遗传中的一部分。

福山尽管想避免将动物和人类进行比较的危险，但他还是无法说明，为什么在不同的历史条件下社会有时会井然有序而有时却混乱不堪，而构成社会的却仍是这些人。我们没有必要对福山的这些观点逐一进行评析，因为从人的本性上寻找社会秩序的起源无论怎么说都是深刻的，也都会在自然界中找到一些理由，但是这么做的结果无论如何也摆脱不了18世纪经验主义的窠臼，不会提出超出那些哲学家关于人的本质的思想，也不会比他们的缺陷少一些。

不从人的本性上去寻找社会秩序的做法起源于19世纪德国古典哲学。更多的人从理性与社会秩序的关系去探询。逐渐地在人类社会的规范化道路上形成了大致两条道路。一条是经验（或进化）理性主义，另一条是建构理性主义。这是美国著名经济学家、哲学家和法学家哈耶克经过对欧美思想史和制度史的深入研究而得出的关于人类思想两种不同进路的结论。

经验（或进化）理性主义者认为，社会、语言及法律等不是由任何人设

① ［美］福山．大分裂——人类本性与社会秩序的重建．刘榜离，等译．中国社会科学出版社，2002：208 ～ 213.

计出来的，不能借助演绎而建构，它们都是通过进化演变而成的。其哲学代表人物是休谟、斯密、伯克、弗格森、托克维尔、波普尔及哈耶克本人，法学上的代表人物则是祁克、萨维尼和梅因等。建构理性主义者认为，社会、经济法律制度无非是人的创造，因此人类可以借助一种理性进行演绎推理，并按这种推理结果进行设计乃至重构一种社会制度。其哲学上的代表人物是笛卡儿、霍布斯、卢梭、培根和边沁等，法学上的主要代表人物则是奥斯丁、拉班德、凯尔森等。

（二）“人为秩序”与“自发秩序”的选择——理性在社会规范产生中的作用及哈耶克关于社会秩序产生方式思想的评析

与福山的探索路径不同，在探讨社会规范的来源时，哈耶克是从对理性的批判入手的。他认为，理性的建构具有局限性：一方面，个人理性在理解它自身的能力方面有一种逻辑上的局限，这是因为它永远无法离开它自身而检视它自身的运作。另一方面，个人理性在认识社会生活方面也存在极大的限度，这是因为个人理性乃是根植于由行为规则所构成的社会规范之中的，因而人的理性无法摆脱生成和发展它的传统与社会而清醒地、无偏颇地审视和评估那种理性人身在其中的传统与社会。哈耶克在《建构主义的谬误》中说：“理性不得不在价值间的相互调适中证明自身，从而不得不从事最为重要但不很受欢迎的任务，即指出我们思想与情感中的内在矛盾。”哈耶克认为：“那种认为人作为一种存在可凭借其理性而超越他所在的文明的价值观并从外面或一个更高的视角来对其作出判断的空想，只能是一种幻觉。我们必须知道，理性自身也是文明的一部分。我们所能做的只能是拿一个部分去应对其他部分。就是这个过程也会引发持续不断的互动，以至于在很长时间中可能会改变整体。但是在这一过程的任何一个阶段，突发式或完全重新建构整体是不可能的。因为我们总是要应用我们现有的材料，而这些材料本身就是一种演进过程的整体产物。”

出于英国经验哲学的演进理性主义的分析传统，哈耶克认为，他的自发社会秩序思想的理论建构，绝不是轻视理性，更不是主张人的理性在社会秩序的型构、演进与变迁的过程中毫无作用和无所作为；恰恰相反，哈耶克认为，人的理性在人们社会活动与交往中有重要的建设性的使命。他说：“毋庸置疑，理性乃是人类所拥有的最为珍贵的禀赋。我们的论辩只是旨在表明理性并非万能，而且那种认为理性能够成为其自身的主宰并能控制其自身的发展的信念，却有可能摧毁理性。我们所努力为之的乃是对理性的捍卫，以防理性被那些并不知道理性得以有效发挥作用且得以持续发展的条件的人滥用。”哈耶克进一步指出：“我们所主张的，并不是要废除理性，而是要对理性得到确当控制的领域进行理性的考察。”换句话说，哈耶克认为，人类的最高理性，也就是人们能够清楚地认识到自己理性的有限性。老子在两千年前就体悟到了这一点。《道德经》第 71 章中的“知不知，尚矣；不知知，病也”就表明了这个意思。正是基于对理性的这种理解，哈耶克一生不遗余力地对那种滥用理性而刻意设计和建构整体社会经济秩序的做法进行了抨击；同时，他也从知识论基础上对这种人为设计社会经济秩序的努力的方法论基础进行角力。哈耶克批评了肇始于笛卡儿，光大于伏尔泰、孔多塞、大百科全书派、重农学派、卢梭、孔德，并经由苏联行政控制经济的思想脉络而传承下来的建构理性主义为一种天真幼稚的（唯）理性主义。他对其一生的工作作了康德式的总结：“在我们力图改善文明这个整体的种种努力中，我们还必须始终在这个给定的整体中进行工作，旨在点滴建设，而不是全盘地建构，并在发展的每一个阶段中都运用既有的历史材料，一步一步地改进细节，而不是力图重新建设这个整体。”

基于对人类理性的这种批判，在回答社会存在和发展的这种有序性是怎样来的问题时，哈耶克提出了两类社会秩序的概念。他把社会秩序分为两种：一种是创造出来的秩序，他称之为“自发秩序”；另一种是发展起来的秩序，他称之为“人为秩序”。所谓“自发秩序”，根据哈耶克许多著作中的不同解释，我们可以体会到，在大多数场合，哈耶克把它理解为社会成员在相互交往中所保持的并非他们有意建构的一种行动的状态，一种在他们的行动中表现出来的常规性和划一性。而“这种行动的常规性并不是命令或强制的结果，甚至常常也不是有意识地遵循众所周知的规则的结果，而是牢固确立的习惯和传统所导致的结果”[①]。所谓“人为秩序”，则是指人们自己有意识建构起来的社会秩序，它源于人类的意愿和意图。

哈耶克认为，创造出来的社会秩序属于构成伦理性主义范畴，和独裁主义秩序观具有紧密的联系。这种秩序观认为，社会秩序建立在命令与服从的关系基础上，是一种“上级权威对下级个体的行为进行强制性指挥”的等级制度。哈耶克强烈反对把这种秩序观，尤其是把这种秩序观应用到整个社会。保守主义思想由于对权利和义务作出了明确规定,因此对这种秩序最为重视。他们认为,安全感与认同的创造是因为权威得到了明确的定义和人们的赞成。从这种意义上来说，大型公司和罗马天主教会等社会组织都属于“创造出来的秩序”。然而，尽管哈耶克不怀疑社会组织中需要这样一种秩序观，但坚决反对它。他认为最好的社会秩序是自发的社会秩序。

作为经济学家的哈耶克认为，提出“自发秩序”的初衷是为了解决一个经济难题。他虽然没有明确说出为什么自发秩序优于人为秩序，但他却对人为秩序进行了认真的批判。他坚决反对人为的社会秩序。因为大多数情况下，人为秩序是自上而下的行政命令的结果。哈耶克的这种观点受到了许多学者的批判，但对此需要认真分析。

哈耶克认为，权力的执行必然采取自上而下的、中央集权化的、等级制度化的独裁主义形式——这正是他的特点。在他看来，权威和统治不可能采取其他更加民主的形式。就像对待经济民主问题时一样，他对权威总是嗤之以鼻。他认为，人为秩序应当具有单一的意愿、单一的权威来源，而不应该被分化、削弱或者走中庸之道。有必要再重复一遍——哈耶克所反对的不是独裁组织，而是反对把整个社会变为一个单一的独裁组织。这是哈耶克的重要思想之一,反复出现在他不同阶段的思想中。哈耶克曾经引用马克思在《资本论》一书中的著名评论说，“工厂制度的拥护者最反对社会主义把整个社会变成一个大工厂”，很乐意地接受了这一挑战。哈耶克是工厂制度的狂热拥护者，赞成对工人施加严格的管束，然而他又完全反对用相似的方式来组织整个社会。其原因在于，尽管“伟大社会”内部也许包含着许多组织，但

① 韦森．社会制序的经济分析导论．上海三联书店，2001：45.

他认为“伟大社会”的成功秘密正是由于它没有一个单一的指导中心。社会的发展不是取决于某一个单独的意愿，而是各种意愿、各种实践结果、各种失误、各种失败，以及各种成功之间相互竞争的结果。社会应当有秩序，但这一秩序应当是自发秩序，而不是人为秩序。

自发秩序是各种因素利用各自的片面认识，在决定什么是正确行为的一般性规律框架内追求各自利益时所造成的偶然结果。任何单一的因素都不会，也不可能知道某一行为产生的具体影响或者这种秩序导致的具体结果。但是，只要每个人都坚持一般性规律，每个人就都可以正确估计他人的行为，从而保证和促进各自的利益，从而使社会秩序自然形成。在经济领域，对哈耶克来说，最普遍的，也是最好的自发秩序是市场秩序。他把市场定义为“交换过程”，而不是“经济”。“经济”一词来自希腊文，意思是“家政”，带有“规划”和“有意识的”控制等含义。而在交换过程中，没有人负责对整体进行规划，因为人们的认识是不完全的、片面的、局部的。对于这种秩序，谈不上完美或者不可思议。“市场秩序只会有规律地保证一种可能性，即使它所期待产生的关系占据主导地位——但只有通过这种方式，依赖于各种片面认识的各种活动才能够有效地融入同一秩序中。”[①]

哈耶克认识到他所定义的自发秩序并不仅仅局限在社会宏观水平上。他在两种秩序之间进行的比较实际上是两种类型的组织之间的比较。一种类型的组织是在单个领袖的意愿指导下建立的，而另一种类型的组织是在自发秩序下建立起来的。在第二种情况下最重要的一点是，所有人都要遵守已经制定出来的行为规范，而无须别人命令他们去遵守。自发秩序的出现是因为它产生于所有人的个人意愿，而他们无须对总体有完整的认识。“人们通过自己不了解的过程，使自己的行为创造出了一种广泛的全面秩序。人们对这种秩序并不理解，但却要完全依赖于这种秩序。”在这段话中，哈耶克融入了他对文明发展的进化论叙述和反理性主义观念（无知是秩序的必然组成部分），并且告诫说“在‘伟大社会’的扩展秩序中生活，纪律约束是必不可

---

① ［英］哈耶克．法律、立法与自由（第 1 卷）．中国大百科全书出版社，2000：42.

少的”。自发秩序观念是哈耶克著作中的关键概念。但他没有解释清楚为什么自发秩序优于人为秩序。

无论是“自发秩序”还是“人为秩序”，都不影响我们把社会秩序的内在规范化的本质都理解成稳定的。所以哈耶克把社会秩序又分成两个部分：一部分是社会的规则系统，另一部分是人们的具体行为方式。有时候哈耶克把社会秩序看成是一种抽象的存在。这种观点存在很多问题。“人们无法根据任何特定的可观察到的事实来界定该秩序，而只有根据那个经由细节或点滴的变化而得到维持抽象关系系统才能界定这个秩序……这种行动的秩序并不是某种可见的或可以感觉到的东西，而是某种只能够从心智上加以重构的东西。”[①]哈耶克这种把社会秩序或行动秩序理解为一种抽象存在无疑是深刻的。但是，他把秩序本身理解为一种不可视见和不可感知的某种“玄之又玄”的东西，显然有失偏颇，受到了许多学者的批评，“因为，至少在某种程度上或者说至少某些‘具体秩序’是可视和可感知得到的东西。例如，如果在英国任何一个城市，你会发现所有的车辆均靠左行驶；在美国和欧洲大陆，你又会发现所有车辆均靠右行驶。这显然是两种不同的‘行动（交通）秩序’。这些行动秩序难道不在某种程度上可以说是可视和可感知得到的社会实存”[②]。社会秩序的确是个复杂的概念，但是它的复杂性不在于它是一个抽象的概念。它是看得见、摸得着的实际存在。

社会秩序的产生是个过程，这个过程在马克思看来是人们不断认识和实践的过程。在这个过程中充满着矛盾和斗争，人类社会正是在这个矛盾和斗争中确立社会发展的秩序。哈贝马斯认为，这个过程是社会成员相互间平等地言谈的学习过程。哈耶克则认为最好的社会秩序是自发产生的。哈贝马斯和哈耶克的这种理解在认识论的范围里应该说有一定的道理，然而放到社会实际中则有可能使人们淡漠现实的社会物质生产活动，遗忘现实的社会利益矛盾与冲突，无视只有通过不懈斗争才是解决这种矛盾的现实道路，从而陷入不现实的奢望之中。马克思主义认为，社会物质资料生产活动是人类一切

---

① 韦森．社会制序的经济分析导论．上海三联书店，2001：50.

② 韦森．社会制序的经济分析导论．上海三联书店，2001：50.

活动的第一前提。事实上，人类迄今为止，尚未摆脱利益的对立与冲突，有时这种对立与冲突甚至还以血腥的方式出现。因此，现代社会中的不同利益集团逐渐提高了处理这些矛盾与冲突的能力。马克思以社会物质生产过程为基础、从时间的角度揭示社会发展规范有序的过程，强调社会的规范有序是人的活动的结果，是人在生活实践基础之上理性的能动学习、逐渐进步的过程。这个过程也就是汤因比所说的战胜挑战的过程。

哈耶克关于“自发秩序”和“人为秩序”的论述存在许多理论和实际的矛盾。

第一，哈耶克肯定“自发秩序”的基础，实质上是夸大了理性的缺陷。理性的存在和发展是具体的、历史的，在一定历史阶段有局限性。哈耶克对理性的批判很多时候是正确的，但他夸大了这种局限性。马克思主义认识论认为，人的理性是至上性和非至上性的统一。就具体的个体乃至每一个时代来说，由于受到客观事物及其本质暴露的程度和社会实践水平的局限，其理性是有限的和相对的。而就至上性来说，作为一个不断发展的人类的能力来说，又是无限的和绝对的。哈耶克夸大了理性的有限性和相对性，而没有充分认识到理性的无限性和绝对性。他所继承的是英国经验主义传统。实际上他所提到的进化式的秩序构成模式只能说明社会稳步演进时期社会秩序生成和发展的情况,不能说明激烈的革命时代和激烈的社会转型时期的秩序更替。人类社会不是永久地平稳发展的，社会转型、社会动荡、社会失序是人类社会发展史的重要部分。所以，不能静止地对待人类社会发展，也不能用一种社会秩序生成模式解释所有的社会秩序的形成及变迁问题。而且，尽管哈耶克反对对社会秩序的理性设计和建构，然而他所提出的理想化的社会秩序模式同样也是其理想构造的结果。

第二，哈耶克“自发秩序”理论适用范围的局限性。哈耶克的自发秩序理论虽然适用于经济领域，但人们不能由此得出结论，即任何人为秩序就一定不适合于经济领域。自发秩序在经济领域确实很好。一方面，能够取得好的功效，能够使社会资源得到很好的配置，促进社会进步；另一方面，也可以让市场经济主体在平等身份基础上自由交往，有利于人们自由地发展，促进人们权利与义务意识的强化，这对于推进一个国家的民主法制建设的发展不无益处。然而，正如计划手段是工具性价值而不是目的性价值一样，产生自发秩序的市场手段也不是目的性价值。经由市场构成的自发秩序不过是实现更高人类价值的手段。事实上，在自发秩序下，如果完全听由市场机制的作用会带来诸多社会问题，对此马克思早有论述。而且凯恩斯及美国部分经济学家和美国罗斯福政府已经从理论和实践两方面为国家介入经济活动作了注释。实践证明，首先完全由市场这只看不见的手调节的经济是不存在的。在现代社会中，哪里完全限制或消灭计划手段，哪里就不能造就出完善的市场经济。

基于上述理解，不能将社会秩序在社会生活中普适化，从而将社会生活各个领域中的所有秩序都看成是自发形成的结果。哈耶克认为，自发秩序不仅仅适用于经济领域，而且适用于道德、宗教和法律等一切领域。哈耶克的观点显然泛化了自发秩序的适用范围，许多学者对此进行了批评。布坎南认为，不能把必然发生和自发产生的秩序原理扩展到制度和法律结构。没有合适的法律和制度，市场就不会产生体现任何价值最大化意义的“效率”。在有机分化的社会里，如果在自发秩序之外不存在使人们与全社会联系在一起的被制定或者设计出来的法律的话，那么，这样的社会就不可能维持。人类社会的秩序，不能完全被解释为是那些以自身利益为动机的个人之间的自发交往的结果。对自身利益的无限制的追求将会导致社会混乱。没有这些法律作为制约，个人间自发的社会交往就不能得到保证。在现实生活中之所以不能将自发秩序普适化的另一个重要原因，在于私人利益与公共利益的矛盾。“正因为各个人所追求的仅仅是自己的特殊的、对他们来说是同他们的共同利益不相符合的利益，所以他们认为，这种共同利己是‘异己’的和‘不依赖’他们的，即仍旧是一种特殊独特的‘普遍’利益，或者说他们本身必须在这种不一致的状况下活动，就像在民主制中一样。另一方面，这些始终真正地同共同利益和虚幻的共同利益相对抗的特殊利益所进行的实际斗争，使得通过国家这种虚幻的‘普遍’利益来进行实际的干涉和约束才成为必要。”[①]因此，在人类社会，并非所有的秩序都经由自发的方式产生，至少对于法律

① 马克思恩格斯选集（第1卷）. 人民出版社，1995：85.

制度和政治制度体系而言，由于它们是统治阶级实施政治统治的手段和机器，那么，在两个前后连续的社会形态之间，就难免发生法律和政治制度连续性的中断。而后续的统治者绝不会简单地承继先前统治者的法律制度和政治制度，而是必须根据自身的需要创设新的法律制度和政治制度。这个过程，既是一个自然历史过程，也是人们在适应社会规律的基础上有所创造的过程。

另外，将“自发秩序”与“人为秩序”绝对对立也是错误的。两种秩序的背后其实是关于经济与政治秩序的关系，也就是在市场经济条件下政治的地位和作用。市场经济并非一定要独立于政治秩序之外才是有秩序的。经济和政治并非由于实现了市场经济就要分离。一些学者认为，计划经济使经济等同于政治，实现了市场经济，经济就要与政治分开。其实，在任何社会中，经济与政治都是不可分的。计划经济时代用政治秩序代替经济秩序是错误的，市场经济时代把二者绝对地分开也是错误的。一些学者提出实行脱离政治的经济一元化准则。对于真正的市场经济社会，单纯的政治、经济的一元化准则均不适用，而政治与经济分立的二元化准则更加影响经济的正常运行。适当的方法是将政治的、经济的准则加以融合，使之相互补充、共同发挥作用。经济准则之所以需要政治准则，经济领域的活动和秩序之所以离不开政治准则的作用，在于人们日常的经济交往关系是分散的、非系统的，不可能自发地形成较大范围内统一的体系。经济制度本身并不能保证其稳定性和较大范围内的协调一致性。因而经济活动本身必然要求有政治力量对其进行协调和规范。只有凭借政治力量，人们才能超越分散的经济交往活动并使之协调统一。政治是集中了的经济。因此，单凭经济准则还不足以实现经济交往及其秩序的稳定性和更大范围的协调性，还不能实现超越于个体交往目的之上的更高程度的自觉性，防止和克服由自发的无政府生产所带来的经济危机和经济萧条。即使是最早实行市场机制的西方国家，在经历了多次经济危机之后，也都在寻求解决危机的方法和途径，其中方法之一就是采取政府干预经济的手段，以使经济良性发展。我国实行的是社会主义市场经济，其追求的长远目标是社会主义共同富裕，国家和政府的干预更为重要。另外，在市场经济建设初期，在适合市场经济的社会环境还没有完全建立的时候，国家的统一调控意义更大，因为在这种经济、文化都落后的历史条件下，没有国家和政府的干预，实现从计划经济向市场经济的转轨是难以想象的。

三、理性选择还是社会实践选择——实践在社会规范产生中的作用

作为两种不同的运思方式和思想倾向，经验理性主义与建构理性主义具有明显的矛盾性。从一般意义上讲，前者注重归纳逻辑，尊重历史的经验，强调社会发展的客观演进，突出协调社会的工具理性；而后者则相反，注重演绎逻辑，轻视历史经验，强调对社会发展的观念建构，突出社会追求的价值理性。这种理论上的明显矛盾甚至对立性如果跨越理论本身，而转换为实践逻辑，便演进成为社会发展道路的冲突。我国社会转型时期，对这个问题的研究实际上就是选择不同的发展方向的问题。这种导致实践冲突的矛盾必须要解决。

就社会规范的重建来说，选择经验理性主义的指导还是选择建构理性主义的指导结果会迥然不同。以法治建设为例，区别不仅表现在法的实证层面，而且也表现在法的价值和观念层面（如应首先强调个体自由还是群体秩序等）。那么这种矛盾能否克服呢?

其实，二者并不是绝对排斥和绝对对立的，而是只具有相对的排斥性和独立性。要打破自身的固有缺陷无法从自身范围内求得解决，只有借助对方的优点才能克服，这奠定了二者相互借用的基础，尤其是二者分别对个体自由和社会秩序的偏爱更有向对方诉求互补的必要。因此，如何使二者进行沟通对于我国今天的实际来说尤其迫切。如何沟通呢？具有明显建构理性倾向的哈贝马斯提出一个新概念——“沟通理性”。沟通理性并不是一种在论争的观念中采取非此即彼的立场，而是一种通过沟通在论争的观念间取长补短的立场。对于我们来说沟通理性是实践的需要，而实践也是沟通的基础和实现沟通的途径。这是马克思主义的基本原理。

（一）马克思主义关于实践在社会规范产生中的作用的思想

经验理性主义和建构理性主义统一的基础是社会实践。因为“全部社会生活在本质上是实践的。凡是把理论引向神秘主义的神秘东西，都能在人的

实践中以及对这个实践的理解中得到合理的解决”[①]。“全部社会生活在本质上是实践的”，这是马克思在创立历史唯物主义这一全新的社会历史观之初提出的一个全新的科学命题。它的理论蕴涵至少有以下两大重要内容：一方面，它启示着人们从纵向上对作为全部社会生活的主体即人的产生、存在、发展等这些古老而常新的关涉人的基本理论问题的科学解答；另一方面，它揭示了全部社会生活的主体对全部社会生活条件即客体的探索与改造及实践本质力量的展现。我们主要是从横向上使用这个观点。也就是说，无论是经验理性主义还是建构理性主义，选择的依据和判断的标准都是社会实践。

从全部社会生活的基本条件来看，全部社会生活条件划分为三大基本条件，即社会物质生活条件和社会精神生活条件，以及介于二者之间的社会制度体系生活条件。社会物质生活条件是指社会存在，它包括物质资料生产方式、自然环境、人口因素等这些具体的物质生活条件。社会精神生活条件是指社会意识，它包括政治思想、法律思想、道德、艺术、宗教、哲学、科学和社会心理等具体的精神生活条件。社会制度体系这种社会生活条件，包括政治、法律制度及其组织与设施。

从全部社会生活条件中最基层性的条件即物质生产力来看，它不是自然界原本的自发产生的东西，而是实践的主体探索和改造自然界的结果，特别是人的本质力量对象化的结果。以物质资料生产方式的实践为基础并在人与自然的关系和人们的物质生产关系这些形式的相互作用下所获得的内容或结果就是物质生产力。

从全部社会生活条件中最上层性的条件即具体精神生活条件来看，它被社会物质生活条件所决定的状况，其本质上都是以不同形式的具体实践活动来实现的。关于社会精神生活的具体条件的形成与发展离不开社会实践的思想，马克思在《1844 年经济学—哲学手稿》中作过精辟的阐述。

从全部社会生活条件中的中介性条件即社会制度体系来看，社会制度体系中得以运行所必需的物质设施和其建立得以依据的理论观点，分别是由物

---

① 马克思恩格斯选集（第 1 卷）. 人民出版社，1995：56.

质生产的实践和精神生产的实践创造的，是这两大基本实践形式为社会制度体系提供了不可缺少的构成要素。社会制度体系中的规范条文和组织机构，却是由制度生产的实践创造的。在《哲学的贫困》中，马克思通过一些个例的分析较连贯而又精辟地阐发了制度生产的四个环节。他指出："蒲鲁东先生非常明白，人们是在一定的生产关系中制造呢绒、麻布和丝织品的。但是他不明白，这些一定的社会关系同麻布、亚麻等一样，也是人们生产出来的。社会关系和生产力密切相连。随着新生产力的获得……人们也就会改变自己的一切社会关系。手推磨产生的是封建主的社会，蒸汽磨产生的是工业资本家的社会。"① 这说明人们在探索与改造自然的实践中创造物质生产力的同时，也探索和改造着社会制度，在这种实践中"生产"出新的"生产关系"及其他"社会关系"，也就是生产新的社会秩序。并随着生产力的变化而"改变"或"改革"这些关系，同时还造就了相应社会的统治阶级及其组织机构。在这里，创造新的"生产关系"及其他"社会关系"的"人们"主要是相应社会的先进阶级及其组织机构，而先进阶级及其组织机构以法律的形式来确定的"生产关系"和其他"社会关系"就是经济制度和其他社会制度。但是，从创造社会关系到以法律形式确定为社会制度的过程，只是社会制度产生的起始环节和最终环节，在这个过程中，社会制度还必须经历两个生产环节。

一个环节是对社会关系由认识跃升到社会规律的环节。这个环节是对各种社会关系在认识上由感性的现象的认识跃升到理性的本质的认识，即由表及里地把握各种社会关系的内在联系，获得带有规律性的认识。马克思在《哲学的贫困》中分析资产阶级经济学家主张的"资产阶级制度是天然的"论点时，通过对资本主义经济制度在认识上的跃升，很好地说明了这一点。他指出："经济学家所以说现存的关系（资产阶级生产关系）是天然的，是想以此说明，这些关系正是使生产财富和发展生产力得以按照自然规律进行的那些关系。"② 他还进而指出："亚当·斯密和李嘉图这样的经济学家是这一时代的历史学家，他们的使命只是表明在资产阶级生产关系下如何获得财富，

① 马克思恩格斯选集（第1卷）. 人民出版社，1995：141 ～ 142.

② 马克思恩格斯选集（第1卷）. 人民出版社，1995：151.

只是将这些关系表述为范畴、规律并证明这些规律、范畴比封建社会的规律和范畴更有利于财富的生产。”①

另一个环节是由对社会规律的认识跃升到指导人们行为的社会规范的环节。这显然是在实践中认识到了各种社会规律之后遵循其规律来指导人们处理各种社会关系的实践，而遵循规律可供实践行为去操作的方式就是依其规律拟出的种种规范条文，亦即遵照规律办事的行为规范。马克思在《哲学的贫困》中通过个例分析曾这样指出："在宗法制度、种姓制度、封建制度和行会制度下，整个社会的分工都是按照一定的规则进行的。这些规则是由哪个立法者确定的吗？不是。它们最初来自物质生产条件，只是过了很久以后才上升为法律。分工的这些不同形式正是这样才成为同样多的社会组织的基础。"② 马克思的这段论述中蕴含的一般性结论是：人们最初在物质生产的实践中"生产"出物质生产关系及其他社会关系；这些社会关系的背后存在着不以人们的主观意志为转移的社会规律；人们为处理这些社会关系而必须依其背后的社会规律来拟定社会规范条文；这些社会规范条文不是很快而是"很久以后才上升为法律"；"整个社会"生活的主体缘出于实践的基本分工与具体分工及其活动"都是按照一定的规则进行的"；缘出于实践的"分工的这些不同形式正是这样才成为同样多的社会组织的基础"。

哈耶克通过自己独特的研究理路，也证明了马克思实践的观点。哈耶克把秩序分成"行动的秩序"和维系这种行动秩序的"规则系统"。他认为，这是两套平行的和各自独立发展的系统和过程，他认为先有"行动的秩序"，然后"行动的秩序"也可视为习俗，从习俗"硬化"为惯例，再从惯例到法律制度这样一个转化与演进的过程就是社会规范产生的过程。其实，不应认为有两套规则系统，而是同一个社会过程的不同发展阶段上的不同形式。具体地说，从行动秩序中"生发""沉淀""硬化"出"规则系统"，而"规则系统"又反过来维系和支撑着"行动秩序"。用现代博弈论的语言来说，人们在社会博弈中自发产生博弈秩序，又从博弈秩序中建构出博弈规则。

---

① 马克思恩格斯选集（第 1 卷）. 人民出版社，1995：154.

② 马克思恩格斯选集（第 1 卷）. 人民出版社，1995：163.

而博弈规则一旦建构而成或根据博弈秩序被制定出来，它反过来又维系和规约着人们按社会博弈秩序进行博弈。并且人们又在不断地重复修改和新博弈规则。

概括地说，马克思关于社会规范产生的观点是：为获取人们所需要的生活资料，人类必须以个体或个体之联合形式去认识和改造自然，但在生产生活资料的活动中，生产对象、生产工具和生产主体都是以客观实在的方式而存在的，人们绝不能像在观念领域那样，可以超出经济的范围而随心构想；相反，在生产活动中生产主体必须考虑各种要素之间有效的结合方式，以求得最大效率。而要做到这一点，生产活动必须在一定的规则下进行，这个规则的规范化形式就是技术制度体系。同时为确保生产活动之外的其他活动能够有效地进行，并使得每个个体得到他从社会生产中应得到的利益，用来约束和指导人们各种交往活动的社会规范体系就必然地出现了。但规范体系的产生并不是如哈耶克等人认为的是个自发的过程，而是人类意识之外化的产物，这是一个人类自身进行自我整合的过程，是人类意识秩序化的要求。但社会规范体系一旦作为人的本质力量的对象化的产物存在以后，就成了一个相对独立的存在物，也就进一步地成了人类认识批判和改造的对象。

社会规范体系原本是人们进行生产活动和交往活动的规范化形式，因此人们建构社会规范体系的目的旨在通过建构一个生产活动和交往活动的价值框架，以使这些活动得到秩序保证和意义说明，从而达到活动者所预期的目的。所以，在一定时期内，任何一个规范体系的建立与人们的活动是一致的。在活动和规范之间保持着必要的张力。在这个张力之下，规范对活动保持着较强的容纳能力，提高着较大的可能性空间，在这个限度内活动从规范那里得到的是支持、保证和说明，以及进行自我评价的价值尺度，唯其有了这个尺度，活动才获得了规定和意义。

（二）实践理性、理性累积和试错——社会转型时期社会规范创新与社会主体成长的基础

在生活中具有学习能力、控制能力与自我修正能力的民族、社会，才有

可能是一个由传统走向现代化的民族、社会。[①] 马克思社会实践的发展过程被视为实践理性的发展过程，而哈耶克则称之为理性累积的过程，哈贝马斯称之为试错的过程。

通过上述分析我们知道，物质生活过程是社会历史发展的最终基础，推动着社会历史的进步，伴随着社会历史的进步，作为主体存在着的人本身的实践理性能力也在实践过程中不断得到提高。社会历史的进步也是人的实践理性能力的提高，人的实践理性能力的提高又推动社会历史的进步。哈贝马斯认为，人类社会的进步是人的理性累积过程，他认为，通过将社会理解为是由交叉主体组成的共同体，通过社会成员相互间平等的言谈学习方式，揭示历史进步过程。[②] 如前所述，哈耶克认为这是人类的“自发”的过程，是人类理性的累积过程。值得注意的是，哈贝马斯用“商谈”“对话”和哈耶克用理性累积来解释人类的进步和社会秩序的产生，容易使人们漠视社会的根本力量。

我国社会转型必然对社会规范有强烈的需求。因为，在社会历史发生重大转折时期，既有的社会规范本身会在不同程度上失却其原有的权威性，所以，既有的社会规范是必须被创新的。在这个创新的过程中，由于新旧社会规范的转换将可能出现“规范真空”，造成普遍的社会无序、失范现象的大量存在。如何减少该现象是处于转型时期的社会必须认真解决的重要问题。

社会历史的发展证明，我们不能采取简单的强权的方式来维护既有的社会规范结构。因为这样虽然能给社会带来表面上的社会秩序，但实质上却不利于新的社会结构和社会秩序的确立。在经济领域也不如韦伯推崇的所谓的“无形的手”、哈耶克等人的“自发秩序”。这种无为而治的思想对于中国这样的国家很难行得通。思想理论界对20世纪以来新自由主义的不断诘难，亦从学理上显示出自由主义的明显内在的局限。也有的学者提出采取强化社会价值体系、道德规范的手段，首先建立新的意识同一性。或者如有的学者提出的通过建立与新的生活相适应的社会结构及其实证化存在的制度体制，

① ［德］沃尔夫冈·查普夫．现代化与社会转型．社会科学文献出版社，1998：69.

② ［德］哈贝马斯．交往与社会进化．重庆出版社，1993.

以制度体制的同一性实现现代化过程的社会秩序。然而，社会生活是全面的，单从上述的各个点出发需要许多现实的基础。所以避免社会失范是个系统工程，这个系统工程的突破点是在社会实践基础上的社会规范的创新。因为，社会规范能给社会交往活动提供最基本的行为范式与行为框架，为社会全体成员提供一个学习形成新价值观的实践读本，并成为社会同一性规范生活方式——社会秩序的引导员，正如哈贝马斯所说："这些规范结构的发展乃是社会进步的领导者，因为新的社会组织原则意味着新社会一体化的形式。"① 正是在这个意义上说，在社会结构转型时期，社会规范的创新和供给就是社会实践中最为紧迫的任务。另外，我们的现代化过程在总体上是一个自上而下、有组织的政府领导行为，那么，现代化进程中的社会秩序就更有赖于政府经过社会规范创新和供给，避免出现"规范的真空"现象。社会规范需要创新的另一个原因就是社会实践的发展具有创新性。实践是联系主体与客体的桥梁，反映了社会客观发展的需要。政府通过对社会实践的及时总结提供出新的社会规范来调控社会，使社会生活有序化，因而，它本质上是社会主义民主政治的一种方式，同时也是一种"无为而治"。

人们在实践中根据实践的需要创新出适合社会实践的新的社会规范，具有重要的意义。它不仅实现了经验理性主义和建构理性主义的统一，更重要的是这种在社会实践基础上建立的社会规范已经不是简单地构造约束性的取向内容，而是开辟了行为理性化的结构可能性，即它已经不仅是观念中的规范化，而且成为一种现实中的规范化行为，与其说是人们在行为的实践中一方面被塑造成，不如说是在实践中学会成为新的社会结构的成员，并且通过实践中的规范化学习，在理性上自觉接受新价值规范。

实践理性的存在和发展源于人们的利益冲突。没有利益冲突就不可能有实践理性的提高。马克思正是看到了这一点才以社会物质生产过程为基础，从实践的角度揭示了社会的进步过程。理性在构建社会规范的过程中是对既有实践能力的提高。正是在构建的实践中，发现自身的不足和深化的方向，并因此获得发展的动力。

---

① ［德］哈贝马斯．交往与社会进化．重庆出版社，1993：124 ～ 125.

社会历史的发展表明，社会的每一次进步都是人类在具体生活实践中学习、改进的过程。人们只有在实践中发现自己的缺陷，从而调整自己与生活环境的关系，选择和创建适合新的社会历史条件的社会规范体系。这种调适过程就是人类的不断进步过程。因此，社会进步不是预设的，而是人类在生活实践中的能动适应性过程。说到底，社会的进步还是社会成员日常平凡行为的结果，是社会发展的规律性、必然性，虽然不同于个人的自由意志行为，但又不完全脱离个人的自由意志。社会的一系列规范体系，虽然也充满了具体的设计，但这具体设计也离不开社会实践。一方面它是过去社会实践的结果；另一方面其本身又须经受社会生活实践持续反复的批判。从根本上说，不是某些人或某个人选择了某种社会规范加于社会之上，而是一系列活动着的个人为争取自己的现实利益的活动构成或者说选择了这样的社会规范。[①]社会的进步发展就是社会不断对自身批判的实践过程。

理性所累积的是在实践中被证明是行之有效的行为方式、思想观念。这些被习得的行为方式和思想观念，在反复的过程中变为习得的习惯（于个人为习惯，于社会则为风尚），并经过固定化变为一种社会规范而存在。这些社会规范反过来又成为制约规范人们社会生活的新准则。这个过程反复进行，在社会实践的基础上无限发展。哈耶克等人也许正是从这个意义上强调了自发秩序的重要性，并进而强调了这种在实践中“自发”形成的习惯与秩序是最能经得起实践的考验的，也是最稳定的。

进一步说，社会理性选择总是在既有的历史时空、客观环境和社会规范中进行。这些既有的社会规范既是人们理性学习的基础，又是人们理性学习过程中所要改造的对象，所以在非暴力革命情况下，最有成效的社会进步中的规范化过程，不是对既有社会规范的彻底抛弃和否定，而是在现实基础之上寻求一种现实的途径，在既有社会规范现存的条件下建构新的社会规范。正是在这个意义上，发现原有社会规范的缺陷并不是最重要的，最重要的是如何在既有社会规范的基础上有效地克服这种缺陷。哈耶克也许正是在这种

① ［英］哈耶克．自由秩序原理（上卷）．邓正来译．生活·读书·新知三联书店，1997：65 ～ 67.

思想的指导下提出了同样的观点："价值框架的这种给定性意味着，尽管我们必须不断努力去改进我们的制度，但是我们绝不能够从整体上对它们做彻底的重新建构，而且即使在我们努力改进这些制度的过程中，也还是必须把诸多我们并不理解的东西视为当然。这就意味着，我们必须始终在那个并非我们亲手构建的价值框架和制度框架内进行工作。"既有社会规范"是我们实现目的的基本条件；当然它们也是社会做出的成功调适的一部分，它们一方面经常为人们所改进，而另一方面它们又是人们能够实现多少成就所赖以为据的基本条件。发现它们的缺陷固然重要，但是我们的发展却一刻也不能不以它们为基础"①。所以，我们在建立新的社会规范的时候，要谨慎地对待既有的社会规范，以避免社会规范的真空。

从计划经济到市场经济的转变要求有新的社会规范产生，这是社会实践的需要。我们一般把市场经济称为法律经济、公平经济，然而市场经济的初期却是充满着血腥的。社会运行没有规则，交往狭隘，社会关系混乱，人与人之间的关系非常紧张。人们在这种情况下，逐步从社会生活中成熟起来。社会逐渐有了社会规范，变得有序起来。这种变化不是超人的力量，不是自发形成的，也不是理性的构建，而是实践的教导，是人们对自身生活经验教训的总结。实践理性使人们从社会生活中学会如何在充满竞争的社会生存，生活使人们领悟到如何共生共存比敌对和争斗更重要。资本主义社会的发展可以说就是这样从混乱到有序的过程,而促进这一过程发展的正是社会实践。恩格斯总结到，资本主义社会的较后阶段与其较前阶段或早期时期有相当大的不同，社会交往秩序表现出相当的文明和进步。②

进入 20 世纪之后，资本主义的各项制度和社会规范更加完善，市场经济也更加有序。社会主义市场经济当然与资本主义市场经济有很大的不同。但是，一方面，什么是社会主义市场经济不是自我标榜的，而是靠一系列社会规范表现出来的，无论其与资本主义市场经济有什么不同，完善的社会规

① ［英］哈耶克．自由秩序原理（上卷）．邓正来译．生活·读书·新知三联书店，1997：35、73 ～ 74.

② 马克思恩格斯全集（第 22 卷）．人民出版社，1965：311 ～ 312.

范体系必然有相同之处；另一方面，社会主义市场经济总体上还处于起步阶段，需要什么样的社会规范其实并没有现成的参考模式，在这种情况下更需要到实践中去学习。资本主义市场经济规范化的历程也是在人们的实践中逐步形成的，实践是其逐步成熟的基础。它是人们为了适应新的环境逐步调适的过程。这个过程对于个人来说充满着艰辛和痛苦，对于一个社会来说也可能要付出巨大的代价。有时这个代价会使某些群体根本就没有机会再作一次新的选择，或者会使一个民族失去发展的机遇。例如，古罗马帝国的没落、文艺复兴时期意大利的混乱、苏联的解体。因此，我国社会转型时期是关系民族的生存和发展的关键时期，如何从社会实践中学习和规范我们的行为有重要意义。

第四章

一元抑或多元——一元法律秩序的确立

一、社会非正式规范在社会秩序中的作用

二、社会主义社会秩序结构的模式选择

三、法律的秩序性与法律秩序的特点、意义及历史演进
——社会主义市场经济与法律秩序内在的耦合

社会规范是人们在社会生活中行为规则的总称，它在社会秩序中起着核心作用。它是社会秩序存在的前提和标志。不同的社会规范产生不同的社会秩序，进而产生不同的社会。“条件相同，风俗习惯和法律不同，就会出现另一种社会。”[①]“没有行为准则的社会是无法生存的。行为准则使我们免于陷于那种可怕的、唯我独尊的无政府状态。”[②]迪尔凯姆认为，社会失序的首要标志就是社会规范的缺乏，人们的行为缺少社会规范的规导，就必然出现社会失序现象。因此，社会规范是维系社会秩序、保持社会稳定的必要条件。“社会是按照一定规范整合起来的人类生活共同体，它按照既定的一套行为规范维持社会秩序，调整人们之间的关系，规定和指导人们的思想和行为方向。”[③]通过社会交往，人们在社会生产和生活中结成各种社会关系，这种社会关系构成了社会生活的总画面，如何处理和协调这些社会关系决定了社会的存在和发展。这就需要有一个被社会成员承认，并得到社会权威保障的具有公理性的社会规范体系，它的存在规范和指导着人们在社会生产及社会生活中的各种社会关系，使之稳定、协调地发展。

从宏观上讲，社会规范确定了社会关系的总格局，既包括纵向社会分层的制度化，也包括横向各社会组织相互关系的制度化。由于有了社会规范，社会关系总的格局得以建立并进而稳定化，就使社会结构建立起来。社会结构使人们安守本分，是预防和化解社会冲突的重要手段。

从微观上讲，社会规范确立了社会成员的权利和义务关系，预设了社会成员的交往关系模式和行为模式，社会成员只能在预设的交往关系模式中进行相互交往和相互作用，否则就将受到社会权威的强制和处理。因此，通过社会规范确定人们的权利和义务关系是社会秩序的前提，社会规范抑制了个人各自发散性的本性，在本质上体现了人们自我同一性的要求。社会规范如

---

① ［法］雷蒙·阿隆．社会学主要思潮．葛智强，胡秉诚，王沪宁译．上海译文出版社，1988：246.

② ［美］丹尼尔·扬克洛维奇．新价值观．罗雅，姜涛译．东方出版社，1989：154.

③ 郑杭生．社会学概论新修．中国人民大学出版社，1994：71.

果在一个社会里具有持续的合法性并能得到社会成员的普遍遵从，社会秩序便能正常维系；而其合法性基础一旦瓦解，规范的作用一旦丧失，变异性规范就大量产生，则意味着现有秩序即将终结。社会权威为维持社会秩序，最重要的不在于取消任何社会的冲突，而在于建立完整的规则体系，以及社会成员对这一体系的忠诚机制。

社会规范包括法律、道德、宗教、习俗、礼仪、戒规、禁忌等共同的生活准则。社会规范这些具体形式在不同的社会所起的作用是不同的，根据其发挥作用的不同社会形态也不同。如前所述，习俗、礼仪、禁忌等社会规范主要在原始社会起作用，道德、宗教等社会规范主要在奴隶社会和封建社会发挥重要作用，法律等社会规范主要在资本主义社会起作用。那么，建设中国特色社会主义新的社会秩序应采取何种模式，各种社会规范在建构中起什么作用是当前必须考虑的问题。社会秩序模式的选择首先是社会规范的选择，下面我们通过分析社会规范在社会秩序中的作用，来说明社会主义社会秩序的模式选择。

一、社会非正式规范在社会秩序中的作用

通常把社会规范分为社会非正式规范和社会正式规范。社会非正式规范也称非国家性的社会规范，是指那些并非由国家正式制定、不具备国家法律效力的社会规范。这一类在社会生活中起到秩序维持作用的规范主要有习惯、风俗、礼仪、宗教和社会道德等。如果把是否通过国家法律进行规范作为一种制度是否为正式的（或非正式的）制度的依据，那么，本文涉及的一些因素在某些国家的某些时候也可能是正式的制度，但这种个例并不妨碍本文的分析。下面简要地阐述其各自在社会秩序中的作用。

（一）宗教对社会秩序的作用

宗教是人类社会历史上的一种普遍现象，是人类社会的一种意识形态。它由共同的信仰、礼仪和教团组织等要素构成。从社会心理的角度讲，宗教产生的根源是人们对不确定性的恐惧。因此，宗教具有降低不确定性的作用。

费尔巴哈曾说："宗教的整个本质表现并集中在献祭之中。献祭的根源便是依赖感——恐惧、怀疑，对后果、对未来的无把握……而献祭的后果……则是对后果的有把握，自由和幸福。"[①] 在人与自然的关系当中，宗教的存在反映了人们试图规范这种关系的愿望，尤其反映了人们关心彼岸世界、试图与彼岸世界对话的愿望。在人与人的关系当中，宗教具有加强人们之间相互认知的作用。共同的崇拜对象、普遍接受的教义规则，可以成为人们之间相互认知的符号，从而可以降低人们之间的交易成本。

从维护特定的社会秩序来说，宗教的社会职能不取决于其真实性或虚伪性，没有这些宗教的作用，传统社会的存在演变，以及现代的文明则是不可能的。人们早就认识到宗教对社会的作用。马克思认为，宗教磨灭了人们要求变革的动机，因此，它的社会功能的一个重要方面往往是现存社会秩序的维持手段。迪尔凯姆认为，宗教信仰基本上是一种社会控制手段。福山对宗教的作用给予了很高的评价。概括地说，宗教对社会秩序的作用表现为：首先，宗教如同道德、法律及其他社会规范一样，是社会复杂制度中的组成部分。任何社会都需要一套共同信仰和实践来加强社会成员之间的联系，大多数社会都通过宗教来实现这个目的。[②] 其次，宗教可以对某些社会价值观和社会行为准则予以神化，使之成为神圣的教条，并且依靠某些强制或半强制的手段加以推行，宗教"把人对自我命运的把握、对社会价值的认识完全统一到一种标准上来，以便让人们安分守己，逆来顺受。维持社会既有的社会秩序，从而实现个体对社会，社会对统治意志的全面妥协"[③]。最后，宗教还是控制违规行为的重要手段。社会成员在社会生活中具有趋奖避罚的情感，世俗社会通过对其成员提供奖励和制裁来维护社会秩序。宗教延伸了人们的这一情感。它通过"原罪""赎罪"等教义对人们的灌输，将社会控制引向人们的心灵深处,使人们在对违规所受惩罚的恐惧中控制自己的行为。总之，为维护社会秩序起见，世俗社会向宗教要求神道的支持，而宗教则为

---

① 郑杭生．社会学概论新修．中国人民大学出版社，1994：71.

② ［美］科塞，等．社会学导论．南开大学出版社，1990：496 ～ 497.

③ ［美］科塞，等．社会学导论．南开大学出版社，1990：496 ～ 497.

世俗社会的存在提供了现实的精神基础。

需要注意的是，对于宗教的社会稳定作用要作全面的评价。强烈的宗教感情对于同一宗教共同体能起到稳定内部关系的作用。但是，在不同的宗教共同体之间，宗教分野会强化人们的对立，造成大范围的社会不稳定。福山等人在评价宗教的作用时并未注意到这个问题。另外，宗教的社会作用还要根据社会的发展情况而定。在落后社会，宗教对人的行为有较大的影响。这是因为人与人之间、人与自然之间的不确定性在一定范围内是知识积累程度的函数，知识的进步可以在一定程度上降低不确定性，从而弱化人们的宗教感情。在工业文明产生之前，宗教分野曾经是社会对立的一个重要因素，更是农村社会不稳定的一个重要根源。在现代工业社会，宗教仍然对人们的行为有重要影响。有人把宗教的这一作用当作文化独立性的表现，这是没有根据的。也有人对现代文明社会的宗教感情表示不可理解。实际上，现代文明并没有消除宗教存在的根据——人们对彼岸世界的恐惧。总之，科学很难完全消除人们的宗教感情,现代社会的人们仍有可能从宗教中寻求“终极关怀”。这一论点所包含的启示是：如果某种宗教引起了社会不稳定，政府不要试图去消灭宗教本身，而应该去设法改变宗教的内容或形式。

在分析宗教的社会作用时，还要特别注意在正统宗教与异教之间、宗教与迷信之间，很难确定人类理性意义上的界限。在历史上，那种与世俗的王权相互承认的宗教可能是正统的宗教，而处于二者之间并且不被世俗王权承认的宗教，则可能被看作异教。与那种有严密组织的宗教相比，另一些散见于传统乡村社会的、通过传说和习惯保留下来的有神论观念及其祭祀活动，则会被主流社会视为迷信。现代世界的大多数主流宗教的领袖行为较为节制，教徒对另类宗教的态度相对宽容，教会机构不追求更不行使对教徒的世俗行为的裁判权。这是科学及世俗权威与宗教斗争的结果。

从世界的角度来看，并不是一切国家都确立了科学与宗教之间稳定的活动边界。宗教一旦越过自己应该立足的边界，几乎毫无例外地会给社会带来灾难，并裹挟着某种社会情绪，使被蒙蔽的广大信徒成为极端分子实现政治野心的赌注和牺牲品。中国在 20 世纪 80 年代开始的一轮又一轮的所谓“气功热”的确让人们深思。表面上看，中国人对肉体关照的需求似乎超过了对心灵关照的需求，并把关照肉体的希望寄予某种神秘的力量，其实这是中国当时医疗事业不发达所产生的结果。欧洲国家也曾有过那么一个时期，人们把身体交给“上帝”去关照，后来在科学力量和政府权威的压力之下，才逐步放弃照顾人的肉体的责任。如果这个边界守不住，宗教就无异于邪教，各种小的邪教也会不断兴风作浪。在世俗生活领域，现代科学本来具有足够的力量战胜宗教，如果出现了相反的情形，一定是这个社会现代文明的发展存在严重障碍。

总之，无论从理论还是实践上说，社会转型时期，对宗教在维护社会秩序中的作用都不应夸大，更要警惕一些人利用宗教的外衣干着损害国家利益和图财害命的勾当，要实事求是地评价宗教的作用。

（二）道德对社会秩序的作用

道德是一种调整人们相互之间和人与社会之间关系的重要社会规范。道德与具有国家强制性的法律不同。它是依靠羞耻感来维持人们自律性行为的规则。道德和法律在现代社会并没有严格的界限，一些现代国家通过法律把传统道德固定下来，借以更有效地约束人们的行为。例如，新加坡的法律对随地吐痰、男子留长发给予惩罚，便是用法律约束替代了道德约束。但一般来说，一种行为如果可以用道德来制约，引入法律就没有必要，否则会增大社会秩序化的成本。道德的社会功能在于降低人际交往中的不确定性，节约社会交易成本。

道德对于一个传统社会能够较好地发挥稳定作用。传统社会通常是由许多血亲共同体构成的。在血亲共同体内部，血亲关系是人们相互认知的重要条件；生产技能靠口授亲传来实现，个体之间的生产技能差别很小，所以人际关系中的信息交流充分，不确定性程度低，个人实施机会主义的风险收益较小,具有流氓性格的人的机会主义行为与共同体的传统道德规则反差较大，容易识别；违规行为会使当事人名誉扫地，承受羞愧的惩罚。在传统社会，人们离开共同体出走的障碍非常大，羞愧的惩罚无异于死刑宣判。因此，传统社会道德自律压力必然很大；道德成为稳定社会的主要力量。这种社会对强制性的正式的行为规则没有需求强度，而且正式规则的供应成本较高，非正式的道德自律的实施成本较低，所以，道德是传统社会中最有效、最合理的行为规则。

在现代社会，道德所能发挥的稳定社会的作用受到很大限制。传统社会的瓦解伴随血亲共同体解体，社会的不确定性程度增大，机会主义的潜在收益随之增大。因为人们可以较容易地避开羞愧的惩罚，道德自律的作用必然降低。此种过程的反复，也削弱了羞愧在经济共同体内部的作用，甚至修改了道德的标准。例如，是否有婚外情曾经是西方一个政治家能否当选的重要条件，但近几年的情况已经发生了变化，发达国家的选民已开始容忍有婚外情的竞选者。又如对同性恋态度的变化亦如此。社会的不确定性程度越高，人们的道德自律性就越低，道德维护社会秩序的能力就越弱。但是，机会主义行为会加剧社会的不确定性，增人交易成本，人们在反复交易中为了降低交易成本必然要寻找新的交易规则，以填补道德自律失去后留下的行为约束机制的空缺。于是产生了对法律的需求。充当法律供应者的是现代国家；交易技术的进步使现代国家可以用较低的成本制定和实施法律，法律遂得以成为现代社会主要的行为约束力量。

与法律相比，道德的作用主要体现在这样几个方面：一是法律发挥的作用有一定局限性。一方面，法律通常只是规定社会成员的下限，它是社会成员最低层次或者最起码的行为要求，低于这一要求就要实施制裁。因此，这种消极的调控难以促使社会成员形成更高水平的行为准则。另一方面，法律主要是以外力的形式来发挥约束和规范作用的，由外力约束转换为人们内在的自我约束需经过复杂的过程。不是每个人都能实现这种转换的。因此，法律在引起社会成员的内约束方面具有明显不足。二是法律规范的范围有限。一方面，同任何制度一样法律也是有空隙的，法律完善化是一个过程。另一方面，法律所关注的往往是控制那些危害较大、情节较重、影响恶劣的行为，而其他不正当行为有可能游离于法律调控的范围之外。这样，对于那些法律不能或者还没有直接涉及的不正当行为，法律调控显然无能为力。这就为道德调控留下了空间。

尽管道德在社会调控方面有非常大的空间，但这种作用不能夸大，更不能代替法律的作用。在社会转型时期，特别是由自给自足经济向市场经济转型时期，传统道德在维持社会稳定方面会显得力不从心。血亲共同体瓦解，人口流动性增大，羞耻心在社会控制方面的功能大大减弱，人们违反道德后受惩罚的可能性降低，人们的行为规则便会发生紊乱。社会对新的行为规则的需要与新的行为规则的建立通常有一个时间差。这是因为新规则的建立不仅要付出直接成本，而且人们适应新的规则是一个长时间的学习过程。这种学习主要不是靠政府灌输，而是靠反复进行的社会交易过程所产生的利益得失的估价给人们记忆的刺激。也就是说，反复的违规行为会造成反复的利益损失，才会教会人们遵守新的规则。观察世界各发达国家的现代化过程，可以看到这种情况无一例外地都会存在。社会转型时期人们常发出人心不古、世风日下的慨叹，缘由大抵如此。关于道德规范对于社会秩序建立的作用，后面的有关章节还要论述。

（三）宗法关系对社会秩序的作用

宗族是一个广义的概念，它是由同一祖先繁衍下来的人群，通常由共同财产和婚丧庆吊联系在一起，并且居住在同一村庄。宗法关系便是基于宗族血统而产生的地域性极强的社会关系。在宗法关系中，男性长辈容易成为核心，也往往是宗族内部纠纷的裁决者和对外抗争的领袖人物。宗法关系下的行为规则，完全是儒家经典提倡的“仁、义、忠、孝、悌”这一套道德伦理。宗法关系是封建社会最重要的关系，也就是说，宗法关系所包容的人的行为规则是传统社会所具有的普遍的行为规则。传统社会的这种结构具有明显的合理性。人的社会活动实质上是交易行为，人们在交易中总是在寻求交易成本较低的制度安排；交易成本最低的制度安排就是最合理的制度安排。在传统乡村社会，虽然交易内容简单，交易范围狭小，但交易双方仍然要建立信任关系，取得相互之间的认同。建立认同关系时，最廉价、最确定的信息莫过于血缘关系方面的信息；正常情况下，乡村中的任何一个人总是靠汲取家庭、家族的各种营养成长，家族方面的信息要比乡村社会的其他信息对他有更高的刺激强度，所以家族成员之间更容易取得认同。家族社会还发展了一些制度来巩固宗法关系，这些制度包括续修族谱，建立宗祠，定期祭拜祖宗，表彰优秀宗族成员，宗族内部互助，等等。

在乡村社会封闭程度很高的情况下，宗族关系会成为乡村社会最重要的关系，成为支撑乡村伦理道德的基础社会结构；乡村宗教力量也通常依附于宗法关系，国家政权对乡村的统治甚至也要与宗法关系相结合。无疑一切能够打破乡村社会封闭性的因素，将改变乡村社会的交易成本函数，从而引发乡村社会制度结构的改变，导致宗法力量地位的下降，甚至瓦解。从社会学家对中国农村研究的资料来看，20世纪初，中国农村中的宗法统治已经开始瓦解；在一些乡村地区，宗法关系虽然还存在，但已经不是最重要的社会关系。

在较为封闭的乡村社会中，宗法关系本身支撑着一个稳定的社会结构。封闭性越强，乡村社会中的族长、中人和道德化身相统一的可能性越大。宗法关系能为经济活动提供一个稳定机制。家族成员在生活告急时，往往求助于同族成员；在承租土地及钱财借贷中，往往是同族成员充当中人；一无所有的同族成员也可以从宗族中获得帮助以求生存。从传统乡村社会的研究资料中还可以看出，如果没有外界因素干扰，尤其是没有官府力量的介入，宗族之间的冲突通常也可以通过家族领袖之间的谈判确定妥协的条件。

在中国封建社会，宗法关系是国家政权在乡村社会的基础。封建国家一般是为了取得税赋而对乡村进行控制，为此要从调查、确定纳税人口的目的出发，把乡村人口编为不同层次的组织单位；官府为了方便，通常以十进制和居住范围为编制单位，但在实际贯彻中却不得不适应宗族的户口状况。

乡村社会的宗族械斗常为人们所关注，随着社会分化的加剧，宗族械斗破坏社会的稳定，因此社会转型时期宗族械斗问题值得研究。宗族械斗肯定会破坏乡村社会的安定，导致社会的局部不稳定，但是，宗族械斗本身一般不会导致全社会的混乱；械斗发展到极端时的调停常常要借助官府的力量。宗族械斗不可能是传统乡村社会经常性的现象，否则，传统社会不可能延续几千年。只有在乡村宗法关系受到干扰、旧的利益均衡被打破时，宗族械斗才可能发生。现代社会的利益关系不断发生变动，利益冲突并不常以械斗的方式来解决。

在封闭的乡村社会中，交易内容简单，利益关系也简单；道德认同可以调整利益关系，但道德认同缺乏强制力量；而一个社会的强制力或暴力是不可缺少的。暴力的实施是需要成本的，实施秩序化暴力的成本更大。在前现代化社会时期，国家政权对乡村社会实施秩序化暴力的成本大到足以让国家政权放弃这种努力。国家政权的暴力主要是对付大的社会动乱和抵御外国侵略。这样，替代国家暴力的是宗族的暴力。在一般情况下，宗族暴力只是一种潜在压力，可谓之暴力潜力。在宗族均衡关系的背后，便存在暴力潜力这个变量。所谓利益均衡关系的破坏，意味着乡村社会的某一宗族提出了重新界定宗族间财产权利边界的要求，也意味着向对方的暴力潜力挑战。如果这种挑战导致用谈判方式建立新的均衡，械斗便可避免，否则就会产生械斗。如果没有官府力量的介入，或介入不力，宗族械斗将是一个旷日持久的过程，尤其在械斗宗族双方人数接近的情况下更会如此。

宗族间利益关系发生变化，并引起宗族械斗的原因，一是宗族人口数量发生变化，直接导致宗族暴力潜力的均衡受到破坏。二是商品关系的扩大，新的获利机会出现，使宗族间的经济实力的对比发生变化。三是官府力量的介入，造成乡村社会生活的新的不确定性，使宗族成员的行为预期发生变化。在漫长的中国传统社会，这三种变化常常周期性出现，导致乡村社会的周期性不稳定。近代中国社会的宗法关系逐步瓦解，这三方面的因素持续存在，更使中国乡村社会进入长久的不稳定时期。

本书把宗教、道德和宗法制度看作社会非正式规范，分析这些制度对社会秩序的影响。简要地说，它们各自的作用有：一是宗教产生的根源是人们对不确定性的恐惧。因此，宗教具有降低不确定性的作用。二是道德是依靠羞耻感来维持的人们的自律性行为的规则。在现代社会，道德弥补了许多法律不能调控的空间，但道德所能发挥的稳定社会的作用也有很大限制。三是在较为封闭的乡村社会中，宗法关系支撑着一个稳定的社会结构。在我国，相对而言，社会非正式规范的影响在乡村要大于城市。

在社会规范庞大而复杂的体系中，各种规范与社会秩序的关系有着一定的区别。社会规范在形成并保护社会秩序的功能方面存在着一种“规范效力差”。“规范效力差”这个概念反映着各种规范在对人们“不应作为约束”和“应当作为约束”方面发挥着不同的作用。有的规范往往发挥着不应作为约束，而有的规范则同时发挥着不应作为和应作为两种约束。这种变化最终取决于社会的发展和社会结构的变化。社会非正式规范的社会作用表明，对其中任何一个社会规范的社会作用的评价都要从现实和历史两个方面来看。一是各自都在社会历史发展的某一个时期发挥了一定的作用；二是任何一种社会规范都不能承担起新的条件下维护和构建社会秩序的职责。由于对社会非正式规范作用的评价不同，在理论界形成了不同的观点——社会秩序类型的一元还是多元的争论。下面就这个问题展开论述。

二、社会主义社会秩序结构的模式选择

（一）社会主义社会秩序结构选择的基本原则

如前所述，建立新的社会秩序的依据是具体的社会实践，也就是说，新的社会秩序结构只能是在我国的具体社会实践中产生。社会秩序结构模式的选择实际或者首先是社会规范的选择。选择什么样的社会规范作为新的社会秩序模式的主要规范是个实践问题，新社会规范的价值取向决定于我们所处的时代和正在从事的事业。新的社会规范体系必须适应新的时代特点和时代要求。新的社会规范体系建立的依据和现实基点应该包括如下几个方面：

第一，体现社会主义的本质。任何社会的社会规范体系，从根本上说，都是由该社会的本质制度决定的。我们所建设的社会主义是中国特色的社会主义，我们的市场经济也是兼具中国特色的社会主义市场经济。因而，建构这一社会规范体系的一个重要依据就是必须体现社会主义的本质。凡是有利于解放和发展生产力，有利于社会主义社会的进步和完善，符合最广大人民群众利益的社会规范的观念、原则、范畴等都应该纳入我们的社会规范体系中去；反之，则不应在这一社会规范体系中具有存在的合理性。正如《中共中央关于加强社会主义精神文明建设若干重要问题的决议》指出的那样："这种经济体制，不仅同社会主义基本经济制度政治制度结合在一起，而且同社会主义精神文明结合在一起。"作为社会主义精神文明建设重要组成部分的社会规范体系的建设，必须鲜明地体现这一点。只有社会主义法律规范体系才能真正体现社会主义的本质，因为就其实质来说，法律秩序与社会主义的本质是高度一致的。社会非正式规范的作用之所以在我国现代社会中式微，

其主要原因是其与社会主义本质不相适宜。

第二，符合市场经济的运作规则。我们所要建立的社会主义经济体制毕竟是市场经济体制，必须受市场经济一般规律的支配，因而就有许多相应的运作规则。这些规则既是经济生活正常运转所必需的，也是与由此所引起的社会其他生活密切相连的。在由计划经济体制向市场经济体制转轨的过程中，那种仅满足计划经济需要却忽视社会成员个人利益的道德价值观和行为规范体系，显然已经无法起到指导、规范、调节人们行为的作用。在这一背景下建构的适应社会主义市场经济的社会规范体系，应该是与市场经济内在需要结合在一起而不是人为规定的、“外铄”于市场经济的社会规范体系。只有这样的社会规范体系，才是真正与市场经济相适应的、能对我国社会生活发挥指导、规范、调节作用的社会规范体系。之所以将市场经济也称为法律经济，是因为只有法律作为市场经济的规范体系，市场经济这只看不见的手才能消除其内在的负面影响，才能对社会的稳定发展起到真正的作用。

第三，贴近社会主义初级阶段的现实社会生活。恩格斯曾经指出，在现代社会中，人们“只能得出这样的结论：人们自觉地或不自觉地归根到底总是从他们阶级地位所依据的实际关系中——从他们进行生产交换的经济关系中，吸取自己的道德观念”。由社会经济基础决定并反映社会经济基础的包括道德体系在内的社会规范体系，必然受到社会经济、政治等现实社会条件的制约和影响，我国社会主义初级阶段的基本国情、社会成员的现实生活实践，是我们建构适应社会主义市场经济社会规范体系不能不重视的又一个依据和现实基点。社会主义初级阶段存在一个重要问题就是严重的失序现状，如何维护社会秩序的稳定，上述的非社会规范都不能起到统领维护稳定的作用，因此只有法律能担此重任。

（二）是多元还是一元

法律作为正式的社会规范，其作用不同于非正式社会规范。下面我们从社会主义社会秩序模式的选择角度具体分析一下法律不可替代的作用。

在我国确立了“依法治国，建设社会主义法治国家”的治国方略之后，社会秩序结构似乎已是一个毋庸置疑的已得到解决的问题，其实不然。“中国社会秩序到底应选择何种模式结构”一度成为一个学术热点。来自人类学、社会学、文化学、法学界等的部分学者曾对此进行了讨论：我们选择一种什么样的社会秩序方式？这一问题恰恰是社会实践需要解决的问题。著名学者田成有先生提出，中国法制建设的稳健与成熟应走一条“本土化”的道路。而所谓“本土化”道路要求在立法时，必须充分考虑农村的实际和民俗。但他同时又强调，不能只注重国家制定法，也要注重国家制定法律之外的“活法”“民间法”的作用。对此，有的学者认为，这一思路前后是矛盾的。立法时应该考虑农村的实际和民俗，这是由立法解决的问题，是应该充分考虑的因素；但让“民间法”发挥“准法”的作用，是另外一个问题。田成有先生还提出，在条件成熟时，将“民间法”等“活法”有意识地吸收、认可，并融入、提炼到相应的法律、法规之中，使之成为制定法的一部分。这一思路等于又回到他所批判的“大司法”路线。①

有一种观点值得注意和研究，这种观点认为，中国农村社会实际上存在着两种运作机制，即国家或法律确认的维持体现新价值的法理机制和由宗族或村落维持的体现旧价值的礼俗或称“民间法”。这种观点认为，中国社会已从乡土社会中“完全彻底”地蜕变出来，今日中国社会从主流上讲毕竟已步入现代社会行列。传统中国社会的“礼治秩序”仍在现实中产生着影响。这种影响是以两种方式起作用：一是作为一种历史文化遗留，以观念的方式作用于现代社会的法律秩序之中；二是由于中国社会发展的不平衡，在那些狭义的“乡土社会”（农村社会）中，它还实际地发挥着维持社会秩序的规范作用。在中国漫长的历史时期，社会调控的能量不高，“天高皇帝远”，社会秩序（实则是法律秩序）很难扩展到四野八荒的农村，法律没有内化为人们的价值观或内心需要，对社会的控制影响极为有限。这种状况促使宗族关系有条件外化为一种秩序。既然法律所起的作用是有限的，那么允许宗族作为一种法外资源或手段存在，在现今社会得到改造和利用就是可能的。宗族的存在在一定时期和一定范围内丰富和弥补了国家制定法控制的不足，成为一种有效的补救手段和协同方式。宗族的合理运用是国家制定法的“延伸”

① 田成有．中国农村宗族问题与现代法在农村的命运．法律科学，1996（2）：8.

部分和重要的支持系统，是社会支援和规范控制的一个源泉，是农村社区中的基本聚合力量和维持社会秩序在常态下运转的重要保证。在中国这种非西方化或缺少法律传统的国家，让渡一些非国家行为来调控乡土社会，利用带有礼治规范或“民间法”性质的宗族制度来解决某些范围内的纠纷是值得研究和重视的。①

然而，这种非国家行为的调控的作用不应被夸大，也不应过于提倡。中国是一个经济、文化都相对落后的国家，这种落后的主要地域和人口都集中在农村，其落后性的表现之一就是国家行为调控的失效性，这正是现代化进程中需要改造的一个方面。存在虽然合理，但必定是要过时的。正如一些学者分析的那样，改革开放后民间宗法礼俗的回潮和重现仍然只是农村生活主流之外的支流，既未能突破行政权力系统对农村生活的控制，也未能根本改变原有的农村组织结构。主要表现在：

第一，行政权力虽然积极，甚至部分放弃对村民日常生活和经济活动的控制，但它仍然是目前农村唯一合法的权力机制，在利益分配、民事调解方面仍然保持着最后的判决权。经过几十年的政治洗礼，农村原有的宗法关系、礼俗活动已被根本摧毁，不可能回复到从前，更没有必要回复到从前。

第二，改革的社会心理动力是利益的一定满足，在整个中国现代化、世俗化的背景下，利益动机、经济标准已毋庸置疑地成为社会生活的准绳；以亲情为基础、以传统为导向的宗法礼俗已无法与经济力量相抗衡，只能作为它的配合和辅助。在高度一体化的行政权力控制松动之后，公共权力运作过程中的超越宗法关系的私人利益交换及时地取代了亲情关照，从而使宗法力量在公共权力被私有化的过程中丧失了独特的有效性。

第三，现代文化观念向农村的大举渗透，青年一代已不再全面认同传统的生活方式和文化观念，有着巨大经济利益的都市文化在农村找到越来越多的接受者。在农村只有 50 岁以上的人，才对传统民间礼俗文化有点了解，要在当代农村重建宗法民俗是完全不可能的。

因此，虽然当代农村确实出现了传统宗法关系和民俗活动，但这类活动

---

① 刘作翔．转型时期的中国社会秩序结构及其模式选择．法学评论，1998（5）．

基本上是由行政权力机构组织，或配合政治宣传，或为经济铺路，或作为农村文体活动。无论哪种类型，整个过程都是由经济作为动力和杠杆的，它们都不是传统意义上的民俗活动。所谓“民间社会”“民间权威”等也未出现。所以说，在改革开放后变化较大且较迅速的中国农村社会中，社会秩序基本上已经是法律型的、国家权力型的，礼俗秩序、宗法秩序基本上已被瓦解，同都市化社会秩序形态非常接近。但存在的问题是在国家权力型的社会秩序中暗含着诸多弊端（如权力腐败等问题）。在这种情况下还提“多元混合秩序”的模式就不符合中国的实际和发展方向，与中国特色社会主义的社会秩序不相符。如果把这种观点放在中国大变迁以前的传统社会无疑是适当的，但是用这种观点来阐释当代中国社会的秩序现状却令人质疑。

中华人民共和国成立前后经过多次的农村革命和改革，旧中国农村存在的宗族制度和关系受到了前所未有的冲击，新价值和文明的广泛传播已经使得传统的维持礼俗秩序的宗族关系在农村的政治生活、经济生活和文化生活中发挥的作用受到了极大的限制。而且中国农村在社会主义市场经济的影响下旧有的血缘关系开始逐步松动，农村的社会结构正在发生深刻的变化。原来的农民群体结构开始分解，业已分化为农业劳动者、农民工、乡村知识分子、个体工商者、私营企业主、乡村管理者和乡镇企业管理者等多个阶层。与此相适应，“通体社会”中传统的、一元化的价值观也发生了深刻的变化。再加上城市文化向农村的渗透，农村社会流动的加快，交通、通信、新闻媒体建设的发展正逐步向农村传统秩序注入现代文明秩序精神的内涵。当然，中国幅员辽阔，农村社会经济、文化的发展、开化等方面的差距尤为明显，东西发展不平衡等问题还现实存在。因此，在考察当代中国农村社会秩序的现状时就不能以偏概全将局部现象普遍化。

需要注意的是，费孝通先生当年也曾研究了如何解决法治进程中的“乡土秩序”的问题，他的观点被有些学者拿来支持“多元混合秩序”的观点，这其实误解了费孝通先生的观点。费孝通先生所强调的重点是：现行的司法制度在乡间发生了很特殊的副作用，它破坏了原有的礼治秩序，但并不能有效地建立起法治秩序。法治秩序的建立不能单靠制定若干法律条文和设立若干法庭，重要的还得看人民怎样去应用这些设备。更进一步理解，在社会结构和思想观念上还得先有一番改革。如果在这些方面不加改革，单把法律和法庭推行下乡，结果法治秩序的好处未得，而破坏礼治秩序的弊病却已先发生了。[①]

如果我们仔细分析费孝通先生的观点，便可发现他并没有反对建立现代社会的法治秩序。他认为：现代法在乡间的实行，在理论上是个好现象，“因为这样才能破坏原有的乡土社会的传统，使中国能走上现代化的道路”。这是费孝通先生强调的重点，也是一个颇具建设性的意见。他并没有因为法治秩序的实现遇到传统礼治秩序的阻碍，便主张退回到乡土社会的礼治秩序上去，或者保持所谓的“多元混合社会秩序”，而是强调改革那些阻碍现代法推行的社会结构和思想观念。因为费孝通先生看到了随着社会的进步和发展，乡土社会的礼治秩序迟早要让位于现代社会的法治秩序。比如，他在20世纪40年代就指出：“中国正处在从乡土社会蜕变的过程中。”[②]他反复强调：“在一个变迁很快的社会，传统的效力是无法保证的。尽管一种生活方式在过去是怎样有效，如果环境一改变，谁也不能再依着老法来应付新的问题。”[③]在“一个变动中的社会，所有的规则是不能不变动的。环境改变了，相互权利不能不跟着改变”。“现代的社会中并不把法律看成一种固定的规则了，法律一定得随着时间而改变其内容。”[④]

在目前正在经历转型的中国社会，一大特点就是社会规范方面的异质化。异质化社会规范的存在，决定了法治秩序的建设不可能一蹴而就，“实然社会秩序”确实是现实的存在。但是人们不能因此就将任何实然的东西完全合理化。进行法制建设实现依法治国，目的即是积极推进中国社会的转型，将异质性的社会规范逐步统一到法制这一基础上来。经过中华人民共和国成立以来的多年实践，我国毕竟建立起了农村基本政权制定普适化的社会规则，农村的政治制度化和社会制度化正在逐步完善，因此，除了极少量的“边缘性”

---

① 费孝通．乡土中国．生活·读书·新知三联书店，1985：58.

② 费孝通．乡土中国．生活·读书·新知三联书店，1985：53.

③ 费孝通．乡土中国．生活·读书·新知三联书店，1985：57.

④ 费孝通．乡土中国．生活·读书·新知三联书店，1985：57.

社会活动留给习惯、传统之类的规范进行调整之外，其他的诸如农村政治、经济和文化建设，农民权利、义务的设定，以及纠纷的解决等问题都由国家所制定的法律来加以规范。而且在法律所不能控制或者涉足的领域也无须通过宗族的合理利用来作为国家制定法的延伸部分和重要支持系统。否则，宗族的利用如果与国家制定法发生矛盾和冲突，会给农村正常的社会秩序造成更大的混乱。传统社会宗族关系的礼俗机制鱼龙混杂，糟粕甚多。因此，必须坚持以法律作为人们行为的坐标，以法律为处理关系、解决争议之准绳，而不能指望所谓的“宗族合理利用”。目前我国农村正在进行“乡规民约”建设，这是国家法律、法规的延伸和具体化。如果剔除一些“乡规民约”的弊病，使其与国家的法律、法规保持一致，就可以在更大的范围内调整农村的社会生活，巩固农村的社会秩序。

让我们再重复一下本节的观点：一是一元法律秩序的建立不是否定其他社会规范的维护社会秩序的作用，而是否定其在社会秩序中与法律平等重要的地位。二是一元法律秩序的建立和作用的发挥不是排挤其他社会规范的作用，而是要依靠其他社会规范的作用，建立起新的社会秩序，一元法律秩序包含着多种社会规范起作用的实质。三是虽然法律不可能独立承担建立社会秩序的重任，但它却不能推卸其在社会主义市场经济条件下统领其他社会规范，建构新的社会秩序的责任。

三、法律的秩序性与法律秩序的特点、意义及历史演进——社会主义市场经济与法律秩序内在的耦合

为何中国特色社会主义现代社会的发展会将异质性的社会规范逐步统一到法制这一基础上，这不仅取决于社会实践的选择，同时也可以说这是法律规范自身的选择。因为法律的本质、特点就包含着现代社会秩序。新的社会秩序当然不等于法律秩序，然而，法律秩序在社会秩序中的作用是不可替代的，它是现代社会秩序的核心内容，没有现代的法律秩序就不可能有现代的社会秩序。现代社会秩序在一般的理解层面上就等同于法律秩序。下面简要分析一下法律与秩序的内在联系，以及法律秩序的特点和意义，进一步说

明法律在社会主义社会秩序建构中不可替代的作用。

（一）法律的秩序性

现代社会选择法律秩序，首先就是因为法律内在本质的秩序性。

作为一种社会规范的法律与秩序的联系是非常密切的，在有国家的社会里，甚至可以说，没有离得开法律的秩序。秩序被视为法律的基本追求，人们甚至将二者等同，历代思想家对此都有不少精彩的论述。亚里士多德就曾说过："法律（和礼俗）就是某种秩序，普遍良好的秩序基于普遍遵守的法律（和礼俗）习惯。"① 奥古斯丁认为："无论天国还是地上之国，也无论社会还是个人，一个共同的目标是追求和平和秩序，以便获得社会和个人的心灵安宁，法律正是维护和平和秩序的必要工具。"② "与法律永相伴随的基本价值，便是社会秩序。"③ 博登海默认为："如果在一个国家的司法中，甚至连最低限度的有序常规性都没有,那么人们就可以认为这个国家没有'法律'。"④ 我国学者也提出，"一种法律或法律制度可能并不追求所有的法价值,但它却不能不追求秩序"⑤。恩格斯也曾在评价资本主义法时指出，"法律的神圣性，是由社会上一部分人积极地按照自己的意志规定下来并由另一部分人消极地接受下来的秩序的不可侵犯性"⑥。

正是由于法律与秩序的至深因缘，有的学者把秩序视为法律的基本要素和基本特征（如博登海默、亚里士多德、凯尔森）。也就是说，法律具有"秩序性"，这种秩序性既体现于它的静态的规则体系和结构上，也体现于它的运行过程之中，还体现于它的运行结果里；三者都有秩序，三者都具有秩序

---

① ［古希腊］亚里士多德．政治学．吴寿彭译．商务印书馆，1965：353 ~ 354.

② 王哲．西方政治法律学说史．北京大学出版社，1988：66.

③ ［英］彼得·斯坦，约翰·香德．西方社会的法律价值．黄子平，等译．中国人民公安大学出版社，1989：38.

④ ［美］博登海默．法理学——法律哲学与法律方法．邓正来，等译．中国政法大学出版社，1999：319.

⑤ 邢建国．秩序论．人民出版社，1993：572.

⑥ 马克思恩格斯全集（第 2 卷）．人民出版社，1995：515.

性，甚至于三者都是秩序。正是法律的这种内在的秩序性与中国特色社会主义现代化内在的契合，决定了一元法律秩序结构的选择。

（二）法律的基础性价值——秩序

之所以建立一元的法律秩序，还缘于法律的社会价值。具体地说，法律的社会价值突出地表现在两个方面：

第一，法律有多种价值，诸如正义、自由、平等、公平、效率、秩序等，而在这众多法价值当中，秩序是更为基础性的。这是因为，一种法律或法律制度可能并不追求所有的法价值，但它却不能不追求秩序。以中国传统法律文化中体现的法价值为例，可以说，我们很难认为中国传统法律是以追求自由、平等、效率等价值目标为己任的，但是，中国传统法律却强烈地以秩序这一价值目标为指向。当然，我们这里并不是说秩序这一法价值同其他法价值必然要发生冲突，而是说无论在何种法律及法律制度下，秩序都是主体必然追求的价值目标，即“与法律永相伴随的基本价值，便是社会秩序”。①

追求秩序是基础性的法价值。但是，单单追求秩序的法律未必就是完善的法律。现代社会的法律既追求秩序，又兼顾其他法价值。事实上，法律秩序与其他法价值都是相容的。这种相容表现为法律秩序的实现并不排斥正义、自由、平等、公平、效率的价值，而且还是实现这些价值的基础和前提。如果说自由与平等、平等与效率等在某种意义上还存在着冲突与对立的话，那么，秩序与正义、秩序与自由、秩序与平等、秩序与公平、秩序与效率则总是紧密相连、融洽一致的。正如博登海默在谈到秩序与正义的关系时所说：“在一个健全的法律制度中，秩序与正义这两个价值并非时常冲突；相反，它们却紧密相连、融洽一致。一个法律制度若不能满足正义的要求，那么长期下去就无力为政治实体提供秩序与和平。而在另一方面，如果没有一个有序的司法行政制度来确保相同情况相同对待，那么也不能实现正义。因此，秩序的维持在某种程度上是以存在着一个合理的、健全的法律制度为条件

---

① ［英］彼得·斯坦，约翰·香德．西方社会的法律价值．黄子平，等译．中国人民公安大学出版社，1989：38.

的，而正义需要秩序的帮助来发挥它的一些基本作用。为人们所要求的这两个价值的综合体，可以用这句话加以概括，即法律旨在创设一种正义的社会秩序。”①

第二，法律与无政府状态和专制状态直接对抗，这是法律重要的社会价值体现。法律秩序是按照法律规则良性运行的社会状态。但是，人类历史上却存在过与法律秩序相对立的情形，这就是无政府状态和专制状态。虽然人类社会不可能长期在无政府状态下和纯粹专制状态下存在和发展，但这两种状态却对人类的社会秩序产生巨大威胁，必须依靠法律予以规制。

所谓无政府状态，是“指一种社会状况，任何人都不受他人或群体的权力与命令的支配”②。无政府主义思潮产生于西方社会，曾一度在 20 世纪初的中国社会掀起巨大波浪。无政府主义理论片面地赞赏和鼓吹个人自由，并假定人人天生善良，天生具有合群性，因而不需要国家、政府，以及强制规则的存在就会产生人们之间亲密相处的社会秩序。应该说，无政府主义思潮在对抗专制的过程中，曾多少发挥过一定的积极作用。但是，它最大的缺陷是必定导致社会混乱和无序状态。对此，不但马克思主义予以坚决反对，就连绝大多数资产阶级学者也清楚地看到了无政府主义的危害，认为其不可能行得通：“彻底消灭国家或其他有组织的政府形式就会使人们建立起不受干扰的和睦融洽的联合，这是完全不可能的。”③事实也的确如此，不要国家，取消法律规则，其结果不可能产生社会的秩序状态。因此，按照法律规则建构社会的法律秩序，必然要求反对无政府主义，法律秩序同无政府状态是绝对对立的。

此外，按照法律规则建构法律秩序，也必然意味着反对专制主义。法律

---

① ［美］博登海默．法理学——法哲学及其方法．邓正来，等译．华夏出版社，1987：302.

② ［美］博登海默．法理学——法哲学及其方法．邓正来，等译．华夏出版社，1987：219.

③ ［美］博登海默．法理学——法哲学及其方法．邓正来，等译．华夏出版社，1987：219 ～ 220.

规则的普遍性、明确性、连续性的特点在很大程度上限制、对抗着专制统治者的任性。这里需要说明的是，并不是在专制条件下不存在任何秩序，事实上，在专制制度下，由于政治高压、文化禁锢，以及自上而下的庞大的官僚系统的支持，也存在着特定的制度性秩序。不过，这种秩序是以少数人为所欲为和多数人丧失自由为代价的，而且极不稳定，极不牢靠。说到底，这是人治本身的固有缺陷。只有依靠法律规则建立起良好的法律秩序，才能对抗专制、排斥人治，从而使社会得到优化发展。这正是中国特色社会主义社会秩序所追求的目标。社会转型时期的社会失序从某种意义上说与无政府主义密切相关，给改革、发展、稳定带来了巨大的损失。解决无政府主义是现代化进程中必须解决的问题，但不能简单化。不能靠封建社会式的高压和专制手段来实现。这样即使实现了稳定也不可靠，同时也与建设中国特色社会主义的价值追求本身背道而驰。

（三）法律秩序的特点

由于法律与秩序上述密切的关系，所以法律秩序成了法学的一个术语和研究领域。根据《牛津法律大辞典》的解释，“法律秩序是从法律的立场进行观察、从其组成部分的法律职能进行考虑的，存在于特殊社会中的人、机构、关系原则和规则的总体。法律秩序和社会、政治、经济、宗教及其他的秩序并存。它被当作是具有法律意义的有机的社会”①。博登海默说：“法律秩序要素所涉及的是，一个群体和政治社会是否采纳某些组织规则与行为标准的问题。这些规则与标准，按其设想，是要给予为数众多却又混乱不堪的人类活动以模式和结构，从而预防不能控制的混乱。”②因此，法律秩序就是由法律规则所体现的、防止社会混乱的、作为结果的一种理想的社会秩序形态。

法律秩序作为一种特定的社会秩序形态，具有以下两个特点：

---

① 牛津法律大辞典．光明日报出版社，1988：539.

② ［美］博登海默．法理学——法哲学及其方法．邓正来，等译．华夏出版社，1987：237.

第一，从与其他形态的秩序相比较来看，法律秩序是最为完善的社会秩序。自从人类产生以来，社会秩序至少存在过四种形态，即习俗秩序、道德秩序、制度秩序和法律秩序。法律秩序作为最后出现的一种特殊的社会秩序，也是社会秩序最为发达和最为完善的形态。这里需要说明的是，我们这样说无意贬抑其他社会秩序的价值。事实上，这四种秩序形态之间并不存在互相排斥的特性，或者说，一种新的秩序形态的产生，并不替代和取消已有的秩序形态，它们往往共存于同一个社会之中，相互配合发挥作用。我们之所以说法律秩序是最发达、最完善的社会秩序，是就法律秩序本身而言，或者说理想的现代社会秩序应该是法治状态下的秩序。

第二，从法律秩序的内容来看，法律秩序是在法律规则、法律规范作用基础上形成的良性社会秩序。社会规则是社会秩序的内核，它作为社会秩序的实际内容，是社会秩序的中心环节。同样，法律秩序作为社会秩序的特定形式，也是以法律规则为内容的，或者说，法律规则是形成法律秩序的一个基础性前提，没有法律规则，就没有法律秩序。

社会规范中对现代社会秩序影响最大的是法律。我们知道，法律规范是具体规定权利和义务，以及法律后果的准则，法律规范与一般社会规范的一个重要区别在于它高度的抽象性、严密的逻辑性和绝对的明确性。这种特点是其他社会规范不具备或不完全具备的。比如，道德往往是原则多于规范，它也不具有法律规范那种准确、确定的性质和具体的表现形式，通常它只是指出希望人们做出某种行为的一般倾向，并不设定具体的权利与义务。而法律规范则不同，它通常明确、具体地规定人们可以做什么、应该做什么、禁止做什么，从而具体明确人们行为合法与不合法的标准。法律规范的这一特点，使得根据法律规范建立起来的社会秩序，与依据其他规范建立起来的社会秩序相比更加规范、更加稳定。根据法律建立起来的社会秩序除了必须有以成文法典或判例形式表现的法律规则体系存在之外，还必须以国家权威机关的存在为前提。习俗秩序的形成，主要是人们不断往复的社会生产实践导致人们形成一种习惯定式，极少需要什么力量强迫，人们会逐步形成共同的习俗规则和秩序。道德秩序虽然也不能说没有强制，但是道德强制主要是通过人们的自身良心自觉和社会舆论的力量来实现的。团体、组织的制度规则和秩序由于有纪律、内部处罚等，应该说其强制性更强烈一些。但是，无论上述哪种情况，都不存在以国家名义做出的强制。而法律秩序的形成则不同，它必须以国家强制力为后盾，必须有国家强制机关的存在作保证。因此，良好法律秩序的形成，离不开国家立法机关和执法机关，如果没有立法机关制定切实可行的法律，没有行政及公、检、法等执法机关贯彻和落实法律，就不可能有法律秩序。当然，我们这样说并不排除由于人们自觉遵守法律而形成社会秩序。事实上，法律秩序状态的获得在相当程度上是要依赖人们的自觉行为，在我国尤其是这样。但是，这绝不是说法律秩序的形成可以不要强制，如果没有强制作为最后的威慑手段，不但不能保证人们的自觉守法，更不会有法律秩序的形成。法律和法律秩序的特点决定了在社会转型时期社会秩序模式的选择只能是建立在法律基础上的一元法律秩序。

（四）中国传统法律文化的演进——法律秩序的现代意义

建立在法律基础上的社会秩序是建设中国特色社会主义社会秩序的必然要求，也是中国特色社会主义的内在组成部分。这种崭新的法律秩序是在社会实践中的选择，是对中国传统的法律秩序的扬弃，也是对社会主义市场经济需要的满足。

在古代中国，法不具有独立的地位，在一定程度上，它是为保障“礼”的实现而采用的一种刑罚措施，其目的在于维护按照等级名分建立的社会秩序，从而使得社会关系参加者各得其所、各安其分。因此，作为指导立法和司法实践，以及人们评判现行法律的首要标准的只能是秩序。秩序是中国传统法律文化中最核心的价值取向。

中国传统法律文化的价值取向是秩序，这点已被统治者和一般民众所共同认可。然而，说到底，它还是一个国家安定意识或对社会长治久安期待的表现。在古代中国，法、法律的主体是君主或国家，只要君主、国家不主动干预，很少同一般民众发生直接关系。因此，法主要是国家或君主、官吏用以实现社会秩序控制、维护社会安定的工具。天长日久，秩序也就被强化到极致，成为中国传统法律文化最主要的价值取向。

传统法律文化中秩序价值取向的理论支持主要来自两个方面：一个是

“正名”和“定分”理论，另一个是“无讼”学说。其中，“正名”和“定分”为儒、法两家共同坚持，而“无讼”则主要为儒家所主张。关于正名，最早由儒家创始人孔子所提出，其表层目的是为了循名责实，因人定分，使人们各守其分，循分服职，各得其所。为此，孔子又提出了他关于“礼”的学说，主张“为国以礼”，“非礼勿听，非礼勿言，非礼勿动”，社会关系参加者皆以“礼”为行为准则，社会也就维持在秩序的范围内了。孔子关于“正名”和“礼治”的思想，经荀子的严密论证，到法家那里变得更加明确化了。法家人物在阐述法的作用时，一致推崇法的“定纷止争”的作用。法家的“定分”与儒家的“正名”虽然不是一个概念，但在确定人们的社会地位、稳定秩序的层面上却有异曲同工之效。后来，儒家将正名上升到伦理政治的高度，法家代表人物韩非也宣称：“臣事君、子事父、妻事夫，三者顺则天下治，三者逆则天下乱，此天之常道也。”[①]这一思想被历代思想家所接受。至西汉时，董仲舒以儒为主，杂糅阴阳，把集中反映封建伦理秩序的“三纲五常”学说定为封建立法和司法的指导思想，从而使其成为维护封建社会秩序的最得力的学说体系。

为中国传统法律文化秩序价值取向提供滋养的另一个学说是孔子创立的“无讼”理论。孔子在鲁国任司寇的三个月时间内，积累了一点司法经验。他对司法实践虽然不感兴趣，但却善于将整个司法工作提高到哲学的层面来理解。他从周礼出发，发表了一个影响中国历史的不俗之见。他说：“听讼，吾犹人也，必也使无讼乎！”[②]从而明确提出了他的无讼说。宋代大哲学家朱熹在注此语时指出孔子的意思是：“圣人不以听讼为难，而以无讼为贵。”明代邱浚进一步说明：“圣人教人，不以听讼为能，而必使民无讼为至。”[③]从此，无讼几乎成了所有中国人的共同理想，在华夏先民看来，无讼便是一个天堂的世界，通过倡导无讼，从而达到维持社会秩序的目的。

中国传统法律文化中将秩序作为最基本的价值目标予以追求，是中国传

---

① 韩非子·忠孝.

② 论语·颜渊.

③ 邱浚.大学衍义补（第106卷）.

统社会客观的社会条件造成的必然结果。从历史进程角度来说，具有内在的客观逻辑性，无所谓主观上的对与错、应该与不应该。我们站在今人的立场上思考法价值问题,所能做的只能是指出传统法律秩序的历史意义和局限性，以利于更加全面地理解传统法价值，重构现代法价值。

中国传统法律文化以秩序为最基本的价值取向，其历史意义是显而易见的，这就是中国传统法律秩序的形成对于国家的安定和整个社会秩序的维持起到了至关重要的作用。自从先秦儒、墨、道、法各派思想家为中国传统法文化确立基本走向，到汉代董仲舒以儒为主、杂糅各家，厘定封建正统格局，最终在中国形成了大一统的局面。从此，中国传统法律文化自觉承担起了维护大一统秩序的历史责任。可以说，如果没有中国传统法律秩序，就没有国家的完整和中华民族的统一，也很难设想中华民族会有如此强大的凝聚力和向心力，从这个意义上说，中国传统法律秩序功不可没。

中国传统法律文化以秩序为价值取向，其本身并没有错，而且其维护国家安定和统一的意义十分重大。然而，问题是中国传统法律文化仅仅以秩序为追求目标，存在着明显的为秩序而秩序的倾向，从而造成了中国传统法律文化相对地忽视了对其他法价值的追求。这尽管是历史的缺憾，但它却加重了当今中国人对理想法律秩序追求的使命感。可以预想，随着越来越多的当代法学家思考法价值问题，随着中国社会主义市场经济体制的建立，一个逐步完善的与社会主义市场经济体制相应的理想法律秩序必将呈现于中华大地。

现代法律秩序与市场经济秩序的内在关系紧密联系在一起。秩序是人类生活的一种自然的倾向，法律秩序对于人类生活来说具有必然性。传统社会的法律价值取向是秩序，现代社会的法律价值取向之一也是秩序。所不同的是，传统社会的法律秩序是建立在自然经济基础之上的，而现代社会的法律秩序是建立在市场经济基础之上的。由于这两种法律秩序所赖以存在的经济基础不同，决定了这两种法律秩序具有各自的特点。

就自然经济基础上的法律秩序而言，其最大的特点在于以稳定为唯一和最终的价值追求。为了实现这一法价值，特别强调伦理本位的作用，即把人伦关系看作其他一切社会关系的基础，把道德规范作为建构整个社会规范体系的核心，即使是形成法律秩序的法律规范本身也不过是道德规范的提升，或者说是道德规范的法律化。这种以伦理为本位的社会规范体系对形成和维护社会秩序具有极其重要的意义，其集中表现就是，由于这种秩序源于人伦关系，与人们的日常生活密切相关，很容易被人们理解和接受，从而使传统社会的行为规范准则能够很顺利地内化为一般社会成员的主观信念，有利于社会形成一种积极的控制机制。这样，就把法律秩序建立在人们的社会道德、习惯基础之上。这不仅使传统法律秩序停留在伦理化的层次，而且具有极大的稳定性和封闭性。

与传统法律秩序不同，市场经济法律秩序是建立在市场经济基础上的现代法律秩序，它的特点是由市场经济的一般特点所决定的。所谓市场经济，是指以市场机制调节经济运行和资源配置为主要方式的经济形式或经济体制。市场经济由商品经济发展而来，是在社会化大生产条件下的商品经济或称发达的商品经济。市场经济一般具有这么几个特点：资源配置方式以市场调节为基础；经济主体各自独立，互不隶属，产权明确；一切生产要素商品化、市场化；激烈的市场竞争和严格的市场规则并存。所有这些特点决定了市场经济是一种开放的经济形态，建立在这种经济基础上的现代法律秩序则是一种动态的秩序。如果说传统法律秩序是以稳定为中心组织起来的，那么，现代法律秩序则是以发展为中心组织起来的。在动态中寻求秩序，这是现代法律秩序不同于和超越于传统法律秩序的一个最主要的特点。

（五）我国社会主义市场经济法律秩序的建立与完善

中国社会经过数代仁人志士不懈的追求和探索，以巨大的代价换取了宝贵的经验教训，终于从 20 世纪 90 年代开始步入了市场经济的轨道。中国市场经济是社会主义的市场经济。“社会主义＋市场经济”是人类社会经济发展史上崭新的模式。这一模式决定了中国市场经济既与一般市场经济有某些相同点，又有自己的不同之处。其中，中国市场经济的最大特点在于它是由计划经济转轨而来，这种市场经济的形成方式不是自发产生的，而是靠自上而下的培育，包括培育市场体系、培育市场机制，甚至包括培育市场主体。中国市场经济形成的这一独特方式，决定了法律秩序与市场经济具有高度的内在一致性。

首先，市场经济条件下法律秩序的建立与完善，将与市场经济本身的建立与完善相伴始终。市场经济条件下的法律秩序本身就是开放的秩序，它需要在动态中实现自己和发挥作用。中国高层经济建立的非自发性特点，更加使得中国社会主义市场经济法律秩序的建立不可能一蹴而就，它需要根据市场经济发育和完善的进程，不断地调适自己，从而与市场经济的发展充分地协调起来。

其次，法律规则在建立市场经济法律秩序过程中具有极端重要性。秩序需要规则，法律秩序需要法律规则，市场经济条件下动态的法律秩序尤其需要完善的法律规则。中国市场经济自上而下培育的特点，使得中国市场经济的建立和完善比任何时候、任何情况下对法律规则的需求都更为迫切。可以说，没有一整套与市场经济相适应的、行之有效的法律规则，就不可能有运行正常的中国市场经济法律秩序。也正因为此，中国社会继清末沈家本立法修律以后，在 20 世纪 90 年代又开始了中华民族历史上第二次大规模的吏法改律运动。如果说清末修律是为了打破传统中华法系，那么，这次则是为了建立与社会主义市场经济相适应的完善的法律规则体系。由于我国市场经济体制确立之时，市场经济形态在世界范围内已经运行了相当长的一段时间，世界各国在市场运行方面的法律规则已经相当完善，因此，我们没有必要再另起炉灶，从头做起。我们为了建立与中国市场经济体制相适应的法律体系，完全可以通过大量法律移植的办法，尽快完善市场经济所必需的法律规则建构。然而，必须指出的是，由于中国市场经济法律规则移植成分的增大，我们必须认识到两方面的情况：一方面，中国市场经济条件下的法律规则在市场经济和市场经济法律秩序建立过程中，将起着更大的前导作用。另一方面，中国市场经济法律规则的制定，并不必然地意味着中国市场经济法律秩序的确立和完善。可以说，它只是为市场经济法律秩序的确立和完善创造了必要的前提条件，中国市场经济法律秩序的最终确立，尚有待于这些法律规则在现实生活中获得实现。这是相当一段时间内中国社会难之又难、重之又重的历史性任务。

特别需要重视与其他法价值的协调问题。这主要是基于两点理由：一是中国社会、市场、国家的发展必然造成价值多元化；二是超越传统法价值秩序单一取向也客观要求价值多元化和协调。就前者而言，中国社会、市场、国家现在都面临着千载难逢的超越自身的机遇，这就造成有些学者所说的情形：中国的发展往往面临选择上的困难。例如，它需要大力宣传市场经济自发秩序的有效性和优越性，同时又必须承认现代经济活动中大量国家干预的合理性；它迫切需要建构一个区别于且外在于国家的自主的社会，同时又不能不接受社会国家化和国家社会化的现实；它需要一个强有力的国家以保证社会转型的顺利完成，同时又必须在许多方面对国家现有权能予以限制以完成对国家的改造。这种情况，既是对中国社会、市场和国家发展复杂性的说明，同时又是必然带来价值多元和我们追寻多元法价值的依据。就后者而言，建立与完善同中国社会主义市场经济相适应的法律秩序，是时代赋予我们的历史使命。

秩序作为体现于市场经济法律规则中的当代中国人的价值目标追求，有着其恒久常新的意义。然而，值得我们高度重视的是，为了不使当代中国人的价值追求再落入传统中国人为秩序而秩序的窠臼，为了跳出中国传统往复循环的历史周期律，为了超越传统法价值而使其提升到一个新的层次，我们必须高度重视秩序与其他法价值，诸如正义、平等、自由、公平、效率等的协调问题。这既是市场经济本身的客观要求，也是中华民族面向世界、超越传统的勇气和力量的表现。唯其如此，我们才能说，中国人对于法和法价值问题的思考真正融入了民族的血脉之中。

第五章

自由人抑或秩序人——社会个体在社会秩序建构中的作用

一、社会发展进程中个人的自由与社会秩序之间的张力

二、个人秩序感的养成与意义——公民意识的培养是建构社会主义社会秩序的精神根基

三、社会角色的内在规定性与社会秩序建构

社会实体是社会秩序结构中的重要因素，因为它总是一定社会秩序的载体。一定的社会规则和行为模式，总是要落实在社会实体身上，并总是要由其服从和遵守。而且，社会秩序总是要通过社会实体的活动来实现。个人是社会实体的重要组成部分，其存在和发展与社会秩序有着密切的关系。这种关系具体表现为个人的自由与社会秩序的内在关系中。一方面，个人的自由与社会秩序是两种相互制约的力量。个人自由体现了个体的自主性和自我选择的能力，而社会秩序则体现了对个体自主和选择能力的约束力和抑制力。另一方面，个人自由是社会秩序的价值取向，社会秩序是实现个人自由的基本保证。个人自由和社会秩序之间的这种张力，充盈于人类社会发展的全过程。如何保持这种张力取决于社会发展的程度和人自身发展的程度。

从社会发展的角度来看，一个社会的认识和实践能力，就是这个社会的广义生存能力。任何一个社会的发展最终都依赖于这个社会的广义生存能力。从社会发展的多种可能性中选择一个向上发展的好的发展方向是个非常复杂的过程。社会历史发展方向选择的最高标准是人的发展自身，实际上是对人的自由解放，以及实现自由解放道路的选择，因而也是对创造马克思所说的“合乎人性生长的环境”和哈耶克所说的“适人的社会环境”的选择。选择就是在目的性过程中的比较、批判，在一定意义上又可以说是基于一定目的的对规律发生作用的条件的改变，通过条件的改变来改变规律的作用及其效果。改变存在的条件就是改变人自身。

人类社会的规则和秩序处于一种能动的自觉自为状态，并表现为高级复杂的国家制度和法律体系。人类创立了自己特有的规则和秩序，但在这些规则和秩序面前又不是盲目采纳的，任何一种制度和秩序的确立及存续必须建立在社会成员的正当性、合理性价值评判和选择基础上，如果它违背社会公认的起码的情理和最低限度的价值准则,人们就会像创立它那样再把它毁灭。人们往往抱怨社会环境的丑陋、社会秩序的混乱、社会风气的败坏，希望有一个适合人的生存和发展的秩序化的社会环境，以利于人自身的发展。但是，不要忘记人们自身不是一个旁观者，而是一个具体的实践者。规范自己的日常行为，就是改变社会失序的现实活动。因此，社会个体的角色定位是社会秩序建构的基础和前提。社会个体的自由离不开社会个体的自律。没有社会个体的自觉、自律行为，社会秩序不仅无法建立，即使通过社会控制的高昂代价建立起来，也不会持久。因此，社会个体公民意识的培养、法律意识的养成和守法精神的树立是中国特色社会主义社会秩序建构的根本途径。

一、社会发展进程中个人的自由与社会秩序之间的张力

（一）社会发展与人的全面而自由的发展

“自由”在英文中有两个词可以表达。一个是“freedom”，另一个是“liberty”。“freedom”是指原始生活中的无拘无束的自然生活状态，它反映了人的一种主体性要求。“liberty”则是指权利和义务，这个字源于罗马法，它反映了人和社会的关系，体现出自由的客观性。将这两个字合起来去理解自由的本质含义就比较全面了。

从哲学角度分析，自由可以分为认识论意义上的自由和社会历史观上的自由。从认识论角度来看，自由是与客观必然性相对应的，是指人们对客观必然性的正确认识和运用，它表现为人们的意志自由和行动自由。恩格斯在《反杜林论》中指出：“自由，不在于幻想中摆脱自然规律而独立，而在于认识这些规律，从而能够有计划地使自然规律为一定的目的服务。”对于必然性的认识在于认识自然规律，并且在这种认识所给予的可能性之上，有计划地使自然规律为一定的目的发生作用。当规律未被认识的时候，是一个必然，是人的主人，人们只好服从于它们，成为这些规律的奴隶。只有认识了规律，并利用这些规律，人们才能获得真正的自由。

从社会历史观来看，自由是与受异已的社会力量的奴役相对应的，是指人们能够支配和驾驭自己的社会关系，因而能够自觉地创造历史。本文着重研究的是这种意义上的自由。因为本文研究的是社会秩序的重建，重点就是分析自由与社会秩序之间的关系。这个意义上的自由是相对于专制、奴役而言的一种生活状态，是一种摆脱异己的社会力量的羁束，在人们的权利受到认可和保障的条件下按照自己的意志进行活动的自由。

将自由与人的本质联系起来是马克思主义的基本观点。马克思说过：“自

由的自觉的活动”[1]即劳动是人的本质。因而，在马克思主义看来，人的解放和自由的实现是同一个过程，这个过程统一在社会的发展中。

人类社会的历史可以说是一个人类不断摆脱外在力量束缚获取自由的历史。在人类发展的初期阶段，由于社会生产力水平低下，人们在自然的、社会的双重客观必然性的支配下，既没有驾驭人与自然关系的自由，更没有驾驭人与社会关系的自由。正如马克思指出的，原始部落中的成员为了在残酷的自然环境中求得生存，必须“以群的联合力量和集体行动来弥补个体自卫能力的不足”[2]。在这种环境下，个体如果能生存下去也必须依赖整体、群的力量。由于人类整体的自由没有得到基本的保障，个人的自由就更谈不上。个人与社会的关系是个人不能离开群体，否则就无法生存。

随着人类社会的发展，生产力不断提高，人们不再像原始社会那样是自然界的奴隶，他们逐步获得一些自由。但是进入阶级社会后，对于奴隶和农民来说，从自然界中获得的有限的自由被阶级剥削和压迫所掩盖，他们根本没有真正意义上的自由可言。特别是在奴隶社会，所谓自由，实际上就是指人身的自主权利或状态，亦即从人身奴役下解脱出来。亚里士多德首先提出了“人本自由”的命题，他认为：不自主的行为，就是那种原因包含在外界条件之中的行为，并且是由强力或者无知所产生的行为；反之就是自主、自由的行为。他还从道德角度提出了“自由人最少自由”的思想，强调自由人要受理念和道德责任的制约，从而否认了那种为所欲为的自由观。

进入资本主义社会，随着生产力的迅速发展，人类逐步从自然界中获得了前所未有的自由。特别是科学技术的巨大进步，使人类初步感受到了自由的曙光。在决定社会进程的经济领域，实现了契约自由和贸易自由，使资产阶级在政治上进一步提出了自由主义的主张，现代意义的自由概念逐步显现出来。文艺复兴是为自由而呐喊的时期，真正使其得以发展的是 17 世纪和 18 世纪资产阶级思想家。霍布斯认为“自由这个词，按照其确切的意义来

---

① 马克思恩格斯全集（第 42 卷）. 人民出版社，1979：96.

② 马克思恩格斯选集（第 4 卷）. 人民出版社，1995：30 ～ 31.

说就是外界障碍不存在的状态”[①]。自由首先以自然权利而存在，“自然权利就是每个人按照自己所愿意的方式运用自己的力量保全自己的天性——也就是保全自己的生命——的自由。因此这种自由就是用他自己的判断和理性认为最合适的手段去做任何事情的自由”[②]。为此做出贡献的思想家还有洛克和孟德斯鸠。其中洛克是自由主义的始祖，美国的《独立宣言》《美利坚合众国宪法》《权利法案》，法国的《人权与公民权宣言》等历史性文件，可以说是以政纲的形式和法律的形式阐述并确立了洛克所提出的自由主义原则。洛克第一次论证了人生而自由的“天赋人权”论，他认为任何人不得侵犯他人的生命、自由和财产，自由是自然法为人类规定的基本权利。孟德斯鸠是从政治角度来论述自由问题的，他说，“政治自由并不是愿意做什么就做什么。在一个国家里，也就是说，在一个有法律的社会里自由仅仅是：一个人能够做他应该做的事情，而不被迫去做他不应该做的事情”[③]。孟德斯鸠为近代资产阶级提供了一系列的政治原则，特别是著名的分权原则和法治学说等。伏尔泰把自由与平等联系起来。卢梭揭示了天赋自由和现实不自由的矛盾，他说人是生而自由的，可是现实却处处戴着镣铐，无时不在枷锁之中。他痛恨封建制度，强烈地向往个体自由，期望自由地支配自己，做自由的主人，自由地生活，自由地死去。这些自由思想对 18 世纪法国资产阶级革命的整个进程起了巨大的推动作用，并对以后自由理论的探讨产生了深远影响。

总之，与奴隶社会和封建社会相比，资本主义社会在保障个人的自由与权利的过程中，使得人们的政治自由、社会活动自由，以及经济自由获得了明显的进步。但是就其实质来说，资产阶级的自由只是形式上的自由，对于广大的无产阶级来说还没有实质的自由。

19 世纪德国古典哲学家关于自由的观点思想十分丰富。由于对辩证思维的注重使他们对自由的认识超越了前人。谢林说：“自由应该是必然，必

① ［英］霍布斯．利维坦．黎思复，黎廷弼译．商务印书馆，1985：164 ～ 165.

② ［英］霍布斯．利维坦．黎思复，黎廷弼译．商务印书馆，1985：164 ～ 165.

③ ［英］洛克．政府论（下篇）．商务印书馆，1964：16.

然应该是自由。”[①] 黑格尔全面论述了必然与自由的辩证关系。他指出：“这种不包含必然性的自由，或者一种没有自由的单纯必然性，只是一些抽象而不真实的观点。”[②] 他认为“内在的必然性就是自由”，“自由以必然为前提，包含必然性在自身中”[③]。在黑格尔看来，自由是对必然的认识，只有正确地认识了必然才有真正的自由。恩格斯和列宁都高度评价了黑格尔的思想。

与德国古典哲学家不同，萨特认为自由是绝对的。这种绝对的自由是人通过选择得以实现并获得意义的。这种绝对主义自由观体现在“他人就是地狱”这句话中。萨特晚年提出“追求个人自由时要顾及他人的自由”，从而对自己的绝对自由观进行修改。法兰克福代表人物之一弗罗姆认为自由作为一种独有的特征和人存在的标志，主要表现为人对自己独立个体性的一种意识。人在多大程度上意识到了自身的这种个体性和独立性，即自己与周围自然界和社会的区别，以及在其中的地位，就能够在多大程度上拥有自由。

马克思主义的自由观分为两个层次，一个层次是认识论层次的自由观。马克思主义批判地继承了人类认识史上关于自由的观点。主要观点包括：一是自由就其实质而言是一个实践问题。马克思主义认为，自由不是纯粹理性的反思，而是实践活动的产物。实践是人们产生追求自由要求的原因、实现自由的手段和最终获得自由的具体表现与检验标准。二是自由是以承认客观规律性和必然性的存在为前提的。自由不是摆脱客观规律的主观随意状态。三是自由与必然是相互依存的，真正的自由并不排斥必然，而恰恰是立足于必然，表现为对必然的认识和改造。除了上述观点之外，马克思主义的自由观还特别强调自由的实现必然要受到客观条件的制约。一定社会生产力发展的水平、社会制度的性质、社会物质生活条件、精神条件、文化条件等客观状况都从根本上制约着人们实现自由的深度和广度。

人类社会的发展历史表明：社会生产力水平越高，人们征服自然的能力越强大，人在自然方面享有的自由就越多；社会关系越进步，人们在社会生

① ［德］谢林．先验唯心论体系．梁志学，等译．商务印书馆，1977：244.
② ［德］黑格尔．小逻辑．商务印书馆，1981：105.
③ ［德］黑格尔．小逻辑．商务印书馆，1981：323.

活中的自由也就越充分，这是由人的社会存在所决定的。社会主义制度的确立实现了人在社会关系方面从其他动物界提升出来的具有决定意义的一步，这就为人们认识规律、改造世界提供了广阔的天地，从而为人们取得新的自由提供了更多的可能性。所以，从根本上说，促进社会历史的不断进步是实现个人自由的最重要条件。另外，马克思主义的自由强调自由的实现是在实践的基础上从相对走向绝对的辩证过程。

自由是有条件的，每一个时代的人由于受主观和客观条件的制约，对必然性的认识和支配的自由总是有限的。任何时候获得的自由总是具体的，人们在实践中获得的自由的每一次进展，都为更广泛、更高度的自由打下了坚实的基础。所以恩格斯说："文化上的每一个进步，都是迈向自由的一步。"[①] 不仅如此，马克思主义的经典作家还从社会权利关系的角度论述了自由的实质。他们反对资产阶级思想家把自由权利首先归结为人的"天赋权利"或"自然权利"。马克思曾借黑格尔的话说："'人权'不是天赋的，而是历史地产生的。"[②] 他们主张把自由作为现实社会中的现实的人的权利具体地加以分析。在马克思、恩格斯的著作中，正是从现实的社会权利的意义上使用自由的。

马克思主义自由观的另一个层次是社会历史意义上的自由观。马克思主义把自由和人的发展，以及社会的发展结合起来，阐述自由和人的发展、社会的发展之间的内在联系。马克思把人类历史分为前资本主义、资本主义和共产主义三个阶段，同时把人的发展也分为三个阶段，即"具有原始丰富性的人""异化的人""全面而自由发展的人"。他强调共产主义是"以每个人的全面而自由的发展为基本原则的社会形式"。[③] 所谓"全面而自由的发展"，从社会方面来说，就是要使人成为自然界的主人、社会关系的主人、自己本身的主人；就是物质文明和精神文明的高度发展；就是经济繁荣、政治民主、精神文明协调一致。从个人方面来说，就是要有充分的"自由时间"

---

① 马克思恩格斯选集（第 3 卷）. 人民出版社，1972：154.
② 马克思恩格斯全集（第 2 卷）. 人民出版社，1957：146.
③ 马克思恩格斯全集（第 23 卷）. 人民出版社，1972：649.

来全面而自由地发展自己的德智体和个性，可以根据社会的需要和个人的兴趣自由地选择职业，使人的自我价值得到实现。

我们对马克思主义社会历史角度的自由观稍微展开一下论述。马克思主义自由观的含义是极其广阔和全面的，不是指个体一时一事的自由获得，也不是局部范围的自由获得，马克思主义的自由观是同哲学上所讲的人类的彻底解放、科学社会主义所讲的共产主义的最终实现、哲学上所理解的人的全面发展相一致的，即人类最终由“必然王国”走向“自由王国”，人类最终摆脱自然、社会和自身的各种束缚而成为自然的主人、社会的主人和自身的主人。马克思主义自由观反映了人之主体的最高理想和完美的价值追求——实现自身的全面而自由的发展。按照马克思主义的观点，自由的含义具有全面性，它不是指单一地发展人的身心的某一种能力，而是指人的身心的各种能力都得到全面而自由的发展，真正成为自然界、社会和自身的主人，从而达到自由的境地。这种全面的自由观的主要内容有：

第一，指人的体力劳动和脑力劳动的有机结合，体力和智力的协调、统一发展。马克思主义认为，人类社会最终要从片面发展走向全面发展，“用那种把不同社会职能当作互相交替的活动方式的全面发展的个人，来代替只是承担一种社会局部职能的局部个人”①。获得真正自由的人必须是获得全面发展的人，首先应是体力劳动和脑力劳动有机结合，体力和智力和谐统一、充分而自由的发展。否则，片面的发展——如果也能叫发展的话——不符合马克思主义的观点。马克思主义认为，资本主义社会人的发展就是片面的发展。恩格斯在《共产主义原理》中指出：“共同经营生产不能由现在这种人来进行，因为他们每一个人都只隶属于某一个生产部门，受它束缚，听它剥削，在这里，每一个人都只能发展自己才能的一方面而偏废了其他各方面，只熟悉整个生产中的某一个部门或者某一个部门的一部分。”②马克思在《资本论》中也指出：“工场手工业把工人变成畸形物，它压抑工人多种多样的生产志趣和才能，人为地培植工人片面的技巧……个体本身也被分割开来，

① 马克思恩格斯选集（第2卷）. 人民出版社，1995：213.

② 马克思恩格斯选集（第1卷）. 人民出版社，1995：242.

成为某种局部劳动的自动的工具。”[①] 只熟悉生产的一个部门的一部分和成为局部劳动的自动工具就没有自由可言。

第二，指物质的获取与精神的丰富要达到有机统一。真正的自由必须是在物质与精神两个方面达到丰富及有机统一。只在某一方面取得发展，尤其为了取得某一方面的发展而以另一方面的牺牲作为代价，这不是真正的自由。例如，对物的疯狂占有而以牺牲自己的道德、良心作为代价，对金钱的追求以牺牲自己的学业、青春作为代价等社会失范现象，这都不是真正的自由。恩格斯曾经尖锐地批评资产阶级统治者对工人自由的剥夺：“工人不仅在身体方面和智力方面，而且在道德方面，都遭到了统治阶级的摒弃和忽视。”[②] 可见，经典作家在论及人的自由发展时，总是把精神包括道德面貌和精神状态等作为人的全面而自由的发展的重要内容。

第三，自由不仅包括个体的全面而自由的发展，而且包括全体社会成员的全面而自由的实现。这体现了马克思主义彻底解放全人类的无产阶级革命导师的伟大理想。而这种人类总体自由目标和完美价值追求只有到了共产主义社会才有可能实现。马克思、恩格斯指出，只有发展生产力、创造生产的物质条件，促进教育和科学技术的繁荣发展，“才能为一个更高级的、以每个人的全面而自由的发展不再为基本原则的社会形式创造现实基础”[③]。共产主义社会将是“个人的独创的和自由的发展不再是一句空话的唯一社会”[④]。而在共产主义社会条件下，“根据共产主义原则组织起来的社会，将使自己的成员能够全面地发挥他们各方面的才能”[⑤]。“通过社会生产，不仅可能保证一切社会成员有富足的和一天比一天充裕的物质生活，还可能保证他们的体力和智力获得充分自由的发展和运用。”[⑥] 只有到了共产主义

① ［德］马克思．资本论（第 1 卷）．人民出版社，1975：399.
② 马克思恩格斯全集（第 2 卷）．人民出版社，1995：399.
③ ［德］马克思．资本论（第 1 卷）．人民出版社，1995：649.
④ 马克思恩格斯全集（第 3 卷）．人民出版社，1995：516.
⑤ 马克思恩格斯选集（第 1 卷）．人民出版社，1995：243.
⑥ 马克思恩格斯全集（第 3 卷）．人民出版社，1972：440.

社会，人的全面自由实现需要的条件才能全部达到，也才能真正实现马克思主义意义上的人类的彻底解放，全体社会成员的全面而自由的发展，人类最完美的价值的追求。

从上面的论述中我们可以看到，社会进步的程度可以从自由这个角度折射出来，自由是社会进步的尺度。社会越进步，人类越自由。同样，人类越自由，社会越进步。人类的自由的发展过程与人类社会的进步过程是一致的。换言之，社会越发展对人的束缚越小，社会控制和社会统治的手段越复杂。所以说，在进行社会秩序重建的过程中，如何充分考虑人的自由是个非常重要的问题。社会主义的社会秩序更应是对人的自由的充分尊重。

（二）个人自由与社会秩序的对立与统一——个体行为模式的标准化与多样化

如何理解自由是个非常复杂的问题，从自由的反面即限制的角度进行理解是一个基本途径和基本方法。马克思指出："法律是肯定的、明确的、普遍的范畴，在这些规范中自由的存在具有普遍的、理论的、不取决于个别人的任性的性质。"[①] 马克思的意思是指自由具有不取决于个别人的任意的性质，也就是说，自由是对个别人的任意的超越和对普遍性的认同，所以自由恰恰不是任意的，而是其对立面。而自由的这种"不取决于个别人的任意的性质"是在"肯定的、明确的、普遍的"法律规范中，亦即法律秩序中获得的，所以法律秩序是自由的保障，是与自由同一的，而不是矛盾的。哈耶克在《通往奴役之路》中也说过："没有法律，就没有自由。"[②]

从字面上理解，自由的意思是"不受约束"；如上所述，从哲学层面讲，自由意味着对必然性的把握和对客观规律的认同；从法学意义上理解，自由指的是在国家权力允许的范围内活动。这三方面的含义是相互联系的。要获得自由，就必须认同客观规律，而社会生活的客观规律是：人必须有组织地进行社会生活，必须受社会秩序的制约。所以人不可能彻底摆脱约束，只能

① 谢晖．法律信仰的理念与基础．山东人民出版社，1997：197.

② ［英］阿兰·艾伯斯坦．哈耶克传．秋风译．中国社会科学出版社，2003：230.

以忍受一些约束为代价而获取相对不受拘束的生活,因而自由永远是相对的,是和限制联系在一起的,不明白自由的限制在哪里,就不能了解什么是自由。而现实中,人们总是通过制定规范、建立社会秩序来确定自由。所谓“法不禁止就是自由”就是这个意思。自由本质就包含着“任意”和“限制”,是二者的统一。一般认为社会对自由的限制主要是指社会秩序的限制,即社会生产和生活秩序的限制;为了社会及他人的利益而限制自由;为了各项自由的协调而限制自由,等等。总之都是为了社会秩序的稳定才限制自由。可见自由不是无拘无束,如果说它是一种“任意”的话,也只是在一定条件下、一定范围内的任意,是在社会秩序内的任意。既然自由脱离不了社会秩序,或者说只有在社会秩序中才能够获得,应该说秩序是自由的保护者和确立者。

我们还可以从自由与权利的关系来分析自由与限制的关系。

从上面的论述可知,自由的实质是体现社会关系,而不是一种无拘无束的、绝对的唯我论者的生活状态。自由和权利密切相关。一是因为自由的实现需要权利的保障。自由的实质在于人们的意志和行为的自主性,而这种自主性只有在摆脱了异己力量的控制和奴役,并且获得了自主权利,使其不受其他在各自范围内拥有同样独立自主要求的人们的干扰之后才能成为现实。二是权利也限制着自由的幅度和范围。人们的自由也体现着生存内容的扩张,如果不对其进行限制,自由的无限延伸将可能导致社会秩序的紊乱。因此,有必要通过权利在对人们的自由进行保护的同时对其进行限定。由于人们的权利都是有限的,任何人的权利行使都不得侵犯他人的权利,那么权利本身内在地意味着对他人的自由的尊重。这样,任何人都要以尊重他人的权利和自由作为实现自己的权利和自由的前提。这一前提也是个人自由的责任和限度。事实上,如果一个社会可以任由个人的自由没有责任和界限地无限延伸,那么自由的实现过程就必然导致一个人的自由任意侵犯另一个人的自由。在社会生活中,任何个体的自由都有排他性,其自由范围都有无限延伸的倾向。不加任何限制的个人自由最终会使人们都不自由。所以从社会整体的角度来看,有限制才会有自由,无限制则无自由。

从个人与社会的关系分析,个体的自由必须服从社会整体的自由和利益。个人是社会的基础,社会是个人生存和发展的条件,没有社会,个体自由就不能实现。因此，自由个体应当利用自由发展的条件努力提升自己的素质；同时个体也应当在社会需要之时，主动献身集体的利益，只有这样社会秩序才能维持。

一种个人主义自由观认为，自由是可以没有限制地，它可以不受社会秩序的制约。他们认为，社会秩序是个人自由的障碍。这种观点是错误的。实际上，没有社会秩序，人们就不可能生存和发展，更不可能有自由。“只有糟糕的社会秩序才是和自由对立的。自由只有通过社会秩序或在社会秩序中才能存在，而且只有当社会秩序得到健康的发展，自由才可能成长。只有在构造较为全面和较为复杂的社会秩序中，较高层次的自由才有可能实现，因为没有别的途径为众多的人提供有利于自己和谐发展的机会。”① 自由和社会秩序不是截然对立的，而是相互制约、不可分离的。

一是社会秩序对自由表现为一种制约或约束的力量。任何国家和社会都不会允许有绝对的自由存在。因为，绝对的自由观必然导致个人意志的任意妄为，必然损害国家和社会的整体利益，必将导致混乱的失序状态。因此，为了国家和社会的整体利益，国家必须进行社会控制，建立维护社会生存和发展所必需的社会秩序。许多思想家都坚持这种观点，其哲学根据就在于人的本性。休谟提出要把人假设为“无赖”的观点，就比较好地说明了社会存在和发展为什么需要强制力的原因。无政府主义实际上是异想天开。任何自由都是有秩序的自由，自由只有通过社会秩序或在社会秩序中才能存在，而且只有通过社会秩序才能得到健康发展。对于个人而言，他们对于超越个人利益之上的社会秩序的尊重，既是秩序的基础，也是自由的前提。

二是自由对社会秩序具有反作用。社会秩序完全限制了个人的自由，自由便不存在；而没有自由，社会秩序便只是一种单纯的控制力量，是一种纯粹的束缚性存在。一个合理并运转良好的社会，必定是一个在充分满足社会成员自主自由发展需要的同时又能保持社会秩序的社会。就社会发展的本质讲，社会的进步离不开人们的主观能动性，而没有自由的能动性是根本不存在的。社会秩序和自由的价值在社会发展的基础上实现了统一。

---

① ［美］库利著．人类本性与社会秩序．包凡一，等译．华夏出版社，1989：278.

值得注意的是，在社会转型时期一些人错误地理解了个人自由与社会秩序之间的辩证关系，过分地、绝对地强调了自由而淡化了社会秩序的作用，使一些人行为失范而导致社会失序。福山曾举例说明美国在由工业社会向信息社会转型的进程中，过分地强调超越限制的行为。1996年亚特兰大奥运会期间，电视上做了大量的广告。例如，沿着高楼大厦的侧面跑上楼去，从悬崖峭壁上纵身跳入万丈峡谷，从一幢楼的顶部跳到另一幢楼的顶部，等等。此类广告均围绕着“没有局限”这一主题在荧光屏上闪现出来。福山认为，这些电视广告的制作者有意识或无意识地确立了一个十分有力的主题：将个人从不必要的、令人窒息的社会束缚中解放出来。福山批评认为，这种不受约束的个人主义文化存在着严重的问题。在这种文化里，从某种意义上说，违反规则就成了唯一保留下来的规则。事实上他们不知道：道德价值观念和社会准则并非只是对个人选择的专横约束，而是任何一种合作企业的先决条件。福山认为，个人主义的第二个缺陷是以丧失团体而告终。因为真正的团体是由其成员共有的价值观、规范和经历结合而成的。这种共同的价值观结合得越紧密牢固，团体感就越发强烈。然而，个人自由与团体之间的平衡对于许多人来说似乎是不明显的，也是不必要的。人们不断地要超脱团体的束缚，寻求个人的自由，最终团体就必然解体。“没有局限”的追求在现实中必然导致社会的混乱。人们总想打破那些不公正、不公平、不相关或者过时的规则，并试图使个人的自由扩大到最大限度。但我们也不断需要新的规则，以容许出现新形式的合作尝试，并使人们感到在团体中是相互联系的。这些新规则总需要对个人自由进行限制。一个社会若以扩大个人选择自由的名义持续不断地推翻社会规范和准则，将会发现其自身会变得越来越混乱、分裂和孤立，而且无力完成共同的任务，实现共同的目标。福山认为，一个社会如果不想对其技术革新施加“任何限制”，也会发现许多形式的个人行为是“没有局限”的，其结果会使犯罪等现象增加，使公民不会参与公众生活，社会资本受损，社会失序。①

---

① ［美］福山．大分裂——人类本性与社会秩序的重建．刘榜离，等译．中国社会科学出版社，2002：12、14、15、17.

下面我们再从另一个角度分析一下个人自由与社会秩序的关系。这就要求社会秩序必须不断地开放自身的系统才能为个人的自由提供空间。单纯强调社会秩序对个人的控制作用是片面的。

传统社会的社会秩序是封闭性的社会秩序。在传统社会的社会结构上，实行的是等级秩序。在等级秩序中，等级之间界限森严，而且等级身份世代相承，等级差别构成一套金字塔式的结构。这种封闭性等级秩序是为了维护统治阶级的统治秩序，受到法律的保护，因而是不可侵犯的。一些思想家还从各个不同的角度为其进行辩护和论证。柏拉图的“哲学王”等思想的实质就是为当时的统治者服务的。封闭性社会秩序的特点是承认人们的社会地位是与生俱来的，否认人们命运的可变性，认为血缘关系决定社会关系。

封闭性的社会秩序不仅限制了人的自由，而且阻碍了社会的发展进步。社会的发展必然为开放性的社会秩序所代替。在开放性社会秩序中才能是最为重要的因素，同时天赋的社会地位被竞争所取代。这种变化对个人的影响非常大。在封闭性的社会秩序中，由于人们不能有效地改变因出身关系而带来的社会地位和社会角色，因此，往往缺少积极进取的欲望和动力，只能被动地听命于命运的安排。而在开放性的社会秩序中，社会成员在竞争的环境下，可以积极地为自身的命运而努力奋斗。这种变化也最终推动社会的进步。

我国在社会转型之前，在社会结构方面带有明显的封闭性特征。干部、工人、农民等几个主要的社会阶层界限森严，限制相互之间的流动。在社会转型之后，这种情况发生了巨大的变化。甚至公务员系统也向社会开放。公务员的选拔不是基于出身、门第或者其他社会背景，而是要视其是否具备履行某种职责的基本能力和基本素质。

从个人自由与社会秩序之间的关系中，我们可以体会到社会秩序的历史性和个人选择的相对性。个人选择的这种相对性主要体现在这样几个方面：

第一，个人选择从根本上说要由社会经济基础决定。个人的选择权体现了自由权，它“永远不能超出社会的经济结构，以及由经济结构所制约的社会的文化发展”[①]。在社会转型以前，实行计划经济阶段，政府表现为全能

① 马克思恩格斯选集（第3卷）. 人民出版社，1995：305.

政府，政府的职能包罗一切，社会各领域在国家政治权力的主导和制约下趋向一致。不仅社会成员的根本利益要由国家来代表和体现，而且其他的利益也要由国家和政府来决定和安排。在这种经济结构和管理模式下，无论是经济组织还是作为社会成员的个体的选择权利都受到了极大的限制。而实行社会主义市场经济之后，国家的职能发生了重大的变化，对于各类经济组织的生产经营不再事无巨细地进行控制和管理，而是使其按照市场经济规律和市场规则来自己选择和自我决定。无疑在市场经济条件下，各社会组织和个人的选择权利得到了空前的发展。

第二，个人的选择权利还受到作为社会秩序精神基础的社会文化的影响。一定的社会文化，总要由一定的经济基础来决定。在依附型的社会中，个体由于依附型身份，以及分散、封闭性的劳作方式和落后的生产力水平，不可能形成个体自主独立发展的文化。它所带来的恰恰是源于依附地位的依赖心理，宁愿放弃自己的主观努力和个人追求，而将自己的安全、利益和幸福等诉求于国家，或者寄托于某种神圣的东西。这种依赖性使心理文化一旦在社会泛化并形成传统，就更加制约着社会个体自主自立意识和能力的形成与发展。

第三，个人的选择还受到基于一定社会结构的政治系统的影响。个人的自由选择本质上是个体自主性的一种表现。个人的自主性与国家权力密切相关，因为个人权利与国家权力呈现出一种此消彼长的关系。如果国家权力覆盖整个社会的一切领域，那么，在整个社会就不可能存在除国家权力之外的社会个体自身的相对权利。只有在社会确认人们的个人利益与国家利益的一部分相一致，同时又有别于国家利益时，才有了个人选择权利存在的现实基础。

中国古代社会具有悠久的国家拜物教传统和全能国家观念，国家对社会而言其至高无上的地位和实力绝对强大，使得国家权力可以随时无限制地侵入和控制社会的任何领域，包括个人生活的一切方面以至于个人生存权利，社会没有一个明确规定的受到保护和尊重而国家不可支配的范围。在这种政治秩序中，社会个体在国家的严格控制和约束下，不可能充分获得和行使自身的自主权利。在传统的计划经济体制下，个人权利相对于国家而言微不足道，个人自主决定自己事物的空间十分有限。由于国家实际上成为整个社会经济生活和社会生活的计划者和控制者，因此，法律不可能在保护国家利益的同时保护个体自身的自主利益。只有随着市场经济的建立和市民社会的形成，国家和社会之间的界限明显凸显之后，国家和社会个体的利益分野才可能由法律所确认和保护，真正的个体选择才有可能实现。

社会主义社会秩序的特点是在社会成员个体自主化基础上的社会秩序，这就要求在考虑社会秩序的建立时首先要考虑的是大众行为的标准化。标准化反映的是人们行为的统一性，这是社会存在和发展的条件。人们越是对统一化的行为规范表现出尊重和服从的自觉性，那么，社会秩序也就越稳定；相反，社会上人们的行为背离标准化的行为模式，大量地、急剧地开始向多样化转变，则标志着一定的社会转型将要发生。社会成员行为标准化和多样化的统一是社会主义社会秩序追求的目标。在社会秩序面前我们过多地强调社会成员行为的统一性，社会转型时期一些人强调社会成员行为的多样性。这都有片面性。在计划经济时期，在经济上追求单一的公有制形式；在政治上实行高度统一的集权模式；在思想观念和思维方式上要求绝对的一致；在人们的行为上要求整齐划一。虽然社会秩序稳定，但社会却缺少生机活力，甚至死气沉沉。这与社会主义的本质背道而驰。社会主义社会秩序内在地包含着统一性与多样性的一致。而且以二者的健康发展为前提。没有统一性的社会秩序不可能存在，没有多样性的社会秩序没有活力。从哲学的角度讲，多样性与统一性背后是特殊性和普遍性的关系。我们要反对片面地夸大这两者的任何一个方面。特别是不能把人的行为的标准化与物的标准化等同。物的标准化有利于管理形成秩序，而人的行为的标准化尽管也便于管理，但是却以压抑人的个性为代价。

由于人们自身所追求的利益不同，所经受的教育和成长的过程不同，实际上人们的行为很难达到完全一致。如果社会的统治者试图采用极端的手段强行统一人们的行为，就必然使社会失去活力，阻碍社会的发展。实际上，人们的行为绝对化会丧失任何自我发展的条件和机遇，就永远是一个非历史性的主体。因此，只要人们的行为不触犯一个国家的宪法所确立的立国精神和法律规则，不违背社会基本体系的行为规范，不对既有的社会秩序产生实际的损害，就应当允许其存在。允许社会成员在一定程度上突破普遍原则，给例外行为留有余地，容纳新颖的生活和创造的模式，允许在一定程度上对标准化行为模式的背离，使社会免除万马齐喑的状况，这是产生无限生机和活力的前提，也是对社会产生无限推进力的动力因素之一。社会主义社会深刻地寄托着人类社会发展的希望，社会秩序就应当朝着这个方向努力。把社会主义社会引向一个寻求普遍的、统一的行为模式，而又不被这种模式封闭起来的世界。这一目标的实现，给社会主义社会秩序的建立者带来了艰巨的任务。因为，就如马基雅维利所说的那样，在这个世界上没有比建立一个新秩序更艰难的了。实现社会成员行为的多样化，激活他们内在的潜力和活力并将其纳入正常的轨道，以至于使其不会对社会秩序产生潜在的或者现实的威胁，要比单纯地维持秩序困难得多。

所以，在社会转型时期，作为执政者对此应高度重视，不遗余力地做好这一工作。不能一味坚持旧的做法，追求所谓的统一性而不注意多样性。在坚持大众行为标准化的同时实现个体行为的多样性，反映着社会个体自主权利的获得，顺应了现代社会成员自主意识和能力发展的趋势。另外，个体行为的多样化，必将造成社会关系的丰富化，并促使社会在更高的层次上实现人们行为的新的标准化。

社会秩序为个体行为的多样化提供应有的环境，这仅仅是问题的一个方面。另一方面，个体行为的自律是社会秩序建立的基础。个体行为的多样性必须由个体行为的自决来决定。任何人如果滥用自决权利而忽视自律，由此而造成的结果必然由个人负责：或是受到法律的惩罚，或是遭到舆论的谴责。对此，国内学者陈晏清曾指出：“个体自主性的内涵首先是自决，即自己决定自己该如何行事。其次，随着自决而来的就是自我负责，即自己对自己所做的选择及其后果负责。再次，个体自主性还包含自制的内涵……社会总是要在一种有秩序的状态中才能运行，这一秩序不是从外部或上面强加给社会，就是社会成员自我管理的结果。因此，要摆脱传统社会的外部强制性，就只有通过显示出社会成员有能力自我管理才可达到。”[①] 社会成员的自决实际

① 陈晏清．当代中国社会哲学．天津人民出版社，1990：526.

上就是自律或自制的理想状态，其实质就是将外在的约束转化成内在的约束。社会成员如果能够充分地自律和自制，那么社会控制的成本就会降低，社会秩序就会真正形成。

亚里士多德在阐述个人与国家、集体的关系时，与柏拉图有很大的不同。柏拉图特别强调国家、集体的利益，而忽视个人的利益。亚里士多德则看重个人的利益。实际上，任何一个社会要实现稳定的社会秩序都必须处理好个人利益与国家、集体利益之间的关系，使二者保持应有的平衡。一方面必须要保证国家、集体的利益，另一方面又要使个人的利益得到满足和基本满足。其实二者的关系是相互依赖、不可或缺的，离开任何一方面，社会秩序都不可能持久稳定。在社会转型之前，由于计划经济的影响，往往比较多地强调国家集体的利益，而忽视了个人的利益。社会转型时期有一种观点往往过分地夸大了个人的利益而忽视了国家、集体的利益。其实这种观点也不是新观点。这种观点在具体实际中是有损社会秩序的稳定的，在理论上也站不住脚。社会越发展，事实上越重视个人的发展，越重视个人的利益满足，所以说，应如何保持二者的平衡才是实现社会秩序的关键。

总之，社会主义社会所需要和培养的既不是个人主义意义上的自由人，也不是传统社会中的只重视秩序不顾个人利益的秩序人。

二、个人秩序感的养成与意义——公民意识的培养是建构社会主义社会秩序的精神根基

社会个人秩序感的养成不仅强调在社会秩序中社会个体是完全的采纳者，同时还强调个人是社会秩序的创造者。然而，在传统社会，这种创造性由于社会个体的身份与社会地位的影响而受到挫伤。作为传统社会秩序构成的社会个体，有各种各样的身份名称，如臣民、“刁民”、“草民”、农民、市民等。这些名称往往体现的是社会统治者对社会个体的歧视态度，也在一定程度上说明了社会个体在社会秩序中的作用。随着社会的发展，特别是在社会主义社会，社会个体的地位发生了根本性的变化，社会个体的自由得到了前所未有的提高，个体的利益得到了充分的尊重，个体的身份也与以往完

全不同。为了提高社会个体对社会秩序的创造性，以公民身份出现在社会中的社会个体是时代发展的必然要求。在仔细分析社会转型时期的社会失序问题时可以发现，由于公民意识的弱化而导致的普遍秩序感的缺失是导致社会失序现象十分重要的原因之一。而从本质上讲，社会主义公民意识的优越性，决定其能够为伦理秩序和法治秩序提供最有力的根本性的内在支撑，进而为社会主义社会秩序奠定了不可缺少的坚实基础。因此，要克服社会失序现象，就要培养公民意识并推进其意识形态化，使社会个人逐步养成与时代发展相符合的秩序感，进而建立适应中国特色社会主义现代化的社会秩序。

（一）公民意识与公民身份

“公民”的含义并不复杂，它是指称一个人在公共生活中的角色归属。正如古斯特纳所说，“公民”概念是对这样一个问题的回答，即在公共领域中涉及的“我是谁”“我应该做什么”。因此公民的现实性就是公民身份。公民是他的称谓，公民身份才是他的本质。有了公民身份的公民才是完全的、真正意义上的公民。在西方文献中，公民与公民身份是等同的。“公民身份是个人在一民族国家中，在特定平等水平上，具有一定普遍性权利与义务的被动及主动的成员身份。”[①] 公民身份是成为公民并承担相应责任和拥有权利的条件，它表达的是一种公共认同，包括两个方面的内容：一方面，它承认由设立了权威的公民们所组成的公共权威；另一方面，它指明了占有公民身份而具有的地位。公民是一个政治共同体中完全并且平等的成员。具有公民身份就意味着与其他公民一道认可公共职位，并有能力使用权利和由公共职位所引申的便利。公民身份既有权利，也有相应的义务和责任。

关于公民身份的理论，西方历史上有自由主义模式和共和主义模式之说。自由主义模式以洛克为代表，强调公民权利，尤其是政治权利，将其视为公民身份最核心的内容，保护个人免受专制迫害，反对对私生活的干预。共和主义模式以亚里士多德为代表，认为公民身份是与国家密切相关的。认为公民就是这样一个人，他或者作出决定，或者服从决定。公民必须融入政

① ［美］托马斯·雅诺斯基．公民与文明社会．柯雄译．辽宁教育出版社，2000.

治共同体中，只有在共同传统的网络和已知的政治组织中，公民才能发挥自己的特性。公民身份还意味着与其他人共同分担责任、共享社会生活的某些益处。

从政治的视角分析，具有普遍主义性质的公民，是现代民主宪政的产物。但从更深层面讲，把人变成公民，则是由臣民文化、市民文化走向公民文化这一伟大进程的必然表现，是市民社会与政治国家二元进程中政治解放和人的解放的必然结果。因此，公民意识是指对公民角色及其价值追求的自觉反映。它必然产生对公民与国家、个人与社会、社会与权利及普遍利益与特殊利益的价值判断和理性认知，以及对国家制度和社会制度的理想化追求，因此，公民意识就具有合理性意识、合法性意识和积极守法精神与公共精神的三元内在构成。[①]合理性意识以其对制度合理性、正当性的价值判断和确认，提供了一种理想的价值参照和依据；合法性意识则把它适用于现实制度并与之相吻合，从而使制度的有效性、权威性获得肯定和认同；由此产生内在自觉的积极守法精神和公共精神，并进而形成普遍有效的社会秩序，从而构筑了社会成员对国家制度和法律制度正当性、合理性进行评判与选择的价值原则和基准。

人类社会的规则和秩序处于一种能动的自觉、自为状态，并表现为高级复杂的国家制度和法律体系。人类创立了自己特有的规则和秩序，但在这些规则和秩序面前又不是盲目采纳的，任何一种制度和秩序的确立及存续必须建立在社会成员的正当性、合理性价值评判和选择的基础上，如果它违背社会公认的起码的情理和最低限度的价值准则，人们就会像创立它那样再把它毁灭。

（二）社会转型时期秩序感的缺失与社会失序——培养公民意识的必要性

个人的秩序感深刻地植根于一个社会的文化价值体系之中，而后者只有转化为个人的秩序感，并通过社会个人的具体行为体现出来，从而影响社会

① 马长山．公民意识：中国法治进程的内驱力．法学研究，1996（6）．公民文化：精神文明建设的重要内容．学术研究，1993（3）．

秩序的稳定。社会失序并非中国现代化进程中的特有现象，巨大的社会变革和社会转型中的文化冲突、价值震荡，是现代化过程中任何国家都要面临的问题。而在我们社会主义国家，共同的理想、信念和价值追求一直是个优势，但为什么却没能很好地解决现代化进程中的文化价值观转型和重建问题呢？仔细观察和分析二十多年来的改革开放实践就不难发现，这些问题并不是源于适应社会经济发展的根本性价值的缺失，而是由于这些思想价值未能得到有效内化并“合法化”而导致的。社会转型时期我们面临着一个难题，就是如何对改革开放和现代化建设所蕴含的新的价值体系进行及时的、理想的建构和阐释，并内化为全体社会成员自觉的价值选择和行为准则。重建社会秩序的关键在于切实在全社会树立起适应社会经济发展和时代要求的新价值伦理坐标，并使之内化为社会成员自觉的价值尺度和行为准则，从而建立起与社会主义市场经济相耦合的伦理秩序。

近年来，我国由伦理（政治）社会向法治社会的转型的同时，“法律纸面化”现象也日益突出。就是说，在法律法规大量出台的同时，执法司法效果却令人担忧，这使得一些法律、法规仅仅停留于纸面上，并没有在社会生活中生根而真正变成实际的生活规则和社会秩序。导致这种现象的关键是法律没有内化为公民的内在秩序。法律在一定意义上是工具性价值和目的性价值的统一体，它不可能是没有价值蕴涵的纯粹规则，其内在价值只有与一定历史条件下社会成员的基本价值追求相吻合，才能最终获得社会认可而取得普遍效力。因此，历史上剥削阶级总是把自己的利益说成是普遍利益，使其社会制度所蕴含的剥削阶级价值取向得到“认同”和“吻合”，否则，单纯的暴力是不可能长久支撑其社会秩序的。在我国，法律最大限度地反映了人民群众的意志、利益和价值追求，因而克服了资本主义国家法治价值与法治现实的内在矛盾，也就能在全社会产生对法律合理性、合法性的内生性信仰，使法律规则最大限度地转化为现实生活秩序。然而，对中国法治进程的实证分析表明，由于存在着传统伦理与法律价值、权力本位与法治观念、主人意识与现代守法精神的背离现象[①]，使得正在构建的社会主义市场经济法律规

① 马长山．公民意识：中国法治进程的内驱力．法学研究，1996（6）．

范体系的内在精神和时代价值尚未得到很好的认同和内化，法律未有效地成为社会主体自觉通行的生活准则和现实中的“活法”。这恰恰是导致社会失序的一个更具根本性的原因。

一方面，由于社会主义市场经济条件下，公民是国家和社会生活中最基本、最普遍的主体，即“公民”是社会成员的基准性身份和角色，因而，人们必然以公民姿态作为政治、经济和社会文化关系的承载者。这样，伦理价值内化的基础载体就是公民，党和国家确定的精神文明建设的根本性目标和要求也正是“四有”公民的塑造。另一方面，法律制度的轴心是对权利与义务的设定和安排，它所蕴含的价值也是借助法定权利与义务来实现的。而这些权利与义务则主要表现为国家和社会生活中的公民的权利与义务。因此，法律价值内化的基础载体同样是公民。可见，伦理价值和法律价值内化并不是孤立分行的，在根本上都以公民为主体和归宿。因此，其价值内化的根本途径和实现形式，就是公民意识的普遍有效确立。只有切实确立起社会主义公民意识并充分发挥其功能，适应社会主义市场经济发展要求的伦理秩序和法治秩序才能得以有效建立。因为，公民意识是伦理秩序与法治秩序的内在支撑。

（三）公民意识为伦理秩序的建构提供内在支撑

公民意识是社会伦理秩序的内在支撑。具体可以从以下几个方面来理解：

从形式上分析，公民意识使伦理价值能更有效地制度化。伦理秩序固然是一种内在的、自觉的秩序，但仅有以直觉、情感和良知为基础的元伦理是不够的。只有诉诸规范伦理，良好的伦理秩序方能建立，而规范伦理的构建则主要是由伦理价值的制度化来实现的。正如帕森斯所指出的那样，价值系统不会自动地实现，而要“依靠制度化、社会化和社会控制一连串的全部机制”，“价值通过合法与社会系统结构联系的主要参照基点是制度化”[①]。

---

①［美］帕森斯．现代社会的结构与过程．梁向阳译．光明日报出版社，1988：141，144.

公民意识正是这种制度化的一个重要途径。因为，一方面，公民意识使公民把道德信念和价值放到国家与社会、个人与国家的现代社会结构关系中去认识和把握，这就注入了理性的力量和角色认识，并促进了其对社会制度的亲和；这不仅使伦理价值走出权力附庸和习俗秩序的樊篱，也从群体本位道德走向独立的自主道德；不仅把伦理价值从直觉和良心的自在状态提升到原则和规范的自觉状态，也把单纯的个体道德提升为共同体中的社会伦理。另一方面，公民意识又借助合理性意识把伦理价值纳入正当、合理的感知和评判框架中，通过全员合理性认同而赋予其合法性、普遍性和相对确定性，增强其制度化取向及与正式社会制度的耦合。这样的制度化的过程是现代社会秩序建立必不可少的过程。公民在这一过程中，不仅使自身自觉地融入社会秩序之中，而且，也固化了社会秩序本身。其自觉地遵守社会秩序的行动也为社会秩序的持久做了精神上的准备；其与社会制度的耦合使社会制度的公正性得到了内在的认同，必然要催化成自觉地遵守社会规范的行动。这正是社会秩序建构的最深厚的基础，也是防止西方社会普遍存在的社会意识淡薄的一个关键因素。

从实质上分析，公民意识有力地推动着社会主体的内在道德品格的培养。伦理秩序是一种以内心信念、社会舆论和宣传教育等软手段来维系的自律性秩序。因此，相对于外在的道德原则和伦理规范，人的内在道德能力和品质更具实质意义，它是伦理秩序的重要前提和基础。现代伦理秩序离开人的道德品格也是难以立足的，而这种品格的培养和塑造则仰赖于公民意识。公民意识作为社会成员在国家生活和社会生活中最基本的理性角色认知，是人的“第一天性”与“第二天性”的结合，而突出“第二天性”，其合理性价值取向，也是国家和社会生活中道德关系对公民内在人格和社会品格角色的塑造，使人既是共同体中政治的、法律的和社会经济的存在，也是文化的、道德的存在，并以理性道德价值追求和道德角色意识，来关照自身、联结社会，以及对伦理道德原则规范的合理性、合法性认同，从而克服“道德无政府”和“道德共同体”的不良倾向。

公民意识还可以强化社会个体的耻感意识。耻感是社会个体的一种自觉意识。它在社会秩序中的作用十分突出，社会个体的耻感事实上构成了社会秩序的精神根基。耻感意识是指出于自律而对过错所产生的一种耻辱感。耻感是以一种自觉意识并从内心赞同为合理的价值规范存在为前提，在一般意义上产生于针对自己所做，或与自己相关行为事件的自我否定性评价。如果说守法精神更多地表达的是对外在法则的尊重，那么耻感意识则表达的是对内在法则的敬重；如果说守法精神是一个民族德行精神中的肯定性美德，那么，耻感意识则是一个民族德行精神中的否定性美德，即通过自我否定精神而体现出的一种内在美德。很难想象一个耻感意识淡薄的民族会有一个持久、稳定的社会秩序。

耻感的实质是表明主体反思能力的存在，是良知、责任、义务感的特殊存在方式。耻感产生于一个人的自我批判，体现了社会主体对待社会秩序的态度和自觉调控。它至少表明一个人具有一定的自我批判能力，拥有一定的善的价值观念与行为规范标准，至少揭示一个人具有起码的个人良知与社会良知，自觉负有一定的社会责任与个人责任，至少象征着一个人走向纯粹、完满的可能。因此，耻感存在本身就是社会的希望。也是社会秩序建立和存在的基础。社会制度体制只能形成普遍的行为层面的规范化，只能是一种他律之现象性存在。只有当这种社会制度机制，通过人们社会生活中的主体间反复交互作用的过程，逐渐变成一种内心自觉，人们的行为才能由他律变成自律。孔子所说的“道之以政，齐之以刑，民免而无耻；道之以德，齐之以礼，有耻且格”[①]，这里除去夸大道德的作用外，其思想至今仍有重要意义，孔子要建立的就是一种有耻无违的社会生活秩序状况。有耻无违，是法规与德规、他律与自律的现实统一。在一个多元民主的公正社会中，既应无违法治，又应有耻自律。一个社会的持久生动、健康有序，正存在于这种有耻无违之中。

社会的进步和发展并不会使耻感本身衰弱与消失；相反，会得到加强与深化。社会的发展会对社会主体的耻感提出不同的要求，也会为耻感的存在做包括舆论在内的准备，以使耻感不致失落。耻感的失落即为无耻，这对于一个社会的存在和发展来说是非常可怕的。从深层次讲，它不仅表明一个社

---

① 论语·为政.

会或一个人反思能力的失落，处于麻木不仁的境地，而且表明其道德自律与道德良知的失落，此时没有什么是非善恶可言，什么事都可登堂入室。在这种情况下，社会就会出现严重的失序。一个民族既没有深厚的宗教历史资源，又没有深厚的法治历史资源；既没有处于宗教感的自律精神，又没有处于守法意识的他律精神，当这个民族处于社会转型时期，由于既有价值规范权威的动荡，由于既有精神依托的迷茫，由于既有耻感标准的阙如，由于享受到前所未有的个人自由，由于既有法治不健全与不力，会产生由于迷茫无所适从、自以为是而滋生出的耻感失落现象。后发国家在现代化过程中应当高度警惕出现耻感失落而滋生的无耻群体、无赖现象。防止其对现代化的破坏。公民意识包含丰富的精神内容，它的确立从根本上对于耻感失落有抵御的作用。

（四）公民意识的核心价值——为法制现代化提供支撑

公民意识的价值不仅表现在上述为伦理秩序提供内在支持，更重要、更现实的是为依法治国和法制现代化提供支持，这是它的核心价值。我们从三个方面分析说明：

首先，分析一下公民意识对法治的作用。在本质属性上，法治理念以公民意识为依托。法治理念是民主法治精神的高度凝结，而民主与法治之所以成为人类生活方式的理想追求，就在于它把商品经济孕育的理性自由的主体精神，以制度形态再现出来，在于它把人由国家制度、法律制度的客体和对象上升为主体，即“在君主制中是国家制度的人民；在民主制中则是人民的国家制度”，“不是人为法律而存在，而是法律为人而存在；在这里人的存在就是法律”[①]。因此，理性自由的主体精神就成为法治理念的生命根基，而这一主体精神恰是公民意识的本质规定性，并通过自由、平等和人权为中心的正义价值关怀表现出来。因此，法治理念必然以公民意识为依托。

在社会基础上，法治理念依托于公民共同体。由于商品经济的自由平等精神彻底瓦解了封建社会的特权等级秩序，就使社会成员在政治、经济及社会生活中享有平等的地位和自由权利，形成享有主权要求的公民共同体，进

① 马克思恩格斯全集（第1卷）. 人民出版社，1972：281.

而构成了现代民主与法治的重要社会基础，为法治理念的形成和发展提供了土壤和寓所。因此，自由平等和权利等法治理念必然反映着公民共同体的利益要求和正义价值取向，而公民共同体价值追求就表现为公民意识的普遍确立。可见，法治理念实质是公民意识价值追求的集中反映。

在价值追求上，法治理念源于公民意识的正义关怀。现代法治理念的轴心是自由、平等和权利，而它们又都是正义的必然要求。法治理想的这种价值追求，源于公民意识不懈的正义价值关怀。它是公民意识的有机组成部分和重要表现。这就使得公民意识对法治进程产生了重大影响。

其次，我们从法制现代化对社会主体的要求的角度进一步分析公民意识的重要作用。当代中国法制正处于从传统人治型法律价值—规范体系向现代法治型法律价值—规范体系的历史转型时期。这一转变的实质乃是法制现代化的过程。法制现代化是一个整体性概念，是一个十分庞大而又极为复杂的社会系统工程，它包蕴着各种社会法律价值观念与法律制度变革的模式重建。其中，法律精神和法治观念的现代化是社会法律文化系统现代化的实质、关键和核心。而法律精神的现代化主要涉及法律生活的主体，即人，它是人对法律的基本观念、看法、信仰和态度符合现代文明发展要求的转变过程。因此，法制现代化首先是人的法律意识的现代化，是作为现代社会主体的广大公民现代法律意识的建构、塑造和完善。法律意识的现代化集中体现在公民意识的确立上。

我国法制现代化是在较浓厚的伦理社会传统背景下进行的，这就更需要充分发挥公民意识的特有功能。从更深层次上说，建立法治国家仅有法律规范体系的完善是不够的，更重要的是法律规范内在价值的转型和时代精神的确立，而这一过程没有公民意识的功能作用是难以实现的。只有全民自觉参与，才能确保良法的永恒性，才能树立起法律在国家和社会中的至上权威，法治才能化为现实。因此，重塑公民意识，充分发挥公民意识功能是法治进程中的关键环节。所以要提高公民素质，确立符合时代要求的公民意识。法治进程离不开公民意识功能的驱动，但这种功能受公民素质的限制。因此，提高公民素质，使全体社会成员正确认识个人与社会、社会与国家的辩证关系，确立理性的价值追求和选择，则是公民意识功能得以充分发挥的必要前提。特别是我国历史上具有绵长的小农经济和封建传统，民主与法治精神先天不足，且受“左”的思想影响，主人意识和政治意识重于公民意识和法律意识，有时带有宗教伦理色彩，加之国民教育程度较低，因此公民素质的提高尤为重要。还要推动民主政治改革，建立公民意识功能的实现机制。法治是以民主为基础的，而公民意识的普遍确立及其功能的充分发挥，同样只能根植于民主土壤之中。因此，要发挥公民意识在法治进程中的积极作用，必须把公民意识纳入民主机制框架中，使公民意识的功能传递着民主的功能，实现民主与法治的整合和动态发展。

从法治的结构形式来看，公民意识是法律制度规范走向现实法治秩序的重要桥梁。法治是民主的伴生物，法治秩序也必然归依于民主精神的底蕴。换句话说，现代法治只有建立在制度价值与社会成员共同价值追求相吻合的基础上，才能获得稳固持久的效力。基于南美一些国家的实例，有的西方学者大呼“法律要合法化并得到个人的支持，就必须使发布和应用法律的机构建立在团体基本的价值观上”①。魏因贝格尔也认为，一项规范存在的首要考虑因素就是公民意识，即主体对规范体系的接受，并把规范中“应当是这样”运用到他们自己的意志中或至少用它的要求来塑造自己的行为。②这表明，公民意识是法律制度规范走向现实法治秩序的重要桥梁。

从法治的内在构成来看，公民意识为法治秩序奠定内在性、普遍性和稳定性的基础。在西方法律思想史上，法的“应然”与“实然”滥觞于古希腊罗马时期，只有到了资本主义社会，“应然”法才从天国降到人间，并交付给“人民主权”和公民共同体，上帝理性也在理论上让位于公民普遍共享的自由、平等、正义和人权等价值。然而，由于资本主义性质决定其法律制度在根本上只能突出体现资产阶级意志和利益，“应然”与“实然”、法律的普遍性质与内在价值局限性的矛盾，使其法治秩序充满张力。于是，有人提出“把握法律理想与法律现实之间的距离”是“法律合法性的关键”，甚至

① ［法］马克·思古德．什么是政治的合法性？．王雪梅译．外国法译评，1997（2）．

② ［英］麦考密克，［奥］魏因贝格尔．制度法论．周叶谦译．中国政法大学出版社，1994：107.

一些学者极端地认为，“制度的相对稳定性，可能取决于全体公民中相当大的一部分人对制度的冷漠与无知”[①]。这种消极的调和乃至愚民政策的看法显然是不能解决问题的。

马克思并不反对法的“应然”与“实然”，而要求立法必须以客观事实和发展规律为基础和依据，遵循合理处理利益与伦理关系的原则[②]，使“法”恰当充分地表现为“法律”，并在根本上成为人民意志的自觉表现，也即“它应该同人民的意志一起产生并由人民的意志所创立”[③]。只有这样，才能克服“应然”法与“实然”法的分裂和对立，把二者统一于人民群众的整体利益和根本要求之中，法律才真正建立在全体社会成员共同的合理性、合法性价值追求基础上，并成为人民的自我规定和自觉的理性规则，因而公民意识能极大地促进着“应然”法与“实然”法的互动耦合。在建立社会主义法治国家条件下，优良的公民意识更能充分有效地发挥这一功能，并使法治理念、法律制度最大限度地转化为人们生活中的信念和“活法”，从而建立起普遍有效的法治秩序。

最后，从更深远的角度来看，公民意识为法治秩序提供了必不可少的信仰基础。在公民意识价值追求中注入法律规范，变成法律制度的价值选择的同时，这种被制度化、法律化的价值又反过来辐射全体社会成员，通过全员认同并内化为其自觉的行为准则，获得合法性信仰的稳固支撑。

如果说前者的价值制度化过程是从公民共同体出发的整体进行把握的话，那么，后者则是对公民个体的理性塑造，其核心是积极守法精神。无疑，现代法治之所以呈现出一种内在自觉、普遍有效的理性秩序，除了法律制度内在价值与公民意识的合理性、合法性要求相吻合这一因素外，另一重要因素就是它离不开公民积极守法精神的支撑。通过对法律价值的认同和内化，使法律规范由外在规则变为内在价值准则，并把个体价值追求纳入已制度化

---

① ［英］罗杰·科特威尔．法律社会学导论．潘大松，等译．华夏出版社，1989：199 ～ 200.

② 李步云．法的应然与实然．法学研究，1997（5）.

③ 马克思恩格斯全集（第 40 卷）．人民出版社，1979：184.

的共同价值框架中予以整合，把法律视为共同体得以存在和维系、个体获得安全和保障及处理公民间相互关系的根本尺度和规则，进而形成尊崇、信赖、依靠、服从法律的积极守法行动。哈特就强调，“如果一个规则体系要用暴力强加于什么人，那就必须有足够的成员自愿接受它；没有他们的自愿合作，这种创制的权威，法律和政府的强制权力就不能建立起来”①。川岛武宣的分析也表明，“法不是只靠国家来加以维持的，没有使法成为法的作为法主体的个人的法秩序维持活动，这是不可能的”②。强调公民意识的培养从某种意义上说就是培养一种守法精神，它是社会秩序的精神根基。

建设一个中国特色社会主义现代化的民主良序社会，社会应当首先确立的最基本美德精神当然离不开主体精神与自由精神，然而，这种主体精神与自由精神又必须同时伴随着守法精神。没有守法精神，主体精神与自由精神本身也会被扭曲。守法作为民族精神和公民精神，包含着行为规范及自律意识的培养。这是由中国历史传统的特殊性决定的。社会主义社会个人的秩序感的实质就是这些精神的结合。

现代化的过程是一个由身份到契约的过程，在这个过程中每一个个体都获得了独立自主的平等地位，并且作为一个现实利益主体活动者，没有主体的独立与主体的存在，就没有市场经济和现代化社会。事实上，市场经济已经在某种意义上使中国人的个人主体意识在极短的时间内得到极大的觉醒与张扬，人们甚至以一种不情愿的方式感受到个人是自由的。我们正面临的最重要的任务是如何使这种觉醒的主体意识的个人自由精神，发扬其积极面，防止其消极面；如何使个体在一种理性精神指导之下建立起合理的社会关系，由个体主体意识向社会主体意识升华。然而，市场经济建立实行以来，暴露出许多问题。各自为政、号令不畅、腐败盛行、犯罪增多，社会失序已经成为人们极为关注的普遍现象。造成上述现象的原因是多方面的，但主要是由于诸多个体在利益意识普遍觉醒的同时缺乏守法精神所致。虽然各种适应新的社会生活方式与交往方式的法律、法规被空前制定，然而，它们对社

① ［英］哈特．法律的概念．张文显，等译．中国大百科全书出版社，1996：196.

② ［日］川岛武宣．现代化与法．王志安，等译．中国政法大学出版社，1996：19.

会的规范、约束力却非常不尽如人意。如果现有的法律、法规都能够较好地发挥作用的话，社会生活秩序的现状就会大为改观。反观资本主义社会，虽然个人权利至上、价值相对主义和实力取向从根本上瓦解着资本主义，但是在社会宏观层面上资本主义在其发展过程中仍表现出秩序性，这不能不在一定程度上归功于西方民族历史悠久的法治传统与守法精神。而我国由于历史的特殊性，总体上缺少这种守法精神，所以，在市场经济建设中孕育出的个人权利意识、功利取向一旦成为一种社会精神，其在给社会带来活力的同时，消极作用也很大。

在我国现阶段，不能停留在空泛地谈论主体意识与自由精神层面，而必须使之具体化，必须以守法精神为规定。先发民族与后发民族在现代化过程中有一个明显的不同，这就是先发民族以守法精神作为一个事实前提存在，作为一种既得的民族财富拥有，后发民族则必须以建立这样一种民族精神为前提。这正是在研究社会转型和社会失序问题时，必须引起注意的东西方民族间存在的重要差别之一。西方民族在其文化传统与历史传统中，有着悠久的守法自律精神传统。正是在这种传统中我们看到了一种社会秩序的精神根基。社会的既有秩序在这种精神中也会被改变。而在我国却缺少这种法治精神。虽然我们也有社会秩序，但却是靠“以经注法”“父为子隐”等一整套传统伦理精神来维持。由于缺少现代意义的守法意识，因此在我国现代社会中，法律人情化和纸面化就不足为奇了。

缺少守法精神所破坏的不仅是法律，而且是所有的法和制度体系。试想，连法律都不放在眼里的社会公民，还有什么能约束其行为呢？在现代社会，守法精神表达的是对社会正义制度的道义认可与信任，对社会公共利益、行为规范的尊重，表达的是一种自制、自律精神，表达的是对自己、对这个基本制度及其宪法法制所作的承诺坚定不移地履行的态度。而在这种对社会公共利益、行为规范的尊重中，又表达出公民对自身自由权利与责任的深切理解，表现出公民的一种理性自律精神。道德上的自律、道义上的社会责任，在社会公共生活中，都可以通过守法精神集中体现于外。如果没有守法精神，那么就意味着自己在毁灭所赖以保障自由权利的制度。守法是现代人最基本的美德。守法精神是后发民族克服现代化过程中无序失范的最有效也最经济的精神法宝。

由此可见，公民意识与守法精神是内在统一的。这种现代化法律意识在法制现代化进程中，在实现依法治国、建设社会主义法治国家的过程中扮演着十分重要的角色，它构成现代法制的精神内核，为现代法制奠定了坚实的价值基础。塑造了当代中国公民的现代法律意识，对推进中国法律意识现代化的进程和社会主义现代化事业，具有深远的现实意义。

从现代化的角度而论，社会的现代化首先是人的现代化，一个没有实现人的精神气质和人格特质现代化的民族不可能实现社会的现代化。这是因为，那些完善的现代制度，以及伴随而来的指导大纲、管理守则，本身就是一些空白躯壳。如果一个国家的人民缺乏一种能赋予这些制度以真实生命力的广泛的现代心理基础，如果执行和运用着这些现代制度的人，自身还没有从心理、思想、态度和行为方式上都经历一个向现代化的转变，失败和畸形发展的悲剧是不可避免的。再完美的现代制度和管理方式，再先进的技术工艺，也会在一群传统人的手中变成一堆废纸。那些先进的现代制度要获得成功，取得预期的效果，必须依赖运用它的人的现代人格、现代品质。无论哪个国家，只有它的人民从心理上、态度上和行为上，都能与各种现代形式的经济发展同步前进，相互配合，这个国家的现代化才能真正得以实现。现代人的精神品性和人格系统是现代社会主义市场经济和民主政治的内在法权关系在社会主体头脑中的反映，是社会主体对现代社会的主观把握方式，它包蕴着多方面的内容，而现代法律意识无疑是其中最为重要的子系统之一，它是社会主体对现代社会法的现象的主观把握，是现代公民对现代法的理性、情感和意志等各种心理因素的有机的综合体。一方面，它在社会主体的现代人格的形成与发展中发挥着十分重要的功能；另一方面，它主要构成现代法制运作和发展的观念基础和价值基石。

（五）公民意识获得充分意识形态性——社会主义市场经济的内在要求

市场经济是市场在资源配置和主体利益实现中发挥基础性功能的社会经济形态。市场经济是以价值规律为其主要法则的价值系统，以经济主体的利益要求为其运行和发展的内在动力。市场交换在商品使用价值和价值实现中的中介作用，使商品市场经济区别于自然经济和计划经济。因之，市场经济全部的特有法律秘密都蕴藏于市场交换过程当中，离开市场交换过程，对法哲学和法社会学进行分析，就无法揭开市场经济法律精神的秘密。同时，市场经济规律的自发运用并不能实现社会关系的全面调整；相反，由于市场经济内在蕴含着自身的破坏力量，往往趋向社会利益的严重失衡，总是伴随着周期性的经济危机和社会震荡，造成社会财富和社会秩序的周期性破坏。因而，它便内在地要求政治国家运用其制度化的组织社会生活、安排社会关系、控制社会主体行为的手段，自觉地对社会经济活动进行有意义的调整。

这就提出一个把公民意识进行意识形态化的问题。任何社会的意识形态都具有很强的阶级性，其核心任务是对其所反映和维护的经济、政治及社会制度提供信仰基础，也就是要进行合理化论证和合法性确认，从而使其阶级统治得以确立和维持。我国是在世界多极化、经济一体化和开放竞争、加速发展的国际环境中发展社会主义市场经济、追赶世界新一轮现代化浪潮的，尤其需要全社会共同的理想和奋斗目标来增强民族的凝聚力、战斗力，需要立足改革开放和社会主义市场经济的伟大实践，排除“左”“右”干扰来构建新时期的意识形态。社会主义国家的意识形态完全反映了人民群众的利益和要求，具有全民性，并服务于社会主义民主政治、市场经济、精神文明和法制建设。因此，公民意识的合理性、合法性价值追求，必然成为这一信仰基础的重要组成部分。只有走出简单的、机械的“姓资姓社”的思想误区，排除“左”“右”干扰，以公民意识为重要内容来构建新时期的意识形态，才能有效地强化中国特色社会主义政治、经济、文化及法律制度在社会成员中的合理性、合法性内化和认同，才能更好地建立起适应市场经济发展和依法治国需要的良好社会秩序，公民意识的功能也才能更有效地发挥出来，从而推进社会主义民主与法治。因此，必须把公民意识摆在新时期意识形态构建的重要位置上。

首先，这是由社会主义意识形态的基本属性决定的。任何社会的意识形态都具有很强的阶级性，其核心任务都是对其所反映和维护的经济、政治及社会制度提供信仰基础，也就是要进行合理化论证和合法性确认，从而使其阶级统治得以确立和维持。在我们社会主义国家，意识形态完全反映了人民群众的利益和要求，具有全民性，并服务于社会主义民主政治、市场经济、精神文明和法制建设。因此，社会主义公民意识的合理性、合法性价值追求，必然成为这一信仰基础的重要组成部分。只有全体公民形成对改革开放、发展市场经济和现代化建设价值取向合理性、合法性的自觉认同，才能在全社会树立起共同的远大理想，坚定高举邓小平理论旗帜和建设中国特色社会主义的信念，形成良好的精神文明风尚和社会秩序，推进市场经济发展。

其次，这是发展社会主义市场经济的客观要求。社会主义市场经济是一种多元利益的竞争经济，同时也是理性规则的法治经济。因此，它要求社会成员普遍以公民资格和身份参与市场竞争和利益分配，这就排除了血缘伦理和等级身份，形成了权利、义务与利益的有机联结。这样，市场经济通行的公平与效率、竞争与合作、自由与平等及公共精神等新型经济伦理，以及体现资源优化配置、权利与义务广泛性、一致性和平等性的各项市场经济规则制度，都需要公民从个人与国家、自我与社会的关系中予以合理性、合法性的内化和认同，进而认清自己在社会中的地位、使命和责任。只有这些价值取向通过公民意识获得了充分的意识形态性，才能为市场经济提供必要的文化价值观念基础。事实表明，造成西方危机的重要原因之一，就是其“经济活动与文化价值的关系若即若离，而这些文化价值是被一直颂扬的而不是体验到的”①。可见，发展社会主义市场经济，就必须把公民意识纳入意识形态并予以强化。

最后，这是建立伦理秩序和法治秩序的必然要求。我们说法治国家必须建立在伦理秩序与法治秩序有机契合的基础上，而伦理秩序和法治秩序离不开公民意识的内在支撑，在这里，“理性价值与道德价值的结合是不可避免的；事实上，它们都是接近合法性的基础，也是对合法权威所作的各种决定默认的基础”②。在我国，正是公民意识对道德规范和法律规范的合理性、合法性内化和认同，才使其更好地化作社会成员自觉的行动准则，并在市场经济中实现自由与责任相协调、权利平等与有效差异相和谐、权利与义务相

① ［法］弗朗索瓦·佩鲁．新发展观．张宁，等译．华夏出版社，1987：161.
② ［法］弗朗索瓦·佩鲁．新发展观．张宁，等译．华夏出版社，1987：175.

一致、效率与公平相统一的主体活动和价值追求，从而为伦理秩序和法治秩序提供更稳固的基础。因此，只有加强公民意识培养，并使之意识形态化而获得主导地位，法治国家的普遍规则秩序方能有效建立，精神文明也才能化为活生生的社会现实。

一些学者反对把公民意识纳入意识形态中来，淡化公民意识的意识形态性。这种观点是一种错误的倾向。公民意识教育作为现代国家意识形态建构的一项重要内容，即使在一些口口声声要淡化意识形态的西方发达国家也十分注重。他们通过政治教育和政治社会化，来加强公民意识的教育和培养。20 世纪 20 年代至 30 年代，美国出版的《公民的形成》丛书就是一例典型。而国际政治社会化与教育研究委员会于 1992 年的圆桌会议上，也把“制度转换中的政治意识和公民教育”列为主题。[①] 目前，许多国家都对公民教育和公民意识培养有了更高的认识。美国通过从儿童教育入手，开展“全国品德周”活动，来强化“民主政治的生机和活力来自新一代有能力和负责任的公民”的理念。法国也在强化以学校教育为依托的“公民约会”活动为主的“志愿役制度”，并通过形式多样的文化社会活动来培养人们的公民意识。也就是说，这些发达国家都自觉地把公民意识的培养列入其意识形态的修补工程，借此来巩固其社会制度，缓解社会矛盾，增进社会秩序的稳定性。虽然他们的公民意识教育、灌输与我国的公民意识培养有很大不同，但其很多做法无疑是值得借鉴的。因此，在加快社会主义市场经济发展、社会转型时期，我们必须把公民意识培养纳入意识形态建设工程，以灵活多样的有效形式，加大培养力度和提高培养效果。通过公民意识的意识形态化，强化中国特色社会主义政治、经济、文化和法律制度合理性、合法性的内化和认同，从而调动人民群众在改革开放中的积极性、参与热情和创造能力，并成为推进中国现代化进程的重要内在力量。

总之，秩序感的最深厚的基础是社会的发展，它的内涵是公民意识。公民意识的实质就是主体精神、自主精神、守法精神相结合的创造过程，这个过程深刻地嵌入社会主义事业发展的整体过程中。

① 宋迎法．西方政治教育和政治社会化研究概述．国外社会科学，1995（7）．

三、社会角色的内在规定性与社会秩序建构

（一）社会转型与角色要求

上述分析表明，公民是一种社会角色，这一角色内在地包含着的秩序感是社会秩序建构的精神根基。社会秩序的稳定依赖社会中每个社会成员都能够按照社会对其所在的社会角色的规定去做。当代我国社会转型时期所面临的最紧迫问题之一就是角色美德的缺失。现实中，一些人不知道自己的社会角色，一些人虽然知道自己的社会角色却不按角色要求去做。社会失序中突出表现的腐败问题就是典型的社会角色缺失。所以柏拉图曾将各司其职作为其理想社会的内容之一。各司其职隐含一个前提：特定的社会秩序及其角色体系的存在，且这个角色体系中的每一个角色的角色要求都是确定的。社会转型意味着原有的社会角色体系已被打破，而人们又要作为角色在社会中生活和活动。所以，就需要通过制度体制为社会成员提供社会角色的规范要求以规范人们的行为。

角色在社会秩序中具有重要的地位和作用，它是社会秩序结构体系中的纽带，是社会秩序中的实体性存在。每个人以其在社会秩序中的具体位置而获得其角色的具体规定性，这就意味着角色要求对于个人来说是先在的，它所表达的是普遍对于特殊的规定与要求，是结构对于要素的要求，是社会对于其成员的要求，它所追求的是社会系统结构的整体功能。对于个人来说，他虽然可以一定程度地选择具体的角色位置，但是却无法选择角色要求。虽然无数个人的能动活动最终可以引起社会结构及其角色规定的变更，但是对某一具体个人而言则无法改变既有社会结构的角色内容规定。这些角色内容规定凝聚了社会规范对个体的各种约束，不仅有法律规则的约束，还有伦理、宗教等社会规范的约束。这种约束具有稳定性，它体现了社会秩序的稳定发展对社会主体必然的要求。所以，虽然角色是社会结构网络中的实体性存在，然而它的存在本身则缘于社会结构网络的功能性规定。角色虽然有一种身份、等级、分工的表达，然而这些身份、等级、分工都不过是为了完成社会作为一个整体所要求的某种特定功能，因而角色虽然是人格化了的，并且以一个个现实活动的个人作为调节对象，但它却并不是直接针对具体个人而是直接

针对社会结构自身和社会秩序整体的。它并不关心谁会居于这一角色，每个人在角色面前都是平等的。所以，从角色出发考察社会成员间的权利与义务关系，不能得出彼此间人格身份等级差异的结论。所以，在一个等级制社会中，角色要求固定于具体的人[①]；而在一个民主社会中，角色要求则固定于社会秩序中的具体职位。

社会角色的内在规定会随着社会的发展而发生变化。社会转型时期社会角色的内涵与以前有很大的区别。社会角色的身份、等级、分工等内在规定与传统社会有了根本的区别。不仅如此，社会角色在整个社会秩序中的地位和作用也有很大不同。这两层意义上的变化使转型时期的社会角色的规定模糊，导致角色的行为失范、社会失序。因此，社会转型过程中确定社会角色的内在规定，以及在社会秩序中的地位和作用是当务之急。

由于社会秩序关注的是角色的功能，所以在其逻辑上它以同一角色规范要求处于同角色的所有人，正是在这个意义上，角色规范与法制应当有着某种内在的逻辑一致性。这种一致性的表达形式就是权利与义务的关系。

（二）角色规范的实质是权利与义务的关系

有角色就有角色规范。角色规范不能被简单地理解为角色的责任、义务，而应当被理解为是角色的权利与义务的统一体。

角色是社会共同体中的存在，生活在社会共同体中，拥有作为社会共同体成员的资格，就自然被赋予各种特定的权利与义务。这是任何个体所无法逃避的权利与义务。这种无法逃避的权利与义务既是不得不接受的社会秩序的要求，又是社会对于个人的先在性与优先性。个人作为一个实体的存在既有做人的权利与义务，同时作为社会生活中的一个父亲、官员、职员、警察，就有作为父亲、官员、职员、警察的权利与义务。权利是作为角色完成义务所必需的权力与应得的利益，义务是作为角色必须履行的职责。权利与义务是对称和平等的。

所以，如果一个社会结构中的角色出现了权利与义务的分裂和不对称，

---

① 宋迎法．西方政治教育和政治社会化研究概述．国外社会科学，1995（7）．

那么，就意味着这个社会结构中权利与义务的不平等和不对称，意味着这个社会结构本身出现了分裂。此时社会角色规范仍然存在，不过，它已分裂为实存的与应然的。在实存的角色规范之下，存在的是扭曲的社会秩序、不公正的社会关系，这种不公正的社会关系与扭曲的秩序，又受到应然的角色规范的批判。

权利与义务不是抽象的、空洞的，它们只有在社会共同体的结构体系中才能被规定。自由主义强调个人的自由权利，这对于批判封建等级制，对于防止可能的强权暴政，具有积极意义。然而，权利是人与人之间的关系状态，个人首先是作为某一群体中的一员而来到这个世界的，个人的自由权利首先就是他所在的群体的自由权利。个人的自由权利只有在群体中才能存在。所以，个人的权利就必然与个人的责任和义务紧密联系在一起。现实和历史地看，任何个人的自由权利，都不是纯粹的个人奋斗的结果，而是整个社会整体进步的结果。没有整个社会的进步和自由，就没有个人的自由权利。因此，个人的自由权利内在地包含着个人对社会的责任和义务。正因为如此，社群主义强调人的社会性，强调个人作为社会成员资格，以及由此所形成的社会责任，较之自由主义虚谈自由的权利更为深刻。当然强调个人对社会的责任并不否定个人的自由权利，不能以否定权利来强调义务。应当在社会结构中保持权利与义务的一体性。

（三）社会角色规范与个性化发展

社会转型时期社会失序的一个重要原因就是角色美德的缺失。社会历史的发展表明，没有严格的角色规定和角色美德，就不可能有稳定的社会秩序。中国封建社会是一个有着严格角色规定的社会，这个角色规定在其根本上是血缘身份等级的规定。新民主主义革命胜利后，虽然这种封建角色规范受到了理论和现实的批判，但是其影响仍很深远。而以社会主义市场经济为基础的社会改革，是社会结构的一场革命性变革，既有的生活方式以及既有的角色规范与角色意识受到深刻的冲击，社会处于一个由于结构转型而引起的社会角色及其要求暂时阙如的时期，社会处于一种由于结构转型过程本身所带来的有角色而少角色要求、有权力而少义务状态。或者说，整个社会表现出一种倾向：社会角色要求单一化。社会成员自觉不自觉地以谋取自我功利为唯一角色要求。浅薄的功利心与浮躁的存在感，造就出一种以自我功利规定一切的不是角色要求的角色要求，不是角色美德的角色美德。

在社会生活中如何选择自己的行为、评价活动结果，最直接也是最有效的根据就是做好你作为社会角色所应当做的。这就是柏拉图所说的各尽所能、各司其职的社会公正。其意思就是做好社会角色所要求做的，这在职业活动中就是职业道德，在公共场所就是社会公德，在家庭生活中就是家庭道德，等等。个体的角色意识及其角色美德意识，是社会规范公正有序的前提。角色美德的关键是每个人都要有明晰的角色规定。很难想象缺少角色意识及其角色美德意识的社会能有稳定的秩序。社会转型时期的角色缺失指的就是角色意识的缺失，以及角色美德意识的缺失。社会失序正是由这种缺失造成的。

通常把一个人作为社会共同体中的一员而被要求应当具有的角色面貌称为角色面具。它是一个人社会化存在的基本方式。角色面具是无个性化差别的存在，使得它天然拥有一种客观性，不会因人而异，并对社会成员有一种令人敬畏的规范作用。使一个人不能不受到社会规范的约束。个人因此而否定了作为纯粹个体的个别性，融入社会。在社会生活中，每一个人都是作为角色出现的，社会也是根据角色规范的要求对其行为进行评价。社会规范对一个人最直率的评价就是“做你的角色所要求你做的”。然而，社会的角色化、个人的角色面具，又使得个人在社会化过程中潜藏着以普遍性代替特殊性的非个性化倾向，消解了作为独立个性的自我的存在。所以，要注意角色面具社会角色化的过程中普遍性与特殊性的统一问题。一是角色及其面具内在地隐含着对个性的某种否定。二是在社会中每一个体都是多重角色、多重面具的集合。这就会带来角色转换、面具更替的问题。生活节奏越快，角色变换就得相应加速。这种转换常使人精神紧张、身心疲惫。三是角色和人本质上既是矛盾又是相互联系的。这就要求在强调社会角色过程中更应当注重个体心性的培育。纯粹的角色化不是社会化而只是机械化，纯粹的角色化不是个性化而只是面具化。现代化建设过程同时就是人的塑造过程，现代化、规范化、法治化、制度化，并不能否定人的个性化。

在以血缘家庭结构的社会秩序中，个性的发展受到家庭结构及其所代表的整体的限制和制约，甚至摧残。在西方，为了改变这种社会结构，经过文艺复兴、启蒙运动，通过资产阶级革命而实现、确立起一种建立在以个体为社会活动基本单位的社会结构体系，并以个体自身的权利、生命力的张扬作为存在的最终价值依据。个体获得了空前的解放。在这种个体与整体的新的张力结构中，社会与个体均得到了空前的发展。人类历史的发展表明，没有个体的解放和个性的张扬，就没有社会的繁荣。中国当代正在发生的变化也证明了这一点。

事物的发展总是在一定的度中进行，超过一定的度就会发生质的变化。现实表明，以个体自身作为生命存在与价值的终极根据，将从根本上瓦解社会，腐蚀人类共同体，危及人的存在。包括西方在内的思想家们都在探索新的道路，对以个体自身作为存在价值依据的扬弃，强调社会角色的意义，强调社会的责任义务。现代化国家的发展进程已经提出了人类在探求存在价值依据问题上应当进行一次新的否定，从以个体作为存在的最终价值依据转向以社会共同体作为存在的最终价值依据。

历史地看，社会角色一方面给发达国家带来一种规范化的秩序，另一方面则又使得社会成员的个性消失，形成一种新的社会病变。角色问题也困惑着当代中国。但是中国当代角色问题与发达国家有明显的不同。主要表现在以下两个方面：

第一，当代中国所面临的角色问题是以个人主体尚未得到王权充分分化、彻底反封建任务有待完成的历史阶段为背景。中国封建社会是一个有着严格角色规定的社会，这个角色规定在其根本上是血缘身份等级的规定。它不仅有君明臣忠、父慈子孝、兄友弟恭等实质性规定，还有用以维护或强化这一系列实质性角色规定的角色形式的严酷限制与要求。这种严格的角色规定所造就出的是封建秩序的殉葬品。在另一个意义上，中国封建社会又是缺少严格角色要求与限制的。严格的角色要求的要旨就是角色位置的要求，它所针对的不是某一具体人，而是居于此位置的人，因而真正严格的角色规定就应当伴随着现代意义上的法治，但是恰恰中国封建社会又是一个法治缺少的人治社会，是一个君昏臣庸、贪官污吏辈出的社会。这种角色缺失的现象正是由那个社会结构的性质所决定的。这种角色要求的严酷与缺失并存的现象说明，中国封建社会中本身就包含对那种角色权威的否定，包含对那种社会结构方式的否定。共和国的建立彻底否定了封建等级制度。然而，由于历史和现实的原因，封建等级的残余影响仍然存在，封建的角色要求仍然在社会生活中起着不可忽视的作用。

第二，当代中国又处于社会转型时期，旧的社会结构及其角色要求受到根本的冲击，新的社会结构及其角色要求尚未真正确立，处于一个由于社会转型而引起的暂时社会角色及其要求阙如的时期。甚至，在过去战争年代以及中华人民共和国建立以后几十年中形成的某些经过实践检验，证明是合理的角色规范要求，也被无情地抛弃。这种角色阙如更加剧了社会转型时期社会的失序和混乱。虽然我们在现代化过程中必然，且已经面临发达国家所面临的那种社会角色问题，但我们是在必须同时完成彻底反封建的启蒙运动的前提下面临这一问题，而仅这一前提性条件发达国家用了数百年才完成，所以我们现在所面临的任务同发达国家相比显得格外艰难。事实上，社会秩序的重建从根本上说，离不开关于社会角色问题的严肃解决。

正如许多学者总结的那样，当代中国的个性化问题并没有得到认真严肃的解决。可是，以个人作为存在价值的唯一标准及其给社会与个体自身造成的危害已逐步显露出来。因而，当代中国在现代化过程中就面临双重任务：解放个性、强化社会角色规范，应当在其起步阶段就努力注意社会角色规范与个性化发展的辩证统一，走一条健康发展的道路。所以，在中国特色的社会主义现代化过程中，要坚持人的社会化的个性化。因为社会主义社会秩序是一种有利于人的全面而自由发展的社会秩序。

第六章

社会整合——社会秩序建构的基础

一、社会分化的负面影响与社会整合的必要性、艰巨性及存在的问题

二、社会利益的整合——社会秩序建构的根基

三、道德价值整合——社会秩序获得的根本出路

四、社会制度整合——社会秩序建构的核心

五、政党、意识形态和信仰在社会整合中的作用

社会转型时期社会失序的一个重要原因是社会急剧分化。因此，一个秩序稳定的社会,是存在于这个社会中的各要素被整合为一个有机整体的社会。中国特色的社会主义应当是一个被整合了的良序社会。良序社会不仅是一个形式性的规定，更是一个实质性的规定。良序社会不仅是一个在社会公共生活交往行为层面具有规范秩序的社会，它更是一个利益均衡、制度公正、富有德行精神的合乎人性的社会。因此，社会就必须进行社会存在、社会伦理价值体系和社会制度的整合。社会整合是社会秩序建构的基础，它为社会秩序的产生准备了现实的、思想的及价值的条件。它从社会意识和个人思想深处为社会秩序准备了稳定的基因。在社会转型这个特殊历史阶段，社会整合离不开共产党的领导，离不开意识形态的作用和对共产主义的信仰。

一、社会分化的负面影响与社会整合的必要性、艰巨性及存在的问题

社会分化（social differentiation）是指社会结构系统不断分解成新的社会要素，各种社会关系分割重组最终形成新的结构及功能专门化（the professionalization）的过程。社会整合（social integration）是指通过各种方式，将社会结构不同的构成要素、互动关系及其功能结合为一个有机的整体，从而提高整个社会的一体化程度。迪尔凯姆所理解的社会整合，是指在一个社会共同体中，各组成部分基于相互赞同而达到的团结一致。有的学者认为，社会整合是“借以调整和协调系统内部的各套结构，防止任何严重的紧张关系和不一致对系统的瓦解的过程”[①]。通过社会整合“既能够使社会维持其作为社会系统的完整性，又能够使社会进入更高级的适应能力”[②]。

社会整合与社会分化是我国现代化进程中同时存在的相辅相成的两个方面。社会的有效运行依赖于社会分化与社会整合的平衡与协调。然而，改革开放二十多年来，我国社会明显地出现了高分化、低整合的特点。社会整合力量明显不足与弱化，因而出现了社会“杂乱”（汤因比语）与价值倾覆

① ［美］安东尼·奥勒姆．政治社会学导论．浙江人民出版社，1989：114.

② ［美］安东尼·奥勒姆．政治社会学导论．浙江人民出版社，1989：135.

（舍勒语）等问题，进而导致社会不稳定和社会失序的局面。这正是新时期我国在取得巨大成就的同时，所面临的一个极为严重的社会问题。

（一）社会分化导致社会失序的表现

汤因比曾将社会转型时期出现的社会动荡不安的混乱称为“杂乱”。他曾详细考察了古代文明解体过程中的“杂乱感”。他通过语言、宗教、风俗等方面的考察揭示：在文明解体、社会转型阶段会出现灵魂的分裂，出现诸多互不相容的生活、行为、情感方式，从而产生出一种在混杂无序多元中的无所适从之感。这种情况在社会变革、结构转型时期尤为突出。“杂乱感”是既有民族价值观失落的消极表现，同时亦是新价值观形成的过程，新的文明形成正是在这种既有价值观经受挑战、衰败的过程中生长起来的。[①]应当承认，汤因比的这个思想充满了历史感，是深刻的，在很大程度上也符合现今转型时期中国的情况。“杂乱”“杂乱感”其实就是迪尔凯姆所称的“失范”或“脱序”，就是社会的不稳定和社会失序。这种情况在社会变革、结构转型时期尤为突出。然而，事实上社会变革结构转型时期的“杂乱”及其“杂乱感”有其历史的特殊性和必然性，不同的学者对这种“杂乱”和“杂乱感”提出了自己的见解。美国著名政治学家亨廷顿分析说“现代性产生稳定性，而现代化却产生不稳定性”[②]。亨廷顿的观点是深刻的，我们应从社会转型过程中的社会分化与社会整合的矛盾产生不稳定性的角度去理解亨廷顿的观点。

具体地说，社会分化是社会转型的基础，其一般表现为社会结构要素的增多、数量的扩大、社会结构形式的多样化，以及功能的专一化。在社会的加速转型时期，我国政治、经济的改革极大地震撼和冲击了高度整合的传统社会结构，而社会结构作为由各结构要素构成的一个静态概念，其结合往往是相对恒定、协调和均衡的，但在社会分化不断发生的加速转型期，由于整个社会结构发生了巨大变化，各结构要素之间这种恒定的关系不复存在，分

---

① ［英］汤因比．历史研究．上海人民出版社，1986：19.

② ［美］亨廷顿．变动社会的政治秩序．上海译文出版社，1989：45.

化与整合之间难免会出现失衡与失调现象，从而导致社会稳定难以持续维持，大量非稳定因素产生。[①] 就我国目前而言，在社会转型时期，我国传统社会结构无论是在水平方向上，还是在垂直方向上都发生了迅速的分化，并带来十分严重的后果，产生了许多负面影响，其主要表现在以下几个方面：

第一，社会阶层分化导致大量不稳定因素和失序现象的产生。社会转型时期社会分化最为剧烈的莫过于社会阶层结构的巨大分化。长期以工人、农民、干部为主体的三大身份阶层在转型中产生了前所未有的大分化，出现了诸如农民身份的工人和农民身份的干部、工人身份的农民和工人身份的干部、干部身份的工人和干部身份的农民等身份与职业相背离的边缘性群体。这种边缘性群体的出现正是社会分化的直接结果，他们边缘化的生存状态将会使其缺乏稳定而长期的预期，在丧失原有的文化价值和组织归属地的同时，很可能会陷入一种“游民化”的状态，从而对整个社会稳定构成潜在的威胁。改革开放二十多年来，不断增长的城市外来民工的违法犯罪现象就是社会失序现象的一个很好的例证。据统计，深圳市约有450万人口，其中常住人口110万，外来人口340万，外来人口为常住人口的3倍，而犯罪人数却是常住人口的9倍多。[②]

第二，组织分化使社会主体产生严重的孤独感，精神空虚，出现社会越轨行为和失范现象的增加，导致社会失序。进入社会转型期之后，社会组织结构发生了巨大的变化，由一元向多元化方向发展，并形成了大量新型的经济组织和民间组织，其结构模式多样化，异质性十分明显。尤其是原来中央控制社会的权力逐步向地方和部门组织转移后，加强了后者的封闭性，带有极大的盲目性和破坏性，成为当今中国社会不稳定的重要隐患。它们既无力担当起在新的基础上整合社会的功能，又加剧了各利益集团之间的摩擦，引起社会不稳定的因素大为增加。与此同时，中国共产党的基层组织削弱，使已经解体的传统社会群体，包括宗族、种姓、宗教等团体重新聚合，且在社会生活中的地位不断上升。尤其值得注意的是，许多地区帮会组织不断出现，

---

① 程超泽．转型期中国社会的非稳定性．中国研究（1998年春季号）：9.

② 冯树梁．犯罪与改造研究，2000（8）：31.

流氓、娼妓、乞丐等次生社会集团重新滋生，成为威胁社会稳定的又一个重要因素。

有些学者从社会接触的模式进一步论述了这个问题。认为现代城市的人际交往由于社会组织失去了对个人的控制能力，个人的生活方式正由第一次接触模式向第二次接触模式和第三次接触模式转变，从而对社会主体心理和行为都产生了重要影响。接触模式最初是由美国社会学家提出的。所谓第一次接触，指的是人和人之间面对面通过会话实现接触。第二次接触指的是借助印刷品、电话、电视等媒介物所进行的间接的和有限的接触。随着城市通信事业的迅猛发展，互联网的兴起，人们足不出户即可在网上学习、工作、消费、聊天甚至婚恋，工作方式和生活方式正发生巨大变化，可称之为第三次接触。原有组织对生活在第三次接触的人们的控制力更弱。接触模式的变化，使人际关系趋于冷漠和生疏，组织纽带逐渐松散，生活更趋于个性化和自主化。在孤独和冷漠之下，一部分人精神空虚，失去归属感和精神支柱，甚至希望皈依一种教派或组织重新获得归属感，在这种心态影响下，邪教组织便乘虚而入。

第三，利益分化导致社会冲突加重，社会失序现象增多，甚至使暴力犯罪增加。在社会转型时期，伴随着阶层、群体和组织的分化，各类利益主体的自主权也在不断扩大，利益的分化也势必发生。社会分化产生的许多利益群体和阶层，随着市场经济的深入发展，不同社会群体和阶层的利益意识会不断地被唤醒和强化，对利益的追求会成为人们社会行为的一种强大动力，而利益的分化实际上也是利益格局重新调整的过程，这必然会在不同利益主体间产生广泛的矛盾和冲突，如农民工与城市居民之间的矛盾与冲突、企业管理者与工人之间的矛盾与冲突等。矛盾的激化和冲突如果不能及时解决，就会升级引起暴力犯罪。不仅如此，利益分化还会导致贫富差距的进一步拉大，为社会失序留下巨大的隐患。从收入分配的角度来看，中国收入分配的现实是，阶层差距和区域差距都在扩大。例如，1998 年，占总户数 20%的高收入户占有全部存款余额的 50%，他们的户均存款为 65 万元。20%的低收入户户均存款余额 3 万元。在收入分配方面，改革初期，占总户数 20%的最富有户的收入占全部收入的 36%左右，20%最贫穷的人只占全部收入的 8%左右。到 20 世纪 80 年代末，前一比例提高到 42%左右，后一比例下降到 6%左右。又过了十年，前一比例再提高到 51.40%，后一比例则下降到 4.06%。两者之比从改革初期的 4.50 ∶ 1 扩大为 20 世纪 90 年代末期的 12.66 ∶ 1。[①] 贫富分化作为社会失序和混乱的根源，深刻地影响着转型社会的社会秩序稳定。它为各种社会失序现象培养着有不满社会情绪的队伍。

第四，价值观念分化与价值观的冲突导致社会失序。价值观念分化是更深层次的分化，从某种意义上可以说是导致社会不稳定的最根本性的因素之一。舍勒在探究资本主义精神实质及其未来时曾揭示：现存生活秩序衰亡的原因在于价值的颠覆。舍勒的分析虽然仅立足于心理的角度，但是他的研究使我们更进一步认识了社会心理变化背后所存在的价值倾覆和失落，这对于认识我国社会秩序变化导致的社会不稳定仍然是有启发意义的。[②]

社会分化的加速对社会成员的思想观念和意识形态结构产生强烈的冲击，尤其是随着外来文化的传播和扩散，人们的价值观念和意识形态结构将会不断趋于多元化，一些与主流意识形态不同甚至相反的价值观念也会大量涌现，致使各种观念相互碰撞与冲突频发。社会所倡导的价值标准与实际生活中人们所奉行的行为准则在许多方面相背离,使得人们在处理集体与个人、公与私、义与利等重大问题上愈来愈向后者偏移，表现在社会心理层面上，则是社会的弱势群体的相对剥夺感和社会不满情绪的增加和蔓延。而这种观念与心理上的分化和冲突，将成为加速转型期社会主体行为越轨和违法犯罪等社会失序问题大量产生的思想基础。[③]

综上分析我们可以看出，社会结构的分化使整个社会成为具有许多层次的多元化的社会结构，这一结构又由许多处于不同地位、拥有不同权力，以及担任一定职责的社会主体组成。毫无疑问，社会分化在促使社会结构功能更加完善、更加充满活力的同时，也使社会结构更加多样化、复杂化，从而

---

① 陆学艺．当代中国社会阶层研究报告．社会科学文献出版社，2002：93.

② ［德］马克斯·舍勒．资本主义的未来．罗悌伦译．生活·读书·新知三联书店，1997：2 ~ 3.

③ 阎志刚．社会转型与转型中的社会问题．广东社会科学，1996（4）.

给社会秩序的稳定工作带来一定的难度。这也就是亨廷顿之所以说现代化会带来不稳定的原因。因而，一个社会必须对结构转型时期的“杂乱”及其“杂乱感”进行整合，使这种“杂乱”与“杂乱感”在社会经过痛苦的心灵历程（整合）后，产生一种新的社会精神与公民德行，形成新的社会结构和新的价值体系。从而实现民族精神的现代化，公民心性和公民意识的现代化，唯此，才能保证社会和谐和有序地发展。

那么，什么是整合？我国社会整合面临什么样的问题？新的社会结构和新的价值体系如何从“杂乱”中被催生呢？

（二）社会整合的必要性、艰巨性和存在的问题

社会整合的必要性源于我国现代化发展的内在特性。亨廷顿指出，后发型现代化还具有“一揽子解决”的特点：“在欧洲和美国，现代化进程已经持续了几个世纪，在一个时期内只解决一个问题或应付一项危机。然而，在非西方国家的现代化进程中，中央集权化、国家整合、社会动员、经济发展、政治参与以及社会福利等诸项问题，不会依次，而是同时出现在这些国家面前。”[①]这虽然为后发型现代化的国家提供了机会，但也由于将各种矛盾在同一时刻集中起来，从而对这些国家的领导者们构成了严重的挑战。亨廷顿认为，为了降低政治的不稳定性，维护社会秩序，也为了应付“同时性”现代化所提出的严重挑战，后发型现代化需要有一个强有力的、高度有效的中央政权存在，由它来组织和控制整个现代化过程。

随着社会的发展，近几年来，“整合”的概念备受人们关注。现在所了解到的百余例运用“整合”的文献资料，从时间上排列，最早运用“整合”概念的要数英国哲学家赫伯特·斯宾塞（1820—1903年）。他认为，任何事物的发展都包含着分化阶段和随后的整合阶段。

“整合”概念首先是在生物学中形成和使用的。在生物学中，整合是指有机体的各水平（从染色体到机体组织）中各组成部分在结构上组织严密、功能上协同动作，从而融合成完整、统一的系统。在社会科学中，最先使用

① ［美］亨廷顿．变动社会的政治秩序．上海译文出版社，1989：3.

“整合”概念的当数人类学。在人类学中，最早启用“整合”这一术语的则是博阿兹。民族学家萨姆纳在1906年出版的《社会风俗》一书中，曾在协调、均衡的意义上使用“文化整合”。作为哲学概念，虽然哲学辞书中尚无“整合”这一条目，但从哲学的角度来看，“整合”一词最基本的含义是在部分与整体的关系上趋向于统一性和完整性。

整合为什么会受到学术界的广泛重视？这一现象有着深刻的背景。因为，整合是当代国际社会愈来愈凸显的一种总体趋势。众所周知，当代人类社会，依然有冲突、有分化，然而，综合乃至整合作为主题正在悄然兴起。在我们这个整体性变革时期，全球经济—政治—文化的一体化，业已在全球范围内艰难地形成愈来愈发达的网络，产生愈来愈强有力的功效。全球生态问题的提出及其对策的制定和实施，预示着人类社会与自然界的整合趋势。

一个社会是否能够良性地运转和发展，很大程度上依赖于其是否获得了协调各种矛盾和利害冲突的结构。严格地讲，任何社会都会存在某种履行社会整合功能的机构、体制和机制，但问题的关键在于这种社会整合的结构是否能够适应社会转型不断分化的矛盾和冲突。中国近代以来的历史是社会由传统文明向现代文明转变的历史，是通过激烈的社会变迁实现中华民族复兴的历史，其间各种内外矛盾加剧，出现了前所未有的极为复杂的社会局面。因此，寻求社会整合的最佳结构，一直是近代以来中国历史的内在要求。

在社会变革时期，社会的急剧分化对社会整合提出了更高的要求。中国是个超大规模的社会，与社会转型相适应的社会整合结构的获得对它具有特别重大的意义。一是它关系到中国作为一个国家的生存，如果中国社会不能构筑起自己作为一个整体存在的结构的话，则将极大地减少它在国际竞争中生存的机会，可以说中国人民正是伴随这样的历史教训从历史中走过来的。二是它事关中国社会现代化发展的代价、速度，一个适当的社会整合结构的获得，可以减轻社会发展的代价，并促进社会发展的速度，中国社会自清末以来的现代化变迁的历史充分说明了这个问题。三是它关系到中国社会现代化发展的成败，进而关系到中华民族的复兴伟业。像中国这样一个文化悠久、人口众多、地域广阔、多民族的社会，社会整合结构的获得是社会进步的前提条件。

从中国社会发展的历史来看，社会整合结构的获得在超大规模社会的中国又是一个极为困难和艰巨的历史过程。首先，艰巨性来自于中国社会近代以来被各种不可调和的利益和冲突所分割，表现为长时期的内战、贫穷，严重地缺乏社会公正。其次，艰巨性源于多民族的现实和地方势力的威胁。如果说众多民族作为社会的、文化的实体，其相互间的差异增加了社会整合的难度的话，那么长期形成的无视社会整体的地方势力则一直是社会整合的巨大威胁。再次，艰巨性来自于与超大规模社会相伴而生的经济社会发展的不平稳，这种不平稳使各地的情况千差万别，极难统一。最后，艰巨性来自于中国悠久的文化,尽管中国传统文化中包含着丰富的有利于社会整合的成分，但其所增加的社会转型的困难使新的文化和价值整合机制难以生成，并使不同性质文化所形成的行为方式之间发生冲突。如上种种均说明，中国这个超大规模社会要获得与社会现代化进程相适应的社会整合结构是一个极为重要的、复杂的和艰巨的历史过程。

社会转型时期的社会整合问题具有新的特点。从我国目前的情况来看，社会整合存在的主要问题是：社会分化与社会整合的发展存在严重的失衡，社会整合能力下降，跟不上社会分化的发展要求。具体表现为：

第一，原有社会整合力量不断弱化。在我国传统社会里，家庭、家族和传统社区都是实现社会整合的重要单位；传统伦理道德、社会舆论都是实现社会整合的重要力量；社会具有高度的同质性，则是实现这种社会整合的基础。由传统社会向现代社会转型，必然会导致初级社会群体的衰落，初级社会关系（血缘关系、地缘关系）的松懈，特别是家庭的整合作用将受到极大的削弱；随着工业化、城市化的发展和社会流动的加快，以及外来文化的影响，传统的伦理道德和社会舆论已很难再构成对社会成员强有力的约束力量；社会分化加速使社会异质性大为增强，这使追求同一性的传统社会整合机制丧失了基础。总之，社会现代化的不断发展，传统因素在社会整合中的作用将不断弱化，社会成员受传统观念和力量的束缚越来越少，这在一定意义上体现了社会的进步，但同时也极大地助长了婚姻与家庭的解体、各种不道德的丑恶性社会问题和大量失序现象甚至犯罪现象的产生。

第二，国家行政整合能力下降。改革前国家对社会强大的整合力量是建立在集权体制、计划经济和一元化意识形态基础之上，是以实现政治整合为中心任务的。国家通过计划经济，垄断了基本的社会资源（物质财富、就业机会等），社会成员因缺乏独立获取生存的基本条件和机会而全面依附于国家；国家通过集权体制，实现对全社会全面而又严格的控制，社会成员几乎无处不被国家意志力所左右；国家通过频繁的政治运动和意识形态领域的批判斗争，排除异己力量，“纯化”社会成员的思想观念。这种国家政治整合模式集中体现了当时我国社会体制中的弊端,从而成为新时期改革的突破口。然而，当原有的整合模式在改革冲击下不再发挥作用，而新的、适用于社会主义市场经济的整合机制如果不能有效地建立起来，必然会导致国家对社会整合能力的下降。以农村为例，农村人民公社制度在改革初期迅速解体，而新的农村行政组织不健全，许多农村基层组织实际上处于瘫痪状态，农村社会无序行为大量增长。目前国家行政整合能力下降还集中地体现在：随着国家简政放权，原来高度垄断的社会资源向地方分流下倾，国家宏观调控能力不断弱化，中央政府权威面临挑战，“上有政策，下有对策”，党政机关内权力失控致使腐败现象大量蔓延，等等。

第三，新的社会整合机制不健全。在改革开放的推动下，社会生活日益复杂化，将对社会整合不断提出新的要求。不论是依赖于传统还是国家行政力量，都不足以实现有效的社会整合，社会在其发展过程中应不断地建立起一套自我整合机制，依靠这套自我整合机制，社会进行自我运行、自我管理、自我销蚀与吸纳新的异质要素并且不断地自我创新。改革前，由于国家越俎代庖地包揽了一切事务，社会不可能也不必要去建立这种自我整合机制。改革以来，我国社会大分化最终使一个整体的社会从国家中分化出来，这一分化过程亦即马克思所言的“政治国家”与“市民社会”的分离过程。在这一分离过程中，国家对社会的直接干预将不断减少，但作为一个整体的社会，由于长期受到国家过分的“关照”，其自治能力和自我组织水平都比较低，难以迅速地建立起一套自我整合机制。这样，在国家“放手”与社会“独步”运行的交接过程中往往存在着整合的空白环节，社会无序行为大幅增长。我国改革开放后，许多领域出现的“一放就乱，一收就死”的恶性循环突出地证明了这一点。目前，社会整合机制不健全还表现在社会整合滞后于社会分化上。社会分化产生的大量异质性要素不能被有效地整合于稳定的社会结构中。如前所述，城乡分化中产生的农民工既不为乡村社会所整合，又不为城市社会所整合，他们以“边缘人”的身份生活于城乡社会的“夹缝”中，这些人成了犯罪的“主力”。社会整合机制的弱化是转型时期社会失序产生的一个重要的制度性根源。

迪尔凯姆分析认为，只要这种失控的社会动力没有达到新的平衡，这段时期各种价值观尚未定型，规则标准也无从谈起。可能与不可能之间的界限模糊不清。由此人们很难区分什么是公正的，什么是不公正的；什么是合情合理的要求，什么是非分之想。由此人们的欲望便失去了约束。① 社会失序就不可避免。因此，社会秩序要稳定就必须进行整合。

建立新的社会整合体系是社会整合的关键。如前所述，社会分化虽然为现代社会更为紧密的相互依赖提供了基础，但是社会阶层分化、利益分化、组织分化和价值分化也打乱了原有的社会格局，在一定程度上引起了新的社会冲突和社会的失序状态，造成大量的不稳定因素的存在和大量失序现象甚至犯罪的产生。因此，必须对社会进行整合。特别是目前的社会分化不仅是由经济因素促动的，而且也是国家政策（包括一定程度的行政干预）的结果，分化的速率在不同的地区、不同的部门也不一致，因此分化往往造成了新的矛盾。此外，各种社会因素之间缺乏有机的联系，社会资源流通的渠道尚不畅通，全国统一的市场体系难以在短时间内形成，这些因素都会影响到社会整合度的提高。由于旧体制的影响和权力进入社会经济领域，畸形分化的现象也是广泛存在的，加剧了社会发展的不平衡和结构性失调，引起了诸多社会问题和社会失序现象的产生。这种在转型过程中相对于分化而言整合滞后的特点往往使政府处于两难的困境，影响到其整合功能的有效发挥。或者仍用传统的方式消除冲突，强化控制，以维持社会的整合，以权力干预社会的分化进程（如地方保护主义），结果抑制了社会分化或造成了畸形分化，反而阻碍了社会走向新的整合；或者不能充分发挥政府特有的功能，把政治问题、行政问题都视为经济问题，各种社会利益矛盾往往试图用经济手段来解

① ［法］迪尔凯姆．自杀论．浙江人民出版社，1988：212.

决，结果必然会加剧社会矛盾的激化。利益分配上的问题（如分配不公、利益冲突）显然在一定程度上也是个政治问题，能否得到及时、合理的解决直接关系到社会经济领域的稳定。由于社会的政治行政系统同经济领域目前仍缺乏适合于市场经济的制度化、法制化的联系模式，权力介入的适当的度往往也就很难把握。因此，社会能否尽快走出整合困境，把冲突降低到最小限度，也取决于分化后制度化、规范化的速率和实际效果。

从社会发展的角度来看，社会整合是社会发展的重要机制。在社会发展过程中，往往会存在多种不同的发展趋向，存在多种不同力量的组合，也就是存在着众多的“力的四边形”（恩格斯语）。因此，要使社会发展过程得以顺利展开，还必须将这些不同的趋向和力量联结和统一起来，建立一种整合机制，使之形成一种积极的合力，朝着一个共同的方向去推动社会发展。要建立这种整合机制，必须具备整合目标和整合手段两部分要素。首先，在社会发展过程中必须形成一种能够为各方面力量所接受的并将各种发展趋向融会于其中的共同的发展目标。这种整合目标通常是以某种核心宗旨和共同纲领的形式体现出来，这些宗旨和纲领无疑会以各种意识形态为依托，但同时又必须超越特定意识形态的狭窄范围，寻求不同理念、信仰和各种学说等之间的共同点和联结点。其次，有了整合目标还需要借助于各种适宜的手段来实现和确保所要求的整合，而这些手段在不同的历史条件下各有不同。经济领域里，自然经济条件下自给自足、市场经济条件下市场竞争和计划经济条件下的计划指令；政治领域里，最基本的手段有专制手段、集权手段和民主手段；思想文化领域里，也同样可以有思想专制、文化专制和“百家争鸣、百花齐放”等不同的整合手段。这些不同的整合手段的作用和功效要从不同的历史条件出发进行评价。在整合进程中，首先是整合目标的形成和确认。整合过程应是以整合目标的逐步形成为前提的，而既定的整合目标仍要有一个公开和传播的过程，社会各方面的力量经过相互交流与沟通、争议与碰撞，最终达到某种公识，赞同和接受既定的整合目标。在这个基础上对各种社会活动进行统一规范，将各种活动纳入统一的规则和方式中去，抑制或排除各种偏离和否定的趋向，从而把各种力量凝聚和集中起来。这样进一步形成预期的发展合力，实现整合目标。最后对整合过程进行进一步的调整和修改。

这样最终形成一定的整合机制。

整合机制在社会发展中的作用首先取决于整合目标是否适宜。一是它要符合社会发展的客观规律和必然趋势。二是它应符合社会大多数人的根本利益。社会发展是靠主体的活动来实现的，而“人们所奋斗的一切，都同他们的利益有关”（马克思语）。人们在社会发展过程中的各种矛盾和冲突，最终也都是围绕利益问题展开的。因此，要使整合目标得到各方面力量的承认和接受，这个目标就必须能够体现他们的根本利益，使他们得以在这一目标下求同存异。符合社会大多数人的根本利益和符合社会发展的客观规律，这两个要求在根本上是一致的，因为依照社会发展的客观规律推进社会发展，总是有利于社会大多数成员的根本利益的实现。当然，社会集团在存在利益根本对立的情况下，某些群体会站在社会发展的反面，而社会发展的整合目标也应尽可能地将大多数社会成员的利益联结起来。三是社会发展的整合目标还应符合一定社会发展阶段上的具体历史条件。一定的社会发展任务总是要在某种具体的历史条件下逐步展开的，而这些具体历史条件相对于社会发展的必然性来说无疑具有偶然的属性。整合目标的确定必须充分考虑到这些具体历史条件的特殊影响，以最易于接受的适宜形式提出来。

社会整合机制的作用还取决于是否具备了有效的整合手段，以及这些手段的应用是否到位。应注意两点：一是应根据社会发展所处的不同阶段和各方面的具体历史条件，采用与之相适应的整合手段。不同的手段在不同的历史条件下的作用有很大的不同，所以必须从实际出发。二是每一种整合手段都有自己的特殊规则，在确定要采用某种手段之后，必须按照其本身的要求去建造和应用。例如，经济领域中的市场机制，政治领域中的民主机制等，都有一套这样的规则，如不按照这些规则去做，它们的作用就不能有效地发挥出来，最终将影响社会发展的整合效果。

我们已经进入建设中国特色社会主义的一个新的发展时代，这是一个明显多元的时代，同时也是一个综合的时代。时代的多元性在形式上来自于逻辑的分析，本质上源于人的本质中个体性所导致的对自由的要求。随着经济市场化、政治民主化和精神文明化改革的深入发展，社会多元化便是一个不可阻挡的必然趋势。在经济领域，经济市场化使每个主体都置身于不同的分工岗位进行生产或工作，于是，职业视角得以深化，以此为基础的观念壁垒也得以形成，这使主体的多元观念、多元判断和多元行为不仅成为可能，而且也成为现实。在政治领域，政治民主化更是直接包含着主体观念和行为多元化的概念，在主体观念一元、主体行为一统的条件下，主体之参政既然不可能是自主的，因而也不存在民主。民主首先意味着主体的一种权利，即对政治发展中一些问题的监督、评价乃至批评。这种基于各自视角的行为，就使民主政治与社会多元间的关系明显了。精神文明的标准不是强求一律，而是倡导多元创造。社会的这些发展表明，社会多元发展是不可阻挡的必然。然而，时代的发展是在矛盾中前进的，一个多元的时代同时孕育着一个整合的时代。如果说社会多元在形式上和本质上各自缘于逻辑的分析和人性的个体性的话，那么，社会的整合在形式上和本质上则各自源于逻辑的归纳和人性的社会化。如果社会只有多元而没有在此基础上的整合，则必然是无政府的。总之，在这个多元思想和多元行为的时代，必须寻求相应的社会整合机制，这一整合机制便是人们对多元思想的价值宽容，对各种不同主体的行为进行协调。当然，社会发展中的整合不等于简单划一，不是将一切不同和差异统统消灭，形成死水一潭。那样必然造成死板僵化，对社会发展不利。真正有效的整合应是在充分调动各方面积极性的基础上，通过不同主张和倾向的相互碰撞而形成有机的统一，从而也才能是真正充满生机和活力的统一。从这个角度讲，社会学家科塞等人关于社会冲突“产生了活力，并且释放出具有创造性的能量”[①]的观点，是有其合理意义的。

（三）我国传统社会整合的机制与社会转型时期社会整合方式的变化

中国传统社会有非常丰富的社会整合思想，这些思想对中国传统社会的稳定起到了非常重要的作用，其中的一些思想对现代中国社会的整合仍有一定的积极意义，但一些思想已经过时。因此，社会转型时期探索中国特色的社会整合机制必须对传统社会整合思想加以批判地吸收。

社会整合是社会人际间高度互动的结果，只有通过社会整合，才能把不

① ［美］科塞，等．社会学导论．南开大学出版社，1990：610.

同的社会要素及其之间复杂的社会关系，统合于一个有条理的社会关系体系模式之中，从而使社会结构稳定、巩固，形成稳定的社会秩序。中国传统社会稳定的社会转型，与当时的社会整合机制是分不开的。其中的一些规律值得我们研究。

在中国传统社会，自秦汉以来，一直是依靠政治权力与社会权力双重权力系统进行社会整合的。政治权力以君权为代表，社会权力以族权为代表。这是两个不容混淆的权力系统。社会权力之所以具有强大的社会整合作用，是因为，中国自古以来，长期聚族而居，家族成为社会基本单元，人们大都被网罗在宗族系统之中，宗族是具有高度凝聚力的群体，它依靠祖先崇拜的信仰与情感机制，依靠祠堂、祖训和族规、族田、宗谱，对本族进行维系和整合，这比国家设置的行政管理机构对人们的约束更加强而有力。而且，由于我国土地辽阔，村落众多而且分散，加之，宗法文化积淀深厚。在这种历史文化背景下，自秦汉实行全国大一统的中央集权以来，地方基层特别是乡村，只能依靠族权进行社会整合。即使在中央政权极为强大的秦汉，不但豪宗大族依然可以“陵横邦邑”“雄张闾里”[①]，以致“郡吏以下，皆避畏之，莫敢为忤”[②]，而且，国家行政系统中，也不得不设置代表乡族权力的没有俸禄、不属行政职务、负责掌教化的三老（乡官）。汉代三老不但可与县令、县丞分庭抗礼，还可直接上书皇帝，陈言己见。直到唐代，乡还设耆老。此后的耆长、户长、保长、甲长，也都从财多势众的大户中选任。明清宗族组织渐趋普及和严密，而“宗族组织日益与政府里甲制度相结合起来”[③]，就更得以有力地发挥稳定地方社会秩序的作用。这样，既有由上而下的听命于专制君主的庞大的官僚体系，凭借军事、行政、法律手段等政治权力进行的社会整合；又有遍及各地的、凭借家族伦理与宗规族法的、以族权为代表的社会权力进行的社会整合。二者纵横交错，相互结合，保障了社会结构得以稳定和社会的正常运行。

---

① 后汉书·酷吏列传.

② 汉书·酷吏传.

③ 冯尔康，等.中国宗族社会.浙江人民出版社，1994：20.

由于强大的社会权力在社会整合中的作用，所以，不能把中国传统社会称为“政治一体化”社会。只有在以阶级斗争为纲的年代，作为社会力量的族权，被强大的国家政治力量清除，游离于政治之外的任何民间组织都不复存在，而且人们的一切活动都要由政治挂帅、以阶级斗争为纲，这时才真正属于真正的由政治力量高度整合的“政治一体化”社会。

如果进一步深究中国传统社会中的社会权力的话，会发现它的核心和实质乃是父权。父权家长制及其伦理纲常在中国传统社会中历史之悠久、形态之完备、影响之深广，在世界历史上是其他任何传统社会难以与之匹敌的。任何社会整合都需要以权力、权威为资源，以组织、制度和价值体系为手段。中国传统社会的父权家长制及其伦理纲常，恰恰把这些结合在了一起。中国传统社会的家长制，是一种以天然首长的父为绝对权威，家属依附于父家长的家庭、家族制度。它起源于原始社会，以传统习俗形式延续了下来。由于它既与以家庭为生产单位的小农经济相适应，又符合大一统的君主专制的政治体制的需要，还由于它得到渗透宗法观念的传统文化价值体系的支持，从而被规范化、法制化、理论化。从而，“家有千口，主事一人”的家长制组织原则及其伦理规范，扩展到了所有社会关系和社会组织之中，不但皇帝成为全国大家长的“君父”，地方长官也成为“父母官”，长官的下属对长官也须“卑恭如子”①。而且，教学关系也是“师徒如父子”“一日为师，终身为父”。这样，政治关系和其他社会关系都血缘关系化、生物关系化了，使社会不平等的统治与服从关系、人身依附关系天然地合理化了。而且，家长制还得到了国家法律的确认和支持，“家事统于一尊”②，从而家长制把国家政治层面的整合与社会层面的整合结合在一起，达到社会一体化、社会结构极为稳定的效果。家长制的社会普遍化，使大大小小的家长（它们在各自统治范围内都是绝对权威）成为各社会实体中决定性的整合力量，从而我国传统社会成为彻头彻尾、根深蒂固的权大于法的人治社会。在这个君权与父权相结合的人治社会中，祖先崇拜与权力崇拜结合在一起了，这是当时人

① 汉书·元后传.

② 清律辑注.

们信仰结构的特色。庶民们一面祈求祖先庇荫子孙，一面渴望明君清官使国泰民安。这表明作为社会整合主要因素的家长制，已深深嵌入社会心理之中，这种社会心理，使得人们即便反对“昏君”，也不过是为了迎来“明主”；剪除“贪官”，也不过是为了换个“清官”。这种人格萎缩的依附心理，决定了中国传统社会结构历经改朝换代的社会动荡而依然颠扑不破、长期延续。

我国传统社会整合机制的高强度，不仅在于以血缘关系为基础，还在于它把政治力量与文化力量结合在一起，把外在的强制性整合与内化了的共同价值准则的整合结合在了一起。它一方面通过庞大的官僚体系进行政治整合，另一方面又高度重视和充分利用传统文化价值系统从思想上进行一体化的社会统合。从而，“士”这一中国传统社会特有的群体，在社会整合中起了重要作用。这也是中国传统社会整合、社会结构的一大特色。

中国传统社会中的士，以其教化功能成为社会结构稳定运行的重要力量。他们“在本朝则美政，在下位则美俗”[①]。对建立符合家长制伦理规范的社会秩序起着任何其他群体不可替代的作用。所以，中国传统社会中，士“支撑着国家”，国家依赖他（他们）“来控制和管理社会”，“并依赖于他（他们）提供行政官员”[②]。不仅如此，士还是传统社会结构的“活化剂”，“朝为田舍郎，暮登天子堂”，具有自致性而不是先赋性的科举制度，使统治阶级与被统治阶级间保持了流通渠道，使森严的等级制具有弹性，一定程度上缓解了社会上下层之间的矛盾，并且不断扩大了统治阶级的社会基础。这保障了社会结构的高度稳定。

只是到了中国传统社会末期，由于内外条件的变化，士的等级群体中分化出作为传统文化逆臣贰子的新型的士，他们才成为传统社会结构中最具破坏性的社会力量和启动社会结构转型的先驱。由于中国传统社会结构高度稳定，向现代社会结构转型也就相当艰巨、曲折。新型的士，不断洒热血、抛

---

① 荀子·儒效．

② 张学礼．中国绅士——关于其在19世纪中国社会中的作用．上海社会科学出版社，1991：5.

头颅，戊戌变法的“六君子”就是最早的一例。不过，从近代开始的中国社会转型期，社会结构的特点与过去愈来愈不同了，转型期属于一个新的历史时期，应作为重要专题进行研究，而不应古代、近代并提。

中国社会转型时期的社会整合决定了与传统社会的社会整合机制有根本性的不同。这就要求我们要深入分析研究转型时期社会的特点，及时改变社会整合的方式，社会的现代化必然要求社会整合方式的现代化。中国现代社会转型的性质意味着新的社会整合绝不是简单地将各种新的异质性因素吸纳到原有的规范控制体系之中。由于社会结构制度体系的变化，特别是市场经济的推进，促发了各种社会关系的形成，瓦解了原有社会的整合基础，也削弱了原有社会的整合力量，从而引起了社会整合方式及其性质的变化。从社会演变的趋向上把握这一变化，对于认识中国社会现阶段面临的整合问题无疑有着重要的意义。这种变化主要体现在两个方面：

首先，社会整合基础从政治领域扩展到广泛的社会经济领域。我国社会转型首先引发了社会整合基础的变化，这一变化同社会结构制度体系的演变及其所表现出的趋向性是紧密相关的。在原有的社会体系中，政治领域构成了社会整合的基础。政治领域对其他社会领域直接进行统辖和支配，政治价值是评价一切社会行动的根本标准，政治是社会的轴心。政治与行政系统高度重合，通过建立以行政网络为核心的纵向等级结构体系和控制社会中的各种重要资源，将各种社会组织单位及其成员都纳入自己的支配下；行政权力作为社会中决定性的支配力量，借助体制的合法渠道，渗透到社会的各个层面和领域，主宰了一切重要的社会关系和社会交往，也成为连接各种社会因素的纽带。社会是按照政治行政的原则组织起来的。政治中心、等级结构和由此形成的自下而上的单向依赖，这三方面相互关联的条件构成了实证化基础。在这一基础上，各种社会因素被自上而下地联系起来，社会行动被统一协调起来。这样，一切问题都成了政治问题。这种体制的社会整合实质是社会控制问题，即社会整合取决于中心的控制机关有效地控制目标，并能及时抑制各种异质性社会因素的出现所可能给既定的社会结构体系带来的危机。因此，政治系统的稳定和统一直接关系到整个社会的稳定和统一。

随着实行社会主义市场经济，社会整合的基础逐渐发生了变化，经济目标日益成为社会运行的支配目标，而政治行政系统的目标却日益偏离原有的自我中心定向而指向社会经济领域。对发展目标的强调逐渐取代了对整合目标的强调。由于市场经济目标的确立和推进，引发了各种新的社会关系的形成，动摇并逐渐瓦解着原有的等级结构，改变着各种社会组织单位的性质和人们的行为方式，扩大了社会交往的范围，并且从根本上改变了原有社会资源分配的格局。另外，国家不再像以前那样干涉社会经济活动，行政权力在收缩。而社会力量的民间化也日益明显。市场经济有更加广泛的影响。社会越来越趋向于按照社会的、经济的原则而不是政治的原则组织起来，过去被抑制或被掩盖在其他关系下的社会关系迅速复兴。基于私人利益的社会关系网络在社会生活中不断得到强化，发挥着越来越重要的影响。社会的政治、行政系统也越来越倾向于改变其自身以满足经济领域的发展需要。这就意味着社会从政治本位到经济本位、从政治原则支配到经济原则支配的转变。这一转变也引起了社会整合基础的转变。当然，这一基础的转变并不等于社会的政治行政系统不再构成一种重要的社会整合力量（特别是由于中国作为后发现代化社会和社会的转型背景的特点），但是这种力量的运作方式和目标宗旨无疑在发生变化，即它们必须基于社会经济领域提出的需求而不是仅仅以自身为目标来维持社会的整合。社会经济领域的基础作用并不意味着它们可以凭借自身的力量将各种社会因素有机地结合起来；相反它们会提出许多需要用政治的、行政的手段及时加以解决的新问题，如协调利益、推动制度建设、维持社会秩序等，真正起到一种上层建筑的作用。

其次，社会整合方式的变化：从等级控制到相互依赖。社会整合基础的转移必然使社会的整合方式和整合的性质发生相应的变化。这种变化主要表现在三个方面：

第一，从外在整合到内在整合。这一转变意味着社会的整合状态将主要不是依靠外在的强制力和通过加诸社会之上的等级秩序来维持，而是产生于社会经济因素基于内在需求发生的联系，由相互依赖所达到的结构性的内在契合。社会结构有明显的非行政化的特征。社会中出现了日渐扩大的自由行动领域，社会交往的范围在不断扩大，效率在不断提高，社会横向分割和隔离的状态已被打破。社会组织单位的分化和功能的专门化，既有利于组织之间的联系，也使组织对所属社区产生广泛的依赖。社会关系也趋于多元化和复杂化，社会成员更易于被纳入广泛的社会网络中。这些变化都有利于从根本上克服中国社会原有的离散性，从而减少外在控制的必要性，在新的基础上增加社会整合的深度和广度，实现现代社会的有机整合。

第二，从一元整合到多元整合。等级制的整合方式就是达到社会的一元状态，与中心保持一致，因而排斥任何异质性因素和行为的歧异性。这种整合抑制了任何社会主体超越其等级秩序的行动，实际上社会单位也失去了自由社会行动主体的性质。基于相互依赖的社会整合则是以多元社会主体和异质性因素的存在为前提的，整合并不抑制多元状态，而是增进多元主体和各种异质性因素的相互联系，社会个体也不是被全面纳入某种单一的支配关系中，而是由各种单面的角色关系被多元地联系起来。从社会发展的角度来看，多元整合可以扩大社会的包容力，提高社会的适应能力，有利于社会交往，增进社会的活力。

第三，从刚性整合到弹性整合。刚性整合是以对社会成员的身份地位及其行为的硬性规范和控制为特征的，由此形成的有序的社会格局往往是以其封闭性为特点的。不同身份群体之间很难进行广泛、自由的流动，人们被局限在特定的、狭小的活动空间内，社会秩序的维持离不开自上而下的严密控制和安排。而现代复杂社会的整合只能是一种弹性的整合，一种社会过程的整合，整合并不排斥社会异质性和多元性。随着社会的转型，社会急剧分化瓦解了原有的身份格局，削弱了户籍制度的约束力，人口社会流动广泛展开，各种社会力量开始形成，并且时刻重组社会关系。从社会发展的角度来看，这种变动有利于社会整合。因为它扩大了层间交往和社会的横向联系，人们有了更多的选择的自由。而这显然有利于保持社会的活力和张力，从而实现社会内在的有机联系与协调，是与社会主义现代化建设一致的。[①]

① 李金．中国社会转型过程中的整合问题．探索，1999（2）：58～61.

二、社会利益的整合——社会秩序建构的根基

（一）社会利益的双重特性——离散和整合功能

一个特定的社会历史形态作为整体有其自身的“同一性”（哈贝马斯称之为“社会同一性”）。在社会的发展进程中会出现一个时期，在这个时期里，既有的社会同一性被打破，社会出现了失序现象。这时就要求建立新的社会同一性来重建新的社会秩序。社会的同一性既是存在的同一性，也是意识的同一性，还是一种制度的同一性。所谓存在的同一性，是指这个社会中的人们生活在一种基本相同的生活方式之中，且这里的生活方式又是基于经济活动方式如小农经济或商品经济的立场而言的；意识的同一性则是指这个社会在这种存在同一性基础之上，拥有一种能够统摄人心、整合社会、具有普遍意义的价值观念；制度的同一性则是一种稳定的社会结构，且这种稳定的社会结构又通过可实证化的方式以具体的制度体制存在着。这三者同一性的统一就构成了社会的系统整合。

首先是社会存在的同一性的建立。存在的同一性是社会同一性的基础，存在同一性的变更将引发社会同一性的变更。社会存在是生产力和生产关系的矛盾统一。我国自实行社会主义市场经济以来，社会存在的新的统一性正逐步建立。市场经济是前传统社会与现代社会区别的基础。市场经济是一个通过市场配置社会资源的经济体系，因而市场经济的第一前提就是造就出无数利益相对独立的经济行为主体。这些利益主体的独立存在实际上造就了社会利益主体的多元化。利益多元化是社会发展进步的标志和条件。这样，探讨社会存在的同一性其实就变成了探讨社会利益的同一性。这种同一性是在多元基础上的同一。我国理论界有一个时期把提倡利益多元化看成是否定社会主义。其实，社会主义的生命力就在于丰富的多样性，社会主义制度本身就是多元基础上的统一。社会主义制度应当而且能够容纳性质不同的多元利益，计划经济和高度集权政治体制的基本弊端就在于它否认利益的多样性，把本应复杂的利益结构和体系简单化，并通过国家权力强制性地分配几乎一切重要利益。结果为追求片面的一致性而牺牲了利益多样性，使得社会缺少了应有的活力。不以真实的多样性为基础的一致性或共同性是空洞的。

有人不愿提利益的多元性主要是看到了利益本身内在的排他性或离散性。因为，一方面，维护个体生命的存在、关心自身利益的得失的逐利行为和自利倾向，是一切生命有机体的首要法则；另一方面，从整个人类发展的宏观角度来看，人的需要与欲望的满足永远都是暂时的，利益永远小于欲望，欲望不可能完全得到满足。因此，社会系统的利益主体之间必然会导致利益的冲突，各种利益主体为获取自身的利益而互相排斥，采取某种形式的对抗，这种对抗性一旦超出社会系统的承受力与容纳力，就会造成整个社会系统的分化，破坏原有的团结和稳定性，造成某种程度的混乱失序，甚至造成社会结构组织的瓦解。可以说，社会冲突归根结底都与利益有关，利益是诱发社会冲突的根源。需要说明的是，冲突不等于失序本身。利益导致的冲突对社会的作用是个复杂的问题，具有双重性，既具有破坏性，又具有社会整合的积极性。这里我们通过简要分析科塞与达伦多夫冲突论的社会学思想来说明这个问题。

先看一下帕森斯的观点。像其他社会学家一样，帕森斯也把社会利益看作一种稀有资源。他认为，虽然这种稀有资源为每个人和每一社会组织所追求，但是，在整个社会中，对于获取或分配的方式却有一种社会整体的共识。这种共识可能表现为人们自觉地限制自己的行为，也可能是社会为达到某种程度的整合而对人们实行的强制。由于社会系统对整合的需要和整合功能在社会系统中所发挥的积极作用，因而社会生活总是秩序井然，有条不紊。不论什么时候，只要社会中出现了破坏正常秩序的现象，社会整合功能机制就会发挥其作用，对之加以制止和校正，使之恢复原有的状态。也就是说，在一个运转正常的社会中，不应有社会冲突，应该设法避免出现冲突现象。

与帕森斯不同，科塞和达伦多夫等美国社会学家对战后宏观理性与自由将至充满信心，因为他们都置身于战后相对乐观的美国经历之中。生活的经历和体验使他们不认为社会的动荡是一种不正常的现象，而是把它看作常态。由此出发，他们反对“秩序理论”，公开提出以冲突现象作为自己理论的研究重点。在他们的理论中，开宗明义地强调社会是在冲突中存在与发展的。社会必然会由于资源的稀缺和分配不均而导致发生冲突。权力分化也将带来一些享有权力的群体可能剥夺其他群体而形成的社会紧张和冲突。

总之，现实的社会是一个存在着因社会利益分配不均而彼此争斗的社会。由于社会利益的不均衡，社会在本质上就充满着各种矛盾，社会系统是一个交织着各种矛盾与冲突现象的统一体。由此，他们得出了社会在本质上就存在产生冲突的根源，在社会生活中冲突具有不可避免性和永恒性的冲突理论前提。[①]

科塞侧重于讨论社会并非一种协调而平衡的存在，它每时每刻都有不协调因素发生，现实的社会总是处于一种非平衡的状态之中。为此，他从功能分析的角度对秩序理论进行批评。科塞认为，社会整合并非只有在无冲突的均衡状态中才是最佳的，即使从强调功能的观点来讲，社会冲突也能被视为对社会具有建设性的东西、对社会的整合具有促进的功能。沿着功能分析方法的思路，科塞把社会冲突这种社会行为的功能分为积极和消极两种。他强调指出，冲突在社会生活中有破坏社会整合，甚至导致社会解体的功能，但同时又“决不仅是‘起分裂作用’的消极因素，它可以在群体生活和其他人际关系中具有某种决定性的功能”[②]。由这种思路出发，他从诸多方面论述了社会冲突在社会生活中的积极功能。可以说，科塞整个理论的建构及其对帕森斯均衡理论发动的猛烈批评，都是为了肯定社会冲突对社会整合的积极功能。为了强调冲突对于社会生活的不可缺少性，科塞以功能分析方法区分了冲突这一社会现象的正向功能和反向功能，使他的“一定程度的冲突是群体形式和群体持续的基本要素”[③]的观点得以成立，更重要的是，证实了他关于冲突在社会生活中具有不可避免性和永恒性的理论前提。

约翰逊也有类似的观点，他认为，人们难免不陷入冲突，有时还会渴望冲突。冲突能使个人最大限度地施展其才能，也是社会整合不可缺少的成分。[④]

总体来讲，科塞等人的冲突理论是正确的。由于社会主体的社会利益的

① ［美］特纳 . 社会学理论的结构 . 纽约雷瓦特出版社，1987：196.
② ［美］科塞 . 社会冲突的功能（前言）. 华夏出版社，1989：16.
③ ［美］科塞 . 社会冲突的功能（前言）. 华夏出版社，1989：41.
④ ［美］约翰逊 . 社会学理论 . 国际文化出版公司，1988：337、316.

客观存在和内在矛盾，社会生活中不仅存在着和谐与一致，同时也充满了冲突与混乱，任何时代、任何地方都不会有特例。如果漠视社会生活中的混乱和冲突，这样的社会学理论就是片面的，也是不成熟的。另外，他们提出的关于冲突存在的根源、冲突产生的直接原因等问题，虽然由于其阶级局限性所囿，不能从本质上作出科学的回答，他们对之所进行的细微探讨仍不失是对冲突社会学思想的有益贡献。但是任何社会科学理论都有一个社会历史条件问题。科塞从他的社会条件出发作出的结论有道理，但处于社会转型时期的我国如果不恰当地夸大社会冲突的社会整合作用就会陷入误区。

我们还回到问题的本身。利益对于社会的作用不仅在于产生冲突——冲突本身在一定的社会历史条件下有社会整合的作用，同时，利益本身也具有社会整合作用。我们可以从人的自然属性和社会属性两个方面进行分析：

从人的自然属性上看，人的需要具有天然的共通性，追逐利益的共同动机和本能对行为具有天然的导向作用，使人们无一例外地趋利避害。马克思主义强调人的本质属性在于社会性，但马克思主义并不否定人具有自然属性。马克思主义也从多个角度强调了利益对于人的作用。事实上，利益在不自觉中充当了促使社会凝合的角色。正是在利益的驱动下，个体的人结成了群体、阶层、民族等团体组织形式，分工协作，以求更大地满足自己的需要。恩格斯曾经分析了货币作为商品生产过程中利益的集中表现形式所产生出的力量："当人们发明货币的时候，他们并没有想到，这样一来他们就创造了一种新的社会力量，一种整个社会都要向它屈膝的普遍力量。"[①] 对于这种普遍的力量马克思给予了充分的肯定，"被历史所承认的利益是不可战胜的"[②]。由此可见，人的需要和利益的共通性导致人们价值判断和行为取向上的某种范围内、某种程度上的一致性。这种一致性正是整合社会的自发的力量，这是社会存在的基础。一个社会为什么能够存在和发展，为什么能够在失序后重建，很重要的一个原因就是这种利益的自发整合。

从人的社会属性上看，利益的整合功能还缘于个人与社会、个人利益与

① 马克思恩格斯选集（第 4 卷）. 人民出版社，1995：111.

② 马克思恩格斯全集（第 2 卷）. 人民出版社，1999：103.

社会利益之间有着内在的相互依存的社会关系，在这种社会关系中，核心是生产关系。任何个人的存在和发展都离不开他人和社会，同样，社会的存在和发展也离不开个人。“‘共同利益’在历史上任何时候都是由作为‘私人’的个人造成的。”[①] 无论从人自身的生产即种的繁衍角度来看，还是人的精神文化需要的满足都是这样。离开社会，人甚至连需要本身也提不出来，更不用说满足需要。所以，即使“从事一种我只是在很少情况下才能同别人直接交往的活动的时候，我也是社会的，因为我是作为人活动的。不仅我的活动所需要的材料，甚至思想家用来进行活动的语言本身，都是作为社会的产品给予我的，而且我本身的存在就是社会的活动”[②]。所以，“人是最名副其实的社会动物，不仅是一种合群的动物，而且是只有在社会中才能独立的动物”[③]。也“只有在集体中，个人才能获得全面发展其才能的手段”[④]。由此可见，个体的发育与成长过程就是个体接受社会、融入社会并成为社会一员的社会化过程，而社会的发展也是这种社会化的客观结果。离开个人的社会和离开社会的个人都是不可想象的。“当一个人专为自己打算的时候，他追求幸福的欲望只在非常罕见的情况下才能得到满足，而且绝不是对己对人都有利。他需要和外部世界来往，需要满足这种欲望的手段：食物、异性、书籍、谈话、辩论、活动、消费品和操作对象。”[⑤] 这样，个人从自身的利益出发，通过以适当的方式同其他个人、同整个社会协作，来满足他自己的需要，最终实现他自己的利益。正是这种对利益的追求，使人对自然、人与人相互之间产生依赖性，成为一条纽带，把整个社会全体成员联结起来，维系起来，实现社会的整合。因此马克思主义认为，“真正的社会联系并不是由反思产生的，它是由于有了个人的需要和利己主义才出现的，也就是个人

---

① 马克思恩格斯全集（第 3 卷）. 人民出版社，1995：275 ～ 276.

② 马克思恩格斯全集（第 42 卷）. 人民出版社，1995：122.

③ 马克思恩格斯选集（第 2 卷）. 人民出版社，1995：2.

④ 马克思恩格斯全集（第 3 卷）. 人民出版社，1995：84.

⑤ 马克思恩格斯选集（第 4 卷）. 人民出版社，1995：238.

在积极实现其存在时的直接产物”[①]。

无论从人的自然属性还是人的社会属性来看，利益的产生和利益实现的条件、过程等都离不开他人和社会。正是利益内在的驱动力使社会凝聚整合在一起，这样通过利益联系起来的社会具有了同一性，这正是社会存在和发展的基础。因此，不要片面地理解利益对于社会的作用。有的人担心在社会转型时期强调利益的多元会导致社会的失序，这种担心只是看到了事情的一个方面。由于利益的这种内在的整合功能与社会发展的契合，使社会秩序的建立有了现实的基础。当然，利益的整合功能的实现，不能仅仅依靠其自身的属性，还要依靠社会制度的保障来实现。

（二）社会利益整合的途径——制度的建立与政府的功能

从上述分析可以看出，利益本身包含着二重性，一方面具有排他性，另一方面具有社会整合作用。利益功能的离散与整合是一对共生相伴的范畴，二者无论是作为社会现象还是社会功能，都是相辅相成、互为依托、不可分割的。这里关键是政府——通过制度的建立，如何把利益的这两个方面协调好，减少社会冲突，发挥利益的社会整合机制的作用。

利益的社会整合机制是借助国家制度和法律、法规等规范性的中介得以运行和实现其功能的。制度可被视为共同价值标准的物化形式，共同的价值标准总是蕴含着无数个体利益冲突的折中与混合。有效的制度结构既能够为个人提供比较巨大的利益激励和比较充分的自由选择空间，也能够为人们建立比较有效的利益约束和行为规范，从而可以在个人利益和公共利益之间架起一座沟通的桥梁，进而达到个人利益与公共利益的高度整合。同样，当某种制度获得社会的高度赞同时，便意味着制度这一中介桥梁在人类文化体的物质系统与解释系统之间，即物质与精神、经济与文化之间，实现了更大的一致性、同一性和整合。具体地说，利益的社会整合机制正是通过法律制度化的机制得以实现。正如美国法学家庞德所指出的，法律制度的作用在于“尽其可能保护所有社会利益，并维持这些利益之间的、与保护所有利益相一致

---

① 马克思恩格斯全集（第42卷）.人民出版社，1995：24.

的某种平衡或协调”[①]。针对政府外的社会冲突，法律制度提供了统一的行使强制力的程序和标准，从而使一个社会获得普遍的法律秩序成为可能。为了保证法律的原则和程序得到执行，近代以来的所有国家都建立起了相应的组织机构，通过这些组织机构，维护法律规范的责任和权利，从而实现对社会的有效控制并获得相对稳定的社会秩序。从利益整合的角度来看，法律制度提供了利益最大化的秩序稳定性，它为经济过程提供了一个互惠的合作环境；同时又制约着不同利益实体在追求差异极大的目标中不致出现均受伤害的公然冲突。可见，法律制度提供了这样一个空间：使无数个体利益冲突得到折中和混合于其中，每一个有着特殊利益要求的个体都可以在这个空间的范围内从事着自身选择的活动，外在的强制性规范又对这种选择有着约束作用。

现代市场经济是各种制度（如明晰的产权制度、民主的政治制度、发达的交易规则等）的有机组合，“规则的作用一般是通过确定人们对其他同伴有哪些预期来消除他们之间的利益冲突”。[②]可见，利益的冲突与协调、利益的离散与整合之间保持一种张力的平衡是决定社会发展的一个重要因素。

另外，实现利益的整合，政府的作用是无法替代的。政府通过其所垄断的绝大多数社会资源来实现对社会的全面而严密的控制，进行利益的分配调控，从而为社会提供一种秩序。传统社会，政府通过掌握的公共权力为社会提供秩序，随着社会的发展，由于人们越来越崇尚法律制度化的社会秩序供给，即把原来政府的强制力用法律制度固定下来和体现在强制力行使的程序之中。在现代化进程中，即在生产经济不断发展的条件下，社会利益的分化和多元化引发了社会构成因素的多元化，出现了多元的利益群体，具体表现在各类社团组织的产生和中介组织的迅速发展上。由于这个原因，当代社会出现了以中介组织的形式或通过中介组织而进行的社会自治或自我管理。这是一种来自于社会自身的社会秩序保证力量，并成为日益受到人们广泛关注

① ［美］博登海默．法理学——法哲学及其方法．邓正来，等译．华夏出版社，1987：141 ～ 142.

② ［美］诺斯．制度、制度变迁与经济绩效．刘守英译．上海三联书店，1987：50.

的社会秩序供给途径。但是中介组织的作用是有限的，而且如何保证中介组织发挥正向的作用而不是负向作用，还有一个对中介组织的规范和管理的问题。如果政府不能在法律、政策的框架下实现对中介组织的控制和管理，那么中介组织不仅不会成为健全社会秩序的积极力量，反而会成为破坏社会秩序的消极力量。

以利益为基础的社会存在的同一性离不开政府的努力。实行社会主义市场经济，政府在维持和保证利益公平方面的作用是无法替代的。利益的公平需要制度化的基础，但是，公平作为道德价值范畴，它的实现所依据的最直接的力量是政府。在任何时代、任何国家，都是直接通过政府来维护和实现社会公平原则的。特别是在我国正处于社会转型的变动和急速发展时期，政府更是不可缺少的社会整合力量。在一般情况下，社会秩序的获得是可以在政治、经济、文化等多种社会因素平衡互动中实现的，社会自身包含着自我整合力量。但是，在社会转型时期，会出现社会各种因素发展的不平衡，并会打破旧的平衡，以致社会在从旧的平衡到新的平衡转变的过程中处于暂时的失衡期。在这个时期，人们普遍感受到自己处于一个极不确定的环境中，他对自己行为的预期效益，以及他按照传统的观念而应当获得的利益都失去了保障，因而他会表现出强烈的急功近利的心态，会通过其行为的短期化来追逐短期利益的实现。在公共领域表现为贪污腐败；在私人领域表现为越轨行为；在经济领域表现为唯利是图、不择手段，等等。这样就进一步加剧了社会失序，甚至会导致社会的动荡不安。这个时候，非常需要政府来充当社会公正维护者的角色。应当说，在公共利益与私人利益发生分化的现代社会，政府是应当也能够成为社会利益公平的最重要的维护者，是实现社会存在的同一性的重要力量。

总之，利益内在的离散功能可能在某种程度上损伤社会系统的统一，破坏社会的有机团结形式，降低社会系统要素的向心力和凝聚力，阻碍社会在有序的状态下高效率地运作和协调发展，情形严重者，甚至会造成社会的混乱、动荡，破坏社会生产力，打断社会进步与发展的进程和良性循环运作的进程；但它同时又具有释放敌对情绪的“安全阀”的作用，能激发出社会系统的活力和创新力，从而推进社会发展。整合功能可能在保持社会统一和稳定，维持社会秩序和团结，增强社会凝聚力和抗震荡能力，防止社会崩溃、分化和瓦解，防止社会因混乱无序而中断发展进程等方面，表现出重大的积极作用，但它同时也可能因借助制度的合法性、权威性和强制性而陷于僵化和保守，使社会系统各要素受到过多钳制，从而扼杀了社会机体的活性和人的主体性。利益的离散功能与整合功能在实行市场经济体制的当今中国社会将会表现得尤为明显。效率与公平是任何一个社会追求的两大根本性目标。市场经济是法制经济，没有法规与制度的制约，市场将无法在公平的环境中运作；市场经济也是竞争性经济，没有利益的激励作用，市场就难以以高效率的方式运转。

综上分析，社会存在的统一性来自于对社会利益的整合。一方面，要认识到利益自身的社会整合作用；另一方面，要建立起完善的制度（尤其是法律制度）体系，发挥政府的作用，这样使社会存在高度统一，社会秩序的建构才有可能。当然，建立社会存在的同一性还不够，还要建立社会意识、社会制度的同一性，这样才能实现社会整合，建构新的社会秩序。

三、道德价值整合——社会秩序获得的根本出路

社会的“杂乱”来自社会价值观的“杂乱”，因此社会整合的核心最主要是要对混乱的和倾覆的价值体系进行重塑。问题的关键是建立一个什么样的价值体系？这是一个颇有难度的课题。因为，新价值重塑本身就是一个过程，社会很难在价值重塑的同时迅速确立起一个为人们普遍接受且自觉遵守的新价值体系。这样价值重塑的直接结果之一很可能是价值要求的多元化。而现代化和市场经济导致个性意识的觉醒，个体地位的存在，使这种可能变为现实。当然，多元化本身并不一定是消极的，问题在于如果是一种纯粹的多元而形不成一元共识，那么多元就蜕变为杂多，形成杂乱的局面。历史地看，价值重塑过程本身是一种思想解放过程。在这个过程中，当原来支配人们的具有神圣权威的价值体系失落时，就会出现既有行为规范与精神依托的失落。而社会的秩序、稳定，必须要有一定的社会精神作为内在凝聚剂，必须要有一种积极的价值精神作为这个社会的事实上的意识同一体。

马克思主义认为，存在的同一性决定意识的同一性。同时又认为，意识的同一性并不简单地等同于存在的同一性，它有自身独特的内在发展逻辑。但总体上意识的同一性与存在的同一性的内在发展逻辑是一致的。既有存在同一性的变更会导致既有意识同一性的失落，而既有意识同一性的失落则会出现价值重估现象。意识的同一性是维系整合一个社会的极为重要的方面。如果说存在的同一性只是以一种自在的方式整合社会的话，那么，意识的同一性则是以自觉的方式整合社会。这是一种精神上的统一、整合与维系。社会存在变化虽然多样不定，但只要存在着那样一种能够统摄民众的社会精神信念与信仰，那么社会仍然会保持其内在的基本秩序，仍然会保持相对稳定的基本生活方式，社会在其发展过程中会源源不断地向物质生产过程提供精神动力。总的来说，社会的秩序、稳定，必须要有一定的社会精神作为内在凝聚剂，必须要有一种积极的价值精神作为这个社会的事实上的意识同一体。这在社会转型时期尤其重要。不过，相对于社会物质生活过程而言，建立一个大致有序的新的物质生活秩序是比较容易的，但是建立一个新的为民众普遍真正认同并自觉践履的社会价值精神则是相当困难的。正因为如此，迪尔凯姆尤其强调社会整合中的道德因素的作用，而马克思和恩格斯特别注意科学的世界观和意识形态的作用。我们将分别对此进行讨论。这里我们先讨论道德在社会整合中的作用问题。

（一）道德意识整合

正如许多学者认为的那样，如果考察社会整合本身所有可能的条件，道德就成为不能不加以考察的一个方面。考察道德首先应关注的是一般意义上的道德意识或道德观念。道德意识是道德的价值确认，作为历史的产物，无疑具有相对性、历史性的一面。但历史性总是同时渗入了具有普遍意义的联系。与历史过程的这一向度相应，道德意识往往也包含着普遍的内容。就共时性之维而言，一定历史时期的共同体中，通常存在着对该共同体的成员具有普遍制约作用的道德意识；就历时性之维而言，某些道德的意识往往在不同的或较长的历史时期产生影响和作用，而不限于某一特定的历史阶段。这种具有普遍内容的道德意识通过教育、评价、舆论等手段的提倡和引导逐渐成为一定时期社会成员的心理定式。迪尔凯姆所称的“集体良知”从社会心理等层面为社会的整合提供了某种支持。西塞罗把公正列为四种基本道德意识之一，认为这种道德意识的功能在于“将社会组合在一起”。公正观念与社会整合之间的联系，当然并不仅仅限于古代，在社会转型的今天，合法社会秩序的建立同样离不开公正等道德观念。

社会整合从个体的维度来看，还涉及一般意义上的道德理想、人生信念等。个体对社会的接受和参与程度往往受到这种观念的制约。当个人处于所谓存在的孤独状态时，他常常倾向于从社会回到自我封闭世界；对社会的这种隔绝，并不仅仅是由于交往障碍等与他人的分离，在更深的层面上，它也与道德资源的缺乏相联系，这种资源包括积极的人生信念对生命意义的正面理解、对存在价值的肯定态度等。对没有道德理想并以否定的态度对待人生过程的人来说，消沉、绝望、无意义感往往成为其难以排遣的情感体验，而对他人的冷漠，以及对社会的疏远乃至排斥则是必然结果。

从一般的社会交往层面来看，利他主义是社会道德整合的基础，这与社会主义道德的发展方向是一致的。对他人利益的肯定、关心等是社会成员能够和谐相处、社会共同体能够维系的前提之一；而这种与自我中心相对的行为趋向，在道德上又与利他的意识相联系。所以迪尔凯姆曾强调，利他主义是社会的基础，人们离不开利他主义，只有人们相互作出牺牲，人们才能生活在一起。利他主义不一定取得抽象的理论、原则、规范等形式，而往往是以日常意识的形式存在，这种意识本身源于历史过程，如荀子所说，人只能在“群”的条件下才能生存，也就是在彼此结成一定的生活联系的条件下才能生存。

道德意识的社会整合作用最有效的存在方式还是转化为一种制度化的事实。在制度化的事实中，道德已具体化为存在的实际内容。同时，通过融合于制度事实,道德观念和道德意识也获得了制约社会整合的一种现实机制。首先可以从行为秩序或行为的优先序列作一分析。个体在社会系统中往往承担多重角色、涉及多重关系，与不同角色相联系的行为，往往难以在同一时间中相互兼容。为了避免由此可能导致的冲突，便需要在义务及行为之间建立一定的秩序。而一般的道德意识通过制度化，也进一步成为参与社会整合、避免社会冲突的现实力量。

道德意识往往通过取得习惯的形式参与社会整合。习惯与人的日常生活紧密相连，它常常以合乎自然的方式制约着社会成员的行为。习惯中凝结了历史形成的道德意识。就道德的实践层面而言，习惯也可以看作是道德意识在思维定式、行为方式方面所形成的自然趋向。就其与社会生活的关系而言，习惯本身又构成了以自然的方式组织日常生活的重要方面，它使日常的社会生活无须法规、原则的人为约束和引导，也能够保持有序状态。正是通过凝结和融合于日常生活的层面，它为社会整合的实现及社会秩序的建构和延续提供了担保。

道德意识蕴含着价值的确认，作为存在及其关系的肯定和确证，价值观念和原则构成了道德意识更为核心的内容。在其现实形态上，道德意识与价值观念往往相互交错，很难截然加以分离。因此，道德对社会生活的影响往往也和价值观念的制约联系在一起。共同的价值原则，往往成为一个社会共同体中不同成员相互交往的基础，而社会的共识，以及由此达到的行为协调，也同样离不开对意义、价值的共同承诺。价值观念对实现文化认同和社会共识有着深刻的影响。共同体的文化认同和立场协调，主要从价值导向等方面推进了社会的整合。基本价值原则与道德理想相互融合，同时又构成了合法性确认的根据。一定社会或时代的社会成员，往往是从该时代普遍接受的价值原则出发，对所处社会形态或秩序的合理性及合法性作出评判。合理与合法虽各自有其不同的意义域，但二者内在地紧密联系着。诚然，合乎一定时代的基本价值原则并不是合法性确认的唯一前提，但它却为确认既成社会形态合法性提供了一种支持，当缺乏这种支持时，社会系统的合法性便容易面临危机。

在传统社会，权威主义的价值原则曾为这一时期的社会秩序提供了根据；近代以来，自由、平等、正义等逐渐成为主流的价值原则，它们同时也成为社会体制合法性评判的依据：当某种体制被认为合乎这些原则时，其合法性便获得了辩护；而当二者被视为相互冲突时，这种社会的合法性往往会受到质疑。合法性的确认是对该社会加以认同的逻辑前提之一。可见，在为合法性确认提供支持的同时，作为道德意识深层内容的价值原则也作用于社会整合的过程。还需要申论的是，道德意识与价值原则在社会变动时期也表现为社会整合的某种力量。例如，在走向近代的过程中，个性解放、自由平等、民主正义等道德观念和价值原则，往往成为凝聚团结各种社会力量的旗帜，并激励人们为打破传统束缚、实现社会的历史转换而努力。在这里，道德观念和价值原则无疑以特定方式表现了另一意义上的社会整合作用。

由此可见，道德意识对社会的作用不是像杜威理解的那样仅是一种对现实浪漫的修饰。事实上，道德意识本身已经渗入了不变的道德理想。如果道德意识仅是空中楼阁而排斥一切道德理想，则生活世界将被分解于互不关联的特殊时空之中，难以实现其内在整合。

（二）基准道德整合的优先性

道德整合是通过具有伦理性的风俗习惯、道德规范、个体良知将社会统一为一个整体。道德整合是社会的内凝剂。需要注意的是，不能将道德规范要求作为社会国家生活的规范要求，否则就会陷入伦理政治的泥坑。

在社会转型时期，道德整合是基准道德整合。所谓基准道德，是指维系社会正常交往的最基本且不可缺少的道德规范，同时它也是做人的最基本且不可缺少的道德品质。社会的这种道德规范与个人的这种道德品质是一致的。社会的这种道德规范品质化为个人的自觉就是做人的最基本品质，个人做人的这种最基本的道德品质表现于社会层面就是社会的这种道德规范及其社会秩序。如果一个人缺少这种基准道德，他就失去了做人的资格。而一个社会如果失去了这种基准道德，社会就失去了最基本的秩序。基准道德与价值信仰不同，价值信仰是对价值观念、价值体系职能的区别，核心是一种虔诚笃信的信念，价值信仰表达的是一种根本价值取向。基准道德不是一种道德体系，更不是一种价值信仰，而是一些特殊道德规范及与其相应的道德品质。

一是，道德作为规范体系有层次之分，既有最基本的规范要求，也有比较崇高的规范要求。其中，作为社会正常交往活动中最基本的规范要求有很强的约束力，以至于往往以国家意志的形式存在，与法律规范相重合；而那些更高层次的道德要求其约束力则相对较弱，它们更多地是以被倡导的形式存在。

二是，道德规范体系是一个完整价值体系，它服从于一种价值理想与价值信仰，不同的价值体系表现为不同的意识形态体系。在一个价值体系中，最基本的道德规范要求相对远离作为意识形态的价值中心，而具有更多的价值中立性，它们较少地具有意识形态特征，而是更多地具有作为人之为人或社会公共理性的一般内在规定性特征，具有更多的一般做人的价值意蕴、社会一般公共秩序与公共价值之特点，因而，它们可以为不同的价值体系所共有。在一定意义上说，它们是全人类的共同语言与财富。需要指出的是，道德的中立性并不是指这些道德规范要求在所有的道德价值体系中的作用都是一样的；相反，它们总是服从和服务于其所从属的价值体系中的价值核心部分，并事实上是为那样一种价值体系所代表的利益集团服务，从而表现出强烈的价值属性。所以，所谓超越意识形态，只是理论上的超越。尽管如此，基本的道德规范虽然总是作为特殊价值体系的组成要素存在于某种价值体系中，并且其具体内容受某种价值体系所规定，但是，它们却具有永久性。

基准道德整合可以从其与道德理想的关系中看出。由于在一个民主社会中，社会有多个社会集团，因而也会有多个价值信仰。信仰自由又赋予各种信仰平等关系，而这些信仰、意识形态之间的价值目的都不相同，而且各自在其特有的价值体系中都有存在的逻辑理由，这种最高价值目的的差别会反映到道德理想的具体内容中。这样，社会生活中的道德整合，就只能是为所有公民、集团都能接受，且能有效遵守的基本道德。

基准道德是道德的底线。社会转型时期道德底线不断被冲破，严重影响到社会的普遍道德水平。例如，一些医生为了一己之私不惜损害患者利益，从中牟利。患者花 10 元钱可以看好的病，却要花掉几万元。这种缺少最基本的道德的行为在其他一些行业中也很普遍。所以，基准道德整合在社会转型时期具有优先性。

需要指出的是，强调基准道德整合不是降低社会的道德价值水平，而是为社会的发展寻找一个价值同一的基础，这样才能符合一个多元社会发展的需要。以前我们在这方面注意不够，往往把道德水平定得极高，这样一种儒家倡导的“圣人道德”标准一般人很难达到，这样就无法起到社会整合的作用。当然，我们也不能因此否定社会高层次道德的社会作用。

综上所述，在社会价值整合中，以法律为基础，强调社会基本制度，强化基本道德，似乎使整个社会生活秩序在缺少激昂高尚的同时显得平俗。然而，这样整合后的社会，社会制度在总体上是基本公正的，社会秩序是生动和谐的，社会风尚是清明的，这样的社会才能拥有持久、稳定的社会秩序。

（三）社会主义思想道德整合的现实性

基准道德在社会整合中的作用并不排斥社会主义思想道德建设的整合作用。重视道德在建设中国特色社会主义中的作用和地位，也是我国长期革命和建设实践经验的科学总结。在长期的革命斗争实践中，我党一贯重视思想道德建设，始终把思想道德建设作为团结全党进行伟大斗争的中心环节，根据党在不同时期的总任务和具体实践，总是把思想道德建设放在重要的地位，因而能够使革命队伍在环境非常严峻、物质条件极端困难的情况下，保持坚定的共产主义信念和旺盛的革命斗志，使全党在重大的历史转折关头很快取得统一认识，从而把社会主义革命和建设事业不断推向前进。

毛泽东在领导中国革命的伟大实践中，根据主观因素在一定条件下具有反作用的原理，全面系统地阐述了思想建设的重要性，形成了一个完整的思想建设的理论体系。从红军建设初期到延安革命根据地的建设时期，毛泽东都十分强调思想道德建设的重要性。在解放战争中，正是通过这种道德建设内化而成的巨大精神力量，使中国人民万众一心、众志成城，以排山倒海之势摧毁了蒋介石的腐朽政权。革命胜利后，毛泽东告诫全党要特别注重加强党的思想建设和作风建设，警惕、防止腐蚀和侵袭。他要求全党要在胜利面前保持清醒的头脑，要保持谦虚、谨慎、不骄、不躁的作风。这就为党执政后对认识道德在社会发展中的作用奠定了基础。党的十一届三中全会以来，社会处于激烈的转型时期。在由计划经济向市场经济的转轨过程中，社会主义市场经济对于优化资源配置、调动人民的生产积极性、促进生产力的快速发展起到了巨大的作用。但是由于市场经济所固有的负面效应，以及社会主义市场经济体制还不够完善，在经济发展的同时，社会的道德水平出现了滑坡现象。邓小平及时指出：“我们要建设社会主义国家，不但要有高度的物质文明，而且要有高度的精神文明。”“要批判和反对崇拜资本主义、主张资产阶级自由化的倾向，批判和反对资产阶级损人利己、唯利是图，‘一切向钱看’的腐朽思想，批判和反对无政府主义、极端个人主义……在思想政治领域把上述的斗争进行到底。”① 邓小平理论中有关社会主义道德建设的思想十分丰富，是邓小平理论的重要组成部分。

道德和法律一样都属于社会上层建筑的范畴，它们都建立在社会经济基础之上，由经济基础的性质所决定，并对经济基础发生反作用。不同的时代，不同的经济基础，就有不同的道德标准和价值体系。

我国已经实现了从计划经济向市场经济的转型。社会主义市场经济具有自己特殊的本质规定，它产生于封建小农经济，却又完全不同于封建闭锁的自然经济，也与社会主义国家的宏观调控和社会主义共同富裕的根本目标紧密联系。以此为基础的社会道德建设必须根植于中国的现实国情，包容、继承我国传统道德的精华，吸取包括西方在内的人类的一切优秀道德精神，努力摒弃残留的腐朽没落的封建道德和资产阶级道德残渣。挖掘并培育适应和促进社会主义市场经济发展的新的时代内涵和精神特质。社会主义道德建设必须服从和服务于社会主义市场经济。然而由于社会转型，体制尚未健全，市场经济所追求的利益最大化和激烈的竞争，刺激了社会部分人的私欲，金钱至上、权欲膨胀、唯利是图、损人利己、损公肥私、权钱色交易、贪污腐败等腐朽思想和行为在社会上沉渣泛起，严重危害了人民利益和社会稳定，破坏了市场经济的有序竞争，并将损害经济的持续发展。为了保持经济持续增长所必需的稳定的社会秩序，我国社会主义市场经济急切呼唤社会主义道德建设。一是要处理好“义利统一”的社会主义价值导向；二是要坚持效率与公平相结合的原则。

在坚持依法治国的前提下，要重视道德建设的重要性。法治如果离开了道德基础，法律的统治就会变成暴政。文明社会中一般的法律原则和法律规范，本身就是一种道德原则和道德规范，或者是某种特定道德观的化身，或曲折地反映出该社会的道德理念。法治要以道德为价值准则。法律的合道德性是法律权威性的一个内在根源。法律只有合乎道德，才能获得社会成员的

① 邓小平文选（第 2 卷）. 人民出版社，1994：368 ～ 369.

尊重和信仰，才能获得实际的普遍效力。法律被赋予一种天然的伦理属性，必须体现某种伦理精神，追随某些道德目标，遵循某些价值标准。假如法律背离了人类最基本的伦理目标和道德准则，它就是不道德的，将丧失约束人们行为的道德基础，在人们内心深处也是无效的。这样，在国家意志不能被有效施展的领域，人们行为处事所遵循的规则将不是法律，而是他们心中的道德律。法律和道德作为两种相互联系的社会控制方式，共生并规范着同一社会，它们在调整范围上有着广阔的共同领域。而且，随着现代社会的发展和社会关系的日益复杂化，需要法治手段调整的领域越来越广阔，这就意味着法律和道德共同调整的领域正在不断扩大。只要法律和道德遵循大致相同的价值取向，它们各自建设的强化都意味着给对方以极大的支持。从某种意义上讲，二者有“唇亡齿寒”、休戚与共的关系。从更广阔的角度来看，法治的真正实现必须以全社会充分的道德思想提高为基础。法治的外在强制性的担保必须以人的内在自发性世界为根基，在与人的主观自发性相结合时才能发挥出真正的效用。人们的主观自发性正是道德建设的结果。一个社会的道德水平越高，内在守法的意识就越强，建立法治社会的可能性、法治实现的程度就越高。

作为非正式制度的约束，道德内在于人治和法治这两种国家治理的主导方式模式之中，以促成人治与法治模式的实现。道德本身不能成为单独的或者说主导性的国家治理方式，但在法治社会中，道德的作用与以前相比，发生了新的变化。首先，对于社会秩序的稳定来说，道德建设更具有根本性。它不但是行为层面的约束，而且是思想观念的约束。当前人们精神生活中存在的种种问题，其根本在于一些人的思想观念失去了道德约束。为了社会秩序的稳定，我们需要重建中国社会的主体文化，需要重建在国家法律的习惯法之外的、根植于广大民众内心的一种民间的道德规范，来引导和约束人们的日常行为。其次，道德具有教导性。道德对民众起着一种教导作用，以防范人们的思想道德滑坡，从而提高公民的精神文明程度，使犯罪率大大降低。另外，道德更具有自发的调节性。道德通过人的内心自觉和社会舆论自发地调整社会秩序。人们可以选择自己的行为准则和价值目标而免予受到周围的强制性要求。法律没有也不可能涉及道德的所有领域，如果将一切道德的责任尽化为法律，对所有的不道德行为进行法律约束，就会吞没公民合理的道德自由，毁灭道德。同样，将法律道德化，以道德判断来代替法律约束，法制就无法确立。

我国社会主义市场经济的建立，为道德的现代转型提供了现实基础，而法治和道德建设也正是市场经济发展的内在要求。社会道德建设与经济繁荣相辅相成，相对于经济资本、人力资本而言，社会道德是一种社会资本，是经济能否持续发展的重要因素，缺乏道德因素的支持，必然导致法治失去普遍效力。

（四）迪尔凯姆的道德整合思想评析

之所以关注迪尔凯姆对于道德在社会整合中的作用，不仅是因为迪尔凯姆多次强调了关于道德整合在社会中的作用，还有一个原因是他所处的时代的特点。迪尔凯姆所处的时代也是从农业社会向工业社会的转型时期。随着市场经济的发展，由工业化所带来的社会分工发展、个人主义盛行、社会稳定的纽带的丧失、贫富差距加深等社会矛盾十分突出。迪尔凯姆正是在这种背景下分析了社会失序、失范的内在原因，强调了道德的社会整合作用，以及这种能够发挥作用的机制。这对于正处于社会转型时期的我们来说，具有重要的借鉴意义。

迪尔凯姆把社会整合称为“社会团结”。他认为，把个体联结为社会的力量不是卢梭所说的理性契约，不是斯宾塞所说的满足于个人利益的自由竞争，也不是孔德所说的国家强制，而是一种被称为“集体意识”或“集体良心”的“同一社会的一般公民的共同信仰和情操，是社会成员在最基本的道德规范上的一致性”。他不仅认识到了“是集体良心在整合着社会成为统一体，在规范着个体行为符合道德评价的标准，在维系着社会的正常运作和有机发展”；还指出传统社会的机械团结（整合）和现代社会的有机团结（整合）之间的区别。他认为，在传统社会向现代社会的转型过程中，对于整合状态破坏的最大危害并不来自某些专意破坏集体良心或社会道德的罪犯，而是来自社会本身由于人口增长和生产发展所造成的社会分工。因为分工破坏了以强烈的集体意识为特征的道德规范，使不同职业的人们在生活经历、生活方式和价值观念等方面的同质性降低，从而削弱了传统社会的机械团结的纽带——集体意识。而伴随集体意识对个人控制的减弱，人们的个性随之膨胀发展，个人意识逐渐占据社会的主导地位。那些高度一致的共同价值规范，开始向初级群体和农村社区退缩，或逐渐向高度抽象的层次如自由、平等、公正等演变。

迪尔凯姆不是简单地认为社会分工的社会分化作用，同时还认为，社会分工还形成了全社会的相互求助和依赖。从事不同职业的个人和群体为了自身的生存，就不得不依靠别人的产品和服务，同时也为别人提供产品和服务。正是这种相互依赖的新的团结感才支持了现代社会的整合基础，防止社会解组的危险，生产了一个产业群体与另一个产业群体的职业道德，弥补着已经断裂和松弛的原有社会道德的裂缝。迪尔凯姆反对那种强制性社会分工。因为它过早地破坏了原有的集体意识，打碎了以全社会为基础的道德规范的连接链条，强制性地进行全速性社会改组，致使新的群体间的职业道德无法建立，这就丧失了全社会范围的善恶评价标准，形成了“失范状态”，使社会无法整合为一体。迪尔凯姆从社会分工的角度分析社会转型进程中的社会失序和社会整合的内在机制，分析十分深刻，有很强的说服力。

在分析道德的社会作用时，迪尔凯姆从道德的社会产生及道德本质理论的角度逻辑地断言道德的功能是维持社会的整合。他认为，道德是从社会集体生活和社会理想中产生的，所以道德必然要为社会集体利益服务。他认为，不论是指向行为者自身还是行为者之外的其他单个人的行为都不具有道德价值，唯有指向社会的行为才具有道德价值。就社会利益而言，他认为最大的社会利益乃是社会的稳定和整合，因此道德的功能是社会的整合。一旦道德不足以满足这个功能，那么就必须变革这种道德。换言之，如果道德不是为了维持社会整合，社会集体生活也不会产生这种道德。他显然继承了实证主义传统。实证主义认为，社会是一个以各组成部分同整体之间的和谐为特征的有机集合体。孔德坚信，在现代工业社会里，社会内聚力产生于道德和理性力量，而非产生于军事或经济力量，只有道德力量才能为经济活动提供充分的调节，只有道德才能维系社会和谐。迪尔凯姆接受了这一观点，但他不同意孔德关于市民社会本身不能从它自发形成的组织中产生社会整合所必需的价值观的观点，也不同意孔德关于社会整合必须自上而下实现的观点。他反对斯宾塞的社会契约论的整合论，认为个人自由追求自身利益，社会就会得到适当调节与整合。他认为，这种理论的原子主义的个人主义无法说明每一种契约关系都涉及第三者和作为调节此类关系的前提的社会规范。他坚信，如果没有普遍化的道德规范，社会不可能达到整合，只有社会的各部分、各成员之间达到和谐发展，构成一个自发产生的有共同利益和共同兴趣的道德联合体，社会才能生存和发展，才会达到整合。

迪尔凯姆认为，道德的规范性表明道德具备强制力和对道德制裁的维持，这种强制力和制裁目的是为实现社会的整合。同时，由于社会集体赋予个人以美好的品性和条件，因此，人们对社会集体自然会产生仰慕之情，这样就可能自主地按照社会道德规范所要求的去行动。这表明道德的本质因素可以保证道德实现社会整合的功能。但是，由于个人主义随社会分工的发展而增强，利己主义也存在增长的趋势，因此，要达到维持社会整合的目的，必须加强道德对人的行为的调节作用，这一方面要有可供遵循的道德规范；另一方面要采用有效的手段使人们遵守这些规范，自觉维护社会道德的权威性。

人的社会化涉及诸多方面，但最重要的是道德的社会化。道德社会化的过程是由道德规范、社会习俗、道德理想等向个人道德品质、道德情感和道德行为的转化过程，是从道德纪律向道德自主的发展过程，即社会道德的内化过程。道德纪律是道德内化的基础，它有两个功能：一是使个体行为合乎道德规则；二是给予各种行为以一个确定的目的，这个目的就是社会整合，同时使行为限制在目的所要求的范围内。道德自主是道德内化的最终目标，其基本要求是通过对道德规范的认识，产生自觉理解，形成支配行为的动机，最后产生自律的行为。通过从道德纪律向道德自主的发展，社会所产生的道德规范和原则为个人所接受，从而人们就可以自主地按社会规范的要求去行动。由于社会道德是为社会整合而产生的，所以个人的自主行为就有利于社会整合。这样，通过道德教育，道德规范内化于个人行为、情感之中，人们可以自觉地按社会要求行动，从而促进了社会的整合与稳定。这正是迪尔凯姆强调道德教育的原因所在。

在解决如何使人们遵守道德规范的问题时，迪尔凯姆提出道德不能没有权威，他认为，世俗道德教育的无能为力的原因在于它没有找到替代上帝的道德权威，即它缺乏一个形而上的基础。宗教在以前起着维持社会整合的作用，但是，从本质上看，宗教的基础不过是社会集体的道德力量；反过来，宗教为道德力量提供了一个强有力的神圣权威。随着道德世俗化，道德对社会的整合功能也逐渐式微，要重塑道德的社会整合功能，不能重新起用宗教力量来强制，道德教育也不能重新起用上帝来制约。他认为，既然社会是道德的源泉，那么道德的新权威只能是产生它的社会。他说，康德主张上帝，没有上帝，他关于道德的假设是不可理解的。我们则主张与个人有着特殊区别的社会，因为如果不是这样，道德就没有目的，义务也没有基础。重建道德的形而上的基础，只能以社会作为道德的新权威，社会为道德力量提供了坚强后盾，这样，道德教育才切实有效。

但是，由于市场经济的发展，社会分工的深化，作为统一体的社会也分化为不同利益亚群（subgroup），如何在分化的社会亚群中树立道德的权威基础呢？他提出了工业社会里的职业联合体理论（theory of occupational associations）。迪尔凯姆认为，现代工业社会的发展，使家庭的意义发生变化，宗教力量业已式微，传统上作为社会权威的家庭和宗教已不再能产生出重要的维持社会整合的道德原则了，这是他不同于孔德的地方。与新黑格尔主义不同，他认为，国家的过分强大可能危及个人的自由，况且在市场经济条件下，国家不能控制生产和价格，对个人的影响力已衰弱，因而不能依赖国家治愈工业社会的所有社会病。政府只能通过强调人们的爱国主义义务来减少失范，但是爱国主义从未强大到足以克服工业生活的厌烦（boredom）。既然经济力量日益强大，人们的大部分生活处于经济领域，既然经济原因是导致社会失范的根本原因，因此，他认为，这种失范只能由工业社会自动地产生联合和规则来克服，即通过职业联合体来克服。在经济生活中，“只通过团体就能有效地控制职业行为，这个团体与职业行为密切相连，它了解行为的作用，理解行为的需要，而且随职业行为而变化。这个能满足所有这些条件的唯一团体将是由所有工业的联合且形成一个单一主体的参与者所形成的团体”[①]。这个团体就是职业联合体。他认为，在工业社会里，制约经济发展的道德权威只能是职业联合体，唯有由职业联合体产生的道德才能维持工业社会的整合与稳定，控制利己主义的过分蔓延。因为这种道德是由从事职业活动的人们集体产生的，不是从外部强加的，人们理解并接受这种道德权威和纪律，能够自觉有效地遵守。

承认主宰经济部门的道德由职业联合体产生，并不否认其他社会力量的制约力。迪尔凯姆认为，经济部门可以对道德施加影响，但这远远不够，因为经济不是社会生活的全部，因此，社会整合与稳定要求的道德要强大得多。他没有把市场经济化为一个经济问题或价值问题，他承认经济因素和道德因素在社会中是相互影响、彼此独立的，经济领域的道德具有相对独立性，它同其他道德惯例是相互作用、相互影响的。

试图对迪尔凯姆的道德的社会整合理论提出一个全面的评价似乎是困难的。我们探讨迪尔凯姆的社会整合理论的目的是试图寻求有益于我们当前道德建设的可供参考的经验。尤其是把道德的失范看成是社会转型时期社会失序的原因很有启发意义。可以说，迪尔凯姆关于道德的社会整合问题探讨的领域十分广泛。在这些探讨中，有许多是很有价值的，对我们也很有启发意义。但是，应特别注意的是，迪尔凯姆在分析这些问题时是站在社会发展的总的进程中评判的，而处于社会转型时期的我们更要注意与我国的具体历史条件相结合，对道德的整合作用进行分析与评判。尤其不能过分夸大道德的自发的社会整合作用。从社会历史长期的过程透视道德的建设，其表现出很强的自发性质，但是这些自发的过程其实包含着许多理性的自觉建构。自觉的建构不是一味地人为制造，而是在对社会主体道德行为基础上的归纳和总结。

社会转型时期的道德建设问题是个不可回避的问题。经济的发展是否必然会带来社会道德的进步，是否应当以道德为代价获取经济发展，这是社会转型时期现实向理论提出的问题。但是，一个不争的事实是，当前社会确实存在许多道德衰败现象，人际关系的冷漠、利己主义的泛滥所带来的问

① E.Durkheim. The Division of labour in Society. New York，1933，5.

题等都使我们不得不深思。应有勇气去面对这些问题，而不要对此寻找开脱之词。

事实上，经济发展并不必然会带来社会整合，社会秩序的稳定发展必然需要有相应的道德价值作指导。但是，在市场经济条件下，有人认为道德可以是指向个人利益的行为，所谓“利己不损人”的价值观，就是这种观点的典型代表。实质上，“利己不损人”最终只能导致“利己主义”的泛滥，因为“利己”的欲望是无限的，“利己”只能带来竞争和争斗，而竞争并不会自动导致社会秩序，也不会主动产生“不损人”行为。因此，所谓“利己不损人”，“利己”是实，“不损人”只不过是一种装饰。迪尔凯姆从道德的社会本质出发，强调道德的社会整合功能，认为在工业社会里应加强道德的约束和指导作用，经济发展一旦离开道德的制约和指导必然会导致整个社会的“脱序”。他正确认识到市场经济必须有保障其正常运行的道德价值指导。同时，他把社会整体利益视为一个自在的实体，把社会利益的重要性放在首位，把指向社会利益的行为视为具有最高道德价值的行为，这无疑触及了道德的社会性本质。诚如马克思所指出的：“个人利益总是违反个人的意志而发展为阶级利益，发展为共同利益，后者脱离单独的个人而获得独立性，并在独立化过程中取得普遍利益的形式。”[①]社会利益的最大表征是社会整合与稳定，如果一个社会连起码的整合都不存在，很难想象社会经济会稳定发展。因此，个人利益的追求虽然有时并不具有负面道德价值，但它不被社会道德所确证是无疑的。社会要发展，必须有一套相应的道德规则来指导和制约，这正是迪尔凯姆道德社会整合论的中心。但是，试图在资本主义制度下实现道德的社会整合功能显然是一个幻想。

我们应当加强道德对经济领域的指导与控制。但是，传统上，我们一直试图从外部强加一种政治权威来进行道德建设。政治力量无疑对强化道德建设起着重要作用。但是，道德的自主性本质决定了仅有外界强制力并不必然会使道德真正成为人们乐意施行的规则。道德行为不但是自觉的而且必须是自愿的，道德强制必须通过行为者的自觉自愿表达出来，仅具强制性的社会

① 马克思恩格斯全集（第 3 卷）. 人民出版社，1960：273.

规则是法律规则而不是道德规则。因此，道德建设必须能够激发行为者的主观兴趣和意愿。要使人们认识到道德的正当性并自愿地服从道德规则，必须考虑道德行为主体的理智与意愿。迪尔凯姆强调道德的自主性本质，把道德从外在强制中解脱出来，认为应当从人们的日常生活与工作环境中考虑道德教育的作用，应当使人们出于仰慕社会权威而维持社会整合，这无疑富有启发意义。在经济关系愈益凸显的市场经济环境中，通过产生于经济行为的职业联合体的权威力量来保证经济的正常有序运作，而不是从外部强加某种普遍性原则而忽视行业特征来进行道德建设，这显然具有合理因素。就目前而论，如何加强职业道德教育，尤其在经济关系越来越重要的情况下如何把握经济利益对人们道德观形成的制约，如何加强社会的整合与稳定，这无疑是一个值得深思的课题。

四、社会制度整合——社会秩序建构的核心

制度（institution）在政治学、社会学中既包含“机构”的含义，也表示规范化、定型化了的行为方式，且这两个方面往往交织在一起；在经济学中则被理解为管束、支配人们经济交往活动的一套行为规则与程序。

经济领域的制度学派的代表人物之一康芒斯把制度定义为“从冲突中造成秩序”的“集体行动控制个体行动”，即“集体行动抑制、解放和扩张个体行动”。可见，他是从制度的社会功能角度给制度下定义的。制度学派的另一代表人物诺斯认为，“制度是一个社会的游戏规则，它包括人类用来决定人们相互关系的任何形式的制约”，并且“通过向人们提供一个日常生活的结构来减少不确定性”，“它们是为人类发生相互关系所提供的框架”。并能以此“确定和限制人们的选择集合”[①]。从他们的分析中可以看出，制度作为社会的一系列规范系统，对调整社会秩序、协调社会冲突、减少不确定性诸方面都是大有可为的。正如美国法学家庞德所指出的，法律制度的根

① ［美］诺斯．制度、制度变迁与经济绩效．刘守英译．上海三联书店，1987：3 ～ 7.

本任务就在于“尽其可能保护所有社会利益，并维持这些利益之间的、与保护所有利益相一致的某种平衡或协调”[①]。任何制度的本质都是利益制度，任何法规都是为在利益关系中规范人们的行为而存在的。“法律规范构成了立法者为解决利益冲突而制定的原则和原理。”[②]

诺斯还把制度划分为“非正规制约”和“正规制约”两种类型。前者主要指“社会所流传下来的信息，以及我们称之为文化的部分遗产”，是人们在长期的交往中无意识形成的，它具有持久的生命力，并构成了世代相因、渐进演化的文化的一部分。[③]它包含了一个社会约定俗成、共同遵从的价值观念、信仰、风俗和传统生活方式等非成文规范或规则。他认为这些规则不仅能简化生活，而且能减少冲突的机会；“正规约束”则指人们有意识地创造的一系列的政治及司法规则、经济规则和合约。

本书所理解的制度与制度经济学所规定的制度有所区别。后者的旨趣是要强调提高经济效益必须要重视各种规范对人的激励作用，因而，这种旨趣是可以理解且是合理的。然而，他们的这种理解至少有两个不可避免的缺陷：一是对制度作了过于宽泛化的规定；二是忽视了制度作为规范化、定型化了的行为方式与交往关系结构这一客观内容。制度应具有更严格的规定，应更注重于作为规范化、定型化了的行为方式与交往关系结构这一客观内容，或者说，要注重它的客观内容并对其作公正与否的讨论，就必须对它作严格狭义的理解。罗尔斯将“制度理解为一种公开的规范体系，这一体系确定职务和地位及它们的权利、义务、权力、豁免，等等”[④]。这种理解不仅可以对社会转型时期的社会规范的客观内容作客观考察，还可以对社会失范、失序现象作出较为深入的研究，因为制度化了的规范与制度化了的措施，

---

① ［美］博登海默．法理学——法哲学及其方法．邓正来，等译．华夏出版社，1987：141 ～ 142.

② ［美］博登海默．法理学——法哲学及其方法．邓正来，等译．华夏出版社，1987：137.

③ ［美］诺斯．制度、制度变迁与经济绩效．刘守英译．上海三联书店，1987：50.

④ ［美］罗尔斯．正义论．何怀宏，等译．中国社会科学出版社，1988：50.

对社会成员的价值目标确定与行为方式选择，具有极为重要的意义。对社会转型时期的社会整合具有不可替代的作用。

制度的整合功能是通过以下两个方面体现出来的：一是在历时性上，制度将过去、现在、未来连接起来了，它具有连续性、稳定性、可认可性和可操作性，有效地阻止了社会变革中带来的动荡和混乱。二是在共时性上，制度减少交易中不确定性因素，减少交易成本，创出秩序、激励机制和高效率。利益借助制度中介，最终实现了对社会的整合。亨廷顿对制度的定义也突出了制度具有的整合功能，他认为，“制度就是稳定的、受尊重的和周期性发生的行为模式，[①]“制度化是组织和程序获取价值观和稳定性的一种进程”。[②]社会系统的共同的价值标准也通过制度化而得到确立和稳定化，并使个体的评价与选择行为在更大的范围内得到同一性的联结。制度在社会意义上提供了利益最大化的秩序稳定性，一方面为经济过程提供了一个互惠的合作环境；另一方面又制约着具有不同利益的经济参与者在追求差异极大的目标中，不致出现同毁性的公然冲突。

制度在社会秩序建构中的作用一直受到重视。从社会发展的角度来看，社会发展的有序化仅是多种可能性中的一种。把可能的有序化变为现实的有序化有赖于人的创造性。亚里士多德认为，就其本性而言，人是政治动物，这就决定了人类所处的社会必然是有组织的社会。然而人类的社会组织和规范体系本身并非善的。霍布斯认为，人与人是战争；休谟认为，“每个人都必须被设想成无赖”来设计自由的政治制度，即进行这样的制度规范设计时，必须将每一个人设想成除了私利没有任何其他目的，且无论他如何利欲熏心，也都必须使其为公益服务。这样的制度规范不依赖于个人的内在美德，并确保个人的私利受到控制与指导，以利于为公众利益服务。[③]当然，休谟并不是让人们相信人人在本性上都是恶的，但是他却要假定这些人在进入社会政

① ［美］亨廷顿．变动社会的政治秩序．上海三联书店，1989：12.

② ［美］亨廷顿．变动社会的政治秩序．上海三联书店，1989：12.

③ ［美］列奥·施特劳斯，约瑟夫·克罗波西．政治哲学史（上）．李天然，等译．河北人民出版社，1993：657.

治生活中后可能成为无赖，其本意是要确保社会生活中理性设计的制度规范体制应当最大限度地限制人们的无赖行为。休谟的思想事实上说明了公共生活的秩序并不维系于个人的私德，而依靠严密的制度规范体制。

社会转型时期的社会失序从各个角度都可以找到解释的理由，但这些解释都无法绕开制度层面的解释。虽然我们不能一概地认为所有的失序都是由制度的缺失造成的，但是，制度的缺失却必然会产生社会失序现象。制度的缺失也可能不是某一种社会失序的直接原因，但它却有可能决定了某种原因在其中起着根本作用。这就是为什么许多学者力主社会转型时期的社会秩序建构首先就是制度整合的原因所在。

（一）社会制度整合的优先性

在具体社会实践中，特别是处于社会转型和加速发展时期，要催生新的价值精神首先就要对社会生活进行整合。因为在所有的改变、所有的秩序中，生活本身的改变、生活本身的秩序是最基本的改变、最基本的秩序。实践证明，外在行为的有序优先于内在精神的有序。只有在社会行为有序的基础上，才能达到社会精神的健康活泼和有序。然而，又如何对社会生活进行整合呢？这就要依靠社会制度（广义上的，包括经济、政治和法律、法规制度等）的整合作用。“在分化出来的模式可能并且常常事实上造成了社会冲突的基础的地方，整合使一个社会卷入寻求一种新的和更一般的统一性的基础。这些统一性的头绪自然是存在于系统和社会结构的最高的控制论层序之中——尤其是存在于价值和规范之中。”①

在社会转型时期，虽然人们会由于面临一系列新的生活问题而产生迷茫，自制力会由于困惑、迷茫而减弱，但是，如果此时社会的制度体制、客观运行机制是基本健全的，那么，至少还可能在行为的现象层面保持社会交往过程中的基本秩序，并在这种基本有序的生活方式中逐渐养成一种新价值观；相反，如果此时社会的制度体制、客观运行机制本身是不健全的，那么，这种心灵规范的失落会使社会生活失去最后的规范性防线，从而社会有可能

① ［美］安东尼·奥勒姆．政治社会学导论．浙江人民出版社，1989：135.

出现较为普遍的社会失序现象。正是在这个意义上说，外在行为的有序优先于内在精神的有序。

迪尔凯姆认为，社会失范的一个关键原因是社会缺少规范化准则。因此要减少社会失序的问题，在抽象的思维中，可能的方法只能是创造出适合社会发展的新的规范体系。因为，一是我们不能采取强权的方式，维护既有的社会结构及其实证化了的规范体制。因为这与现代化的发展方向背道而驰。这样有可能会给社会带来表面的规范与秩序，但实质上不利于现代化的社会结构及其规范与秩序的确立，不利于社会的长远发展。二是我们也不能采取强化手段推进经济建设，靠“看不见的手”来自然规范人们的行为，也不能靠秩序本身的发展，或者靠人的天性（福山），或者无为而治（老子）。三是也不能采取强化社会价值体系、道德规范的手段来建立意识同一性。因为，我们还不清楚新的意识同一性的现实基础。因此，要避免社会失序和失范，最重要的是要建立适合新的社会环境的规范体系。

新的规范体制必须是社会结构的实证性存在。一个良好的社会结构及其价值要求必须要转化为现实的具体行为规范和行为框架，才能够对社会的稳定性产生积极的作用。我们的现代化过程在总体上是一个自上而下、有组织的政府领导行为，所以保持社会的正常交往规范秩序在现代化的建设中已经不是简单地构造约束性的取向内容，而是开辟了行为理性化的结构可能性，即不仅是观念中的价值规范化，而且成为一种现实中的规范化了的行为，使社会成员一方面学会成为社会结构的成员；另一方面则通过现实化了的、规范化了的行为学习，在理性上自觉接受新价值规范。哈贝马斯说：“这些规范结构的发展乃是社会进化的领导者，因为新的社会组织原则意味着新社会一体化的形式。”①

现实化了的社会规范首先是由个别人由于其特殊的经历、思想、能力、志向，能够再现感觉到生活本身的变化及其发展方向，他们将这种自身在生活中学习到的东西升华成为一种新的世界观与价值观，并将这种通过自身个体学习的方式形成的代表新的社会生活方式发展方向的价值理想与世界观推

① ［德］哈贝马斯．交往与社会进化．重庆出版社，1993：124～125.

向全社会。最后是全社会都接受这种新的世界观和价值观。

新的社会规范体制还要在具体的实际生活中予以修改完善，最后变成民众在生活实践中自觉认同并内化为习惯与意志，那么，这个社会就会在一种新的生活方式下获得良序。

这里强调政府的作用并不意味着是在鼓吹社会结构转型时期就应当是专制政府，专制是指无限权力的政府，这个政府对人民行使绝对的控制，并要求人民在包括日常生活在内的所有方面都臣服之，这个政府不是人民的政府[①]，所以专制是与社会主义现代化的价值目标相悖的。加强政府的作用只是说政府通过制定与实施法律、规则来调控社会，在宪法、法律的范围内使社会生活有序化，因而，它在本质上是社会主义民主政治的一种方式，与社会主义现代化民主政治建设并行不悖，一脉相通。

（二）创新是社会制度整合的核心

建设一个良序社会是可能的。良序社会的现实存在，有赖于我们在生活实践中直面现实，追求真理，执著道义，不懈探索，勇于创新。

制度整合和道德整合是社会规范整合的两个基本渠道。所谓制度整合，就是通过社会的制度体制将社会统一协调为一个整体，又称法律整合、权力整合、社会结构整合。由于我们是建立中国特色社会主义的多元民主社会，这就内在地规定了社会制度的整合要以民主的方式进行，而不能依靠专制强权的方式。

由于我国社会发展的特殊性，制度整合要解决两个问题。

第一，制度整合首先是社会的基本制度整合。制度体系中有基本制度和非基本制度之分。基本制度是稳定的，非基本制度是相对变化的。基本制度是一种制度体系中的核心部分，是其质的规定性。基本制度不仅规定了非基本制度的具体内容、发展方向，也决定了一个社会的结构范型与公民间的基本交往方式。所以社会制度整合首先是基本制度的整合。以此来保持社会行为方式的一贯性与社会秩序的稳定性。需要进一步申述的是，在一个多元民

---

① 布莱克维尔政治学百科全书．中国政法大学出版社，1992：193 ～ 196.

主社会中的基本制度整合首先要求社会基本制度的公正性。一个基本公正的社会制度及其法律化是社会整合的最基本方式。虽然这样一个基本制度不是先在的，但是它一经形成却先在于每一个公民，它是每个公民的现实生活世界。据此，每个公民确定自己在社会中的位置，养成自己的生活习惯，提高自己的实践能力。

制度整合的前提是制度认同。所谓制度认同，就是指公民对一制度体系在价值上的承认与肯定，认为它是基本公正的，自己愿意遵守与维护这一制度体系。这种接受和愿意来自于公民在经验世界中通过理性商谈达成共识。因此制度认同包含两个方面的内容：一是价值上的肯定，二是有转化为行为的现实趋势与取向。在这个制度体系中，每一个成员都以一种拥有平等的基本自由权利的身份存在，并通过相互协作活动，共同合理互利。制度认同是一种出于理性对制度体系质的规定与肯定。这种确认的基础，其一，它来自公民自由实践活动过程中的自由产物；其二，它是公民平等协作的过程，并能有效预期行为，以实现共同的合理的互利。不仅如此，正由于制度体系的这种合理性，它又同时获得公民情感上的认同。而这种制度体系，又反过来从公民的理性和情感中得到滋养与巩固。

基本制度的认同是个非常复杂的过程。它是个现实历史过程。它是一个国家公民理性选择和情感皈依的结果。没有对社会基本制度认同的社会秩序是不可能长久的。这个问题在下面我们还要进行讨论。

社会制度整合不能不考虑非基本制度。公民对非基本制度是接受而不是认同。接受是消极的接纳，不是建立在价值肯定基础上的认同。接受可以不认同，但在行为中必须遵守。这种遵守源自对法律的尊重。因此，非基本制度的社会整合作用主要是作为一种事实的行为规范在行为层面普遍规范、整合社会。只有这种整合才能控制社会失序现象，维持社会的秩序稳定。从对行为的控制的作用来讲，非基本制度的整合对社会秩序的影响非常大。从某种意义上说，非基本制度的建设是转型时期的中国维持社会秩序的关键。基本制度和非基本制度的统一，构成了社会系统整合的现实性。

第二，社会制度的整合其实是一个以制度创新为核心的社会制度层面的整合问题。中国社会的制度规范体系随着社会转型亦处于新旧交替的转变过程中。这一转变的实质就是以国家组织为核心的制度规范体系转变为基于社会经济关系的制度规范体系的过程。一些制度规范失去了效力，社会经济领域的急剧变化要求建立新的行为规则，以制度的形式确定人们的相互关系。然而这方面不利于社会整合的问题是：新的制度体系尚未建立起来或由于缺乏相应的社会关系基础而不能够有效地发挥效力，而新旧制度的并存往往导致社会的失序。因为，既然人的实践能力来自人的具体的生活实践，如果在现实生活中堕落沉沦比做人良知更为便利、更为有用的话，那么人在特殊的社会背景下也会在生活本身的教导下堕落沉沦。虽然这也是一个特殊的生活本身的试错过程，虽然人们在经历了巨大的磨难之后会有重新选择走一种光明之道的可能，然而，这个特殊的试错过程会给社会带来难以估量的消极影响，会在历史的发展过程中留下某种痕迹。有时这种代价会使某一群体根本就没有机会再作一次新的选择，或者会使一个民族失去发展的机遇。古罗马帝国的没落，文艺复兴时期意大利的混乱，苏联的解体等留给人们诸多思索。在社会历史转型时期，应当在理性的指导下从生活实践中学习一种健康的生存方式。

多重规范或制度矛盾，在社会主体多元化和利益驱动已支配社会运行的情况下，为各种逃避行为提供了可乘之机，结果是社会失范、越轨行为的增多，即使越轨本身的界限往往也很难判定；特别是社会经济领域在分化过程中尚无强大的自发的普遍制度化的内在驱动力。

在离开了原有的等级控制之后，社会行动缺乏共同的游戏规则，影响到正常的社会交往和沟通。此外，社会力量的非中心化和大量分散的民间力量的出现也为制度层面的整合造成了困难，至少这意味着制度化、规范化的问题并不像国家自上而下地提供一个行动框架这么简单。

改革开放后，国家试图通过诸如加强立法的手段来使社会的运行规范化，虽然无法可依的现象已得到很大的改变，但有法不依的现象却相当普遍，而且带来了更为严重的社会后果。这种规范化的努力之所以没有收到预期的效果主要在于：制度规范的外在性，没有长期互动的社会基础，或者尚未实体化为一种制度建制，有形式的规范而缺乏相应的组织机构、程序和沟通渠道，或者由于缺乏文化支援和民间力量的支持，与人们的日常生活领域的价值观念相冲突，而难以在社会中发挥充分的约束力。唯一的途径还是制度创新。制度创新原亦是制度经济学中的一个概念，指在竞争的环境中，创造出新的经济行为规则或“游戏规则”，以减少交易费用、提高经济效益。我们这里是指：创造出新的社会交往活动的一般规则框架，以维系社会发展过程中的有序性，并为社会成员形成合理性的价值观念体系提供坚实的基础。制度创新不仅是向社会提供一整套行为规范框架，更重要的是通过框架向社会提供一个明晰的行为目标、价值目的。因为，我们的现代化过程在总体上是一个自上而下、有组织的政府领导行为，那么，现代化建设过程中保持社会的正常交往规范秩序，就更有赖于政府经过创新的有效制度供给（当然，这种有效制度供给在实践中应在技术上避免明显的制度漏洞、制度真空、制度抵牾，避免新旧制度过渡的激进性）。社会转型期的合理制度体制是有效的社会规范结构。这样被整合后的社会规范结构不仅是理性结构的制度化体现，而且通过具体化了的制度为社会提供稳定发展的条件与背景。这种规范结构为社会所提供的已不再是简单地构造约束性的趋向内容，而是开辟了行为理性化的结构可能性，即它已不仅是观念中的价值规范化，而且成为一种现实中的规范化了的行为，人们在行为实践中一方面被塑造成新社会结构的成员；另一方面，则通过现实的规范化了的行为学习，在理性上自觉接受新价值规范。哈贝马斯认为，“这些规范结构的发展乃是社会进化的领步者，因为新的社会组织原则意味着新社会一体化的形式”[①]。

（三）建立健全社会主义合理的社会制度体系

社会整合所实现的手段最主要、最根本的则是社会制度体系。在我国现阶段，各种社会规范和制度体系的完善和实施是一个不断修改、补充、完善和发展的过程，这一过程必须体现社会主义精神，否则制度就不能被公众认同。社会规范体系的建立是人类秩序意识的外化，也是一种理性化的过程，自然也就包含着建立各种规范体系之合理基础的“批判”过程，没有了这种前提性的批判，规范体系极有可能建立在非理性如情感、意志基础之上，

① ［德］哈贝马斯．交往与社会进化．重庆出版社，1993：124 ～ 125.

其结果往往是重大社会决策的失误，以及由此导致的社会发展的低速度和低效率。

计划经济体制下，制度和规范体系的建立与实施，一般来说是没有价值分析和合理论证这一过程的，而是直接进入社会生活领域。由于人们对社会规范体系的建构原则及其合理基础不甚清楚，因而对这一规范体系所体现出的社会主义精神的认识也是模糊的。这是由当时的社会实践水平和意识水平决定的。历史的惯性使中华人民共和国成立后的人们仍以革命时期的那种革命态度和革命热情来进行决策生产和交往，因此寻求建构社会主义制度体系之合理基础的工作还没有提到日程上来。原因在于，人们对于社会主义本质的认识只是观念上的；只有当生产实践和交往实践而不是革命实践提出什么是社会主义的时候，社会主义制度体系的建构与实施才会真正落到实处，人们才去寻找这种建构的合理性基础。这一过程从计划经济向市场经济转型时就开始了。

社会转型标志着人们的社会意识水平有了质的飞跃，对社会主义的认识不再是情感意志和主观愿望层面的了，而是社会理性水平的认识。人们对建构社会制度体系的合理基础和原则有了较为明确的认识。这个制度体系的核心就是公平效率原则，因为它直接反映出该制度体系的合理性和人道性，直接表现其目的性。社会规范体系如果失去了人类的合目的性，即不能为人们获取生活资料满足各种需要提供秩序保证和意义支持，其合理性是值得怀疑的。另外，在社会规范体系的制定中是把全社会的人作为其服务对象的，如果它不是为社会所有的人获得平等竞争、平等交往和平等分配的机会提供保障，那么该规范体系也没有合理性。需要指出的是，把公平效率确立为规范体系的建构原则，与该规范体系完全体现这一原则是有距离的，完全体现公平效率原则的规范体系是不存在的。作为社会主义的规范体系应最大限度地体现这一原则，其中根本的出路仍在于规范体系的健全与完善。在社会转型时期，建设社会主义社会规范体系尤其要注意加强和完善具有法律效力的社会规范。社会失序的问题最根本的是法律问题而不是道德问题。所以，用法律整合人们的行为最为重要。

五、政党、意识形态和信仰在社会整合中的作用

（一）政党、意识形态在社会整合中的作用

社会整合离不开对社会结构的整合。在现代社会，政党已成为社会整合结构的重要组成部分。政党在社会整合中的作用向来都被学者看重。帕森斯和迪尔凯姆从不同的角度论述了这个问题。概括地说，一方面，政党是政治资源的社会整合机制，它能够融合多种主体和各种政治资源；同时作为近、现代社会意识形态问题凸显的结果，政党都有自己的意识形态基础。这使得政党在一定程度上可以满足社会整合不可或缺的两个条件："（1）有足够的社会成员作为行动者受到适当的鼓励并按其角色体系而行动；（2）使社会行动控制在基本秩序的维持之内，避免对社会成员作过分的要求，以免形成离异或冲突的文化模式。"① 另一方面，政党在功能上具有兼容各种整合形式的意义和特点。政党既可以利用意识形态的力量造就一种文化氛围，将人们的思想和行动纳入某种统一体系之中；又可以建立或将自己融入某一制度中，以使不同人群或地域的利益在政治上连接起来并形成妥协；它还可以利用政策、法律等规范形态造就人们行为的一致性。总之，社会整合的可能性在于人们的共同利益，以及对人们发挥制约作用的文化制度价值观念和各种社会规范，政党的意识形态、体制、政策功能提供了将这种可能性转化的渠道和社会过程。

如前所述，中国正处于社会激烈转型的过程中，社会分化的程度会不断加大，整合结构和功能显得格外重要。众所周知，一个社会是否能够良性地运转和发展，很大程度上取决于其是否能够协调各种矛盾和利害冲突的结构。改革开放从某种程度上加剧了社会矛盾和利害的冲突。所以获得社会整合结构，协调各种矛盾和利益关系的需求格外强烈。一是因为它关系到中国作为一个国家的生存，如果中国社会不能构筑起自己作为一个整体存在的结构的话，将减少它在国际竞争中生存的机会。二是关系到中国社会发展的代价和速度，一个适当的社会整合结构的获得可以减轻社会变迁的代价并促进社会

① 中国大百科全书（《社会学》卷）. 中国大百科全书出版社，1991：351.

的发展。三是从更深远的意义上说，它关系到中国现代化的成败和民族的复兴。中国共产党正是在理解了社会整合结构的意义的前提下，才在危难中担当起建立中国社会整合结构的重任。1949年以前的历史可以说就是寻求和获得社会整合结构的历史。在这段历史中，社会的整合结构已经严重弱化，除了经济的和传统文化的整合机制仍在发挥作用外，意识形态的政治斗争和结构已由内外社会矛盾分割开来，中国社会整合结构的成长是同以中国共产党为代表的政治力量的发展相伴而生的。日本帝国主义的入侵增强了全体中国人民的团结，客观上提供了中国获得社会整合结构的契机和条件。1949年中华人民共和国的成立，标志着中国社会经过了近一个世纪的分化动乱，整合的历史过程终于重新获得了与现代化社会变迁基本相适应的社会整合结构。这个结构不断地调整，改革开放以来变化更大。因为改革开放以前社会整合的结构功能过于强大，在一定程度上限制和影响了社会现代化的变迁及速度；改革开放以后作了适当的调整，使社会整合和变迁逐步良性互动，但远未完成。

社会发展的事实表明，意识形态在社会整合中具有重要作用。个人生活于其中的世界是一个“社会意义系统”。当个人感到他人的行为对自己有意义，当这种意义感发生交互作用时，便出现普遍的社会行动，既存社会关系则倾向于巩固这种意义行动模式。一个社会群体在塑造自我形象以引导社会按这种形象来表演、行动并达成社会共识时，意识形态的整合功能常常是求诸“原创事件”而实现的。例如，孔子的讲学活动、美国独立宣言的起草等作为原创事件，都曾直接拥有一批追随者，他们参与着、见证着这些事件，他们对事件的意义和后果有着独特的理解。但是，随着时间的推移，社会记忆渐渐“远化”于原创事件，旧日话语的意义则以独立于事件的形态流传下去。利科指出，意识形态的整合作用在这里就是弥合其间的疏离，传播原创者的信念，并通过阐释而持久地维护其最初的活力。如果没有对原创事件的再阐释，就不会有形象的重塑和更新，社会就会丧失凝聚力。显然，利科在这里讨论的是阐释如何越过远化、利用远化、借取事件而“占用”意义的问题。当然，意识形态也有社会遮蔽作用，而且还有马克思所说的“颠倒”作用。利科不否认这些作用的存在，但他与法兰克福学派不同，认为考察意识形态必须从其社会整合作用出发，遮蔽和颠倒大体上是原创事件的“历史效果”，是“摩擦律”对原创行动的“磨损”。如果意识形态不具有社会整合作用，就不会同遮蔽和颠倒作用发生摩擦，也就不会因摩擦而发生幻觉和假象的“史效”。

社会转型时期应更加重视意识形态的重要作用，这是因为社会整合在根本上依赖于人们对政治体系的文化认同。中国共产党意识形态与中国社会现代化变迁的相适应发展对社会整合具有重要意义。中国共产党选择马克思主义理论作指导，原因是：首先，马克思主义的历史唯物主义深刻地揭示了人类历史发展的因果关系，这对于寻求振兴中华的人们尤其是知识分子有巨大的感召力；其次，马克思主义的理论目标在对现实社会进行改造的基础上指向了共产主义社会；最后，在通往目标的道路上，马克思主义又具有现实的品格。正是由于这些特点，中国共产党选择了马克思主义，团结了中国的优秀知识分子和广大人民群众，才使中国摆脱了在黑暗中的挣扎。像中国这样一个半殖民地半封建的国家，要走上现代化的道路，首先要解决的是政治发展问题，即国家的统一、主权与领土完整，以及有效的能整合中国超大社会的政治体系建设。中国共产党在解决这个问题的实践中发展了马克思列宁主义，产生了毛泽东思想。随着国家的建立，马克思列宁主义、毛泽东思想成为中国社会的主导意识形态，并开始向主流意识形态过渡。由于中华人民共和国的建立，以及最初十年的社会主义的建设成就，中国共产党的功绩合法性得到了历史上前所未有的广泛认同。马克思列宁主义、毛泽东思想也成为绝对的主流意识形态。这是一个非常有利于为未来的发展打好基础的时机。但是，由于“左”倾思想的干扰和破坏，出现了主导意识形态的崇拜，导致了“文化大革命”，孕育了今日的“信仰危机”和意识形态领域的颓废状态。党的十一届三中全会后，中国共产党拨乱反正实现了战略中心的转移和改革开放以及从计划经济向市场经济的转变。更主要的是产生了中国当代的马克思主义即邓小平理论，使中国的历史发展又走上了正确的道路。

如何进行现代的社会整合，有两个问题要特别注意：

第一，要注意使意识形态社会化。社会主义意识形态对中国社会的整合作用突出表现在它随着改革开放的现代化实践不断丰富着自己的内涵，已由原来的强调对立的意识形态变为强调共存的意识形态，具有了兼容并蓄其他性质意识形态中合理、科学成分的能力。目前多元文化的存在已是客观事实，在这样的社会历史背景下，马克思主义的主流意识形态应随实践不断得到充实和发展，扩大其包容性，增强其内涵的底蕴，以融合其他思想体系的文化价值，改变中国社会在某种程度上存在的“信仰危机”。需要强调的是，包容不是放弃，恰恰相反，意识形态的社会整合作用应当加强。这首先是因为中国现代化是循着一条社会主义模式的路径；其次是因为中国社会现代化变迁的复杂性、渐进性和有序性，要求社会整合与社会变迁必须建立一种良性互动的关系。因此在相当长的时期内，在中国现代政治体系的政治社会化程度还不允许的条件下，中国共产党的意识形态功能不应减弱，而应强化。

第二，要注意意识形态的合法化。合法性是任何政治体系最为重要的政治资源。所谓合法性，是指政治体系具有能力形成并维护一种使其成员确信其现行政治制度对于该社会最为适当的信息。一般来说，合法性都是影响和控制社会最为有效、最节约成本的政治资源。因此，开发合法性资源是日益现代化的中国社会长治久安的需要，是建设社会主义富强、民主、文明国家的需要。意识形态是合法性资源结构中最为基础的部分，它为政治体系的合法性提供道义上的诠释，它通过培育社会成员对于政治体系的合理性认同和情感来起作用，有助于政治权威的形成。制度和规范是意识形态中价值理念的体现，它通过对社会关系的调节和社会资源的分配用经验事实来说明政治体系的合法性。像其他发展中国家一样，中国合法性资源最缺乏的是在政治体系这个领域。一方面，完全适应现代化进程的制度和规范尚未建立起来；另一方面，已经建立起来的制度和规范由于多种原因在实施中偏离价值准则，更为严重的是腐败现象的存在消解了已提供的合法性资源，使制度和规范的实际运行更加困难。

中国共产党在社会中的整合作用除了意识形态整合以外，还表现在政治体系和政策两个方面的整合作用。从政治体系方面来看，社会整合结构中最为重要的部分是政治体系。中国这个超大社会的现代化变迁有着特殊的社会整合规律，这种整合规律的一个重要体现就是政党在社会整合中发挥着不可替代的作用，其作用的机制主要表现为：建立遍及全国范围的组织网络，以此为纽带协调各个地方和全国人民的行动等。从政策的角度来看，由于政策过程是社会整合结构最常规的，也是最重要的作用机制，那么，在市场经济条件下，党整合社会的方式和机制必须作相应的调整，以适应经济规律的内在需要。社会主义市场经济的基本规则是主体平等、法治基础上的契约自由、公平竞争。因此，与市场经济相适应的改革必然是趋向于政企分开和党政分开，这是由新的经济体制引发的社会职能的分化，进而要求的结构分化所决定的。共产党整合社会的最佳方式必须满足于最大限度地促进生产力的发展。总的来说，与计划经济条件下相比，共产党新的整合社会的方式和机制已由原来统揽一切转向了主要通过决策来发挥作用。党的政策是实现社会整合的原则。通过党的政策使各方面的人群各得其所。社会整合的根本问题就是各种利益尤其是相互冲突利益之间的协调，通过政治体系的政策过程各种利益之间形成了妥协或利益一致的关系。因此政治体系的政策过程可以被看作是一个整合社会的过程。一个能够融合社会不断分化的各种利益的政治体系就是一个最具整合功能的政治体系。目前，我国在政策的实施过程中还存在许多不足，影响了社会整合。

总之，从现实和历史的角度来看，政党在中国社会的整合过程中一直发挥着核心作用。因此，在社会主义市场经济引发的社会变迁的过程中，共产党的整合功能的发挥决定了中国现代化事业的成败。目前，虽然中国的社会整合结构与社会变迁的水平是基本适应的，但仍存在一系列潜在的甚至已经生成的威胁。如前面论述过的由于我国经济体制改革始于权力下放，所以在市场经济发育过程中一度出现了中央权力“弱化”的现象，在像中国这样的超大社会，中央政府的权力“弱化”是件很危险的事情。与此对应的就是地方保护主义，以及社会中日益严重的失控、失序、失衡和失范的趋势。另外，经济组织中党的功能“弱化”，以及政策中权力滥用现象也是导致社会混乱的重要原因。

（二）共产主义信仰在社会整合中的作用

建构现实的信仰体系是社会整合借以实现的重要手段。信仰是一个民族、一个国家乃至个人进行生产活动、交往活动和精神活动的动力，同时也是使自己的观念和行为趋之于已设定的价值理想的心理过程。信仰在整个社会文化体系中处于核心地位，它把人们的观念和行为整合为一个较为一致的模式，使之具有一定的凝聚力和向心力，并借此使人们在生产和生活中形成一种健康、饱满的精神状态。因此，信仰的内容和方式对社会秩序的形成和发展意义重大，以至于当社会失序时有人就直接归咎于信仰所致。

信仰是个非常复杂的系统。从信仰的对象上看，有社会理想信仰和宗教崇拜信仰；从信仰发生的机制来看，有理性信仰和非理性信仰。而在实际的社会信仰活动中，它们又往往联系在一起，形成非常复杂的结合。宗教信仰是以超脱现实世界的消极方式来满足人们的心理、情感和精神的需要，它未使现存的世界发生任何根本性的实质变化。与此相反，社会理性信仰则是立足于现实，目标是使现实的世界发生实质性的变化，它是社会理性的产物。在我国社会转型时期，我们要积极倡导社会理性信仰，整合人们的思想意识，建立社会新秩序。

社会理想信仰的确立是居于社会重要地位的权威集团依据其对现存世界的价值分析而建构出来的社会发展模式，这种模式必须代表人民大众的共同愿望。中国的现代革命和中华人民共和国成立后的社会主义建设，是以共产主义为其信仰对象。因为它体现了人民大众的共同利益和要求，使社会理想信仰和个人信念有机地结合在一起，这是我国革命和社会主义建设取得成功的根本保证。而在社会转型的过程中，我国社会出现了“信仰危机”。从信仰对象上说，这一严重社会现象的出现不是因为原有的信仰对象的消失，而是伴随原有信仰对象在内涵上不断丰富而出现的。辩证地看，这一危机也是推动社会发展以求人的全面进步的一个良好契机。所以要正确认识这一危机的实质。

如前所述，在革命和社会主义建设中，共产主义以一种价值理想的形式，作为人民大众的信仰对象，成功地推动了革命和建设事业的完成，这是由当时的社会实践水平和认识水平决定的。革命和建设初期，社会的主要问题是国家政权问题，那么，夺取政权、建立一个人人平等的社会就成了革命的根本任务。共产主义思想体系反映了这一历史趋势，代表了人民群众的根本利益。因此，共产主义就成了不可怀疑的信仰对象。但是，由于我们是在原有的文化传统和文化氛围下用共产主义思想体系指导社会革命和建设，所以，在第二次世界大战后，我们对西方的经济、科技、制度和文化采取全面批判的态度意识形态，这就使我们基本上失去了把社会主义与西方的工业化进程加以比较和借鉴的可能性。因此，共产主义思想体系作为信仰对象，在当时的历史条件下，仅以精神价值和精神动力的方式而发挥其社会作用。

从本质上说，当时社会需要水平的低层面和社会需要结构的简单性（夺取政权和解决温饱等），直接决定了当时的共产主义概念在内涵和外延上的不足。所以，当社会需要水平和结构发生变化的时候，这种不足的缺陷就表现出来，出现“信仰危机”也就不足为奇了。这一危机表明，共产主义不是一个完满的概念和体系，它不是一个既成的存在物，而是一种现实的运动过程，在不断的自我发展和完善中求得进步。所以，当人们带着完满的共产主义概念面对社会主义建设中出现的问题和弊端时，便容易从先前的信赖走到怀疑甚至否定共产主义，继而失去了对各种社会对象进行正确评价的价值尺度。应该说，这种现象在科学社会主义发展的历程中也是一种正常的现象，我们这里不去过多地分析其中的原因，而是重点分析一下在现阶段我们应该如何重建社会信仰，因为它是维持社会秩序的关键。

第一，社会主义必然是我们的信仰对象。市场经济作为一种合理而有效的经济活动模式，与社会主义完全可以有机地结合起来。因为市场经济作为一种最佳资源配置方式，要求的是自由、平等、公正和效率原则，这与社会主义精神是完全一致的。但在计划经济体制下，这种精神没有得到实现。主要是因为社会主义精神与管理体制是分离的；在经济和文化决策上过于政治化，利益分配平均化，日常生活过于一律化，主观愿望代替了客观规律。这就从根本上失去了实现社会主义精神的基础。人们自然就把对计划体制之种种弊端的认识推广到社会主义精神上，结果连社会主义本质也给否定了。因此，社会主义信仰体系重建的关键是重建社会主义精神的基础。

第二，对社会主义的重新信仰已不再是一个自发的而是一个自觉的过程。所以要做到以下两点：一是对社会主义要有一个科学认识。这是社会主义信仰的理性前提。社会主义是在不断修正和完善中体现其优越性的，若是以一种完满的观念来认识社会主义发展中出现的各种问题，就很难正确把握社会主义本质。二是社会信仰从来就不是个人自发的过程。若是没有权威人物或权威集团借助各种媒介进行的宣传影响和灌输，社会信仰就难以形成和发展起来。另外还要靠个人自由而全面的发展，以及社会制度的保证。

社会整合是社会人际间高度互动的结果，只有通过社会整合，才能把不同的社会要素及复杂的社会关系，统合于一个有条理的社会关系体系模式之中，从而使社会结构稳定而巩固，使社会良序发展。在社会转型的现代化进程中，只有对剧烈分化的社会适时地整合，催生出新的社会整合体系，建立起新的价值精神，走制度创新之路，社会才能在转型中保持秩序，保持稳定。

社会整合是一个过程，是一个无限发展的过程，每个阶段都有要整合的制度、价值体系和社会结构。一个被整合了的社会，一个拥有适合新的社会发展要求的社会价值体系和一个创新的社会制度必将是抵御社会失序的最坚固的防线。当然，社会整合不能根除社会失序，但它可以减少和控制社会失序的大规模发生。

第七章 社会控制——社会秩序建构的根本保证

一、社会转型时期的社会失控与社会控制

二、主体合法性是社会控制的前提
——没有权威的权力不能对社会实行真正的控制

三、社会的发展与社会控制方式的嬗变
——人治、法治、德治

社会秩序的稳定不仅取决于社会规范体系的确定和完善，仅有社会整合（包括利益、道德和制度整合等）还不够，还取决于社会控制机制作用的正常发挥。社会规范秩序仅是一种可能，还不是现实的社会秩序，社会规范秩序是社会现实秩序的基础和前提，社会现实秩序是社会规范秩序的外部显现和结果。社会规范体系只是为社会成员规定了相互关系的框架和行为模式，它还不能完全保证社会成员依照既定的社会关系格局和行为模式进行交往和从事各种活动。社会整合是社会秩序的基础，它为社会秩序的产生准备了现实和思想，以及价值的条件。它从社会意识和个人思想深处为社会秩序准备了稳定的基因。社会秩序重建的关键还要把存在于社会规范内在的秩序，外化到一个整合了的社会中，这样的社会秩序才能够持久和稳定。这就需要社会控制来"维持社会秩序"[①]。

社会控制是社会秩序的重要构成部分，社会发展的现实和历史表明，没有社会控制就不可能有社会秩序。社会控制内在包含着限制性和禁止性因素，这是社会秩序的根本保障。社会控制维护社会秩序的方式是通过外在的约束和制约，控制社会冲突，将社会冲突限制在社会秩序所允许的范围内，同时对违反和蔑视社会规范确定的社会秩序的行为予以严厉制裁，用各种手段保证社会成员按照社会规范的要求来作为和不作为。事实证明，没有社会控制机制的作用，社会规范秩序就不能最终发挥作用，被整合了的社会也未必能够具有现实的社会秩序，也就不能使一个社会真正实现从社会规范秩序向社会现实秩序的转变。因此，社会秩序的重建从某种意义上说就是社会控制机制的重建。

社会秩序的建构离不开一定的社会控制。社会控制是一个极为复杂的社会活动，它包括社会控制的手段、对象与过程等组成部分。罗斯把社会控制的手段进一步分为伦理控制和政治控制两类，每一类中又有许多复杂的内容。这里不是对社会控制的一般问题进行研究，而仅从社会控制的主体角度展开对社会控制与社会秩序之间的关系的研究。

---

① ［美］罗斯．社会控制．秦志勇，毛永政译．华夏出版社，1989：302.

一、社会转型时期的社会失控与社会控制

（一）社会失控的表现和原因

在一定意义上，社会转型就是社会秩序的转型，而这一转型也就意味着社会控制机制的转型。社会控制机制是一个社会的秩序得以保持持续性存在的前提。在社会转型以前的计划经济条件下，社会控制主要是通过政治和行政手段向社会各领域的渗透和思想，以及思维方式的整齐划一来实现的。在原有的社会中，政治权力之网覆盖社会生活的各个方面，绝对化的主流文化排斥任何其他文化，由此建立起稳固的社会控制机制。这种社会控制机制对社会的发展不是绝对地起推动作用，但是对社会的稳定的作用却十分明显。而在社会转型时期，随着政治与经济、国家与社会的相对分离，并由此带来的市民社会的初步确立，维持原有社会秩序的控制机制正在发生重大变革。由于这一变革相对落后于社会发展，因此，在一定时期内出现了社会控制的真空，使社会出现失控的局面。社会控制机制的变化，打破了整个社会秩序的整体结构的运行平衡，使本来由于社会转型导致的社会规范的缺失、社会分化的负面和社会个体脆弱的守规意识的缺陷更加显露出来。如果有比较强大、完整的社会控制机制，即使社会规范缺失、社会分化严重，抑或社会个体的守规意识差，社会仍可保持一定程度的稳定，社会存在仍可维持。而一旦社会控制机制丧失，一方面就不可能建立社会规范，另一方面即使有社会规范也形同虚设。如果违规不能受到惩罚，守规就很难成为社会个体的选择。所以说，没有社会控制机制的建立与完善，就不可能有真正的社会秩序。①

在我国社会转型时期，事实上已经证明了这一点。社会控制真空的出现必然伴随社会控制机制的失效，进而是社会失序的出现。造成社会控制机制失效的原因很多，具体地说，主要有这样几个方面：

第一，社会控制主体的合法性出现危机。社会控制主体主要是指国家组织。国家组织作为公共权威，它是社会规则的建立者、执行者，也是对违反规则行为的制裁者。在社会转型时期，社会控制主体的合法性受到质疑。这

① 沈亚平．社会秩序及其转型研究．河北大学出版社，2002：277.

是因为传统的社会控制模式正在发生改变，传统的社会控制模式不符合社会发展的需要（下面我们还要展开研究），社会发展越来越需要符合新的时代要求的控制模式。还有，社会控制主体的社会地位受到挑战。在传统社会里，社会控制主体由于掌握着社会资源，人们自然就依赖尊崇社会控制主体，而随着社会资源控制主体的多元化，社会控制主体不再是人们唯一的依赖对象，那么，其地位就相应地下降了，控制权威也就失落了。社会控制主体的合法性危机直接影响到社会控制的能力和控制的效果。从某种意义上说，控制主体的合法性危机影响了整个社会秩序的结构，降低了这个社会秩序本身应具有的权威，动摇了人们对社会秩序的合法性的信任。这样，社会失序就顺理成章了。

第二，规则的合法性程度降低。转型社会是异质化的社会，这就必然出现在社会规范方面新旧并存、现代与传统同在等混乱局面。社会规则的统一性是社会秩序存在的前提，因为当这些统一化的行为准则得到人们广泛的认可并享有权威时，社会就会产生内聚力，人们就会自动地遵循这些行为准则。而在社会转型时期，社会规则缺乏社会秩序所需要的统一性，于是社会主体之间就存在规范冲突。在这种情况下，人们通过实际感受似乎不再知道自己到底应当遵守何种规范来从事交往活动。当人们不能从遵守规则中受益时，规则对人们就没有了意义；相反，社会转型时期，一些违背规则的人却不断受益，理性的精明计算使人们不惜选择违背规则来追求利益的最大化。这就使社会规范的权威受到严重影响。社会规则的合法性就必然面临危机。社会的内在秩序发生了“劣变”，外在的秩序混乱也就必然产生。

第三，社会控制资源的流失。社会控制必须要具有一定的社会控制资源，不同社会的社会控制资源是很不同的，同一社会的不同时期的社会控制资源也有很大的变化。一般把控制资源分为有形和无形两种。有形资源的流失主要是公共权力的流失。在社会转型过程中，国家职能没有在“不该管”的领域中收回权力的同时，在“应该管”的领域强化其权力。从经济角度上看，国家在退出对微观领域的调控后，对宏观经济领域也调控不力，出现了“该管而不管”的混乱。无形资源的流失则主要是指公共权威机构所倡导的、作为社会秩序维持重要手段的价值观、道德观等文化资源的流失。在社会转型时期，多元化的经济格局必然产生多元化的利益群体，而多元化的利益群体必然造成多元化的文化现象。在多元化的文化结构中，除了被确定为具有主流性质的文化之外，还有传统文化的反弹、外国文化的渗透，以及伴随社会转型而形成的非主流文化的扩散。正是各种文化的冲突和碰撞，造成了许多人文化归属混乱和心灵扭曲，在一定程度上抵消了主流文化的社会控制作用，造成了无形的控制资源的流失。文化这种无形控制资源流失的结果无疑是严重的，因为共有文化的存在和内化是社会的一种内在黏合力量，一旦失去，社会权威就得付出更大的代价来完成对社会的外在整合，采用强力手段达到维持秩序之目的。

社会控制主体和社会规范的合法性危机、社会控制资源的流失，使社会秩序失去了基本的保证，社会失序就不可避免。因此，社会秩序的建构离不开社会控制机制的建构。

（二）社会控制的含义和功能

社会控制是个复杂的概念，各学科从不同的角度都对其进行了研究。从社会学的意义上理解，所谓社会控制，广义上是指人们依靠社会的力量，以一定的方式对社会生活的各个方面进行约束，确立与维护社会秩序，使其符合社会稳定和发展需要的过程；狭义上则专指社会对越轨行为的禁止、限制和制止。社会学家把风尚、习惯、宗教、法律等视为社会控制的工具和达到社会和谐与稳定的手段。

美国社会学家罗斯于1901年在《社会控制》一书中提出了“社会控制”的概念，这是最早从社会学角度对其进行的研究。他详细地论述了控制的依据、手段、体系等问题，最后得出结论：“社会控制在其真实意义上说，它是历史传统和社会团体的保障；它不仅是现在的人所从事的工作的保护者，而且是过去的人为后代所从事的工作的保护者；它不仅是无数人最珍贵财产的保护者，而且是人类精神财富的保护者，即是人类自己自由从事和享受的各种发明和创造、艺术和科学、令人愉快的工作和探索医治疾病的奥妙等等的保护者。”[①] 他认为，社会控制是社会统治的手段，它规定了社会生活的方式，并维持社会的秩序。在社会学中，社会控制有多种含义。日本学者横山宁夫认为，“社会控制就是为了对付那些与社会期望不协调的行为所采取的组织措施”[②]。我国社会学家郑杭生认为，社会控制“是一种社会行为和互动发展的过程，是社会通过各种因素，运用各种方式，调动各种社会力量，促进社会个体和群体有效地遵守社会规范，从而使社会呈现有序化的过程”[③]。

所以，社会控制就是通过社会权威的力量，依据社会规范并采用相应的方式和手段，协调、指导和约束社会群体及其成员的行为，进而维护社会秩序的过程。

从法学的角度对社会控制进行的研究也很多。庞德把“社会控制”一词纳入了自己的理论体系。他不仅认为法律是“社会控制”的工具，而且认为法律是“自然秩序”的基础，是维护社会文明，对社会实行有效控制的一种高度的专门形式。为什么必须通过法律对社会进行控制呢？在庞德看来，社会控制的目的在于有可能为大多数人做更多的事情，而调节社会上各种冲突的利益，以求满足人们最大的利益要求，便是法律的功能。只有通过科学的发展才能实现对外在自然的控制，保证人类过富裕的生活。而对人类本性的控制则要实行社会控制。实行社会控制的手段有三：法律、道德和宗教。在法律刚产生时，这三者是很难分开的。但是，自 16 世纪以来，法律已成为社会控制的首要工具。法律通过调和社会各种利益的冲突，进而保证社会利益得以实现。

法约尔从管理学的角度研究认为，控制“是检查所进行的一切活动是否符合于制订的计划、发出的指示和既定的原则”[④]。坦南鲍姆认为，社会控制的功能是“对成员们的各种利益和潜在的散漫行为进行协调并形成秩

① ［美］罗斯．秦社会控制．志勇，毛永政译．华夏出版社，1989：335.

② ［日］横山宁夫．社会学概论．秦志勇，等译．上海译文出版社，1983：181.

③ 郑杭生．社会运行导论．中国人民大学出版社，1993：430.

④ ［美］雷恩．管理思想的演变．中国社会科学出版社，1986：251.

序”[①]。从管理学的角度来看，社会控制是任何社会及其组织管理过程中的不可缺少的一个重要环节，没有社会控制就不能保证计划的实施、命令的贯彻，就不能排除和制止违规行为的发生。控制是生命和社会组织活动的一种普遍现象。一切有机体都是控制系统。因为他们要生存下去，就要保持平衡。在生命过程中，控制性能可以产生自动平衡。

有的学者还从系统论的角度分析认为，社会是一个系统，国家管理是这个系统中的控制系统。它是为了实现一定的社会目的而进行最优化或次优化控制和信息处理的过程。正如茹科夫所说的，控制就是“从控制者系统到被控制客体进行有目的、有次序的作用系统，目的是达到某种合乎目的的效果”[②]。在这个过程中，就法与法律来说，要肯定法律秩序、违法预防系统所起的调节与控制作用，尤其是在出现偏离和扰动的情况下如何使这一系统回到稳定的、优化的目的状态。[③]社会控制是个适用范围广泛的概念。从系统论的观点来看，社会是一个大系统，在社会系统内部存在类别多样的分系统。无论是政治、经济、文化、社会这些分系统，还是整个社会这一大系统，为在保持各自的有序状态的基础上实现自己的目标，都要对其内部的组成要素予以控制,或者根据系统内在和外在环境的变化调整控制机制和控制手段，以便与变化了的环境保持动态平衡。卡斯特等人认为：“控制论，对控制职能来说，是另一个重要概念。这个词来源于希腊文 kybernetes，或舵手，因此，它与‘施令’的含义有关……舵手的例子说明了控制职能的最重要、最有用的含义——维持朝向目标的航向。”[④]社会权威通过对社会成员和社会组织的行为进行控制，防止社会的混乱或无序，实现社会的秩序状态。

关于控制的内容，卡斯特从对组织的控制和管理的角度分析，认为应包含三项：一是抑制或限制，二是指导或命令，三是核对或验证。并认为这三

① ［美］卡斯特，等．组织与管理．中国社会科学出版社，1985：530.

② ［苏联］茹科夫．控制论的哲学基础．上海译文出版社，1981：112.

③ 王雨田．控制论、信息论、系统科学与哲学．中国人民大学出版社，1986：185.

④ ［美］卡斯特，等．组织与管理．中国社会科学出版社，1985：522.

者对组织理论和管理实务来说都是重要的。[①] 对于社会来说，抑制或限制无疑是控制的一项重要内容，在任何一个社会中，社会群体及其成员显然不可能随心所欲，否则的话，群体和个体欲望的无限扩张势必引起群体和个体相互间无休止的矛盾和冲突。通过抑制和限制而采取的控制的意义在于，强制群体和个体不得逾越各自的权利界限，按照社会规范的要求不得做出某种侵害公利和他人利益的行为，以此来实现社会的有序状态。指导和命令是社会权威依据社会规范的条文和内在精神为群体和个体设定新的义务，要求其按照指导和命令的要求做出符合社会公益的某种行为，而这些行为的实施正是为社会秩序的实现所必需的。核对和验证是发现并纠正越轨和失范行为所必需的重要手段，社会权威正是通过跟踪、检测和调控社会群体及其个体的行为使其符合社会规范的要求，并以此为手段将群体和个体的行为固定在既定的轨道之上。

（三）社会控制的基本要素和对象

社会控制的依据是社会控制主体实施控制的基础和根据，具体表现为一定的社会规范。正如我们第三章分析的那样，社会规范不仅是社会秩序的组成部分，还是社会控制的依据。随着社会的发展，社会规范在社会中的作用不同，那么社会控制所依据的社会规范也不同。建设中国特色社会主义的社会秩序，社会控制的依据主要是法律和道德等。我们在后面还会有论述。

社会控制的主体是代表社会利益且拥有对社会进行控制的权力和职能的机构及其人员。这些机构和人员大致可分为两类：一类是国家行政组织，包括政党、政府、学校和企事业单位及其他社会组织；另一类是公众。社会公众尽管为建立良好的生活秩序和工作秩序而经常自觉地进行一定程度的控制，但是由于社会公众个体的分散性，他们的控制力度相对是有限的。在整个社会控制体系中处于控制中心的是政党和政府组织，处于控制体系边缘地位的控制主体是学校、企事业单位和其他社会组织，而处于控制体系末梢的则是公众。上述不同的主体在社会控制中承担着不同的职责，同时又相互协

① ［美］卡斯特，等．组织与管理．中国社会科学出版社，1985：522.

调，对社会共同发挥控制作用。本文着重研究的是国家权力在社会控制中的作用。

社会控制方式是社会控制主体在实施控制过程中所采用的方法和手段。从控制主体是国家的角度可以将社会控制方式分为德治和法治等。还可以将社会控制手段分为规范性手段和物质性手段——前者是约束人们行为、协调人们相互关系的准则，这些准则既是实施社会控制的依据，又是进行社会控制的手段；后者则是军队、警察、法院和监狱等国家机器，这些国家机器以暴力手段为后盾，它们的控制具有法律效力，对社会的控制最为直接，同时也是最终的调控手段。

社会控制的对象是社会控制主体依据一定的社会规范，并通过特定的控制方式而施加影响的对象。这些对象主要就是群体和个体的社会违规行为。违规行为是指偏离、违反或超出现行社会规范的行为。社会学和犯罪学也把违规行为称为“越轨”行为，这里我们不作细分。正如社会学和犯罪学分析的那样，社会规范本身的正确与否，是依据社会发展的特定主体和特定时间而定的，它本身是一个发展的概念。但在一定历史阶段对于违规行为还是能够有一个一致的评价标准的。尽管如此，违规行为仍然可分为积极和消极两类。社会控制的对象当然就是对消极的违规行为进行控制，把它控制在社会统治者允许的范围内。社会学上也将消极的违规行为称为“失范”。违规行为的产生既有历史原因也有现实原因，既有客观原因也有主观原因。社会转型时期的社会违规行为的大量出现，除了社会规范本身不完整之外，还有一个主要原因是社会控制的虚弱。在社会的剧烈转型过程中，社会规范的交替和冲突、社会秩序的混乱固然是导致社会失序的原因，从社会主体的角度讲，主要是社会控制系统功能障碍及权力资源的流失。在社会转型时期，如何有效地对社会进行控制，是社会秩序建构的核心内容。

社会控制的对象还有更深的层次，即还要对造成社会违规行为背后的社会冲突进行控制。在上一章，我们论述了冲突的两重性。积极的社会冲突对社会具有整合作用，但消极的社会冲突对社会具有巨大的破坏作用。

社会转型时期，必须对社会冲突的消极方面加以控制才能确保社会的有序发展。通过社会控制，一方面，对普遍社会成员的公共利益加以确定和维护，实现各社会成员的共同利益。尽管在阶级社会中，公共利益永远具有统治阶级利益的内涵，或者说统治阶级总是打着公共利益的旗号使得本阶级利益合法化，但是，无论在阶级社会还是在无阶级社会都客观存在着程度不同的公共利益。由于公共利益的驱动，社会主体总是要承担着一定的社会管理职能，其控制行为也总是存在一些体现社会公共利益的内容。对于社会公共利益，社会成员不得侵犯，因为它是实现社会成员各自利益的前提，公共利益的确定和实现，可以使其转化为个体利益，从而促使个体利益与社会利益相互协调。

另一方面，人们在尊重社会利益的过程中，也会促进整个社会的公共利益。因此，在社会权威的控制下，社会公共利益和社会成员的个体利益可以实现一种良性的互动关系。这样，社会权威通过将与普遍社会成员关系密切的利益提升为公共利益，确定了公共利益和个体私利之间的界限，从而在事先就限制了那些社会成员在追逐利益的过程中侵害全社会普遍利益的行为。如果社会成员在这个过程中侵害了公共利益，或者以损害公共利益来实现自己的私利，社会权威便通过实施抑制和惩罚措施，对其行为进行矫正。另外，对于社会利益主体之间的关系，社会控制主体可以采用协调、妥协和裁决的手段，化解或者解决矛盾和冲突，保障社会秩序的稳定。

由此可见，社会控制的对象事实上不仅有层次之分，还会随着社会的发展而不断变化。在社会正常的发展时期，一些对象未必就成为社会控制的对象；而在社会转型时期一些平时不是社会控制的对象可能就成为了对象。而且所需要的控制力度也很不同。这就要求我们，要根据社会发展的具体情况，仔细分析社会发展的动态和需要，及时地将社会中出现的一些不确定因素纳入社会控制的范围内。同时，也将一些因素适时地从社会控制系统中排除。这样就能够把该控制的控制好，把不该控制的放开，使社会控制系统有效地运行，保证社会秩序的稳定。

二、主体合法性是社会控制的前提——没有权威的权力不能对社会实行真正的控制

（一）社会控制的主体——国家的实质

如前所述，国家是社会控制的主体。我们先看国家的含义。关于国家的含义，吉登斯认为："日常用语'国家'具有双重含义。可是，就社会理论来说，这个概念的模棱两可并不特别令人担忧。'国家'有时指政府机构或权力机器，有时却又指归这种政府或权力所支配的整个社会体系。"吉登斯用"国家机器"特指政府的行政机构，并视其为单一的组织。他由此认为一般意义上的国家具有的特征为"凡是国家都会牵涉到对归其统辖的社会体系的再生产的各方面实施反思性的监控"。韦伯对"国家"的界定包括下述三个要件："（1）存在着固定的行政官员；（2）他们能坚持合法地垄断暴力工具这一要求；（3）他们还能在既定的地域内维持这种垄断。"吉登斯对韦伯根据控制暴力工具对国家进行界定的观点评价道："韦伯的定义已凸显出暴力（violence）和领土权（territoriality）这两个特征。"吉登斯进一步认为"国家可以被界定为这样一种政治：它的统治在地域上是有章可循的，而且还能动员暴力工具来维护这种统治"[①]。无论是吉登斯的"反思性的监控"或者"动员暴力工具"进行统治，还是韦伯的"垄断暴力工具"进行统治都比较好地概括了国家通过暴力对社会进行控制的实质。这正是马克思主义关于国家是一个阶级压迫另一个阶级的工具的具体说明。

我们再从国家的构成上分析一下国家的实质。从国家的构成及其在社会结构中的地位讲，"国家"一词是指国家政权和行使政权的国家机构体系，是由军队、警察、法庭、监狱和官僚集团组成的一套机构。与社会相对应的国家，是来自社会又凌驾于社会之上的特殊公共权力。国家是从社会中分化出来的一种机构，是由一批专门从事管理或主要从事管理的人组成的。人们分为被管理者和专门的管理者，后者居于社会之上，称为国家代表。这个管

① ［英］安东尼·吉登斯．民族—国家与暴力．生活·读书·新知三联书店，1998：18～21.

理别人的集团，总是把持着一定的强制机构，以暴力为后盾，发号施令，实行统治，并且为了维持政权而把适合于每个时代的技术水平的武器把持在自己的手中。从法律的角度讲，国家同自然人一样有独立的人格，享有权利并承担义务和责任。“国家一词是指法律上组织起来的并且人格化了的社会。由于国家人格化和被看作是一‘法人’，国家可以拥有财产，从事工业和商业活动，提供服务设施，对犯罪分子加以起诉等等。”[①]

一般认为，可以把“国家”一词指称政治社会。这种意义上的“国家”与“市民社会”相对应，通常被称为“政治国家”，它是国家权力直接发生作用的所有政治社会关系的总和。从国家与社会（市民社会）的关系上来讲，社会是基础的力量，国家则是凌驾于其上的力量。正如恩格斯所说，“国家是社会在一定发展阶段上的产物；国家是表示：这个社会陷入了不可解决的自我矛盾，分裂为不可调和的对立面。而为了使这些对立面、这些经济利益互相冲突的阶级，不致在无谓的斗争中把自己和社会消灭，就需要有一种表面上驾于社会之上的力量，这种力量应当缓和冲突，把冲突保持在‘秩序’的范围以内。这种从社会中产生但又自居于社会之上，并且日益同社会脱离的力量，就是国家”[②]。因此，国家与社会乃是两个功能不同的存在。国家的作用主要是政治性的，是统治集团的能动作用，其手段主要是强制；社会的作用主要是经济性的，是社会成员的能动作用，其手段主要是自治。国家与社会的关系表现为：国家承认社会的独立性，并为社会提供制度性的法律保障，为社会活动确立普遍规则，协调社会矛盾；社会反过来具有制衡国家的力量，能够使自己免受国家的超常干预。

关于国家在社会控制中的作用，美国法学家庞德认为：“在近代世界，法律成了社会控制的主要手段。在当前的社会中，我们主要依靠政治组织社会的强力。我们力图通过有秩序的和系统的适应能力，来调整关系和安排行为。”[③]然而，法律对社会的控制，又是以一定的国家权力为前提的。没有

① 牛津法律大辞典．光明日报出版社，1988：851.

② 马克思恩格斯选集（第4卷）．人民出版社，1972：116.

③ ［美］庞德．通过法律的社会控制．沈宗灵，等译．商务印书馆，1984：10.

国家权力本身的廉洁公正、高效有序的规范制约，法律对社会的控制亦是水中月、镜中花。

福山在谈到社会转型时期社会规范的来源时，特别强调了国家的作用，“但不论是天然的还是自发的秩序，它们自身都不足以产生出构成社会秩序的全部规则。在关键时刻，它们都需要由等级制权威来进行必要的补充”[①]。“我们谈及某事物处于社会控制之下时，一般蕴含着两层意思：首先，社会直接通过公共政策来决定发展的进展。也就是说，由政府正式出面干预，以产生某些预期的社会效果。其次，社会可以通过一些不受任何人正规控制的非正式规则和习惯，从文化上来影响社会效果。”

作为社会控制主体的国家，其权力行为规范表达了两个方面的要求：一是国家权力实质的合理性，这是国家权力内容的合理性；二是国家权力的具体操作性架构与运作程序的合理性，这是国家权力形式的合理性。这二者相互联系，不可分割。二者又可称为一个社会的政道和治道。政道是关于社会国家生活的基本原理法则,治道则是关于管理社会国家生活的基本方法手段。中国古代儒家的天、道、理可视为政道，而中国古代的法、术、势则可视为治道。政道决定治道，政道是治道的根本和灵魂，治道是政道的具体化，二者互为表里。

（二）社会控制主体的合法性含义

国家作为社会控制的主体不是恒定的，其合法性地位是不确定的。“合法性危机”是国际学术界讨论的一个热点问题，这表明了当代合法性危机问题的严重性和重要性。从政治发展的角度来看，任何一种政治体系在社会变迁的过程中都不同程度地面临着合法性危机的问题，这种危机如果不能加以消解，很容易导致政治秩序的瓦解甚至政治体系的崩溃，最终必然引起社会秩序的混乱。哈贝马斯认为，合法性危机并不是现代社会特有的，可以在一切较早的文明，甚至在古代社会中发现合法性冲突本身的存在。由于过去把

---

① ［美］福山．大分裂——人类本性与社会秩序的重建．刘榜离，等译．中国社会科学出版社，2002：178.

合法性力量等同于政治统治的力量，统治者本身拥有合法性冲突的解释权，国家可以自我宣称拥有合法性并使人民接受，结果随着国家机器力量的不断强化，它便容易丧失广泛的群众基础，于是起义等暴力活动便不断发生。民众与种种权威的冲突实际上就是合法性冲突。

在许多发展中国家，内乱、起义、革命战争、政变屡屡发生，政治的不稳定困扰着社会和经济的发展。其中合法性危机是导致政治不稳定的一个重要原因。发展中国家之所以较普遍地面临着合法性危机，是与这些国家从传统社会向现代社会的转变分不开的。现代化进程是一个剧烈变动的过程，随着经济、社会和政治文化的变迁，很容易导致政治不稳定。亨廷顿指出："社会与经济现代化对政治体制所起的破坏性影响有许多形式。社会和经济的变化必然使传统社会与政治集团瓦解，并削弱对传统权威的忠诚。"①

我们首先分析一下合法性的概念。

对社会成员的关系和行为进行控制，体现了国家即执政者和政治系统及其边缘组织对社会的一种统治和管理。而任何社会控制最为根本的是使社会控制系统及其权力得到公众的承认，这就是政治学所讲的合法化问题。这里的合法化（legitimacy）不是指合法律化，也不是指统治集团的产生合乎法定程序。政治学所讲的合法说明的是社会控制主体的地位及其权力是否得到社会成员的普遍认同与支持。事实上是合法律化和合道德价值化的总称。正如美国政治学家利普塞特指出的那样，"合法性是指政治系统使人们产生和坚持现存政治制度是社会的最适宜的制度之信仰的能力"②。这种社会国家生活中的"合法性"，不仅是善的，也是合法（律）的；不仅是形而上的，也是形而下的；不仅是理想的，也是可操作的。善的，是形而上的、理想的；合法的，是形而下的、可操作的。社会控制需要社会公共权威，而这种社会公共权威是否具备合法性，直接决定了其社会控制的效果。社会认同是社会控制的基础。因此，作为社会控制主体的国家组织，始终要把自身的合法性作为一个重要的问题来解决。社会控制主体一旦丧失了合法性就必然失去了

---

① ［美］亨廷顿．变动社会的政治秩序．上海译文出版社，1989：40.

② ［美］利普塞特．政治人：政治的社会基础．上海人民出版社，1997：55.

对社会的控制，社会就必然陷入混乱；相反，社会控制主体如果拥有了合法性，社会秩序再混乱都可以逐步得到控制，社会秩序也会逐步得到恢复。因此，社会统治者为了实现社会控制，总是想尽一切办法使自身合法化，但是合法性的获得却有着截然不同的途径。

韦伯曾评论道："所有的当权者都编造关于他们自己进行统治的优越性和天然合理性的神话。这些神话或者内在的正当理由对于他们的自信和他们政治上的得体感是必要的。是那些以权威的腔调说话的人们的精神词汇。"①合法性被看作是有效统治和政治稳定的基础。正如美国政治学家利普塞特所说："任一民主国家的稳定不仅取决于经济发展，也取决于它的政治制度的合法性与有效性。"②只有政府获得人民自愿的拥护时，其统治才更有效力，更能保持政局的稳定；相反，如果统治的合法性受到怀疑乃至否定，政府的动员和贯彻能力将会被削弱，导致政治动荡。

在中国封建社会，解决封建君主统治合法性的主要途径就是将其神圣化。普遍宣传和灌输皇帝的权力是神授的，具有天然的合理性和合法性，皇帝被称为天子，在人间行使权力，进行社会管理和控制。君权神授往往是中国历代王朝用来强调君权的合法性的最普遍的做法，以至于率众造反的农民领袖也无不假托天命，自称"替天行道"，在动摇封建统治者的合法性根基的同时，神化自己及其活动，将自己的叛逆行为说成是受上天指使的结果，从而为自己的活动作出合法性的诠释；相反，如果统治的合法性受到怀疑乃至否定，政府的动员和贯彻能力将会被削弱，从而导致政治动荡。

如果从思想渊源上看，西方近代政治哲学史的主流思想就是政治制度的合法性问题。布丹的君主主权说、霍布斯的《利维坦》、洛克的契约论、孟德斯鸠的论法的精神、菲尔默的君权神授说、卢梭的公意说等实际上都是对合法性问题的哲学探讨。不过，明确把"政治合法性"当作一个核心概念是现代政治社会学的贡献。韦伯在这方面最早进行了论述。他认为，由命令和

---

① ［英］弗兰克·帕金．马克斯·韦伯．刘东，等译．四川人民出版社，1987：112.

② ［美］利普塞特．政治人．刘刚敏，聂蓉译．商务印书馆，1993：53.

服从构成的每一个社会活动系统的存在，都取决于它是否有能力建立和培养对其存在意义的普遍信念；所谓合法性，就是促使人们服从某种命令的动机，所以任何群体服从统治者命令的可能性主要依据统治系统的合法化程度。韦伯从经验事实的视角出发，认为合法性不过是对既定政治系统的稳定性，亦即人们对享有权威者地位的确认和对其命令的服从。

哈贝马斯将历史上的合法性理论分为经验主义和规范主义两类，并批评其各自的片面性。然后将两者结合起来，形成自己的重建性的合法性理论。韦伯的合法性理论就是属于经验主义的合法性概念，以大众是否赞同的经验作为合法性存在的基础。规范主义的合法性概念，则把某种永恒的美德、正义作为合法性的基础。哈贝马斯认为上述两种合法性概念都有片面性。他认为，“合法性意味着，对于某种要求作为正确的和公正的存在物而被认可的政治秩序来说，存在着一些好的根据。一个合法的秩序应该得到承认。合法性意味着某种政治秩序被认可的价值——这个定义强调了合法性乃是某种可争论的有效性要求，统治秩序的稳定性也依赖于自身（至少）在事实上被承认”[①]。这里，哈贝马斯力图将经验主义和规范主义结合起来，强调的是符合价值规范基础上的支持和忠诚。他认为合法性意味着某种政治秩序被认可的价值，而这种被认可的价值是与一定历史时期的社会规范相联系的，在当时的社会规范中能有效地证明这种政治秩序是有价值的，是值得认可的。政治统治者通过当时的社会规范来证明自己的政治秩序、政治权力的合法性，这才是真正的合法性，而不是不顾社会规范而宣称自己是合法的，强迫被统治者认可；被统治者是在当时的社会规范中，认可与这种规范相一致的政治秩序、政治权力。

在现代社会，合法统治应以法理型的统治为归宿。法治事实上是对政治权力的限制。权力是政治的核心，而合法性则是政治的价值判断。法国政治学者马克·思古德指出：“合法性事实上与治权有关。合法性就是对治权的认可。”“合法性形成了治权的基础，是法治体制中开展政治活动的基础。合法性作为政治利益的表述，它标志着它所证明的政治体制是尽可能正义

① ［德］哈贝马斯．交往与社会进化．重庆出版社，1989：184.

的。”[①]它的基本意义是，法律是公共政治管理的最高准则，任何政府官员和公民都必须依法行事，在法律面前人人平等。它既规范公民的行为，更制约政府的行为。亨廷顿在论及政治现代化的权威合理化时指出，现代政治权威的有效建立，“这一变化意味着，政府是人的产物而不是自然或上帝的产物，秩序井然的社会必须有一个明确的来源于人民的最高权威，对现存法律的服从优先于履行其他任何责任”。[②]政治体制不是通过颁布法律就必然获得合法性，也不是按照一定的法律规范活动就必定具有合法性。社会大众对政权的认同和忠诚并非统治者单向作用的结果，更非依靠强力威胁就能达成，而是取决于政治体制的价值与其成员的价值是否一致。

因此，合法性一方面取决于政府的活动，包括国家政权为强化自己的统治地位而运用意识形态的、法律的和道德伦理的力量为自身所作的种种论证；另一方面其更为实质的内容是国家政权在大众当中赢得了广泛的信任和忠诚，从而使人自觉地把对政府的服从当作自己的义务。这就需要政治制度不仅要有合法的外在形式和程序，更要有内在的道义价值。

继韦伯之后，帕森斯从结构功能的角度分析了政治尤其是现代公民社会政治的社会基础。他认为，无权者之所以服从有权者的指挥，其原因是有权者行使着代表整个社会作出有约束力的决策的权力。在帕森斯看来，合法性就变成了如下两个问题：为什么有些人能够作出约束他人的决策？为什么有些人作出的决策被看作是代表了整个社会？从结构功能主义的角度来看，在一个社会，尤其是一个较为发达的社会，权力是广泛地配置在每一个个体身上的。因此，从现实来看，不可能清楚地区分谁是有权者，谁是无权者；在政治社会中，只是存在着相对有权者的角色和相对无权者的角色。无权者服从有权者是出于三个理由：一是无权者服从的是有权者所担任的角色，而不是因为担任有权角色的个人品质；二是作为公民的义务即无权者服从有权者；三是有权者潜在地可使用武力，使无权者必须服从有权者。关于使用武力问题，帕森斯并不认为武力是有权者合法性的根本基础，有权者最终合法

① ［法］马克·思古德．什么是政治的合法性？王雪梅译．外国法译评，1997（2）．
② ［美］亨廷顿．变动社会的政治秩序．上海译文出版社，1989：6.

性根源是一个社会的政治角色中所包含的价值和规范，也就是权利与义务的规定。这些规范因素经过一个复杂的长期的过程成为有权者角色和无权者角色的行为准则。

（三）我国古代传统社会控制主体的合法性思想评析

社会控制主体的合法性问题在我国思想界有很长的历史，具有丰富的内容，独具特色。孔子在论及统治者的合法性时强调“以德配天”，即要先有德后受天命而作君王。孔子这里强调了统治者自身的合法性的重要性。在他看来，统治的核心是其治下公众的认可和服从。所以他的逻辑顺序是先有德后受天命而作君王。他认为，天有天道，有德者能得天道，得天道就能行王道与人道。所以，要作君王，就要“下学而上达”，进行道德的努力去与天道感应，进而达到天人合一。孔子的这种思想包孕着对宗法血缘世袭政治制度反叛的种子，蕴含着一个社会应当是开放的思想可能，甚至也隐藏着只有人民拥护才能有资格得天下的思想倾向。孟子进一步提出“以德得天下者为王，以力得天下者为霸”的思想。以德得天下，就是只有得到人民拥护的王才是合法的，否则，即使以武力得到天下也没有合法性。封建统治者对这种解释其实并不满意。董仲舒则根据统治者的需要做了重大改革。在董仲舒看来，不是以圣定王，而是以王定圣。君权来自于天，天有德，君有天之德，故君为圣。这样就以王权本身来注疏圣与神圣。儒家的思想影响十分深远，这些思想被历代统治者践履，形成了中国政治的独具特色。与西方世界有很大的不同。

从社会政治发展的角度来看，任何社会的发展都必然依赖于对公共意识的确认和体现，这种公共意识的取得在西方社会主要与法有关，法的至高无上性决定了可通过立法推动政治发展的进程；中国古代社会取得共识的方法主要是通过礼的确认和公共权威的推行，其合法性来源并不是法，所以是礼而不是法决定了政治的发展方向。维持中国古代超大规模统一性的官僚集团，不曾受过法律的专门训练，但却饱读儒家经典，熟知圣贤教诲的治国原则。在体制上实施这样的集权，精神上的支柱为道德。形成了一种强行政的政治制度，其特点有二：一是司法从属于行政，二是法律服从于道德。除秦以外，中华帝国从来都不是依照法律的原则统治，而秦的“法治”则招致速亡。从政治发展的角度来看，中国政治结构中的司法权长期从属于行政权，从未获得真正的独立，这不能说与中国古代以“礼”“刑”融合为特征的礼法文化孕育出来的法治观念不无关系。梁漱溟曾评论道：“西洋在封建社会后资本社会前，那一过渡期间，政治上曾表见王权集中。但旋即转入限制王权（宪政），其为期甚短。恰相反地，此在西洋极短暂者，在中国却极绵长。中国封建消除，同一表见王权集中；乃不料此一集中，意无了局。它一直拖长二千余年，假如不是近百年受近代西洋影响，中国历史空前变化，还望不见它的边涯。”①

无论做怎样的论辩，儒家的目的仍是在为封建统治的合法性寻找理论根据，以期通过这种理论的阐述让人们从内心深处认同和服从封建统治。这样做也确实起到了重要作用。然而，随着社会的发展，用这种方法让公众逐渐认同和服从统治是不可能的。公众对一个政治体系的认同和服从是个非常复杂的问题。一个政治体系要赢得民心就必须使其政治理念、政治规范、政治制度和政治实体等各个方面都被认可，要达到这一点是很困难的。这里政治理念作为系统中的最高层次的合法性是关键，其真实性和科学性决定了整个政治系统的合法性。

人们建构自己的社会秩序时，总是以一定的价值前提作为出发点，总是以一定的政治理想作为自己的判断依据。这种政治理想在中国古代是大同、小康，是家、国一体的血缘秩序。在古希腊就是柏拉图、亚里士多德的理想国，在近代欧洲就是莫尔的乌托邦、康帕内拉的太阳城，在现代就是罗尔斯的正义社会，马克思的科学社会主义更是其突出代表。把政治理念与正义联系在一起赋予统治以合法性是古今中外的一个共同特点。柏拉图、亚里士多德的各司其职的社会等级观同时就是一种正义观，中国古代的三纲五常、亲亲尊尊，就是中国封建社会政治结构的正义观，而马克思的人的全面而自由发展就是科学社会主义的正义观。这些不同的政治理念要通过政治规范和政治制度的保证才能实现。因此，政治规范和政治制度公正是社会控制主体合

① 梁漱溟 . 中国文化要义 . 学林出版社，1987：173.

法性的关键。所以达尔说，一个政府要赢得合法性，就要使它“治下的人民确信政府的结构、程序、法案、决定、政策、官员，以及领袖具有‘正确’、适当或道德上的美德这些品质，简言之就是享有制定有约束力的法规的权利”[①]。由此可见，政治摆脱不了伦理的纠缠，总是以一定的伦理原则作为自己的价值基础，人们也总是通过对社会国家政治生活正义与否的判断，而对现有的国家政治生活结构和秩序作出相应的反应，没有伦理基础的政治是不现实的。关键就是在一定的价值基础之上，深入政治生活的具体过程，对其作科学实证分析，并在此基础上制定能体现那些价值理想的实际运行规范、制度、体制、程序。换言之，主体的合法性关键是制度的合法性。这种通过制度保障的权力就是权威。

（四）权力与权威——社会控制主体合法性发展的三个阶段

在西方政治学中，权力与权威是两个既有联系又有区别的概念。权力指的是一种改变他人心理和行为的能力或力量。权威也是权力，但却是制度化或者合法化的权力，当统治者的权力披上了合法的外衣时，通常就被称为权威。因此权威就是一种特殊的权力，即合法化的权力。“权威是一种被视为合法的权力系统或社会控制”，“它既区别于依靠武力的压服，又区别于运用论争的说服”。[②]二者既相互区别，又相互联系。马克斯·韦伯认为，权力是强使人们服从的能力，而权威则意味着人们在接受命令时出于自愿。权威是植根于人类行为的一种普遍现象。马克斯·韦伯根据权威产生的基础将社会生活中合法的传统方式大致分为三类：传统型、领袖个人魅力型和法理型。传统型统治以其源远流长的文化传统的神圣性，使人们相信传统统治的合法性；领袖个人魅力型统治则是人们确信一些非常有个人魅力的领导人具有超凡的智能和品质，并因此统治获得合法性；法理型统治相信法律，即使有权威的人也只有在法律规则之下才有发布命令的权力，人们普遍信守法律，法律代表了一种大家共同遵守的普遍秩序。权威的特点在于它的合法性，

① ［美］达尔．现代政治分析．王沪宁，等译．上海译文出版社，1987：76～77.

② 布莱克维尔政治学百科全书（中文版）．中国政法大学出版社，1992：45.

权威的强弱取决于权威施加对象对合法性的认同。合法性对于权威来说无疑是至关重要的。政治学家阿尔蒙德就曾说过："当公民和精英人物都相信权威的合法性时要使人们遵守法规就容易得多，所以事实上所有的政府，甚至最野蛮、最专制的政府，都试图让公民相信，他们应当服从政治法规，而且当权者可以合法地运用强制手段来实施这些法规。"①

社会实践证明，社会生活的规范有序，首先在于权力本身的规范有序。大凡存在普遍社会失序现象之处，必定存在着较为严重的权力运行失范：或者是权力出现暂时的真空；或者是权力失却了其应有的权威；或者是权力被滥用，以致原本应当被用来整合社会、保持一定社会秩序的工具，反而由于假公济私成为社会动荡的原因。所以，没有权威，社会就没有秩序，更不会有真正的发展。对于转型国家而言，一定的政治权威更是必不可少的。许多现代化研究表明，权威的理性化②，亦即实现由传统的人治向现代的法理型权威的转变，是国家政治转型的根本标志。通过上面的论述我们可以看出，古今中外的统治者都力图把他们的权力转化为权威。权力和权威的统一是统治者追求长期控制社会的目标，作为统治者最担心的也是二者的分离。没有权威的权力就不能对社会进行有效的控制。所以韦伯认为统治是合法权威的另一说法。

从经验层面分析，政府的权威不是来自对法律的超越，而恰恰是来自对法律的遵守。法律高于政府是法治的内在要求。在法治的社会控制模式下，政府的权威是置于法律之下的权威。这里的政府包括一切掌握国家管理权力或执政的个人、群体、组织或机构，不仅仅指行政机构。一种符合法治要求的政治可以称为"宪政"。要使政府的社会管理行为符合法治要求，就要有一套法律制度作保障。一方面，要通过法律的普遍、公开、明确、稳定、可预期等品性来体现；另一方面，要通过关于立法、司法、行政的一套制度性安排来保障。其中制度性要求有三：一是官方行为与法律一致。一般的、公

---

① ［美］G. A. 阿尔蒙德，等. 比较政治学：体系、过程和政策. 曹沛霖，等译. 上海译文出版社，1987：36.

② ［美］亨廷顿. 变动社会的政治秩序. 华夏出版社，1988：92.

开的、明确的和稳定的规则都要通过政府来实行。关键是政府机构及其官员时常通过特定的法律命令将弹性引入法律。必须有一套确保官方行为与法律一致的制度和原则，否则使人们难以根据自己的法律知识来规划生活。二是设立合理、严格的适用和解释法律程序。对于树立法律的权威来讲，最关键的不是我们通常所说的官方尊重法律的政治意愿，而是一些程序性安排。三是建立分权制衡的政府权力结构。这样的权力结构有一种对法律权威的内在需求，并能够遏制任何一种权力凌驾于法律之上，避免出现政府的任何一种权力分支（如立法、行政或司法）“自己立法、自己解释、自己执行”的情形。在此意义上，经典的法治观念都把分权制衡作为防止人治的一个关键。

相对来说，政党权威问题更为复杂，而转型时期政党的权威问题涉及的范围更广。当前我国正处于向现代化社会的转型过程之中，建立法治国家、树立法理权威是我们转型的一个重要目标。中国共产党如何面对这一转型是一个重要课题。在近、现代政治发展历程中，政党作为政治体系中的公共权威是一个常见的现象。亨廷顿曾指出：“许多现代化进程中的国家出现的权力和权威的真空或许可由个人魅力型领袖或军事力量来填补。然而，只有政治组织才能永久地填补它。”“在现代化国家中，谁有了政治组织，谁就控制了未来。”① 显然政党是最有效的组织，依托政治组织，建立起政治权威地位几乎成为发展中国家的共同发展历程。

在我国，国民党最早进行了确立政党权威的努力。然而，国民党面向官僚资产阶级和地主阶级，把广大民众排斥在社会动员之外。同时，由于对外国的依赖，虚化了民族主义的信度，政党权威的努力最终没有成功。与国民党相反，中国共产党凭借适合的价值体系、高效的组织系统，以及战争年代建立起来的党在政治体制中的地位，建立起了强有力的政党权威。中国共产党注意把马克思主义价值体系与中国的具体实际结合起来，用新民主主义和社会主义解释现实社会和政治，以及它们的历史走向。这样的价值体系得到了广泛的认同，使共产党获得了重要的权威基础。并在党内倡导以马克思主

① ［美］亨廷顿．变动社会的政治秩序．华夏出版社，1988：444.

义为指导思想，建立起了民主集中制，以保证马克思主义的指导地位。共产党不仅以此建立起了健全的组织，还有许多外围的组织，而党员又常常以其个人的影响力面对一般群众。这样，共产党的政治权威就获得了广泛的合法资源。当然，中国共产党权威地位的确立不仅仅是依靠价值体系的合理性。马克思认为，任何政治权威的最深厚的基础存在于一定社会的经济关系，以及受经济关系决定和影响的社会关系之中。中国共产党政治权威的确立最终决定于党的先进性。它代表了中华民族的最高利益，满足了生产关系变革的迫切要求。因此，无论是在承担救亡还是启蒙的任务中，无论是革命还是在建设中，中国共产党的奋斗目标、行动纲领、基本政策都能在整体上与广大人民群众保持一致，因而得到了人民群众的支持，进一步巩固了共产党的权威地位。依法治国标志着我国进入崇尚法治建设、法律权威的新时期。

转型社会实际上就是一个传统型政治权威逐渐消失、法理型政治权威逐渐形成的过程。在这一过程中，容易出现政治权威弱化的现象。一方面，新旧两种政治权威及其社会基础不仅在相互冲突中削弱了对方，而且新旧两种政治权威在衔接过程中也容易出现脱节现象。另一方面，在转型社会中，人们的利益和价值观念也在发生重大变化，人们从过去的迷信权威发展到怀疑权威，再加上社会失范现象的大量存在，社会的秩序和权威被动摇了。但转型社会的特殊性又要求必须形成强有力的政治权威。这对后发型国家来说更为重要。因为后发型国家的一个明显的特征是实现现代化的赶超性，这就要求具有强有力的政治权威来发挥其导向和组织功能，而且面对社会转型过程中大量的社会矛盾和利益冲突，也需要通过强有力的政治权威来予以协调，以保证社会秩序的稳定，否则，社会转型与政治发展的进程就会失去秩序保证，出现所谓的“现代化中断”现象。

（五）我国社会转型时期的社会控制主体的合法性问题

20 世纪后半期，处于转型的发展中国家较为普遍地出现了不同程度的政治合法性危机。在我国，随着社会转型带来的社会结构变迁特别是社会利益关系的变化，中国共产党的政治权威地位也面临着多方面的挑战。一是主流意识形态的相对淡化与公众意识的相对独立，使得人们由原来的迷信权威发展到开始用合乎理性的目光评价政治现实。公众意识的独立使主流意识形态失去以往强大的“表达”与“工具”功能，使仍处于传统结构下的政党权威面临着巨大挑战。二是新兴阶层的出现与利益团体的分化，在社会转型的结构性变动中，不同阶级、阶层间经济利益和政治、社会地位的变动带来的摩擦与激荡在政治领域内多表现为对政党权威的冲击。三是政党权威的有限能力与社会转型中的多重责任，使人们在对社会中出现的各种不公平现象的归因分析中，往往将党和政府认定为责任人，党的威信往往会因此而大打折扣。四是腐败的滋生和蔓延损害了党的威信。社会转型过程中政党权威的合法性危机是发展中国家在制度化过程中面临的较为普遍的政治发展问题。“无论西方发达国家，还是处于现代化进程中国家，都难以逃脱合法性危机的困扰。”① 由此看来，权威弱化现象在一定意义上正是政治现代化的一个必然结果。

从我国的情况来看，改革开放以来，中国共产党的权威合法性资源及力量基础依然存在，目前没有任何组织可以替代中国共产党的权威地位，中国的社会转型与现代化进程仍然离不开党的领导与整合。但是权威的合法性危机有可能进一步发展成为广泛的政治冲突，进而破坏整个社会的稳定。这就要求我们重视转型过程中的权威弱化现象，积极面对政党权威的合法性危机。

在改革开放以前，由于执政党与政府的特殊关系，政府合法化问题与执政党的合法化问题密切相关。在民主主义革命中，由于中国共产党经过长期的革命斗争取得了丰功伟绩，共产党的执政地位、社会主义制度成为人民的历史性和现实性的选择，其合法性毋庸置疑。特别是在革命和建设时期，毛泽东等一大批领导人所表现出来的特殊才能和做出的特殊贡献，使得他们具有非凡的个人魅力。他们的这种非凡魅力，使得共产党和政府的合法性更加确定，使得共产党在面临非常复杂的社会发展问题时始终能够不断克服困难，有效地控制社会的发展，保证社会秩序的稳定。

中国共产党政权之所以能持久，除了强大的国家机器之外，还在于其他

① 胡伟．合法性问题研究：政治学研究的新视角．政治学研究，1996（1）．

几个因素：一是长期武装斗争中产生的党和国家领导人的个人魅力，尤其是毛泽东的魅力。二是意识形态的魅力，马克思列宁主义和毛泽东思想作为指导武装斗争、解放全国人民、消灭剥削和压迫等行动获胜的指导思想，获得了绝大多数民众的拥护。三是中国共产党在长期的武装斗争中积累了巨大的组织资源，这些组织资源包括完整的组织机构、成千上万的党员、大批忠心耿耿的干部、统一战线等。不过，任何合法性基础都不可能是千古不变的。

随着政治、经济、文化的发展和变迁，经过几十年的历程，当代中国政治的合法性基础已经有了很大的变化。首先，特殊的时代已经过去，特殊的领导人也已经故去，新的时代、新的领导人需要新的权威，需要新的合法性基础。韦伯认为，在现代国家中，统治的合法性基础必然要求是法理型的。就目前情况来看，中国的法治尚不成熟，尚不足以提供强有力的法理的合法性基础，法治的现状与公众的需求还存在较大的差距，这时如果处理不当就有可能引发政治的合法性危机。其次，随着市场经济的发展，个人利益普遍觉醒，文化和意识形态开始世俗化和理性化。昔日意识形态所积累起来的强大的社会凝聚力和给政权以广泛合法性的能力已经逐渐削弱。再次，在改革开放过程中，部分掌握权力的党员干部道德品质败坏，违法乱纪，贪赃枉法，腐败现象严重，败坏了党风、政风，损害了党与人民群众的关系，这对中国共产党执政的合法基础形成了潜在的威胁。最后，改革开放中出现的大量社会问题，如失业人员增加、治安状况恶化、“三农”问题等，依然是威胁政治稳定的隐患。上述问题如果得不到及时、有效的解决，就会严重损害中国政府的合法性基础。

戴维斯认为，不断滋长的期望挫折感或对社会现实的不满心态，终将酝酿成社会骚乱或政治动荡。当代中国正处于经济、社会的转型期，改革的成本分摊与利益分配之间的矛盾日趋激烈,政治权威的合法性危机日益显性化，有学者认为：“人们对于权威的认同程度在不断下降……对抗政府政策法令的技巧已达到炉火纯青的地步；中央政府关于国计民生的重大决策无法顺利施行；怀旧心理在一些地方滋生蔓延。更普遍存在的是一种逆反现象，凡是来自上边的意图、决定，都会引起一种出自本能的反感和自发的抵制。”[①]也有学者提出：“庞大的国家机器内部的相互冲突，经济政治权力的分散化以及多元化，成为未来中国发展的重要隐患。”[②]

上述分析表明，我国的社会控制的主体合法性问题十分严峻。如何摆脱这种困境不仅是个理论问题，也是个实践问题。

三、社会的发展与社会控制方式的嬗变——人治、法治、德治

（一）儒家传统社会控制思想的特点及现代启示

在社会转型时期如何有效地对社会进行控制是个难度很大的问题。中国是个超大的国家，经上下五千年而立于世界，积累了丰富的社会控制财富。特别是儒家丰富的社会控制思想兼具广义与狭义社会控制的功能，对我们有重要的借鉴作用。其实，任何社会控制都是建立在自身独特的文化背景下的。福山认为，墨西哥、阿根廷、巴西、智利等后发型的现代化国家，在19世纪独立后，一味仿效美国模式，但都没有成功。失败的原因是，他们仅仅是仿效美国的法律而没有注意文化的学习。因为美国的法治模式是建立在美国的文化基础上的。福山认为，美国在继承英国的法律时，同时继承了英国的文化，而这些文化对于美国民主机构与制度及经济来说是非常重要的。福山的观点是正确的。因此，研究我国的社会控制也要从中国的传统文化出发，从中发掘有意义的内容。

早在周朝，统治者周公旦已经觉得只凭天命，依靠礼治，政权还不能巩固，为了加强社会控制，因而提出了“以德配天”“以德辅天”的要求，企图以统治者自己的道德行为，争取民心，求得天命，“皇天无亲，唯德是辅”[③]正是这种思想的概括和表述。

比较完善的社会控制思想形成于儒家。在“礼崩乐坏”的春秋末期，作

① 孙立平．集权·民主·政治现代化．政治学研究，1989（3）．

② 王绍光，胡鞍钢．中国国家能力报告．辽宁人民出版社，1993：12.

③ 尚书·蔡仲之命．

为礼治的竭力维护者，孔子就主张“为国以礼”[①]。提出并建立了以“仁”为核心，以“复礼”为依归的思想体系，并以此作为儒家的理论基础。所谓礼治，就是根据礼的原则治理国家。而所谓礼，包括自西周以来形成的一套礼节仪式、典章制度和行为准则。其基本内容是“君君、臣臣、父父、子子”的宗法制度，它以“亲亲”“尊尊”“男女有别”等作为其基本原则。孔子所说的“导之以政，齐之以刑，民免而无耻；导之以德，齐之以礼，有耻且格”这段话包含的思想，可以看作是古代“德治”思想的基本代表，但把“德治”等同于儒家控制思想是不全面的。

完整地阐发儒家社会控制思想的是荀子，他在阐述“礼治”的思想时，阐发了比较完整的社会控制思想。他认为，礼作为社会控制依据应包含三个层面的意思。一是习俗层面上的礼，主要通过人们生活中的礼节、礼仪等形式具体表现出来。二是道德层面上的礼，荀子主要是通过君子和小人的区别确立其道德判断标准的。荀子认为，君子代表了善、是、正义、正当，小人则代表了恶、非、非正义、不正当。三是作为治国之道的政治层面，也是最重要的一层。荀子把礼推到了社会政治领域，提高到了治国之原则和方略的高度，形成了完整的社会控制理论。荀子把礼作为治理国家的基本手段和规范，“国无礼则不正。礼之所以正国也，譬之：犹衡之于轻重也，犹绳墨之于曲直也，犹规矩之于方圆也”[②]。所以，荀子把礼视为“国之命”，认为在社会政治的各个方面都应以礼为原则。荀子的这一思想使儒家的礼治思想得到进一步完善。这一层面所讲的礼与现代社会控制体系中的典章制度相近似。与习俗礼和道德礼相比，社会政治领域中的礼，由于和国家政权密切相连，因而其强制性几近于法，但它还不具备法的地位，可以看作软控制规范向硬控制规范的一种过渡形式。

荀子阐述的礼的三个层面构成了一个有机的社会控制整体，因而使得人们的习俗、道德行为带有一定的政治色彩，也使社会政治行为带有习俗、伦理的特征。这样，一方面，加强了习俗礼和道德礼的控制强度；另一方面，

---

① 论语·先进.

② 荀子·王霸.

在社会政治领域中，将外在的强制制度转化为内心信念和社会心理等意识过程，从而更容易被人自觉遵从，使社会控制达到了前所未有的高度。但同时也使中国古代的道德陷入了政治的泥潭里。荀子这种三位一体形式的软控制规范体系，集中体现在一个核心上，即对社会等级的划分。换言之，他所极力维护的是封建等级的社会秩序。他认为礼的本质就是等级的界定。

这样，礼在这里就成为荀子以社会等级为核心、包含有习俗、道德和社会政治规章制度三个层面的社会规范体系。荀子提倡的作为社会控制体系的礼有三个基本特征。一是礼的普遍性。就控制客体而言，荀子的礼已基本打破了“礼不下庶人”的界限，他更多地强调了礼对于社会各类人的约束；就礼的作用范围而言，人的社会生活的各个方面无不受到礼的制约，无论个人的修养和行为，还是整个国家的治理乃至国与国之间关系的处理，甚至连法的制定和推行也要以礼为依据。荀子提高了礼在社会生活中的地位。二是礼的非强制性，即礼的作用的发挥主要不是靠国家机器来强制推行，而是更着重于对礼的主动遵循。尽管荀子在对礼进行阐述时，有时也把礼与政治行为连在一起，显示出一定的强制性，但与硬控制规范相比就逊色多了。而且，在社会政治领域中实施礼的控制，并不表明其非强制性的丧失，而更说明了荀子主张在社会政治领域中也要以软规范来实现控制目的的倾向。三是礼对社会成员控制的积极性，就是通过积极地引导人们应该做什么来发挥其作用的，礼的这种积极性是通过既对人的内心实施内在控制，又对人的行为进行约束的外在控制这两个方面的统一来实现的。

通常认为，儒家只重视德治，不重视法治，其实这是一种误解。在儒家的社会控制体系中，不仅强调了软控制规范礼的作用，还论证了法这种硬控制规范的重要地位。儒家中比较重视法的社会作用的思想家是荀子。我们可以从荀子阐述法的起源看到这一点。

荀子认为，法起源于礼所不能制之时。由于礼并不具备法的威慑力，尽管用各种方法引导人们去遵从礼的要求，但仍难免出现违规甚至严重的暴虐行为，所以，礼所不能制者则由法来禁。他认为，“伪起而生礼义，礼义生而制法度”[①]。荀子的这一看法基本符合了人类社会规范诸形式起源和发展的历史事实。社会规范诸形式基本上是沿着习俗→道德→法律的轨迹发展的。在人类历史长河中，曾有很长一段时间不知道什么是法，而主要依靠习俗和道德等非强制性规范来维护社会秩序的稳定。当习俗和道德等非强制性规范不足以完成其社会控制职能时，特别是出现了国家和阶级对立之后，法才得以产生，发挥其强制性的特殊功能。所以荀子认为，法产生于礼之后，并与礼有不同的作用领域。应该说这一看法基本上是正确的。从荀子对法的起源的论述，可以看出荀子的法有其特定指向性，这种特定指向主要表现在与礼不同的控制方式和控制范围上。与礼相比，法是从礼中分离出来的、通过国家政权体系强制实施的规范，不守者一定要受到强力的制裁，而礼中的规范大多不具备这种特征。所以，当作为软控制规范的礼不能完全起作用时，法的威力就得以显现。因此，荀子指出，“出于礼者入如刑”[②]。作为硬控制规范，法最突出的一个特点是它的强制性。这种强制性首先表现在法本身的威慑力量上。荀子指出：“不威则罚不行……罚不行，则不肖者不可得而退也”，“不威不强之不足以禁暴胜悍也”[③]。法正是通过这种强制力量，使人迫于刑罚之威严，而不得不调整自己的行为，以避免越轨行为的发生。另外，这种法的推行依赖于国家官吏和国家机器。同时，荀子还注意到对成文法的制定和公布上。他认为，制定和公布成文法，并大力进行宣教，可以使公民知晓法的内容，从而不敢犯罪。而且法不仅是事后的制裁，成文法还有事先的警示与教育作用。

由于法在社会控制中的重要作用，所以荀子在治国上特别重视法。他说，“法者，治之端也”[④]。所以，君主想统治人民，就必须严刑罚。他主张治国要用重刑，这样才能保证社会的正常秩序。但重刑不等于“滥刑”，实际上荀子反对“滥刑”。主张赏刑得当，如果不能做到，那么宁可失之“赏过

① 荀子·性恶.
② 荀子·富国.
③ 荀子·富国.
④ 荀子·君道.

宽”，也不能失之“刑过滥”。他的这一主张仍是建立在有法必依、有罪必罚、罚必当罪的基础上。因此，在量刑时必须具体分析犯罪的原因。在进一步的分析中，荀子提出要反对统治者的横征暴敛把人民逼上犯罪的道路，然后又以严刑重罚来杀戮人民的统治方式。但对罪大恶极的要严惩不贷，以维持社会秩序的稳定。

由此可见，儒家不仅看到礼的作用，而且也看到了礼的局限性，从而强调必须礼、法结合，软硬兼施才能控制社会，维护社会稳定。儒家强调法的硬控制作用的思想，由于同期法家更为鲜明的特点而常被后人忽略。

从社会作用上看，在儒家的社会规范体系中，礼与法的作用是不能互相替代的，二者在维护社会秩序的稳定上是十分重要的，不可偏废，总是把礼与法并举。荀子特别主张“隆礼”“重法”并提，把礼与法紧密结合在一起，把礼与刑看作是“治之经”，认为没有刑威，不能“正法以齐官”“不足以禁暴胜悍”。但在荀子的整个社会控制规范体系中，二者的地位又是有所区别的。总的来说，法从属于礼，礼是法的总纲，是立法的依据和指导原则。荀子指出，“礼者，法之大分”①。因此，礼比法更根本、更重要。礼是法实施的依据，甚至可以说，在法的内容里渗入了礼的原则和精神，在社会控制实践中，应先申之以礼，后绳之以法，有时甚至主张礼即法。

儒家中为什么是荀子而不是别人更强调法的作用，这主要是由于荀子在对人性的理解上与孔子、孟子及其他人有所不同。孔子只讲人性是相近的，孟子继承孔子，主张性善论。他认为人生来就具有仁义礼智等道德本性，因此，“人皆可以为尧舜”。由于一些人被物欲所蔽，丧失了善性，就需要不断修身养性，“求其放心”，便可恢复善性。这是推行“仁政”“德治”的人性论根据。而同为儒家的荀子则认为“人之性恶”，他把“心好利”“好利恶害”看成人的道德本性。由于性恶，就不可采取孟子“求放心”的方法和“德治”的形式使人改恶从善，而需要“礼法”制度，“明礼义以化之，起法正以治之，重刑罚以禁之”②，即法治才能使人化恶为善。所以，儒家

① 荀子·君道.

② 荀子·君道.

采取“德法兼治”，即所谓“霸王道杂之”（“杂，合也”）的社会控制方略。

西方文化与此有很大不同。西方基督教文化认为，上帝创造了天地万物和人的始祖亚当与夏娃，可是他们违背了上帝的意志，偷吃了禁果，被上帝逐出了伊甸园，于是人生来便带有“原罪”。这些就是说人的本性是恶的，于是社会控制要强调法治。由于基督教文化中缺少人性为善的这一面，因此，在社会控制方面只讲法治、不讲德治成为西方文化中的一大缺陷。辜鸿铭先生曾讥讽西洋，不是教会僧侣借上帝权威吓唬人（中古），便是国家军警以法律管制人（近代），离斯二者，虽兄弟比邻不能安处。关于单纯的法治的缺陷福山也看到了。他认为“正规的法律和强有力的政治和经济机构与制度尽管十分重要，但它们自身却不足以保证现代社会获得成功”。他认为，必须依赖文化价值观念，自由民主政体才会起到作用，没有自身的文化的支持必定要失败。荀子认为，人性本恶与西方基督教的“原罪”说很近似，所以格外重视对人性的恶的惩治。但是，他提出的法治的根据还是儒家的礼，与西方的法治和法学家的法治不同。儒家的法治是根源于礼治又不同于礼治的法治，是在处理与礼治辩证关系基础上的法治。这使儒家的社会控制理论更加完整。

儒家对人性既善又恶的理解，逐步形成了社会控制方面强调德法合治的思想，这不仅具有中国的特色，而且也是人类文明史中的宝贵财富。尤其是儒家的“德治”思想内容十分丰富，儒家特别强调光靠严刑峻法不会有效地进行社会控制。所以必须实行“德治”，即实行“仁政”；“德治”有一个特别重要的方面，这就是“德教”。“德教”的主要目的，是把社会的道德行为规范通过系统的言传身教，特别是通过各级各类的学校教育，转换成为人们的内心信念和道德良心，使人们能够自觉地遵守社会规范和维护社会秩序，按照社会的道德标准，规范自己的行为，调整个人与国家的关系，以及个人与他人的关系。孔子讲的“有耻且格”，大体就是这样一种道德境界。这样，“德教”，再加上“修身”（“修身”其实也是一种“德教”，是自己对自己的“德教”），对于古代的“德治”，就具有不可或缺的基础性重要地位。所以儒家据此提出了“德教为先”和“修身为本”的思想。

儒家为了实现更有效的社会控制，从社会实际需要出发，提出了以礼和法为主线的社会控制规范体系，这个体系以仁爱为基础，以维护君主秩序为目的，以礼治与法治并举为手段，主张既通过软规范的礼导之，又要用硬规范的法威之。从现代社会控制理论来看，软规范是以建设性职能为主，硬规范则以否定性职能为主,正是通过积极地建设合乎社会秩序要求的行为模式，否定破坏社会秩序的负面行为，来实现社会控制的最终目标。儒家由礼与法建构起的社会控制体系,也正是将积极的建设和消极的否定有机地统一起来，它是中国传统社会的结构性特征，它深刻地关联着传统中国的治乱兴衰。总体上看，儒家以礼与法为核心的完整的社会控制思想与现代社会控制理论的基本精神是一致的。

在建设有中国特色的社会主义现代化的进程中，如何对社会进行有效控制、维护社会秩序是个十分重要的课题。解决这样的问题可以说没有现成的答案，我们的优势很重要的一个方面就是悠悠五千年的传统文化。中国的问题只能用中国的方法来解决。儒家的礼治和法治相结合的完整的社会控制思想对我们有重要的启示作用。德治法治并举的社会控制手段，在人类文明史中占有重要地位，是中国传统文化的优势，这也正是西方基督教文明中所缺乏的。

当然，德治与法治的现代意义与儒家所秉持的理念已经发生了根本的变化。儒家礼治（德治）的实质是要求维护等级制，就是要突出统治者个人特别是处于“宝塔尖”地位的最高统治者个人的作用。而法治实质上也是维护绝对的君主专制集权的“一人之治”。无论是礼治还是法治实质都是“人治底下的礼治法治”。现代的德治与法治根本改变了治者与被治者“不移”的状况。“法治”是以“法律面前人人平等”代替了“刑不上大夫”；以依法量刑纠正了古代法治之弊，使治者与被治者都受法律的管辖、约束，任何人都不能超越法律制度。德治更把治者与被治者结合起来，治者就是被治者，被治者就是治者。治者要时刻不忘把自己置于被治者地位，“终日干干，夕惕若厉”“吾日三省吾身”“正心诚意”，强化自己的道德意识，提高道德素质，给自己形成自觉遵守法律和道德规范的强大动力。治者这样做，便能带动被治者。被治者在认同和接受德法之治的同时，加强自我道德心性修养，以强烈的社会道德责任意识和忧患意识，监督治者的遵法守德的行为，完善治者的人格。

需要特别强调的是，我们在对待儒家的社会控制思想时要坚持辩证的否定观，尤其是儒家“德治”思想的主要缺点十分明显：总体上说，德治与封建的法治一样，本质上也是“人治”，是皇帝一人“家天下”之治；另外，相对来说轻视法治在国家管理中的作用，把道德的地位抬得过高，有“道德万能论”的倾向；还有，儒家的德治强调施“仁政”，但在实际生活中，封建统治者对广大老百姓的“仁政”从未真正施行过，德治首先是“治民”，因而具有很大的欺骗性；最后，儒家德治的内容主要是“三纲五常”“三从四德”等封建伦理纲常。这些都是我们今天在借鉴儒家的“德治”思想时，应当注意分析批判的。

儒家德治思想在下文中还将涉及。

（二）法治的实质——现代社会控制方式的正确选择

一个合法的国家和政府如何进行社会控制，采取什么样的方式，这决定了会产生什么样的社会秩序，以及社会秩序的稳定程度。历史上社会控制方式主要有人治、法治和德治等。建设有中国特色的社会主义社会秩序必须采取法治的社会控制方式。

“什么是法治”是个非常复杂的问题，古往今来许多思想家对此都进行了研究。亚里士多德认为“法治包含两种意义：已成立的法律获得普遍的服从，而大家所服从的法律又应该本身是制定得良好的法律”①。这段话已经从逻辑上粗略地勾画出法治的形式要件，但是它没有也不可能说明何谓“普遍的服从”、何谓“制定得良好”。哈耶克认为，法治“不是一种关注法律是什么的规则，而是一种关注法律应当是什么的规则，亦即一种‘元法律原则’或一种政治理想”②。英国人戴西认为，法治有三个方面的含义：法律保有绝对至高无上的地位，排斥专制特权的存在；法律面前人人平等；宪法、

---

① ［古希腊］亚里士多德．政治学．商务印书馆，1965：199.

② ［英］哈耶克．自由秩序原理（上卷）．生活·读书·新知三联书店，1997：261.

法律不是个人权利的渊源，而是其结果。[1]戴西的经典阐述中包含三层含义：一是人人皆受法律统治而不受任性统治；二是人人皆须平等地服从普通法律和法院的管辖，无人可凌驾于法律之上；三是宪法源于裁定案件里的私人权利的司法判决，故宪法为法治之体现或反映，正因为如此，个人权利乃是法律的来源而非法律的结果。富勒认为，具备法治品德的法律制度由八个要素构成：一般性、公布或公开性、可预期性、明确性、无内在矛盾性、可遵循性、稳定性、同一性。莱兹认为，法治有两个方面的含义：一是人们应该受法律的统治并服从法律；二是法律应该让人们能够受其引导。

我国著名学者夏恿把法治要件或要素表述为十个方面：一是有普遍的法律。法治所要求的法律普遍性主要有三层意思，包括规范的制作要有一般性、规范的适用要有一般性、法律制度具备统一性。二是法律为公众知晓。法律必须公布，晓之于民众，以便被指望服从规则的人们了解规则是什么。在中国古代春秋战国时期，子产与叔向就其成文法及其公布问题曾展开争论，强调公布的重要性。公布的实质就是让民众理解立法之意，这超出了关于法律公布与否的争论。三是法律可预期。规则的存在须在时间上先于按规则审判的行为。“法无明文不罚”。可预期性是支撑法价值的一个较为关键的要素。其他要件都是保证可预期性或为可预期性所要求的。哈耶克曾把法治定义为要求政府的所有行为由事先已经确立并公布的规则来限定，规则使得用公平的确定性预见当局在给定的情况下怎样运用其强制权力成为可能。四是法律明确，即规则必须能够为其接受者所认知和理解。商鞅认为，“圣人为法必使之明白易知，愚知偏能知之”[2]。在现代社会，立法机关如果制定模棱两可的法律，就构成了对法治的侵犯。五是法律无内在矛盾。六是法律可循，即规则的接受者必须能够使他们的行为与规则相符合。罗尔斯认为，规则应该具备的首要品性就是“必须做的即可能做的”。七是法律稳定，即规则不能改变得过快以致难以学习和遵守。法律应该适应社会的发展和变动，及时地废、改、立，但变动不能过于频繁，否则人们很难了解在某个时候法律是

① 布莱克维尔政治学百科全书．中国政法大学出版社，1992：675 ～ 676.

② 商君书·定分篇．

什么，而且不可能在法律的指导下作长远规划。频繁改变的法律和溯及既往的法律一样有害法治。八是法律高于政府。任何社会里的法律皆有权威，法治所要求的法律权威是高于政府之上的权威。这里的政府包括一切掌握国家管理权力或执政的个人、群体、组织或机构，不仅仅指行政机构。九是司法权威。司法权威包括：其一，法院应该有权通过司法程序审查政府其他部门的行为，以判定其是否合乎法律；其二，司法独立。十是司法公正，即只有法官公正地适用法律，才能通过法律来伸张社会正义，当事人才会受法律的引导。培根曾说，一次不公的判决比多次不公的行为祸害尤烈，因为后者不过弄脏了水流，前者却败坏了水源。①

无论是八个要素还是十个方面，法治模式与人治截然不同。人治与法治是两种基本的社会控制政治模式。中国古代社会虽然有着悠久的法律传统，但却是一个以宗法血缘等级关系为基础的人治社会。西方历史上，柏拉图主张人治，认为人治是最好的社会控制方式，而亚里士多德主张法治，认为法治是最好的。人治是治者的统治，故与独裁、专制具有内在相通性；法治则是以民主为基础的人民依法治理的社会。人治与法治首先表达的是政治模式的性质，而不是统治的具体方式。

人治的关键是治国依人的意志和权力进行的，其前提是人的聪明才智和人的灵活变通；法治的关键是治国依法，其前提是法律的理性和恒定的标准。从这个意义上说，法治与人治相对应。两者都可以成为治理国家的有效工具，因此它们之间在一定条件下并不矛盾，都可以为一定的政体服务。一个贤明的皇帝和一个开明的君主可以依人也可以依法实行开明的专制统治，一个暴虐的皇帝和一个绝对的君主可以依人实行残暴的统治，也可以依法实行更加残暴的统治。因此，洛克认为，国王和暴君的区别在于他们是否运用法律行使他们的权力。孟德斯鸠在区分君主政体和专制政体时，唯一的标准就

① 培根论说文集．商务印书馆，1983：193. 夏恿．法治是什么——渊源、规诫与价值．中国社会科学，1994（4）：117 ～ 143.

是看这个君主是否依照法律进行统治。[①] 这种人治和法治可以统一的理由，在于它们都是一种治国的手段，一种治国的策略，而不涉及政权问题。17世纪至18世纪法治理论得到了新的发展。以洛克、孟德斯鸠和卢梭为代表的自然法学家们，提出了一种新的法治理论。这种理论可能是复兴古希腊罗马的理论，但是在理论内核上已发生了根本的变化。他们认为，政治的统治应该以法律为基础，法律应该是人民意志的体现；人民选举出自己的代表行使国家的权力；政府官吏及法官严格按照立法机关的法律实施，自由裁判权受到严格限制；法律本身应该是正式的、公布过的和众所周知的；法律面前人人平等，任何人没有超过他人的权力；主权属于人民，政府和国家唯一的目的就是保护人民的生命自由和财产；为了防止国家权力的滥用，为了保障政治的自由，权力必须分离并由不同的人去掌握，以权力制约权力，等等。这样，法治连同人民主权、代议制、自由、平等、分权一起，成为国家的根本制度。法治不再仅仅是治国的工具，而是国家制度和社会制度的一个组成部分，这个意义的法治，不再与“人治”相对应，而是与封建的“专制”相对应。所以法治总是以一种政治理想为其价值灵魂，它所强调的是人民主权、个人平等的基本自由权利与尊严，甚至国家也必须服从法律、依法行事。

由此可见，法治的核心是法究竟代表哪些人的利益，其主体是谁？严格地说，法治是一种社会历史形式、一种政体，它所表达的首先是个人平等的基本自由权利得到保障的社会历史形式与社会架构，是人民主权，因而法治与民主具有相通性。民主的社会应当是法治社会，法治的社会必定是民主的社会。判断一个社会是不是法治的，关键不在于健全的法律体系，而在于真实的人民民主或人民主权，在于人民的个人平等自由权利得到充分的尊重与保护，在于政府国家置于人民的有效监督之下并严格在法律规范的范围内活动。民主也不是一个空洞的东西，它必须是法治的，必须通过法治而变为现实中实在的、健康的东西。

因此，法治作为社会控制的方式，不仅具有工具性价值，而且具有实体

① ［英］洛克．政府论（下篇）．商务印书馆，1964：124．［法］孟德斯鸠．论法的精神（上册）．张雁深译．商务印书馆，1961：8.

性价值。也就是说，法治不仅是“有法可依，有法必依，执法必严，违法必究”，而且它还有更高的价值追求。

费孝通先生曾分析过“人治”和“法治”这两个概念。他认为，这两个概念不足以区分出中国社会和西方社会的差别。他说，通常“人治”和“法治”是相对称的，而且认为西方是“法治”的社会，我们是“人治”的社会。其实这个对称的说法并不是很清楚。法治的意思并不是法律本身能统治，能维持社会秩序，而是社会上人和人的关系是根据法律来维持的。法律还得靠权力来支持，还得靠人来执行，法治其实是“人依法而治”，并非没有人的因素……法治绝不能缺乏人的因素。费先生认为，人治和法治是不同的，如果人治是法治的对面，意思应当是“不依法律的统治”。统治如果是指社会秩序的维持，我们很难想象一个社会的秩序可以不必靠什么力量就可以维持。人和人的关系可以不根据什么规定而自行配合。如果不根据法律，根据什么呢？从字面上看，人治好像是指有权力的人任凭自己的好恶来规定社会上人和人的关系的意思。费孝通认为，这种“人治”是不可能发生的。如果共同生活的人们，相互的行为、权利和义务，没有一定规范可守，依着统治者好恶来决定，而好恶也无法预测的话，社会必然混乱，人们会不知道怎样行动，那是不可能的，因之也说不上“治”了。因此，他得出结论：所谓人治和法治之别，不在“人”和“法”这两个字上，而是在维持秩序时所用的力量和所根据的规范的性质。①

（三）中西法治传统比较——对泛法制主义的质疑

问题到此仿佛已经结束，社会控制实行法治毫无疑问。然而，进一步研究问题却复杂得多。

研究中国政治与中国法律的学者一般认为，中国缺乏西方意义上的法治传统。现代社会对法治的呼唤，以及法治在中国实现之艰难，更使人们对此产生深切的感受。然而，当作出这种批评时，在逻辑上有几个矛盾却难以解答。一是如果把法律作为任何社会实现社会控制的充分和必要条件，那么从

① 费孝通．乡土中国．生活·读书·新知三联书店，1985：52～53.

理论上说缺乏法治的中国传统社会应当是一个失范与失序的社会，然而任何人似乎都不否定中国传统社会的“超稳定”。假如没有法律传统，假如现代意义上理解的法律是建立社会秩序的最重要的条件，那缺少了社会秩序建构的必要条件的中国社会又何以实现它的“超稳定”？二是近代以来，中国社会呼唤法律，也为法律的建立、健全进行了不懈的努力，然而人们理想中的法治社会终未来到，即使在现代，虽然有了法制，却总是难以实现完全意义上的法治。人们可以把这种现状归罪于传统，归因于国民素质，但“法律”如此难以生根，除了否定性的原因之外，是否还有其他更有解释力的原因？

任何社会都必须建立秩序，为此都必须进行有效的社会控制，但各种社会实现社会控制与建立社会秩序的方式并不相同。考察民族社会的发展史就会发现，社会控制方式的寻找和确立同样是一个文化选择的过程，而决定这种文化选择的，不是人们的主观任意，而是社会历史条件。在构成社会历史条件的诸因素中，社会结构是最重要的因素。民族的历史传统当然会对这种文化选择与文化设计产生影响，然而，应该说在相当意义上，传统只是这种设计与选择的文化积淀，其源头与持存的根据仍存在于社会结构之中。

众所周知，在由原始社会向文明社会过渡的具有决定意义的社会转型中，中西方民族选择了迥然不同的道路。西方民族走的是家国相分的路径，它在向文明社会转变的过程中比较彻底地挣断了原有的氏族血缘纽带，以地域划分公民，社会以个人为本位。然而当作出这种选择时，也就意味着社会失去了血缘的自组织能力，因而，就必须寻找一种完全不同于氏族社会的秩序模式。在选择的过程中，契约论成为西方人接受的也是适应西方社会结构特点的秩序设计与秩序模式。在契约论的基础上，西方社会形成了自己的法律传统，并在长期的发展中完善了自己的法治秩序。中国社会则不同，家国一体、由家及国的文明路径，决定了它在传统社会不能采用西方式的契约原理与单一的法治模式。因为，既然是家国一体、家族本位，那么，建立社会秩序的原理与原则在理论上就必须既适用于“国”又适用于“家”，并且使“家”与“国”相贯通，而只能选择一条非家非国又即家即国的特殊道路。“家”的原理是血缘与伦理，“国”的原理是政治与法律，家国一体的文化结构原理是血缘—伦理—政治三位一体，于是与家国一体的社会结构相匹配的社会控制方式就是情—理—法三位一体。“情”是家族血缘的逻辑，由于家族在社会中的本位地位，“情”在中国文化设计，以及中国人的主体精神结构中当然也就具有精神本体的地位。“情”在中国社会结构与中国人的现实生活中，不仅构成深层的文化原理，而且是重要的文化价值取向，是价值判断的重要标准。“法”是国家政治的逻辑，只要国家政治存在，法的强制就具有必然性与必要性，它是实现政治利益、进行政治统治的必需，在相当程度上构成社会秩序的基础。“理”是介于“情”与“法”之间的中介机制。家国一体的社会秩序的建构，所要解决的最大的文化难题就是如何把家与国的两极相连，完成由家到国的过渡。“理”就是这样的文化机制。在中国传统社会，由于“情”与“理”主要是伦理的设计的对象，或者说是遵循伦理的原理，并在伦理中完成的，所以，血缘—伦理—政治的一体，在文化原理上也就是伦理与政治的一体。

正因为如此，可以认为“伦理政治”是与家国一体的社会结构相匹配的文化原理，这种文化原理的实质就是伦理政治化，政治伦理化。可见，在中国传统的秩序设计与秩序原理中，不是没有法律的结构与法制的运作，只是与西方社会相比，它不是唯一的原理与机制。准确地说，法律在中西方社会控制体系中的地位不同。如果把西方社会控制的原理称为“法治”，那么，在社会控制的主体性的意义上，就可以把中国传统的社会控制模式称为“人治”。情—理—法三位一体的秩序原理与社会控制体系，就是中国社会经过五千年历史锤炼形成的人文智能。只要承认中国五千年的传统文明，就应当承认这种秩序原理与控制模式在总体上是一种适合中国国情的成功的文化设计，只是到了近、现代，随着社会结构的演化，其内包含的消极因素才成为中国社会发展的障碍。

社会生活的伦理化，一直是中国文化追求的价值理想。古往今来，中国历史上一代又一代的圣人，一次又一次地陶醉于“人人为尧舜”的美梦之中，“不独亲其亲，不独子其子”的大同世界，是中国人向往的柏拉图式的乌托邦，《大同篇》《镜花缘》一次又一次地描绘了一幅幅令人心动的伦理化社会的理想图。然而，五千年的文明，虽然创造了无与伦比的伦理文化，却同时宣告了伦理的乌托邦社会的幻灭。封建社会的伦理努力，虽然造就了中华民族的诸多美德，但最终还是被戴东原以“以礼杀人”、鲁迅以“吃人”二语盖棺论定。伦理化的乌托邦破灭了，近代以来，中国民族在反思中开始了建立法制的历程。但是，由于文化的惯性，不知不觉中，中国人似乎又在做着另一个美梦，营建着另一个乌托邦，这就是法制化的乌托邦。

从人文内涵上分析，法制化的设计，确实是一种富有效率的秩序设计，但并不能由此就说它是一种最合理的和最理想的人文设计，更不能说它是适用于一切的文化设计。法制化设计的文化基础是西方的科学主义文化传统，它在创造效率的同时，也把复杂的社会现象简单化，把生动的社会机体还原为抽象的生物细胞，它在司法的层面虽然维持了相当程度的平等与正义，然而在立法的层面，或者在执法的层面，由于缺少必要的具体分析，往往更缺乏真正意义或理想意义上的平等与正义。也就是说，西方文化的法律设计，只是在实体法的意义上是合理的，而在理想法的意义上，却比中国的社会控制具有更多的弊端。对社会生活与社会秩序来说，法律是需要的，然而“法制化”、泛法制主义却是必须质疑的。法制化虽然是西方社会的必由之路，但必由之路未必就是理想之路。

西方的法治设计虽然具有客观性、普遍性与有效性的优势，然而也具有单面性、缺乏情理性、繁复性的缺陷。西方现代社会的诸多弊端，已经宣布了泛法制主义的破产。当讲“市场经济是法制经济”“现代社会是法制社会”的时候，我们是否应当反问：中国文化是否可能、是否正在从一种乌托邦走进另一个乌托邦？诚然，市场经济“应当”是一个法制经济，现代社会也“必须”是一个“法制”社会，然而问题在于，是否就“只是”法制经济、法制社会？法制化是否就意味着法制在作为基本的社会控制手段的同时，也成为唯一的控制手段，就像西方社会那样。如是，很难说是文化的进步，最多只能说是邯郸学步。当发现中国社会虽然有“法制”，但却总是难以实现“法治”的时候，难道我们不应当产生这样的存疑：西方式的“法制化”是否适合现代中国的国情？从法制化的现实性上说，中国现代社会诚然已经不是传统意义上那种家国一体、家族本位的社会，但无论如何开放，无论世界如何变成一个“地球村”，中国的社会结构与西方总有着很大的不同，更何况巨大的传统仍然在不以人的意志为转移地对中国现代社会发挥着作用力。因此，在社会转型的过程中，中国社会秩序的建构，社会控制体系的形成，需要进行文化上的第二次创造，需要再一次找到或创造出适合中国社会特质的、体现时代精神要求的社会秩序原理与社会控制模式。我们的时代、我们的社会，法治当然是急需的，然而“法制化”，尤其以泛法制主义为特征的“法制化”却是值得反思的。

（四）社会控制的两种方式——法治与德治关系辨析

为了进一步说明这个问题，要从法治与法制的区别谈起。法制是指依靠法律治理社会，法律是治理社会的工具、手段。法制是与狭义的德治相对应的范畴。法制与狭义的德治是社会规范整合的两种具体途径与手段，两者互补互存。这种关系以道德与法律分化为前提，以各自相对独特的适用范围、运行规律为条件。但是在中国古代历史上，两者曾长期处于一种混沌不分的状态，并事实上又是道德凌驾于甚至取代法制。这样中国古代的德治事实上是广义的德治。广义的德治是与法制相对立的范畴。它主张用道德治理社会，其核心不仅是强调要依靠、通过道德治理社会，更在于强调德规优先于法规、道德高于法律，在实际生活中，它则是以道德规范作为社会事实上的最高规范体系。

中国特色的社会主义社会控制的根本方式是法治，要建立的是法治社会，法治社会的存在也极其重视道德在社会生活中的整合凝聚作用。在法治社会中，道德与法律均是极为重要的社会控制手段。

道德成为治理的动力机制和调控方式，往往与法治相对应，而容易和人治混同。但与人治相比，德治是一个更为明确的抽象。因为纵使实行法治，徒法不能自行，法治不可避免地依赖于立法者和司法者的心智和德行。所以人治是一个更为一般的概念，从广义上也可以把所有的治理模式包容进来。因为所谓治理，就算假定神的名义，也是人的自我治理。只是在狭义上，既然道德是人自我治理的重要参数，那么人治与德治才是同等的。虽然道德和法律都是人类进化过程中的合作协调资源，但是道德整体调动了人的意志、理性和情感，法律则往往只是诉之于意志和理性的作用。因此，道德控制显得更为人性化。法律控制虽然明确有力而有序，并且高扬了人的理性，但是，人性并非理性自身所能涵盖，治理目标也不可能是简单划一，塑造有理想有道德的人始终是人类共同体的一个目标。使治理直接成为衡量这一目标的尺度，并且为道德的发挥提供场所。道德既作为治理的目的，同时又作为治理的手段，这正是德治的迷人之处。当然，这并不意味着与法治相比，德治是更为理想的治理方式，事实上正如苛政严法可能造成社会秩序道德薄弱一样，德治的危险是使社会秩序陷入过度道德化的幻想之中。

我们特别注意中国古代法治的实质。中国古代最初的规范形式是包括禁忌在内的“礼”。如前所述，中国古代的礼集德、法于一身，形成了独具特色的德治传统。秦汉之初的法律是法家制定的，其中并无多少儒家礼治思想的成分在内。荀子以后，特别是到了董仲舒那里，这种情况发生了变化，他从理论上承认法律有其独特的功能，非教化所能取代，而且实践中以《春秋》决狱，将儒家经义应用于法律，以儒为体，以法为用，真正沟通礼治与法治，融合儒法两家思想为一体；更重要的是，汉以后儒家参与并逐渐主持法律的制定，儒家思想进而得以在法律上发挥决定作用，以至于儒家思想支配一切古代法典，成为古代法的一大特点。礼法关系密切，时而分治，时而合治。同种规范，既有于礼，亦存于法，礼法分治，同时并存。在利用社会制裁时为礼，附有法律制裁后便成为法。法在古代中国人的观念里仅仅是刑罚，法既然与刑相通，只有令行禁止的功用，则法不能至上。然而在任何时候，单纯的刑罚是没有任何内涵的，因而也没有什么特点，除非它附着于某种规范之上。此外，中国古代法从来就没有对于权力的规范；相反，至高无上的君权反倒是法律的源泉，法也并非公共意志的产物，而是来源于个人意志，因此，法始终处于不断地变化之中。春秋战国之际，法家虽然发展出一套粗具规模的法律理论，却没有逃离视法为刑视法为王者之政的窠臼，未能塑出法的独立形态，使其只具备工具性质，这就为法律的儒家化提供了充分必要条件。汉以后，儒家将礼的精神注入法的条文，从而使法获得价值内核，并通过审判决狱活动，将儒家礼治思想扩大到法律条文之外，从而使礼在法律上成为最高准则，与法理等同，而法则在功能、范围、结构诸方面成为礼的补充。可以说，礼加上刑的制裁便等于中国古代的法律。礼为什么会有这样的社会地位呢？这与礼的性质和功用不无关系。礼是维持社会等级分层的规范。礼的功用便在于借其不同内容显示各人的特殊名位，从而加重贵贱、尊卑、长幼之别。更为重要的是，礼对于国家权力有所规范。

礼法之治的主要内容则是法律化的道德。礼与法的置换关系表明了法律与道德的同等关系，法律被用来执行道德，成为“通德之器械”。它以内在的道德评判与外在的刑罚等级相结合，构成一张包罗万象的大网，其中无所谓民事与刑事，私生活与公共生活，只有事之大小，刑之轻重。法律完全是禁止性规定，禁民为非同时也禁民为恶，犯禁即是不道德，皆有刑罚处置。这种法实际是附加了刑罚的道德戒条，本质上只具有否定的价值。法律的道德化使中国古代法成为等级名分的总记录，法律之上所表现出来的等级之森严，名分之繁复，在古代绝无仅有。这种意义上的法，不讲权利，没有个人的概念。因此，中国传统的“法治”与现代意义的法治不同。所以，中国古代虽然也有律法，但此律法其实就是德规，是德治。黑格尔在谈到古代东西方文化的差异时指出：道德在古代东方是一种很高的修养，然而，在西方，道德的本质规定体现在法律的制定及公民法律体系中，道德是作为一种精神在法律领域发挥作用，而不是一种单纯独立自存的东西，不作为一种独立的规范直接在社会国家政治生活中起作用。但在中国古代人那里，道德义务本身就是法律、法规、命令的规定。在黑格尔看来，古代中国人既没有西方的那种法律，也没有西方的那种个人道德，没有作为内心自由的道德，有的只是一种国家的道德，只是作为实践形式的义务。[①] 所以黑格尔告诫人们在区分古代中国与西方国家的法律时，不要为形式所迷惑，而要看到两者内容的根本不同。[②]

这样我们就能看出法治与法制的区别。法治是关于政治制度的实质、内容方面的，法制则是关于政治制度的具体形式、手段方面的。法治往往被认为是依法治国，这种理解混淆了“法治”与“法制”的区别。

综上所述，在论述社会控制的方式时，不能简单化。的确，现代社会要

---

① 费孝通．乡土中国．生活·读书·新知三联书店，1985：52 ～ 53.

② ［德］黑格尔．哲学史讲演录（第 1 卷）．商务印书馆，1983：119.

求社会控制的方式必须走法治的道路。但是，什么是法治？以及怎样实行法治控制却是个非常复杂的过程。这就要求我们处理好法治与人治的关系，处理好法治与法制、法制与德治的关系，还要处理好法律与道德在社会控制中的内在关系。

在社会吱吱嘎嘎的转轨声中，在由于传统与现代的断裂扑扑啦啦落下的尘埃中，建立一个秩序井然的社会，是我们这个时代的理性不能推卸的责任。因此，围绕着新秩序的建构的社会发展问题成了这个时代的主题。它以其特有的广度和深度与我们这个时代几乎所有的方面都深切地关联着，是身处这个时代的人不能回避的问题。

古罗马帝国的没落，文艺复兴时期意大利的混乱，苏联的解体，都留给人们诸多思索。从本质上分析，社会转型不仅意味着社会的更替和社会变迁，也意味着历史主体的自觉框架。在这个过程中，旧有的规范秩序在逐步瓦解，社会秩序的控制机制也在经历着重组和更新。更为重要的是适合现代性社会的人格特质面临着重铸。我们能否重新建构适应市场经济需要的规范体系，并通过相应的控制机制保障新的秩序状态的实现，关系到当代中国社会能否顺利完成两种社会类型的平稳转换，可以说，新的社会秩序的建构过程与建设中国特色社会主义的过程是同步进行的。所以，本书关注的焦点与其说是社会秩序的具体内容，不如说是社会秩序的建立对于中国特色社会主义现代化事业、对于克服社会转型时期严重的社会失序现象的意义。这样，社会秩序的建构就必须也应该回答如下一些问题：在社会转型时期社会规范如何选择？社会秩序模式如何选择？是一元法治秩序，还是多元混合秩序？社会秩序是自发生成，还是人为选择？还有，如何既保证人的全面而自由的发展，又维持社会的秩序？理性的个体为何要遵循社会规范？如何扮演好社会主义市场经济条件下的社会角色？在社会转型时期国家与社会组织应如何进行社会整合？整合什么来建构社会秩序？国家权力应如何进行社会控制？怎样控制来建构新的社会秩序？等等。

这些问题深刻地影响着整个社会的发展方向和发展道路，关系到是转轨还是转向的根本问题。这是一个民族在社会发展的关键时期不得不作出的思考和理性选择。如果对此无动于衷，或者随意妄为，那么就将落后于时代，甚至导致一个民族的衰亡。然而，发展的道路是复杂多变的，发展就是选择，任何选择都是痛苦的，也许从传统到现代的过程本身就是痛苦的。本书仅仅是涉及了这个题目中的冰山一角，笔者尽其可能地描述和展示这种痛苦的选择和选择的艰难，也许本意是想分担一下这种痛苦。

所有这些问题都可归结为：如何建构新的社会秩序？解读这个问题的关键首先是基于对社会秩序结构的理解。构成社会秩序的内在因素是社会实体、社会规范和社会控制。这三个向度的解决途径最终是新的社会秩序建立的根本途径。社会个体是社会实体的核心内容。社会个体作为社会秩序的载体，其精神气质、价值取向和角色定位决定了新的社会秩序的层次和范型。社会个体如何超越传统社会的束缚，自觉地接受和主动地参与现代性社会的秩序建构是关键。换句话说，传统秩序与现代秩序的根本不同是各自的载体不同。或者说，现代性社会是由具有现代精神气质与人格特质的社会成员所组成的生活共同体。社会秩序与社会个体之间的张力最终决定了社会秩序建构的方向和模式，也决定了社会个体全面而自由发展的程度。社会规范的产生是个十分复杂的过程，社会规范产生的方式不是既定的，而是社会主体自觉选择的结果。它决定于社会主体广义的认识能力和实践能力。法律由于其自身的特性和社会的现实性，决定了新的社会秩序的一元性，一元法律秩序统摄下的多元混合社会秩序是中国特色社会主义新的社会秩序的必然选择。社会秩序实现的途径必须要发挥国家组织的作用。没有国家组织的社会整合与社会控制作用，社会秩序的实现是根本不可能的。社会存在、社会意识和社会制度的统一性是新的社会秩序产生的基础和条件。利益、道德和制度的整合渗透到社会秩序构建的始终。在社会转型的特殊时期，政党和意识形态的整合作用决不能忽视。国家组织的作用还体现在其对社会的控制作用上。其中首要的问题就是解决社会转型时期的合法性问题，另外还要选择社会控制的方式，法治是现代性社会的必然要求。当然，法治不是孤立地起作用的，没有德治也很难体现中国特色。

概括地说，本文的立论是：建立在实践基础上的社会规范的确立、公民意识的自觉养成和社会整合与社会控制是我国社会转型时期社会秩序建构的根本途径。这体现了社会转型是历史主体的自觉框架的观点。这个结论并不意味着否定下列观点：社会秩序的建立与发展有着自身的规律。这里只是强调在我国这样一个经济、文化都相对落后的国家进行中国特色社会主义现代化建设进程中，特别是在社会转型这个特殊历史阶段，社会秩序的建构必须要依靠社会实践主体的理性自觉行为才能实现。本书并不是一味反对社会秩序建立中的自然过程，而是强调在社会转型时期社会秩序的建立过程中，主体的自觉的理性行为更为重要。这种观点的依据就是：各民族走向现代化的历史背景和现实基础是不同的。先发民族基本上是以古希腊文明为源头的西方民族，它们有着悠久的民主、法治、个性等文化传统，它们通过市民社会的发展，从内部萌生出现代工业文明，走向现代化。许多西方学者在这一背景下建立起来的理论格外强调社会秩序建立的自发性，如韦伯、哈耶克等人。与此不同，后发民族相对来说缺少民主、法治、个性等文化传统，在近代以来的帝国主义、殖民主义世界历史背景下，又缺少内生出现代工业文明的充分条件，且它们所面临的争取民族独立的斗争要求，事实上造成了强大民族政府自上而下推进现代化进程。所以，社会秩序建构最终要依赖社会主体的理性自觉，这是贯穿本书的核心思想。

转型时期社会秩序的建构过程充满着艰辛和坎坷，正如意大利著名哲学家马基雅维利所说的：没有什么事情比创造一个新秩序更难以实行，更缺乏成功的把握，更需要担当风险了。马基雅维利可能是离我们太久远了，也可能是对人类构建社会秩序的能力缺少认识。也许我们倒是应该记住福山那充满信心的话："我们怀有希望，唯一的理由就是人所具有的那种十分强大的重建社会秩序的能力。而此种重建的成功则决定了历史之箭向上运行的方向。"①当然，不仅福山头脑里的社会秩序与我们在这里论述的不同，"向上"的方向也不同。至于"怀有希望"的理由，在我们看来就是主体的理性自觉，是主体对未来社会的理性把握。"历史之箭向上运行的方向"在今天看来就是现代性社会。"现代性社会是相对于传统社会而言的异质性社会，它所标识的是文明发展过程中的超越性断裂。当然，这样说并不意味着现代性社会是对传统社会彻底的抛弃，这是一种扬弃，因而，现代性对于传统亦有一种内在传承，超越性断裂只是表明现代性社会与传统社会的异质性。正由于现代性社会相对于传统社会这种异质性，所以，在由前现代性社会向现代性社会过渡过程中，才会出现混乱和失

① ［美］福山．大分裂——人类本性与社会秩序的重建．刘榜离，等译．中国社会科学出版社，2002：350.

范现象。”[①] 新的社会秩序的建构正是基于对未来社会的这种理解，才从历史与现实的角度确立了未来社会秩序的基本内容和特征。

马克思认为的“历史之箭向上运行的方向”是共产主义社会，是人的发展和社会发展高度统一的社会。这种统一性正是社会主体在社会秩序建构中应始终秉持的理念。在马克思看来，共产主义社会作为未来更高级的社会是“以每个人的全面而自由的发展为基本原则的社会”[②]。在《德意志意识形态》中，马克思、恩格斯把人的自由发展学说建立在唯物史观基础上，他们指出：“无产者为了实现自己的个性，就应当消灭他们迄今面临的生存条件。”在未来的自由人的共同体中，“各个人都是作为个人参加的。它是各个人的这样一种联合（自然是以当时发达生产力为前提的），这种联合把个人的自由发展和运动的条件置于他们的控制之下”[③]。他们认为，未来的共产主义社会是“个人的独创的和自由的发展不再是一句空话的唯一社会”。生产力的高度发展、私有制的消灭与个人的自由发展是互为条件的。“私有制只有在个人得到全面发展的条件下才能消灭，因为现存的交往形式和生产力是全面的，所以只有全面发展的个人才可能占有它们，即才可能使它们变成自己的自由的生产活动。”[④] 恩格斯在《共产主义原理》中更清楚地阐述了社会发展与人的发展的关系，“根据共产主义原则组织起来的社会，将使自己的成员能够全面发挥他们的得到全面发展的才能”[⑤]。马克思主义全面阐述了未来社会的建立与人的全面而自由发展的内在关系，为社会转型时期的中国特色社会主义社会秩序的建构指明了方向，因为建构社会秩序的最终目的就是使人能够全面而自由地发展，而这正是共产主义社会的特点。总之，正是未来社会适合人性发展的特点给予了我们建构社会秩序的动力，也正是建构社会秩序的成功决定了“历史之箭向上运行的方向”。

---

① 高兆明．制度公正论．上海文艺出版社，2001：371.

② 马克思恩格斯全集（第23卷）．人民出版社，1995：649.

③ 马克思恩格斯选集（第1卷）．人民出版社，1995：121.

④ 马克思恩格斯全集（第3卷）．人民出版社，1995：516.

⑤ 马克思恩格斯选集（第1卷）．人民出版社，1995：243.

主要参考文献

A类

1. E.Durkheim：The Division of labour in Society，NewYork，1933.
2. Hayek，F.A.，The Road to Serfdom，London：Routledge & Kegan Paul，1944.
3. Hayek，F.A.，Individualism and Economic Order，London：Routledge & Kegan Paul，1949.
4. Hayek，F.A.，The Fatal Conceit：The Errors of Socialism，Chicago：The University of Chicago Press，1988.
5. Robert K.Merton，Social Theory and Social Structure，The Free Press，1957.
6. Hannah Arendt：The Human Condition，Garden City & NewYork，1959.

B类

1. ［德］马克思、恩格斯 . 德意志意识形态 .
2. ［德］马克思、恩格斯 . 共产党宣言 .
3. ［德］马克思 . 资本论 .
4. ［德］马克思 .《政治经济学批判》导言 .
5. ［德］恩格斯 . 路德维希・费尔巴哈和德国古典哲学的终结 .
6. ［德］恩格斯 . 家庭、私有制与国家的起源 .
7. ［俄］普列汉诺夫 . 论个人在历史上的作用问题 . 生活・读书・新知三联书店，1972.
8. 邓小平 . 解放思想，实事求是，团结一致向前看 .

C类

1. ［古希腊］柏拉图 . 理想国 . 商务印书馆，1987.
2. ［古希腊］亚里士多德 . 政治学 . 吴寿彭译 . 商务印书馆，1981.
3. ［德］康德 . 宇宙发展史 . 上海人民出版社，1972.

4. ［德］黑格尔 . 哲学史讲演录（第 1 卷）. 商务印书馆，1959.
5. ［德］黑格尔 . 小逻辑 . 商务印书馆，1981.
6. ［德］黑格尔 . 精神现象学、法哲学原理 . 商务印书馆，1981.
7. ［德］谢林 . 先验唯心论体系 . 梁志学，等译 . 商务印书馆，1977.
8. ［英］洛克 . 政府论（下篇）. 商务印书馆，1964.
9. ［英］哈耶克 . 不幸的观念 . 刘戟锋，等译 . 东方出版社，1991.
10. ［英］哈耶克 . 自由秩序原理（上卷）. 邓正来译 . 生活・读书・新知三联书店，1997.
11. ［英］安德鲁・甘布尔 . 自由的铁笼——哈耶克传 . 江苏人民出版社，2002.
12. ［德］马克斯・韦伯 . 经济与社会（下）. 商务印书馆，1997.
13. ［美］布莱克 . 现代化的动力：一个比较史的研究 . 景跃进，等译 . 浙江人民出版社，1989.
14. ［美］希尔斯 . 论传统 . 傅铿，等译 . 上海人民出版社，1991.
15. ［美］亨廷顿 . 变动社会的政治秩序 . 华夏出版社，1988.
16. ［美］博登海默 . 法理学——法哲学及其方法 . 邓正来，等译 . 华夏出版社，1987.
17. ［美］丹尼尔・扬克洛维奇 . 新价值观 . 罗雅、姜涛译 . 东方出版社，1989.
18. ［美］诺斯 . 制度、制度变迁与经济绩效 . 刘守英译 . 上海三联书店，1994.
19. ［美］布坎南 . 自由、市场与国家 . 平新乔，等译 . 上海三联书店，1989.
20. ［法］弗朗索瓦・佩鲁 . 新发展观 . 张宁，等译 . 华夏出版社，1987.
21. ［美］库利 . 人类本性与社会秩序 . 包凡一，等译 . 华夏出版社，1989.
22. ［美］福山 . 大分裂——人类本性与社会秩序的重建 . 刘榜离，等译 . 中国社会科学出版社，2002.
23. ［英］汤因比 . 历史研究 . 上海人民出版社，1986.
24. ［苏联］莫伊谢耶夫 . 人和控制论 . 生活・读书・新知三联书店，1987.

25. ［美］科塞，等 . 社会学导论 . 南开大学出版社，1990.
26. ［德］沃尔夫冈 · 查普夫 . 现代化与社会转型 . 社会科学文献出版社，1998.
27. ［德］哈贝马斯 . 交往与社会进化 . 重庆出版社，1993.
28. ［法］雷蒙 · 阿隆 . 社会学主要思潮 . 上海译文出版社，1988.
29. ［英］彼得 · 斯坦，约翰 · 香德 . 西方社会的法律价值 . 黄子平，等译 . 中国人民公安大学出版社，1989.
30. ［英］阿兰 · 艾伯斯坦 . 哈耶克传 . 秋风译 . 中国社会科学出版社，2003.
31. ［美］托马斯 · 雅诺斯基 . 公民与文明社会 . 柯雄译 . 辽宁教育出版社，2000.
32. ［美］帕森斯 . 现代社会的结构与过程 . 梁向阳译 . 光明日报出版社，1988.
33. ［法］马克 · 思古德 . 什么是政治的合法性？王雪梅译 . 外国法译评，1997（2）.
34. ［英］麦考密克，［奥］魏因贝格尔 . 制度法论 . 周叶谦译 . 中国政法大学出版社，1994.
35. ［英］罗杰 · 科特威尔 . 法律社会学导论 . 潘大松，等译 . 华夏出版社，1989.
36. ［英］哈特 . 法律的概念 . 张文显，等译 . 中国大百科全书出版社，1996.
37. ［日］川岛武宜 . 现代化与法 . 王志安，等译 . 中国政法大学出版社，1996.
38. ［美］安东尼 · 奥勒姆 . 政治社会学导论 . 浙江人民出版社，1989.
39. ［德］马克斯 · 舍勒 . 资本主义的未来、价值的倾覆 . 罗悌伦译 . 生活 · 读书 · 新知三联书店，1997.
40. ［法］迪尔凯姆 . 自杀论 . 浙江人民出版社，1988.
41. ［美］科塞 . 社会冲突的功能（前言）. 华夏出版社，1989.
42. ［美］罗尔斯 . 正义论 . 何怀宏，等译 . 中国社会科学出版社，1988.

43. [美] 列奥·施特劳斯，约瑟夫·克罗波西 . 政治哲学史（上）. 李天然，等译 . 河北人民出版社，1993.
44. [英] 戴维·米勒，韦农·波格丹诺 . 布莱克维尔政治学百科全书 . 邓正来译 . 中国政法大学出版社，1992.
45. [美] 罗斯 . 社会控制 . 秦志勇，毛永政译 . 华夏出版社，1989.
46. [美] 雷恩 . 管理思想的演变 . 中国社会科学出版社，1986.
47. [美] 卡斯特，等 . 组织与管理 . 中国社会科学出版社，1985.
48. [苏联] 茹科夫 . 控制论的哲学基础 . 上海译文出版社，1981.
49. [英] 安东尼·吉登斯 . 民族—国家与暴力 . 生活·读书·新知三联书店，1998.
50. [美] 庞德 . 通过法律的社会控制 . 沈宗灵，等译 . 商务印书馆，1984.
51. [美] 李普塞特 . 政治人：政治的社会基础 . 上海人民出版社，1997.
52. [英] 弗兰克·帕金 . 马克斯·韦伯 . 刘东，等译 . 四川人民出版社，1987.
53. [美] 达尔 . 现代政治分析 . 王沪宁，等译 . 上海译文出版社，1987.
54. [美]G.A. 阿尔蒙德，等 . 比较政治学：体系、过程和政策 . 曹沛霖，等译 . 上海译文出版社，1987.
55. [德] 汉斯·约阿希姆·施奈德 . 犯罪学 . 中国人民公安大学出版社，1990.
56. [美] D. 斯坦利·艾兹恩，杜格·A. 蒂默 . 犯罪学 . 群众出版社，1988.
57. [法] 米歇尔·福柯 . 规训与惩罚 . 生活·读书·新知三联书店，1999.
58. [美] 英格尔斯著，殷陆君编译 . 人的现代化 . 四川人民出版社，1985.
59. [英] 鲍桑葵，等 . 关于国家的哲学理论 . 商务印书馆，1995.

D 类

1. 梁治平 . 寻求自然秩序中的和谐 . 中国政法大学出版社，1997.
2. 顾准 . 顾准文集 . 贵州人民出版社，1995.
3. 牟宗三 . 政道与治道 . 台湾学生书局，1987.

4. 王雨田．控制论、信息论、系统论与哲学．中国人民大学出版社．
5. 陆学艺．当代中国社会阶层研究报告．社会科学文献出版社．
6. 简明不列颠百科全书（第9卷）．中国大百科全书出版社，1985.
7. 陆学艺，景天魁．转型中的中国社会．黑龙江人民出版社，1994.
8. 郑杭生，李强，等．当代中国社会结构和社会关系研究．首都师范大学出版社，1987.
9. 张雷，程林胜，等．转型与稳定．学林出版社，1999.
10. 沈亚平．社会秩序及其转型研究．河北大学出版社，2002.
11. 吕世伦，文正邦．法哲学论．中国人民大学出版社，1999.
12. 马新福．法社会学原理．吉林大学出版社，1999.
13. 张文显．法理学．高等教育出版社，1999.
14. 孙国华．法理学．法律出版社，1995.
15. 韦森．社会制序的经济分析导论．上海三联学术文库，2001.
16. 袁峰．理想政治秩序的探求．学林出版社，2002.
17. 郑杭生．社会学概论新修．中国人民大学出版社，1994.
18. 许征帆．时代风云变幻中的马克思主义．中国人民大学出版社，1996.
19. 许征帆，陈聿北．社会主义本质论．山东人民出版社，1999.
20. 许征帆，李润海．社会主义发展道路论．山东人民出版社，1999.
21. 陶德麟．社会稳定论．山东人民出版社，1999.
22. 高兆明．社会失范论．江苏人民出版社，2000.
23. 高兆明．制度公正论．上海文艺出版社，2001.
24. 刘应杰，等．中国社会现象分析．中国城市出版社，1998.
25. 何清莲．现代化的陷阱．今日中国出版社，1998.
26. 陆建华．中国社会问题报告．石油工业出版社，2002.
27. 林吉．权力腐败与权力制约．法律出版社，1997.
28. 江流等．1998年：中国社会形势分析与预测．社会科学文献出版社，1999.
29. 赵震江．法律与社会．时事出版社，1985.
30. 谢晖．价值重建与规范选择．山东人民出版社，2002.

31. 李泽厚.再论西体中用——李泽厚与广州学对话.现代与传统(总第9辑).
32. 洪永珊.英国议会史话.商务印书馆，1984.
33. 钱乘旦，陈新意.走向现代国家之路.四川人民出版社，1987.
34. 郝铁川.儒家思想与当代中国法治.河南大学出版社，1994.
35. 吴必康.美英现代社会调控机制——历史实践的若干研究.人民出版社，2002.
36. 邢建国，等.秩序论.人民出版社，1993.
37. 费孝通.乡土中国.生活·读书·新知三联书店，1985.
38. 陈晏清.当代中国社会哲学.天津人民出版社，1990.
39. 李步云.法的应然与实然.法学研究，1997（5）.
40. 冯尔康，等.中国宗族社会.浙江人民出版社，1994.
41. 韩非子·忠孝.
42. 论语·颜渊.
43. 邱浚著.大学衍义补（第106卷）.
44. 后汉书·酷吏列传.
45. 汉书·酷吏传.
46. 汉书·元后传.
47. 荀子·君道.
48. 荀子·儒效.
49. 荀子·性恶.
50. 荀子·富国.
51. 荀子·王霸.
52. 瞿同祖.中国法律之儒家化.中国政法大学出版社，1998.
53. 瞿同祖.中国法律与中国社会.中国政法大学出版社，1998.
54. 张学礼.中国绅士——关于其在19世纪中国社会中的作用.上海社会科学出版社，1991.
55. 梁漱溟.中国文化要义.学林出版社，1987.
56. 王绍光，胡鞍钢.中国国家能力报告.辽宁人民出版社，1993.

编辑说明

为彰显改革开放以来公安理论创新和学术研究方面的成就，全面展示公安院校广大教师在公安学术研究、公安实践及公安改革方面的新理论、新经验、新成果，提升理论水平，推进成果转化，鼓励学术繁荣，发现优秀人才，我们于2017年面向全国公安院校征集公安学理论研究优秀作品。此举在全国公安院校中产生了很大反响，公安院校教师踊跃投稿。为保证首批推出的作品充分展示学术作品的经典特色，充分体现专业特点，充分关注热点问题，我们邀请了长期从事公安学术研究、在公安系统具有较高声望的专家学者对作品进行审定，遴选出各9部作品入选《公安院校知名教授学术文库》《公安院校青年学者学术文库》第一辑，将于2018年6月正式出版。

《文库》的作品充分体现了“经典、精品、创新”的特点。入选《公安院校知名教授学术文库》的作者均为长期从事公安理论研究、在全国公安院校乃至全国公安系统具有较高声望的知名学者，入选的作品也是这些学者在相关领域多年潜心研究的代表性成果。例如，《英美警察科学》《公安经济学》《警管区制研究》《社会转型与秩序重建》等，都是近年来在公安学领域产生较大影响的原创性学术著作。而入选《公安院校青年学者学术文库》的作者目前均活跃在公安教学科研的第一线，他们才华出众，思想敏锐，观点新颖，入选的作品如《袭警行为的预防与处置》《新型合成毒品滥用监测与控制实证研究》《弱势群体权利保障中的国家反拐行动研究》等，直面当前执法热点，深入剖析，探索新理论、新措施。

服务公安中心工作，服务公安队伍建设，服务公安教学科研，充分展示作品的社会价值和学术价值是我们推出两个《文库》的初衷。相信随着第一辑作品的出版，必将推动在公安院校中形成深入公安学理论研究，活跃公安学术创新的良好氛围。这是我们的追求，也是各位作者的期待。

《文库》的出版是一项长期工程，我们力争通过几年时间，出版 100 部学术专著，使两个《文库》成为新中国公安教育史上具有里程碑意义的首部公安理论名家学术作品大系，使之成为面向全社会展示改革开放以来公安学理论研究成果的最佳平台。

公安院校知名教授学术文库
公安院校青年学者学术文库
编辑委员会
2018 年 6 月

图书在版编目（CIP）数据

社会转型与秩序重建 / 宫志刚著 . — 北京：中国人民公安大学出版社，2018.6
（公安院校知名教授学术文库 / 总主编：樊京玉　闫继忠）
ISBN 978-7-5653-3325-5
Ⅰ . ①社… Ⅱ . ①宫… Ⅲ . ①社会秩序－研究－中国－现代 Ⅳ . ① D668

中国版本图书馆 CIP 数据核字 (2018) 第 132290 号

社会转型与秩序重建

宫志刚　著

出版发行：中国人民公安大学出版社
地　　址：北京市西城区木樨地南里
邮政编码：100038
经　　销：新华书店
印　　刷：天津盛辉印刷有限公司

版　　次：2018 年 6 月第 1 版
印　　次：2018 年 6 月第 1 次
印　　张：22.5
开　　本：787 毫米 × 1092 毫米　1/16
字　　数：345 千字

书　　号：ISBN 978-7-5653-3325-5
定　　价：70.00 元

网　　址：www.cppsup.com.cn　www.porclub.com.cn
电子邮箱：zbs@cppsup.com　zbs@cppsu.edu.cn

营销中心电话：010-83903254
读者服务部电话（门市）：010-83903257
警官读者俱乐部电话（网购、邮购）：010-83903253
教材分社电话：010-83903259